交通运输部交通强国建设推荐教材
交通运输部综合交通运输理论系列教材
普通高等学校交通运输类专业基础课程教材
交通运输科技丛书

Introduction to Comprehensive Transportation

综合交通运输导论

《综合交通运输导论》编委会　编

人民交通出版社股份有限公司
北京

内 容 提 要

本教材在总结交通运输发展历程及作用的基础上，重点面向交通强国战略对于构建现代综合交通运输体系的新发展要求，介绍了综合交通运输系统的基本构成与特征，以及道路、轨道、水路、航空、管道和枢纽场站的系统构成及关键要素，提出了综合交通运输系统智能化、一体化发展的主要内容和未来趋势，明确了综合交通运输法律法规体系，以及专业人才应具备的知识、能力和素养结构。

本教材共12章，内容体现了现代交通运输系统综合发展的时代特征。每个章节设置了学习目的与要求、复习思考题、参考文献与延伸阅读，兼顾专业知识学习、思考能力培养和专业素养提升。本教材自第1版第4次印刷起配套电子书和思政案例，可扫描封面二维码获取。

本教材适用于普通高等学校交通运输类专业基础课程的讲授和学习，也可作为相关领域从业人员的参考用书。

图书在版编目(CIP)数据

综合交通运输导论 /《综合交通运输导论》编委会编. — 北京 : 人民交通出版社股份有限公司, 2021.9 (2025.5 重印)
ISBN 978-7-114-17009-6

Ⅰ.①综… Ⅱ.①综… Ⅲ.①综合运输 Ⅳ.①U1

中国版本图书馆 CIP 数据核字(2021)第 162400 号

Zonghe Jiaotong Yunshu Daolun
书　　名：综合交通运输导论
著 作 者：《综合交通运输导论》编委会
责任编辑：李　晴　杨　思
责任校对：赵媛媛
责任印制：张　凯
出版发行：人民交通出版社股份有限公司
地　　址：(100011)北京市朝阳区安定门外外馆斜街3号
网　　址：http://www.ccpcl.com.cn
销售电话：(010)85285911
总 经 销：人民交通出版社股份有限公司发行部
经　　销：各地新华书店
印　　刷：北京印匠彩色印刷有限公司
开　　本：787×1092　1/16
印　　张：20
字　　数：418千
版　　次：2021年9月　第1版
印　　次：2025年5月　第6次印刷
书　　号：ISBN 978-7-114-17009-6
定　　价：56.00元

交通运输部综合交通运输理论系列教材
编审委员会

《综合交通运输导论》编委会

序言

在党的坚强领导下，我国交通运输事业走过了沧桑巨变的历程，与经济社会发展的关系经历了从“整体滞后”到“瓶颈制约”，再到“总体缓解”“基本适应”的转变，从根本上改变了基础薄弱、整体落后的面貌，大踏步赶上了时代前进的步伐，创造了“当惊世界殊”的奇迹。我国已成为名副其实的交通大国，正在加快向交通强国迈进。

党中央、国务院高度重视综合交通运输体系建设，习近平总书记多次作出重要指示，为现代综合交通运输体系发展指明了方向、提供了根本遵循。习近平总书记强调，综合交通运输进入了新的发展阶段，在体制机制、方式方法、工作措施上都要勇于创新、敢于创新、善于创新，各种运输方式都要融合发展，提高效率和质量，支撑经济发展和民生不断改善；要做立体的规划，整体设计综合交通运输；要加快形成安全、便捷、高效、绿色、经济的综合交通体系。习近平总书记系列重要指示，充分体现了我们党对新形势下综合交通运输发展规律的深刻把握，进一步丰富和发展了综合交通运输理论体系，为构建现代综合交通运输体系、加快建设交通强国提供了理论和实践指引。

理论来源于实践。从本质上讲，综合交通运输是现代交通运输发展的一种科学理念和实践活动。新中国成立初期，我国交通基础设施薄弱，综合交通运输理论研究处于起步阶段。1956 年，《一九五六——一九六七年科学技术发展远景规划纲要（修正草案）》首次提出现代运输和综合发展的概念，并启动了交通项目建设和运输生产组织等生产性研究。改革开放后，各种运输方式都得到了较快发展，交通基础设施网络初步形成，综合交通运输理论在探索中不断拓展，建设全国统一的综合交通运输网络体系逐渐成为共识。1996 年，国务院领导同志提出“我国交通的发展应该以铁路为骨干，公路为基础，充分利用内河、沿海和远洋运输的资源，积极发展航空事业，形成各具不同功能、远近结合、四通八达、全国统一的综合交通运输网络体系”。进入新世纪，交通运输管理体制改革进一步深化，国家组建交通运输部，要求统筹规划铁路、公路、水路、民航以及邮政行业发展，促进了综合交通运输理论研究更加注重不同运输方式协同治理、交通基础设施网络高效衔接和一体化运输服务。党的十八大以来，我国交通运输事业发展取得历史性成就、发生历史性变革。党的十九大作出了建设交通强国的战略部署，习近平总书记发出了加快建设交通强国的动员令。党中央、国务院相继印发《交通强国建设纲要》《国家综合立体交通网规划纲要》，现代综合交通运输体系建设进入加速推进、发挥整体效能的重要时期。为适应新形势新任务，综合交通运输理论更加突出安全、便捷、高效、绿色、经济的价值取向，更加注重大部门治理、经济外部性和全球视野，更加注重探索建立完整系统的理论体系。

理论指导并推动实践。回顾新中国成立七十多年来我国交通运输发展历程，综合交通运输理论不断丰富和拓展，推动交通运输事业爬坡过坎、一路向前，走出了一条有中国特色的现代综合交通运输体系发展道路。立足新发展阶段，我们必须完整、准确、全面贯彻新发展理念，构建新发展格局，这要求我们持续深入开展综合交通运输理论研究，更好指导综合交通运输一体化发展，着力打造一流设施、一流技术、一流管理、一流服务，加快建设人民满意、保障有力、世界前列的交通强国。

交通运输部高度重视综合交通运输理论研究，面向交通运输专业本科生、研究生和行业管理人员，分别组织编写了《综合交通运输导论》《综合交通运输学》《综合交通运输理论干部学习培训教材》等系列教材，旨在帮助交通运输相关专业学生和干部职工坚持系统思维，深刻认识和全面理解交通运输，进而成为综合交通运输事业发展的实践者和推动者。系列教材将结合综合交通运输发展实践和理论研究,及时进行修订完善,确保始终用最新的科学理念和理论方法来教育培养交通运输专业学生和干部职工,为加快建设交通强国、全面建设社会主义现代化国家提供智力和人才支撑。

综合交通运输理论系列教材编审委员会

2021年8月25日

前言

交通运输是国民经济中基础性、先导性、战略性产业和重要的服务性行业,是社会生产、生活、生态组织体系中不可缺少的重要环节。交通运输的每一次重大变革都深刻影响人类文明的进程。过去几十年来,我国在交通运输系统规划、设计、建造、运营等方面的科技创新取得了重大突破,对交通运输行业的发展起到了重要的支撑和引领作用,交通设施规模已处于世界前列,但各种交通运输方式间仍相对独立,缺乏有效协同。如何有效提升交通运输系统的整体效能,是我国从交通大国迈向交通强国必须解决的重要问题。

我国正处于全面建设社会主义现代化强国的新发展阶段。面对产业结构转型升级、区域统筹协调发展、人民高品质出行、高效率物流等需求,交通运输系统必须实现新的转型,构建一体化融合、高质量发展的现代综合交通运输体系,成为支撑引领经济社会发展的新引擎。新发展阶段对交通运输相关专业人才的知识、能力、素养提出了新的要求。

为深入贯彻落实《交通强国建设纲要》《国家综合立体交通网规划纲要》,加强综合交通运输理论研究,建立健全适应加快建设交通强国实践的理论支撑体系,交通运输部组织开展了综合交通运输理论系列教材的编写工作。本教材作为系列教材之一,由东南大学、北京交通大学牵头,多所交通运输领域高校和科研院所联合编写完成,重点面向交通运输类专业本科生,在总结交通运输发展历程的基础上,围绕加快建设交通强国对于构建现代综合交通运输体系的发展要求,重点阐述了四个方面内容:一是系统介绍了综合交通运输系统的发展现状、基本内涵、体系结构与发展特点;二是分别阐述了道路、轨道、水路、航空、管道和枢纽场站的交通运输系统构成、关键要素及在综合交通运输中的作用;三是总结提出了综合交通运输系统智能化、一体化发展的主要内容和未来趋势;四是明确了综合交通运输的法律法规体系及专业人才应具备的知识、能力和素养结构。

本教材共12章,每章均设置了学习目的与要求、复习思考题、参考文献与延伸阅读,兼顾专业知识学习、思考能力培养和专业素养提升。本教材的编写工作得到了交通运输部政策研究室、综合规划司、人事教育司、科技司等相关司局的大力支持,特别是科技司全程参与指导,岑晏青、林强、汪水银、邢凡胜等同志在教材编写期间多次给予协调。本教材的出版工作还得到了人民交通出版社股份有限公司的积极协助。本教材由王炜担任顾问,陈峻负责统稿,过秀成、陈学武总体校稿。各章编写具体分工如下:

第1章 绪论,由陈学武、陈峻、黄晓明(东南大学)编写。

第2章 综合交通运输系统,由岳昊、熊志华、罗斯达(北京交通大学)编写。

第3章 道路交通运输系统,由杨敏、丁璠、过秀成、王卫、华雪东(东南大学),杨超、袁泉(同济大学)编写。

第4章 轨道交通运输系统,由孟令云、柏赟、商攀、陈垚(北京交通大学)编写。

第5章 水路交通运输系统,由潘明阳、赵丽宁、田佰军、姜华、胡景峰、郝江凌(大连海事大学),钟鸣、张煜(武汉理工大学)编写。

第6章 航空交通运输系统,由赵嶷飞、李善梅、吴维、闫凤良(中国民航大学),赵鸿铎、田雨(同济大学)编写。

第7章 管道运输系统,由过秀成(东南大学)编写。

第8章 运输枢纽场站,由李铁柱(东南大学)编写。

第9章 智能交通运输系统,由唐克双、欧冬秀、江志彬(同济大学)编写。

第10章 综合交通运输法律法规体系,由陈晖(交通运输部公路科学研究院)编写。

第 11 章 综合交通运输一体化发展与展望，由李志斌、任刚、张永（东南大学）编写。

第 12 章 综合交通运输专业人才培养要求，由李大韦、徐铖铖、陈峻（东南大学）编写。

在本教材编写过程中，编委会参考了过秀成主编的《交通运输工程学》，黄晓明、陈峻等编著的《交通运输导论》等大量国内外优秀文献，未能一一列出，在此向文献作者表示衷心的感谢！同时，也请读者对不足之处予以指正。

本书编委会

2021 年 8 月 9 日

目录

第1章 CHAPTER ONE 绪论

学习目的与要求

交通运输业是国民经济的重要组成部分。随着人类社会的进步和科学技术的发展，交通运输在经济社会发展中的作用越来越大。通过本章学习，应掌握交通运输的基本概念，了解交通运输的发展历史，清楚认知我国交通运输发展建设取得的成就、面临的问题和挑战，了解新时期国家战略对交通运输发展的要求，理解国家发展综合交通运输的必要性和紧迫性，增强投身交通运输建设事业的荣誉感和责任感。

1.1 交通运输的概念与定义

谈及交通运输，人们的脑海中通常可能会立即浮现出四通八达的道路网、铁路网及飞驰在道路上的汽车、轨道上的火车，还有航行在江河和大海上的轮船，或者翱翔在蓝天上的飞机。应该说，道路、铁路等交通设施和汽车、火车、轮船、飞机等交通工具都是交通运输不可或缺的基本构成要素，但不是全部。那么，什么是交通运输？如何定义交通运输？《辞海》给出的定义是：交通是各种运输和邮电通信的总称，即人和物的转运和输送，语言、文字、符号、图像等的传递和播送。《中国大百科全书·交通卷》的解释则是：交通包括运输和邮电两个方面。运输的任务是输送旅客和货物。

根据《辞海》的定义和《中国大百科全书·交通卷》的解释，我们可以理解：交通是指人员的往来、货物的交流和信息的流动；运输是指人和物借助各种交通工具的载运，实现空间位移的一种经济活动和社会活动。交通与运输反映的是同一过程的两个方面：同一过程是指载运工具在交通网络上的流动过程;两个方面是指交通关注的是载运工具的流动情况(流量的大小、畅通的程度),运输关注的则是一定时期内运送人员或物资的数量、距离、经济成本等。在有载时,交通的过程同时是运输的过程。

交通与运输既相互区别,又密切联系,是一个统一整体。人们利用火车、汽车和自行车等陆路载运工具,以及利用水上载运工具船舶和空中载运工具飞机等,实现通勤、通学、办理公务、参观游览及探亲访友、购物、就医和商品生产、流通等方面的需要,使交通运输成为社会生产与消费中必不可少的重要组成部分。

交通运输是国民经济发展的基础和纽带。随着人类社会的进步和科学技术的发展,交通运输的作用越来越大。一个国家、一个地区的生产发展、经济繁荣及社会活动的各个方面均有赖于发达的交通。交通运输是生产过程在流通领域的继续和进行社会再生产的必要条件,是沟通城乡之间、地区之间、企业之间经济活动的纽带,也是联系国内与国外、商品生产与商品消费不可缺少的桥梁。良好的交通条件与高效的运输系统能促进社会经济的发展和保障人们日常活动的正常进行。

交通运输是社会经济活动的重要门类。交通运输业在《国民经济行业分类》(GB/T 4754—2017)国家标准中归于 G 类:交通运输、仓储和邮政业,包括铁路运输业(第 53 大类)、道路运输业(第 54 大类)、水上运输业(第 55 大类)、航空运输业(第 56 大类)、管道运输业(第 57 大类)、多式联运和运输代理业(第 58 大类)。其中,铁路运输业细分为:铁路旅客运输、铁路货物运输、铁路运输辅助活动 3 个中类;道路运输业细分为:城市公共交通运输、公路旅客运输、道路货物运输、道路运输辅助活动 4 个中类;水上运输业细分为:水上旅客运输、水上货物运输、水上运输辅助活动 3 个中类;航空运输业细分为:航空客货运输、通用航空服务、航空运输辅助活动 3 个中类;管道运输业细分为:海底管道运输、陆地管道运输 2 个中类;多式联运和运输代理业细分为:多式联运、运输代理业 2 个中类。细分情况见表 1-1。每一中类下又细分了若干个小类,有兴趣的同学可以检索了解具体细分情况,在此不再赘述。

交通运输业在《国民经济行业分类》(GB/T 4754—2017)中的细分情况 表 1-1

门类(代码)	大类(代码)	中类(代码)
交通运输、仓储和邮政业(G)	铁路运输业(53)	铁路旅客运输(531)
		铁路货物运输(532)
		铁路运输辅助活动(533)
	道路运输业(54)	城市公共交通运输(541)
		公路旅客运输(542)
		道路货物运输(543)
		道路运输辅助活动(544)
	水上运输业(55)	水上旅客运输(551)
		水上货物运输(552)
		水上运输辅助活动(553)

续上表

门类(代码)	大类(代码)	中类(代码)
交通运输、仓储和邮政业(G)	航空运输业(56)	航空客货运输(561)
		通用航空服务(562)
		航空运输辅助活动(563)
	管道运输业(57)	海底管道运输(571)
		陆地管道运输(572)
	多式联运和运输代理业(58)	多式联运(581)
		运输代理业(582)

铁路、公路、水路、航空、管道运输是现代交通运输的五大主要方式。不同交通运输方式具有各自不同的技术经济特征,各种交通运输方式应统筹规划、合理分工、扬长避短、有效衔接、协调发展,形成综合交通运输系统,以提高综合运输能力,降低运输成本,适应国民经济高质量发展要求。

1.2 交通运输发展简史

自有人类以来,即有交通运输,因此交通运输发展的历史与人类文明的发展史息息相关。

在车辆发明以前漫长的远古时期,人类以身体作为运输的工具,即以肩扛、背驮或以头顶作为运输方式。其后,方知驯养牛、马、骆驼、狗、象等动物驮运或拉曳重物以减轻人类本身的负担,并增进运输的数量。之后,由于发明了各种运输配套工具,能充分利用动物的力量以提高运输的效能,使运输的发展进入文明时代。及至轮轴的发明和车辆的出现,更是揭开了现代运输发展的序幕。

木筏也是早期人类使用的工具。由此可知,人类很早就知道,水路是最方便的运输方式,而木头的浮力可以为运输所用。美洲的印第安人与北美的因纽特人甚至知道挖空木头可以增加浮力的道理,因而曾发展过十分精良的独木舟作为水上运输工具。在中国的周朝或其前,就已经出现了独木舟;春秋时期的吴国已能制造出乘载92人的中型木船;到了汉武帝刘彻时期,人们还建造了能搭载千余人的大木船。始建于春秋时期的京杭大运河是最古老的运河之一,改善了当时的航路。

进入文明时期之后,帆船首先获得改良。船帆改用编织物制造,船身也配了较佳的设备,在船身之下还有骨架结构以为支撑。同时,帆具的装置方法也有了改进。到了希腊罗马时代,帆船在性能与尺寸方面都有了更进一步的发展,此时罗马的运货船可以装载千吨以上货物。

陆路运输方面,我国在秦朝就已铺设自国都咸阳通达各地的驰道。《诗经》的300多篇诗歌中,有130多首与交通有关,对车的描述尤其生动。如《采芑》中的“伐鼓渊渊,振旅阗阗”,《大车》中的“大车槛槛”“大车啍啍”,至今读来犹如身临其境,耳闻其声,目睹其事。在欧洲,罗马人对陆路运输的发展也有极为重要的贡献,他们铺设的道路不仅限于意大利境内,甚至连西欧、小亚细亚及北非都有他们铺设的道路系统。此外,罗马人还发明了可使四轮马车回转的前轴及车把,更好地发展了马车运输。

总之,在早期,人类的货物运输及贸易系利用帆船、固定车轴的简陋车辆及骆驼商队而进行;人员的运输方式则以骑乘动物为主。遇有战争,在陆上使用战车,海上则使用桨帆船的战舰作为战争工具。

及至进入中世纪,总体来说,运输工具并无大的改进。其中值得一提的是10世纪马颈项圈的发明,后来证实它较之先前惯用的木轭,更能充分利用牛、马的力量以为运输之用。海运方面,最重要的发明则是罗盘。在罗盘未发明之前,中国人、腓尼基人、埃及人,或是希腊人、罗马人都只能在近海之内沿海岸线航行,才能把握方位。虽然当时也有天测航法,但这一方法在天空布有乌云时便失去效用,因而并不可靠。罗盘发明之后,人类海上运输的时代才算真正开始。

进入近代以后,机械化运输开始出现。但在18世纪之前,受道路路面崎岖不平的影响,二轮马车仍然是当时最主要的陆上运输工具。到了18世纪中叶,道路改进了,四轮马车才成为陆上运输的重要工具。

至于19世纪至今的交通运输,交通运输的技术进步了、运输方式改变了、运输工具增加了,同时交通运输的领域也扩大了。

从世界范围内交通运输业发展的侧重点和起主导作用的角度考虑,可以将整个交通运输业的发展划分为4个阶段,即水路运输阶段,铁路运输阶段,公路、航空和管道运输阶段,综合运输阶段。下面简要介绍水路、铁路、公路、航空、管道,以及综合运输的发展历史情况。

1.2.1 水路运输

19世纪初,蒸汽机被应用于水路运输,从此开始了海上运输的机械化时代。1807年,富尔敦将他所发明的汽船“克莱蒙脱”号展示于哈德逊河,证明了使用蒸汽机的汽船可以在海上及河上航行。至1833年,一艘名叫“皇家威廉”号的加拿大汽船首次横渡了大西洋。其后约50年内,汽船的发展一日千里。船身由木制变成铁造,然后又变成钢制;早期的边轮推进器于19世纪中叶被螺旋桨推进器所取代,复合往复式蒸汽机和蒸汽涡轮分别于1854年和1897年先后均由英国人首次成功应用于轮船上。进入20世纪后,蒸汽涡轮取代了蒸汽机,先由客轮开始,然后又用于货轮。古代商船如图1-1所示。

我国自古重视水路运输。由浙东运河、隋唐大运河和京杭大运河组成的中国大运河,是世界上修建时间最早、使用最久、空间跨度最大的人工运河。秦汉时期掀起了大运河建设的第一次高潮,越王勾践开凿的山阴故水道成为浙东运河的前身。隋唐大运河始建于公元605年,隋炀帝"发河南诸郡男女百余万"修通济渠,3年后又"诏发河北诸郡男女百余万,开永济渠",此后南北"运漕商旅,往来不绝"。元朝时,隋唐大运河被裁弯取直,元世祖忽必烈先后下令开凿济州河和会通河,又修建通惠河直达积水潭,全长约1800km的京杭大运河全线贯通。

图1-1　古代商船

1.2.2　铁路运输

17世纪前后,英国的煤矿开始用木轮和有轮缘车轮的车辆运送煤和矿石。后因为木轮在行驶中受路面铺板磨损严重,改用铁车轮。可是铁车轮又损伤铺板,所以又把铺板改为铁板,而后又发展成棒形,这就是最初的铁轨。1776年,英国的雷诺兹首次制成凹形铁轨。促使铁路获得巨大发展的是蒸汽机的发明和锻铁铁轨的出现。1803年,英国的特里维西克制成了牵引货车在铁轨上行驶的机车,并于1804年在加的夫首次运行。1825年,英国的乔治·斯蒂芬森在斯克顿和达林顿之间铺设了世界上第一条客货两用的公共铁路。1830年,英国开始用双头轨。1831年,美国人设计了现在使用的平底铁轨,并在英国首次制造。到了1855年,人们已经能用钢来制造钢轨了,其形状和长度与现在的钢轨相似,它对铁路的发展起到了很大作用。

到了19世纪,美国和英国等西欧各国都进入了铁路建设高潮期,横贯美国大陆的铁路就是在这个时期建成的。这种形势也影响着其他一些国家,到19世纪后半期,已扩展到非洲、南美洲和亚洲各国。从此,铁路成了陆地交通的主要工具。但美国早期的铁路运输,由于铁道不长且资本金不足,只起到弥补水运不足的作用,直到1850年以后,美国人才清楚地意识到唯有铁路运输才能促成在美国开发无穷无尽的资源。其后,他们广借外债,致力于铁路的兴建。1900年左右,全美国由东到西、由南到北,已为铁路网所密布。

进入20世纪后,铁路运输完成了系列技术改进,包括无缝钢轨焊接、机械化养路装置、电子中央控制系统、闭塞信号系统及自动化的列车控制系统等。尽管有了这一系列技术的重大进步,自第一次世界大战之后,铁路运输还是无法避免来自小汽车与货车的公路运输的激烈竞争。

为提高与公路运输竞争的优势，在长途城际铁路旅客运输方面，1964 年，日本首先推出了运行速度最高达 200km/h 以上的高速铁路系统——新干线高速铁路，当时的东海道新干线最高速度为 210km/h。随着高速铁路网的扩展，列车速度随后又提高到 300km/h。法国高速列车 TGV 是欧洲最先发展的高速铁路系统，从 1981 年起陆续改进，第二代 TGV 实际最高运行速度已达 300km/h。联邦德国铁路在 1991 年开始了高速铁路系统的运营，运行速度为 250 ~ 280km/h。此外，西班牙、意大利等国也相继建成了部分高速铁路系统。图 1-2 为现代高速列车。

图 1-2　现代高速列车

我国第一条自主设计建造的铁路——京张铁路于 1909 年建成通车。当时，隧道施工是摆在京张铁路设计和施工人员面前的最大难题。从美国耶鲁大学留学归来的詹天佑将南美伐木所用的人字形铁路首次运用在我国干线铁路上，通过延长距离，顺利通过了京张铁路关沟段 33‰大坡度，将原本需要开挖 1800 多米的八达岭隧道缩短为 1091m。“工程师既有利国之技能，应各出所学，各尽所知，使国家富强，不受外侮，足以自立于地球之上。”这是 110 多年前，詹天佑对筑路强国的深刻理解。110 年后，全程 174km、最高时速达到 350km 的京张高速铁路建成，起点位于北京北站，出站 270m 后，从地上“钻”入地下，通过清华园隧道一路向北，穿越居庸关长城、水关长城、八达岭长城，跨越北京重要的地表水源地——官厅水库，最终抵达张家口。京张高速铁路开启了世界智能高铁的先河，成为中国铁路从“落后”走向“引领”的见证。

在大、中城市，轨道交通系统被公认是解决城市交通问题最有效的运输方式之一。在第二次世界大战前，仅 10 多个城市建有轨道交通系统，到 20 世纪末，则已超过 130 个城市。

1.2.3　公路运输

汽油发动机用于道路车辆，首先是由德国人戴姆勒于 1886 年尝试成功。大约 8 年之后，美国开始发展汽车。其后若干年，世界各先进国家的汽车运输，因道路缺乏坚固路面而停滞不前。但由于汽车的便利性，时至今日，世界上许多国家已建有巨大的、经过改造的公路系统，其中包括高速公路，使得载货汽车、拖车能够运送大量的货物，公路运输成为最常见的运输方式。现代个人轿车如图 1-3 所示。

图 1-3　现代个人轿车

回顾现代公路运输的发展历史，大致经历

了4个发展阶段：

公路的普及阶段(19世纪末—20世纪30年代)。这期间，随着汽车的大量使用，人们在原有乡村道路的基础上，按照汽车行驶的要求进行改建与加铺路面，构成了基本的道路网，从而达到了大部分城市都能通行汽车的要求。

公路的改善阶段(20世纪30年代—50年代)。这期间，由于汽车保有量迅速增加，公路交通改善需求增长很快。各国除进一步改善公路条件外，开始考虑城市间、地区间公路的有效连接，着手进行高速公路和干线公路的规划。在这个阶段，英、美、德、法等国都提出了以高速公路为主的干线公路发展规划，并通过立法，从法律和资金来源方面保障规划的实施。

高速公路和干线公路的高速发展阶段(20世纪50年代—80年代)。这期间，各国大力推进高速公路和干线公路规划的实施与建设，并基本形成了将道路使用者税费作为公路建设资金来源的筹资模式。经过几十年的发展，各国初步形成了以高速公路为骨架的干线公路网，为公路运输的进一步发展奠定了基础。

公路的综合发展阶段(20世纪80年代末至今)。这期间，各国在已经建成的发达的公路网络基础上，着眼于维护改造已有的路桥设施并进一步完善公路网络服务系统，重点解决车流合理导向、车辆运行安全及环境保护等问题，从而提高公路网综合通行能力和服务水平。

我国大陆高速公路建设起步于改革开放后的20世纪80年代，比发达国家晚了整整半个世纪。1988年，上海沪嘉高速公路和辽宁沈大高速公路(部分路段)建成通车，经过约30年的快速发展，我国大陆高速公路通车里程于2012年首次超越美国，居世界第一位。

截至2022年底，我国公路通车里程已达535.48万公里，其中高速公路里程达17.73万公里(含国家高速公路里程11.99万公里)，居世界第一位。普通干线公路实现提质升级，基础服务网络广泛覆盖，全国二级及以上等级公路里程达74.36万公里。四通八达的公路网在便捷人们出行、畅达物资流通的同时，也为我国经济社会发展注入了无限的生机与活力。

1.2.4 航空运输

在古代，人们曾尝试过模仿鸟类飞行，但是很难。最先把这一梦想变成现实的是法国的蒙特哥菲尔兄弟。1782年，他们把燃烧羊毛和稻草、麦秆时产生的轻气体充进球形的袋子里并借助这样的气球飞了起来。1783年，人类第一次成功地搭乘气球在巴黎郊外飞行了约10km。

法国的吉法尔在1852年研制了功率大、质量轻、可装在气球上的蒸汽机，使得朝指定方向飞行得以成功，这就是最初的飞艇。德国的利林塔尔研究了利用翼的升力在空中自由操纵的问题。他根据对翼的正确认识，进而想到用重力和风力作动力，在1891年发明了没有发动机的飞机，这就是最初的滑翔机。

美国的莱特兄弟研制成功了可装在滑翔机上的轻型汽油发动机，1903年，第一次实现了用螺旋桨作动力的飞行,这就是飞机的雏形。1914 年,美国首次开辟了从坦帕到圣彼得斯堡的定期航班。1919 年,又开设了从伦敦到巴黎的定期航班。另一方面,飞机及飞机用航空发动机的不断改进和完善,提高了载运能力、航程和速度,也推进了形成世界范围航空网的过程。

第二次世界大战后,民航机广泛采用了航程大的四发动机飞机,从而使横跨大西洋和太平洋的航线愈加活跃,后又开辟了从欧洲通过亚洲大陆南部沿岸直达远东的新航线。1959 年,随着喷气式客机的产生,又开辟了从欧洲经过北极飞往远东的航线,从而大幅缩短了飞行时间。1967 年,又开辟了从欧洲经西伯利亚到远东这条距离更短的航线。航空港的建设、大型喷气式客机的就航和飞行技术的发展,对上述时期民航事业的发展起到了很大作用。现代民航客机如图 1-4 所示。

图 1-4　现代民航客机

1.2.5　管道运输

管道运输发展是历史最短的一种运输方式。在美国人开发宾夕法尼亚州油田之后不久,人们于 1865 年开始利用管道来运送石油。但在此后的 50 多年间,油管运输的发展非常缓慢。进入 20 世纪后,大量油田的发现使油管运输成为一种重要的运输方式并得到快速发展。从 1971 年后,油管运输的货物已不限于原油及汽油等油类产品,甚至可采用煤浆管道来运送煤炭或石灰。现代管道运输如图 1-5 所示。

图 1-5　现代管道运输

1.2.6　综合运输

综合运输体系是经济社会发展到一定阶段,在理论创新、科技创新和制度创新的共同作用下产生的一种现代交通运输的组织形式,是经济社会发展的必然要求,是交通运输发展从国家综合利益和战略角度追求的理想目标。

综合运输的概念最早于 20 世纪 50 年代初由苏联提出,为解决交通系统运网不发达、运能相对短缺的问题,提出了“各种运输方式协作与综合发展”的理念,根据不同交通运输方式特征,确定方式间分工,并由政府参与制定运输过程中各方式的衔接方案。早期对综合运输体系的相关理论认识可以概括为“一个根据,两个综合,三个比例关系”。“一个根据”即根据社会主义有计划按比例发展的经济规律,研究、探索交通运输发展问题。

“两个综合”即综合发展、综合利用,“综合发展”侧重于研究各种运输方式在综合交通网规划中的发展及其协调配套建设;“综合利用”侧重于现代各种运输方式在运营和运行中的合理利用、互相贯通和衔接。“三个比例关系”包括交通运输业与国民经济的比例关系,铁路、公路、水路、航空、管道各种运输方式间的比例关系,运输方式内部的比例关系。

自改革开放起至20世纪末,在以经济建设为中心的总体方针指导下,我国交通运输建设步伐加快,综合运输理论同步快速发展。此时的研究重点侧重“三大关系”,一是交通运输与国民经济发展的关系;二是铁路、公路、水路、航空、管道等各种运输方式之间关系;三是各种运输方式内部的结构关系。

进入21世纪,随着我国经济社会及交通运输自身发展阶段和条件变化,以及中国特色社会主义市场经济等相关理论与方法研究不断深化,我国综合交通运输理论与政策研究的重点和视角等也在不断调整拓展,在强调各种运输方式自身加快完善网络、提升能力,进而促进各运输方式之间合理分工、协同发展的“方式观”理论研究与实践探索的基础上,进一步提出综合交通运输“系统观”“空间观”“战略观”等理论观点和研究框架,并在实践中不断地丰富完善。综合交通运输理论“系统观”,重点是从经济社会、生态环境等大系统视角审视综合交通运输系统的衔接和均衡发展问题;综合交通运输理论“空间观”,重点是从国际、国内跨区域、城市群、都市圈、城市、乡村等不同空间尺度研究分析综合交通运输体系的整体布局和建设发展问题;综合交通运输理论“战略观”,重点是根据经济社会和交通运输发展阶段变化,研究综合交通运输地位、作用及发展导向和任务等问题。

现代交通运输发展不仅为满足经济社会发展的要求,对国民经济有着巨大的促进作用,同时其自身巨大的物质、资金、劳动力及技术的需求,也刺激并带动其他行业迅速发展。世界经济发展史表明:基础设施产业除了在经济起飞和快速发展前有一个超前发展的阶段外,其在国民经济中的地位与作用还随着经济社会的发展而经久不衰,这是任何其他产业所不具备的最重要特征之一。当今国际经济发达的国家、地区和城市也多是现代交通运输十分发达的地区。特别是国际经济中心城市,如纽约、伦敦、东京、新加坡等城市和国家无一例外地形成了现代化的海港、航空港和立体网络化的铁路公路系统。

孙中山先生曾说:“道路者,文明之母也,财富之脉也。”各种交通运输方式构成的综合交通运输网络可以使国内外、各地区联结成一个统一的整体,对于促进国家经济的协调发展、国土空间的开发和资源的合理利用等均具有十分重要的意义,在国民经济和社会发展中起着重要的先行官的作用。

1.3 我国综合交通运输发展现状

改革开放四十多年来,我国综合交通运输体系建设取得了巨大成就,在基础设施、技术装备水平和运输服务能力等方面显著进步，对经济社会发展的保障和支持作用不断增强，为我国区域经济协调发展、社会繁荣进步作出了重大贡献。各种交通运输方式技术经济优势充分发挥，布局日趋合理、结构不断优化、系统不断完善，有效满足客货运输需求，且能力不断提升的一体化交通运输有机整体正在形成，综合交通运输体系正朝着适应经济社会高质量发展的方向迈进。

本节将简要回顾和总结我国交通运输发展建设取得的成就，以及交通运输发展面临的主要问题。

1.3.1 交通运输发展建设成就

1.3.1.1 交通运输基础设施网络不断完善

(1)网络规模和覆盖广度持续扩大

我国综合交通运输网络规模和覆盖程度持续提升，网络密度和能级水平已位居世界前列。“五纵五横”综合运输大通道基本贯通。其中，“五纵”综合运输大通道包括：南北沿海运输大通道、京沪运输大通道、满洲里至港澳台运输大通道、包头至广州运输大通道、临河至防城港运输大通道；“五横”综合运输大通道包括：西北北部出海运输大通道、青岛至拉萨运输大通道、陆桥运输大通道、沿江运输大通道、上海至瑞丽运输大通道。根据《中国统计年鉴(2022 年)》和《2022 年交通运输行业发展统计公报》等资料，我国包括铁路、公路、内河航道、输油(气)管等在内的全国综合交通网总里程逐年增长(表 1-2)。根据交通运输部信息，截至 2022 年底，我国综合交通网总里程已突破 600 万公里。

1978—2020 年我国综合交通网总里程变化情况 表 1-2

年份(年)	综合交通网规模(万公里)	年份(年)	综合交通网规模(万公里)
1978	108.6	2012	455.2
1980	105.9	2013	468.4
1985	111.8	2014	480.8
1990	121.1	2015	493.4
1992	125.0	2016	506.1
1997	142.3	2017	514.7
2000	189.3	2018	522.8
2005	358.8	2019	540.6
2008	399.1	2020	560.1
2010	430.2	2021	569.0
2011	440.8	—	—

注：不包括港澳台地区统计数据，不包括远洋航线、航空航线等里程。

截至2022年底,全国铁路营业里程15.5万公里,全国铁路路网密度161.1公里/万平方公里,高速铁路营业里程达到4.2万公里,铁路覆盖了城区常住人口20万以上的绝大部分城市;公路通车里程535.48万公里,公路网密度达到55.78公里/万平方公里,“四好农村路”建设进一步向基层延伸,以县城为中心、乡镇为节点、建制村为网点的农村公路交通网络初步形成;内河航道条件持续改善,通江达海、干支衔接的航道网络进一步完善,长江、西江、京杭运河等航道通航条件不断完善,初步建成了以“两横一纵两网十八线”为主体的内河航道体系,内河航道通航里程12.80万公里,其中等级航道里程6.75万公里,占总里程的52.7%;机场建设步伐不断加快,功能逐步完善,服务能力显著提高,我国境内民用航空运输机场(不含香港、澳门和台湾地区)达到254个,其中全年旅客吞吐量达到100万人次以上的机场69个,达到1000万人次及以上的机场18个,全年货邮吞吐量达到10000吨以上的机场51个;油气管网建设快速推进,基本形成了“西油东送、北油南运、西气东输、北气南下、缅气北上、海气登陆”的多元供应管网格局。

(2)综合客运枢纽发展水平不断提高

不同交通运输方式之间通过实施立体化换乘、同站场布置,联通性和服务品质明显改善,对周边地区的辐射带动作用显著增强。如北京大兴国际机场、上海虹桥综合交通枢纽实现了航空、高速铁路、地铁、客运班线、小汽车等多种交通运输方式立体换乘。

上海虹桥枢纽位于上海市闵行区,虹桥枢纽是机场、高速铁路、磁浮、长途汽车、地铁、公交、出租等一系列城市对内、对外交通服务功能一体化的综合性客运交通枢纽,整个枢纽集散客流量约为48万人次/天。枢纽服务于全国的远距离航空、高速列车,长三角的中距离城际列车、高速巴士,以及上海市内部的轨道交通、公共交通等,适应了不同层次的交通出行要求。此外,枢纽内引入磁浮交通,实现了航空旅客在虹桥和浦东两机场间的快速周转,并可实现上海浦东国际机场与长三角腹地间的密切联系。一方面,它是沪宁和沪杭两个轴的交接点;另一方面,也是上海东西发展轴的一个端点。枢纽中间核心区内各交通主体的平面布局由东向西依次为虹桥机场2号航站楼(西航站楼)、东交通广场、磁浮站、高铁车站、西交通广场;枢纽建筑综合体(站本体)的竖向布局自下向上分层;机场跑道、磁浮线及高铁轨道均为南北向布置,如图1-6所示。

随着客运枢纽建设综合开发理念不断提升,围绕客运枢纽的城市综合商业开发日益得到重视,以公交优先发展导向的城市交通枢纽综合开发(Transit Oriented Development,TOD)不断推进。

(3)货运“最后一公里”衔接成效显著

运输结构调整成为国家重点任务,港口集疏运系统建设取得长足进步,港口、物流园区、大型企业铁路专用线建设明显加快,港口大宗货物“公转铁”工程、工矿企业大宗货物“公转铁”工程、集装箱铁水联运拓展工程等“九大工程”成为货运枢纽建设的重点,打通了铁路运输“最后一公里”,实现了铁路干线运输、大型工矿企业、物流园区等的高效联通和无缝衔接,铁路“微循环”系统日益畅通。

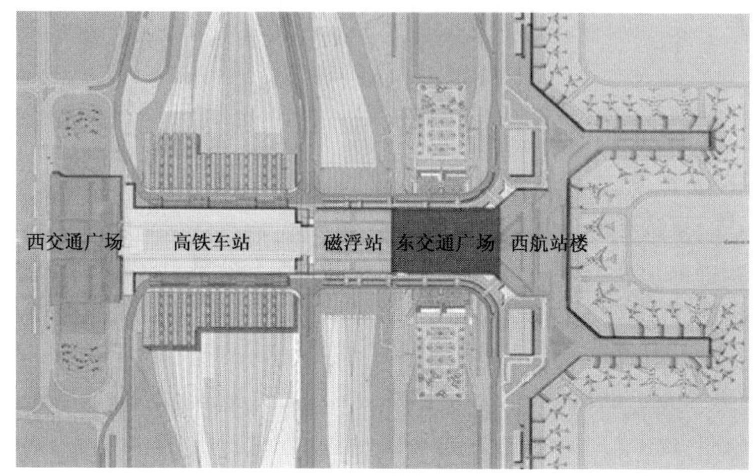

图 1-6　上海虹桥综合交通枢纽平面图

1.3.1.2　运输服务能力和服务品质大幅提升

(1)运输规模快速增长,运输结构不断优化

坚持人便其行、货畅其流理念。改革开放以来,我国客货运输能力持续增强,全国铁路、公路旅客周转量,公路、水路货物周转量,铁路货运量,港口货物吞吐量和集装箱吞吐量等快速增长,均居世界前列。

旅客运输方面,2019 年,全社会完成营业性客运量、旅客周转量分别为 176.0 亿人次、35349.2 亿人公里,与 1978 年相比,分别增长至 6.93 倍和 20.28 倍。运输结构不断调整优化,如图 1-7 所示,民航旅客周转量比重从改革开放初期的 1.60% 上升为 2019 年的 33.11%。1978—2012 年,公路旅客周转量比重从 29.91% 不断上升至 55.32%,铁路旅客周转量比重从 62.72% 下降至 29.39%,随着高铁建设全面铺开,公路旅客周转量比重开始下降,铁路旅客周转量比重稳步上升。水路旅客周转量比重相对于改革开放初期的 5.77% 明显下降,近年来保持在 0.23%,此外,城乡道路客运服务能力和服务均等化水平不断提升。“公交优先”战略扎实推进,定制公交、夜间公交等特色公共交通服务产品新模式不断丰富。

货物运输方面,2019 年,全社会完成营业性货运量、货运周转量分别为 470.7 亿吨、19.9 万亿吨公里,与 1978 年相比,分别增长至 14.66 倍和 20.08 倍。货运结构优化取得成效,如图 1-8 所示,扣除远洋货运,水路货物周转量比重从 1978 年的 17.67% 上升至 2019 年的 34.34%;公路货物周转量比重从 1978 年的 4.71% 提高到 2012 年的 49.45%,2012 年之后开始逐步降低,2019 年为 41.03%;铁路货物周转量比重从 1978 年的71.83% 持续下降至 2016 年的 18.51%,随着近几年货运结构的不断调整,2019 年上升至 20.77%。民航与管道货物周转量比重相对较为稳定,民航货物周转量从 1978 年的 0.01% 上升至 2019 年的 0.18%,管道货物周转量比重保持在 3% 左右。

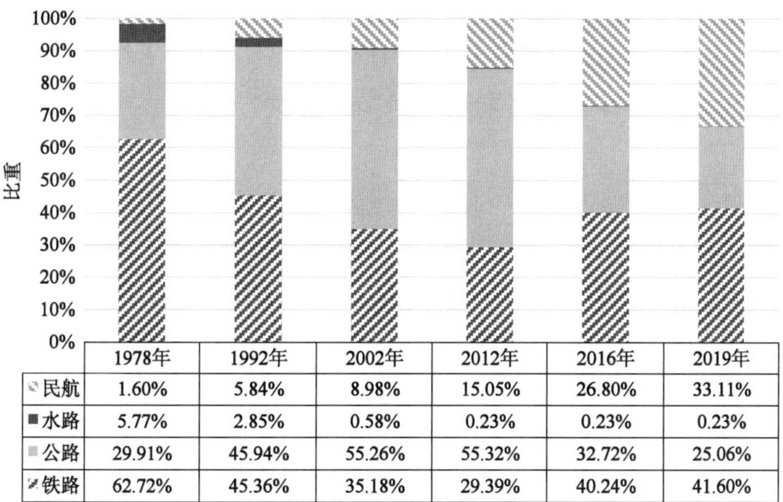

	1978年	1992年	2002年	2012年	2016年	2019年
民航	1.60%	5.84%	8.98%	15.05%	26.80%	33.11%
水路	5.77%	2.85%	0.58%	0.23%	0.23%	0.23%
公路	29.91%	45.94%	55.26%	55.32%	32.72%	25.06%
铁路	62.72%	45.36%	35.18%	29.39%	40.24%	41.60%

图 1-7　各运输方式旅客运输周转量比重变化示意图

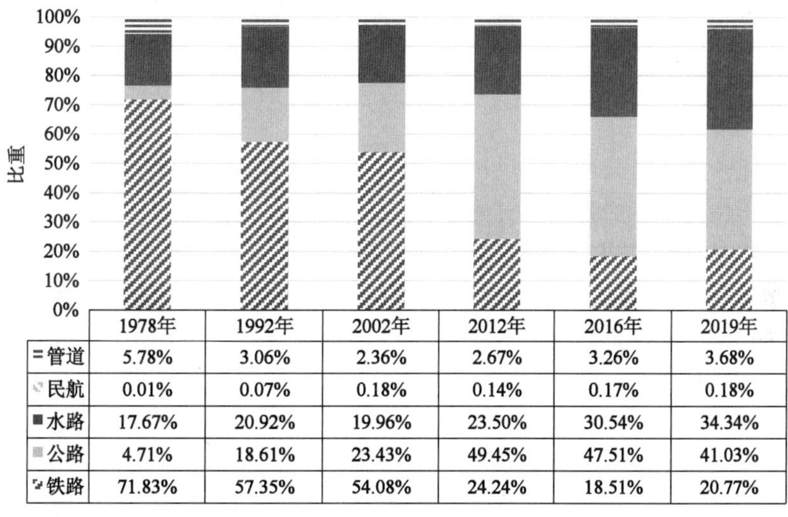

	1978年	1992年	2002年	2012年	2016年	2019年
管道	5.78%	3.06%	2.36%	2.67%	3.26%	3.68%
民航	0.01%	0.07%	0.18%	0.14%	0.17%	0.18%
水路	17.67%	20.92%	19.96%	23.50%	30.54%	34.34%
公路	4.71%	18.61%	23.43%	49.45%	47.51%	41.03%
铁路	71.83%	57.35%	54.08%	24.24%	18.51%	20.77%

图 1-8　各运输方式货物运输周转量比重变化示意图

(2)运输服务质量效率明显提高

①客运专业化、个性化、普惠化服务水平大幅提升。

随着客运班线布局和发班组织优化,公路跨省运输、跨地市运输、跨县运输、城际客运班车公交化等服务品质不断提升。

特色公共交通服务新模式不断创新,定制公交、商务快巴、旅游专线、社区巴士等客运服务水平提升,涌现出城际专线、城际拼车等服务新模式,较好地满足了出行“点到点”“门到门”等需求。全国90%以上二级道路客运站初步实现省域联网售票,旅客联程运输加快发展。

“互联网 +”城市公共交通深度融合发展，截至 2020 年底，全国 100 多个城市步入公交移动支付时代，交通一卡通互联互通范围已覆盖 303 个地级以上城市市区公交线路，以及 30 个地级以上城市轨道交通线路。公共交通年客运量超过 900 亿人次，客运基本公共服务均等化水平不断提高。

铁路方面，在提速的同时，售票服务升级，电子客票全面推行，推广网上订餐、移动支付、“刷脸”服务、“刷脸”核验等便民服务。全国常态化开行 81 对公益性“慢火车”，覆盖全国 21 个省（自治区、直辖市），经停 530 个车站，途经 35 个少数民族地区。实施普速站车达标提质专项行动，为经济欠发达地区、边远山区等的人民群众出行提供便利。

机场和主要航空公司“无纸化”出行有序推进，网上办理“民航临时乘机证明”，跨航司行李直挂试点实施，极大方便了乘客的出行。《2022 年民航行业发展统计公报》显示，全国平均航班正常率达到 94.98%。

②货物物流降本增效不断深入。

铁路、公路、水路、航空等运输物流体系日益完善，多式联运、甩挂运输等先进运输组织模式及冷链等专业物流快速发展，城乡物流配送信息化、集约化程度明显提升。2019 年，全社会物流总费用与国内生产总值（GDP）比率由 2012 年的 18.0% 下降至 14.7%；在世界银行发布的物流绩效指数排名中，我国从 2014 年的 28 位上升到 2018 年的 26 位，社会物流运行效率明显提升。

③运输安全和应急保障水平稳步增强。

我国交通运输始终坚持以人民生命安全为首位，防范重特大交通事故发生与压减交通事故死亡率并重，安全运营水平有效提升，应急保障能力稳步增强。我国铁路安全水平远高于英国、德国、日本等发达国家，被国际铁路联盟认为是铁路最安全的国家。运输船舶百万吨港口吞吐量等级以上事故件数年均下降 5% 左右。航空系统建成统一运行的监控和流量管理平台，推进协同决策系统（CDM）与机场协同决策系统（A-CDM）建设对接，实现了民航客机全球追踪监控系统全覆盖。

1.3.1.3　交通运输技术装备水平明显提高

(1)载运工具装备水平不断提高

客货运输车辆品种和结构均实现升级换代。截至 2022 年末，全国铁路机车拥有量 2.21万台，比 2012 年增加 12.8%。其中内燃机车 0.78 万台，占 35.3%；电力机车 1.42 万台，占 64.3%。全国铁路客车 7.7 万辆、铁路货车 99.7 万辆，分别比 2012 年增长 38.0% 和 41.6%。动车组 4194 标准组、33554 辆，分别增长至 2012 年的 5.1 倍和 3.9 倍。城市轨道交通装备设备国产化率进一步提高。

随着公路网络不断完善，我国汽车产销量持续增长，民用汽车数量从 2012 年的 10933 万辆增长到 2022 年的 31903 万辆。围绕电动化、网联化、智能化、共享化，新能源汽车发展与国际先进水平基本保持同步。公路营运客车高档化、舒适化水平不断提高，截至 2022 年末，全国拥有公路营运载客汽车 55.42 万辆，共计 1647.24 万客位，公共汽电车 70.32 万辆（纯电动车占比 64.8%），巡游出租车 136.20 万辆。货车车辆大型化、专业化程度不断提高。

船舶运力结构不断优化。到2022年底，全国民用运输船舶中的机动船共计12.19万艘，比2012年减少31.7%，净载重量2.98亿吨，比2012年增长30.4%。

民航拥有运输飞机在册架数从2012年的1941架增长到2022年底的4165架，增长114.6%。大型运输飞机数量显著增多。民航货运飞机从无到有，总量达到223架。

管道装备技术支撑有力。西气东输全线建成，其中二线工程是我国路径最长、管壁最厚、压力等级最高、技术难度最大的管道工程，创造了世界管道建设史上的高速度，建设中应用了卫星遥感、航测、三维设计等先进技术。

(2)设备制造技术与装备研发水平大幅提升

高速铁路、重载铁路、深水筑港、大型飞机、北斗卫星导航系统、海工设备等技术装备取得突破，复兴号动车组列车成为世界上运营时速最高的高铁列车，C919飞机开启商业飞行，大型船舶和汽车装备制造能力进一步提升，为我国交通运输高质量发展提供了坚实支撑。

1.3.1.4　新领域新业态蓬勃发展

(1)交通线上线下融合新模式快速发展

随着移动互联网的快速发展，交通运输成为共享经济发展的热土，交通运输新兴客货服务产品层出不穷，依托互联网的共享出行和共享货运蓬勃发展。

网约车、共享单车、共享汽车等客运线上线下新消费快速增长。2020年，共享单车市场规模达到220亿元，用户规模达到3.8亿人。中国国家铁路集团有限公司、民航公司的网站、应用程序(App)、公众号售票系统通过迭代优化，更好满足了旅客订票、选座等出行服务需求。

以互联网、第五代移动通信技术(5G)、人工智能等为代表的先进信息技术应用为货运物流注入了发展新动能。货运物流积极融入“互联网+”进程，形成了各种新技术、新业态和新模式，创新了货运物流组织方式。以满帮、易货嘀等为代表的车货匹配、车辆管理平台的建设，促进了货运资源整合；以菜鸟网络、顺丰、京东物流等为代表的平台实现了电商物流、快递信息的跟踪与查询，提升了客户体验。

(2)交通基础设施信息化、智能化水平全面提升

新一代国家交通控制网、智慧公路试点、智慧港口示范工程、E航海示范工程、交通旅游服务大数据试点工作有序实施，交通运输新型基础设施建设方兴未艾。

传统交通基础设施智能化升级加快。如高速公路电子不停车收费系统(ETC)基本实现了全国联网且总体运行稳定，人民群众出行更加安全和便捷；“复兴号”高速铁路列车实现Wi-Fi全程覆盖；民航实现“万米高空通Wi-Fi”。云计算、大数据技术及人工智能技术在行业监管、安全应急、行政审批等领域已得到广泛应用。北京、深圳、杭州、南京等城市交通运行协调指挥中心加快建设，搭建信息共享平台与服务平台，动态运行监测和协同服务水平不断提高。

(3)交通与经济社会融合发展不断推进

交通运输与经济社会融合互动，深刻改变着传统生产生活方式。如公路、铁路、民航

等与旅游业联动发展,打造了旅游公路、风景道、休闲步道、旅游专列等。海南省延伸滨海火车旅游专列,推动了邮轮游艇旅游发展。河北省建设了高品质国家1号风景大道,该风景大道贯穿围场满族蒙古族自治县、丰宁满族自治县两个原国家深度贫困县,助推6.2万贫困人口脱贫致富。高铁经济和临空、临港等枢纽经济不断培育壮大,形成了交通运输驱动经济增长新动能。

1.3.1.5 体制机制改革稳步推进,一体化建设运营管理环境进一步优化

(1)交通治理能力显著提升

交通运输行业全面推进治理体系和治理能力现代化建设,优化宏观调控方式,推动简政放权、放管结合、优化服务(简称"放管服")改革,法律法规体系逐步完善。

交通运输行业各部门按照职能分工,协同推进综合交通运输发展的管理、协调机制不断完善。进一步建立健全以国家发展战略和规划为导向的交通运输宏观调控机制,陆续批准了公路、铁路、民用机场、油气管网等一批中长期规划,推动基础设施领域重大项目工程,调控引导基础设施发展方向和进程。发挥国土空间规划的指导约束作用,推进"多规合一""多规融合"。稳步推进中央与地方财政事权和支出责任划分改革,逐步理顺中央和地方政府在交通运输投资、运输管理、交通安全管理等方面责权关系。

(2)竞争有序的大市场正在构建

推进交通运输价格市场化改革,有序放开竞争性领域价格,完善价格机制与收费规则。建立完善铁路货运与公路挂钩的价格动态调整机制,探索货运分方向、分季节、分品类、分运能等灵活价格调整策略,初步构建了以列车运行速度和等级为基础、体现服务质量差异的旅客运输票价体系,扩大民航国内客运航线、港口经营等领域经营者自主定价范围。实施有利于缓解城市交通拥堵、有效促进公共交通优先发展与公共道路资源利用的城市停车收费政策。

1.3.2 交通运输发展面临的主要问题

1.3.2.1 综合交通运输理论研究滞后,亟待加快构建支撑综合交通运输高质量发展的理论创新体系

理论创新是综合交通运输体系高质量发展的前提基础和重要支撑。新中国成立以来特别是改革开放以来,我国在交通基础设施规划、设计、建造等方面的基础研究和技术创新取得了重大突破,充分发挥了基础科学研究对交通运输行业的支撑和引领作用,道路、桥梁、铁路、港口等交通设施规模已处于世界前列。

为进一步发挥交通运输对于经济社会发展的引领支撑作用,党的十九大作出建设交通强国的战略部署,中共中央、国务院发布了《国家综合立体交通网规划纲要》,描绘了未来三十年我国综合立体交通网络化布局、一体化融合、高质量发展和现代化治理的宏伟蓝图。面对综合立体交通网规划建设的新要求,已有理论方法面临诸多现实挑战:一是面向超大规模综合交通运输系统深度融合的要求,国际上并没有成熟可借鉴的经验,特别是缺

乏综合立体交通系统协同规划、设计、建设、运行与运营管理的基础理论；二是我国国情和国外有很大差异，我国幅员辽阔、人口众多、交通运输需求巨大，且正处于城镇化、机动化快速转型的历史阶段，交通运输系统的规模和尺度远超其他国家，传统理论难以适用于我国交通运输新发展的现实需要；三是新一轮科技革命和产业变革加速演变，传统理论体系难以适应未来科学技术发展，面临重构的需求迫切。

面对以上挑战，亟待广大交通运输领域科技人才勇于创新，填补基础理论体系空白，加快推进我国交通运输领域基础理论的创新发展，为世界交通前沿研究作出中国贡献。一方面，需要系统总结我国综合交通运输系统发展中的丰富实践经验，集中优势力量，融合大数据、人工智能、5G、新基建等新方法、新技术，加快创建中国特色社会主义理论体系框架下的"综合立体交通网一体化融合基础理论"；另一方面，需要构建面向综合立体交通运输系统协同分析的方法体系，推动多方式数据融合与共享，开发具有自主知识产权的综合交通运输系统分析工具，全面加强综合交通运输系统量化分析与科学决策的能力。

1.3.2.2　科技创新水平不高，交通运输关键核心技术能力薄弱，国际竞争力不强

纵观世界交通运输业发展史，历次交通运输技术变革都与科技创新密不可分。在第一次工业革命时期，蒸汽机车广泛应用于交通运输领域，使轮船与火车成为水路和陆路运输的主力。在以电力为主导技术的第二次工业革命时期，交通运输领域出现了内燃机汽车和电气化火车交通工具。在以计算机及信息技术为代表的第三次工业革命时期，大型喷气式飞机、人造卫星、航天飞船和高速铁路等新技术新装备改变了人们的生产生活方式。以物联网、大数据、人工智能等技术为主导的新一轮科技革命和产业变革快速发展，发达国家普遍将交通运输作为新技术应用的重点场景之一加快布局发展。

相比而言，我国虽已成为先进技术装备大国，与发达国家先进技术水平的差距正逐步缩小，但是在高精尖技术方面依然受制于人。我国交通运输领域使用的民用飞机、汽车、船舶、轨道车辆等很多都是世界先进产品，但关键核心技术和产品自主化国产化水平不高。2017 年，我国商用大飞机 C919 实现首飞，但是制造技术同美国、欧盟、俄罗斯等国家和地区仍存在差距，尤其是在发动机、航电系统和飞控系统等方面。我国汽车产销量居世界第一，但汽车产业仍需要有更多的世界级技术、产品、企业和品牌。在前沿引领技术方面，如超级高铁、智能汽车等领域，仍然处于跟随状态，原始创新、集成创新能力尚待提升。

我国已成为全球货物贸易大国，但货运物流服务尚未形成与之相匹配的全球物流和供应链体系，在国际标准、规则制修订过程中参与度不高，进出口货物所需的物流服务在很大程度上依赖国际跨国物流企业。以国际航空货运为例，据统计，2018 年，联邦快递（FedEx）、联合包裹（UPS）、敦豪（DHL）的国际业务收入占其各自收入的比例分别是42%、20%、21%，而国内航空快递企业的国际业务收入水平占比远低于上述水平，我国物流企业的国际业务市场份额很低。

1.3.2.3　各种交通运输方式衔接协调发展不足，一体化服务水平有待提高

交通运输发展是一个系统性工程，强调发挥各种运输方式的比较优势，需要将铁路、

公路、水路、航空、管道5种运输方式作为一个有机整体进行系统研究、系统规划、系统建设。在我国交通运输总体适应经济社会发展的新阶段,各种运输方式协调不足已成为制约我国综合运输效率提高的关键问题。

在客运方面,各种运输方式尚未充分实现运力衔接和组织协同,不同方式客运枢纽在规划、建设、运营、管理中统筹不足,一体化衔接程度不高。在货运方面,各种交通运输方式衔接协调不畅,交通运输结构不平衡不合理,是我国物流费用居高不下的重要原因。在信息运用方面,不同运输方式、不同主体之间的信息壁垒仍然较为严重。同时,随着我国区域协调发展进入新阶段,中西部地区交通仍是短板,跨区域交通基础设施互联互通不畅问题逐渐凸显,城市群和都市圈等重点城镇地区综合交通发展有待加强,亟须破除制约协同发展的行业壁垒和体制机制障碍。

1.3.2.4 交通运输绿色发展水平不高,对资源环境影响仍然较大

交通运输领域是能源与资源消耗大户,从我国交通运输能源消耗结构来看,可再生能源、清洁能源消耗占比较低,落后于美国、德国等发达国家。我国城市公共交通机动化出行分担率偏低,平均水平不足50%,而新加坡和日本东京的公共交通分担率分别为63%、86%。交通污染已经成为空气污染的重要来源,北京、上海等特大城市和东部人口密集区,燃油汽车尾气排放对细颗粒物($PM_{2.5}$)浓度的贡献率达到10%~50%。另外,我国交通运输发展模式仍显粗放,运输结构不合理问题突出,资源集约、节约、利用水平和环境保护能力有待提升。

1.3.2.5 交通运输发展仍需不断增强人民群众的获得感

出行需求是人民群众最为重要的基本需求之一。一方面,随着人民群众的出行模式和货物流通方式发生深刻变化,多层次、多样化、个性化的出行需求和小批量、高价值、分散性、快速化的货运需求特征更加明显,交通发展需要更好地服务于人民生活。另一方面,农村和城镇化地区传统交通发展矛盾仍然突出。在农村地区,交通仍然是制约发展的重要短板,部分地区还存在“有路无车”的现象。在城镇化地区,交通拥堵是“城市病”的典型表现,成为大城市发展中最难以治理的突出问题之一,而且正在我国中小城市蔓延,严重的交通拥堵会日益降低城市居民的幸福感。同时,交通运输作为安全防范工作的重点行业,关乎人民的生命财产安全。与发达国家相比,我国交通运输安全形势不容乐观,2022年,我国道路交通事故万车死亡人数1.46人,仍高于日本、德国等国家。

1.4 交通运输发展趋势与要求

交通运输是国民经济中基础性、先导性、战略性产业和重要的服务性行业,交通现代化是国家现代化的重要标志。当前,我国经济社会发展进入新阶段,我国经济已由高速增

长阶段转向高质量发展阶段，进入转变发展方式、优化经济结构、转换增长动力的攻关期。党中央、国务院审时度势，提出了经济建设、政治建设、文化建设、社会建设、生态文明建设“五位一体”总体布局，以及创新、协调、绿色、开放、共享的新发展理念等治国理政新理念新思想。“新型城镇化”“乡村振兴”“京津冀协同发展”“长江经济带发展”“粤港澳大湾区建设”“长三角一体化发展”“黄河流域生态保护和高质量发展”等区域发展战略稳步推进，“创新驱动发展” “质量强国”“制造强国”“网络强国”“交通强国”等重要战略相继出台。其中，建设交通强国是建设现代化经济体系的先行领域，是全面建成社会主义现代化强国的重要支撑，是新时代做好交通工作的总抓手。为统筹推进交通强国建设，中共中央、国务院于 2019 年 9 月印发实施《交通强国建设纲要》。

《交通强国建设纲要》明确提出应坚持以供给侧结构性改革为主线，坚持以人民为中心的发展思想，牢牢把握交通“先行官”定位，适度超前，进一步解放思想、开拓进取，推动交通发展由追求速度规模向更加注重质量效益转变，由各种交通方式相对独立发展向更加注重一体化融合发展转变，由依靠传统要素驱动向更加注重创新驱动转变，构建安全、便捷、高效、绿色、经济的现代化综合交通体系，打造一流设施、一流技术、一流管理、一流服务，建成人民满意、保障有力、世界前列的交通强国，为全面建成社会主义现代化强国、实现中华民族伟大复兴中国梦提供坚强支撑。

本节将从现代化经济体系建设、人民生活水平提高、国土空间格局优化、资源环境约束、新一代科技革命和产业变革 5 个方面，分析新时期国家战略对交通运输发展的要求，以及交通运输响应国家战略与政策的发展趋势。

1.4.1 现代化经济体系建设要求提升综合交通运输服务保障能力

1.4.1.1 要加快交通供给侧结构性改革

提高经济发展质量、调整优化经济结构，要求加快推进交通供给侧结构性改革，进一步发挥交通服务支撑作用。

经济结构调整要求进一步完善交通设施布局。未来，根据我国产业结构优化调整的大趋势和以服务业为主导的大方向，第三产业增加值占 GDP 比重将持续提升，第一产业和第二产业增加值占 GDP 比重将继续降低，但仍将维持一定规模。产业结构变化将对交通运输需求产生一定影响。在客运方面，商务出行需求及以旅游观光、休闲疗养和文化娱乐为目的的出行需求将持续上升，人民群众对航空、高铁及高速公路等交通设施的需求将更加旺盛，城际公交化、航空运输大众化将成为交通运输发展趋势。在货运方面，大宗散货运输需求增速将有所放缓，更快速、更便捷、更准时的物流配送和高价值、小批量、多批次、定制化的货运需求将稳中有升，对全链条运输服务提出更高要求。需加快完善联运转运衔接设施短板，加大对公铁、铁水、空陆等不同运输方式转运场站枢纽的投入，提高一体化转运和多式联运效率。

交通设施布局除集中在城镇地区外，还要关注农村地区，补齐农村地区交通基础设施短板。完善城乡消费物流体系,构建城乡双向畅通的货运物流配送网络。

1.4.1.2 要持续完善交通体制机制

要充分发挥市场在交通资源配置中的决定性作用,同时更好发挥政府作用,创新交通资源配置方式,在资源与环境承载力允许的条件下,以公平合理的资源配置方式实现供需平衡,提升交通资源配置的效率和效益,必须持续完善交通体制机制。

针对当前存在的市场价格扭曲、配置效率较低、公共服务供给不足等突出问题,需要从广度和深度上推进市场化改革,减少政府对资源的直接配置,更多引入市场机制和市场化手段。

随着"放管服"改革力度的加大,企业融资成本的降低效果将更加明显,要求深化交通领域投融资体制改革,引导和鼓励社会资本参与交通运输基础设施建设、运营、管理和维护。积极探索应用价格、税收等优惠机制引导智能交通、绿色交通可持续发展。

1.4.1.3 要强化交通协同融合功能

加快建设创新型国家,要求发挥交通协同融合功能,持续推进交通运输领域创新发展,积极发挥交通对经济社会的引导和支撑作用。

未来,我国经济将更多从要素驱动转变为创新驱动,交通运输与新产业融合发展是必然趋势。要结合新一代信息技术,推进货、车(船、飞机)、场等要素数字化,拓展北斗卫星导航系统在道路收费、自动驾驶等领域的应用;加强云计算、人工智能等信息技术在交通运输领域的应用,提高服务智能化水平,形成智慧出行、预约出行新模式;推动物流园区和大型仓储设施、载运工具等应用物联网技术,实现物流信息采集标准化、处理电子化、交互自动化;加大对新型交通基础设施的投资,加强公共信息平台建设和管理,促进多部门客货运信息交换共享,推动交通运输信息化发展。

1.4.2 人民生活水平提高要求交通运输服务更加便利化、人性化

1.4.2.1 消费升级要求交通运输服务更加多样化、便利化

据统计,2022 年我国居民人均可支配收入达到 36883 元,伴随收入水平的提高,中等收入群体规模在不断扩大,全国中等收入群体已达到 4 亿人左右,居民在教育、文化、健康、旅行、体育、娱乐等方面的消费支出比重逐年提高。居民消费质量和结构不断升级,人们对服务价值、体验价值等更加关注。

交通运输是服务性产业,居民消费升级要求运输行业提质增效。居民对出行服务的时效性、舒适性和便利性要求更高,不仅要解决"有没有"的问题,更要解决服务"好不好"的问题,要求能够提供"快速、舒适、安全、便利"的全链条、一体化运输服务。

1.4.2.2 需求多样化要求交通运输服务更加个性化、人性化

未来客运出行需求的多元化、多样化,客观上要求运输服务更加个性化、人性化。如城市居民日常通勤通学基本出行需求要求运输服务的准时性、可靠性,休闲娱乐、探亲访

友等弹性出行需求要求运输服务的及时性、舒适性,城乡之间、区域和城际出行需求要求运输服务的通达性、快速性、便捷性。还有老年人、未成年人及残障人士等特殊群体的出行需要,要求建立完善适应特殊人群生理心理特征的交通服务系统,充分体现人文关怀。

经济结构的优化、产业的转型升级要求差异化的货运物流服务。高价值、分散性、小批量的货运物流需求快速增长,要求在进一步降低物流成本的基础上,加强服务的时间效率,提供精准快速、专业可靠的差异化服务。

1.4.3 国土空间格局优化要求发挥综合交通支撑引领作用

1.4.3.1 区域协调发展战略要求综合交通运输布局进一步优化

我国幅员辽阔、人口众多,各地区自然资源差异明显。新中国成立后,我国生产力布局经历了几次重大调整,从“一五”时期的156项重点工程过渡至20世纪60年代中期开展的“三线”建设,到改革开放实施的设立经济特区、开放沿海城市,再到20世纪末21世纪初初步形成西部开发、东北振兴、中部崛起、东部率先的区域发展总体战略。新时期“京津冀协同发展”“长江经济带发展”“粤港澳大湾区建设”“长三角一体化发展”“黄河流域生态保护和高质量发展”等区域发展战略,既为新增长极培育提供了空间载体,也为促进东西和南北平衡发展提供了着力点。

交通是区域协调发展的骨干系统和关键落脚点,能有效促进区域间分工协作与协调联动。便利的交通运输网络能够降低区域合作成本,增加区域协调发展的机会。要加快构筑高质量、综合立体、绿色互联的交通走廊,要建立以中心城市引领城市群发展、城市群带动区域发展的新模式,打造城市群一体化、都市圈同城化交通体系,构建更加协同高效的一体化交通运输网络。

1.4.3.2 城乡融合、乡村振兴要求交通均衡普惠

应按照客观规律,统筹考虑不同区域、城乡发展优势,正视区域发展的不平衡,用交通架起均衡普惠的桥梁,构筑城乡互动的广覆盖交通运输网络。要以示范县为载体,全面推进“四好农村路”建设,引导城市公共交通向乡村地区延伸,推进城乡客运一体化,保障农村地区基本出行条件。要加快构建农村物流基础设施网络,提高物流服务覆盖水平。

1.4.4 资源环境约束要求加快完善绿色交通体系

1.4.4.1 集约化低碳化要求强化绿色交通运输方式主导地位

随着经济社会与机动化进程的快速发展,不可再生资源消耗加快、生态环境恶化、城市承载压力过大等问题日益突出。不同运输方式在节能减排、运输能力及效率方面差异很大,面对资源环境约束,交通运输必须更加注重集约化、低碳化,构建以绿色交通为主导的综合客运体系,推进货物运输结构优化调整。

1.4.4.2 节能减排要求推动绿色交通装备研发应用

交通运输业是与工业、建筑业并列的我国国家节能减排三大主要领域之一,也是全球范围应对气候变化和节能减排的重点领域之一,要加大推广新能源和清洁能源运输工具,推动绿色交通科技研究及成果转化应用。开展以绿色交通新技术、新产品、新装备为重点的科技联合攻关,加快先进成熟适用绿色技术的示范、推广与应用。

1.4.4.3 人与自然和谐共生要求推进绿色交通基础设施建设

生态环境是人类生存最为基础的条件,是经济社会可持续发展最为重要的基础。交通基础设施建设要与生态保护同步推进。在交通设施的规划、设计、建造、使用和养护各阶段,要充分考虑对资源的集约节约利用,尽可能减少对环境的污染,避免对区域生态系统的负面影响,结合交通设施开展生态修复工程。

1.4.5 新一代科技革命和产业变革要求打造交通运输发展新模式

以信息化、数字化、智能化为特征的新一轮科技革命和产业变革,推动了移动互联网、云计算、物联网、人工智能等先进技术和交通运输的结合,培育发展了交通运输新技术、新模式、新业态。

要推动交通基础设施规划、设计、建造、养护、运行管理全要素、全周期数字化,实现基础设施全生命周期健康性能监测。要推动载运工具、作业装备智能化,鼓励具备多维感知、高精度定位、智能网联功能的终端设备应用,提升载运工具远程监测、故障诊断、风险预警、优化控制等能力,提升交通运输质量和效率。要以“出行即服务”(Mobility as a Service,Maas)为理念,以出行者需求为导向,以数字化为技术基础,利用综合出行服务平台对公共交通和个体交通等多方式出行服务进行整合,打造综合性、共享化和个性化兼具的全链条智慧出行服务体系。

综上所述,交通运输作为现代化经济体系的重要组成部分,现阶段已由高速增长阶段转向高质量发展阶段。交通运输高质量发展是以人民为中心、以供给侧结构性改革为主线的全方位、全过程的高质量发展。推动交通运输高质量发展是一项系统工程,必须运用系统论的方法,把握好设施、装备、组织、服务、管理及国际、区域、城际、城市、城乡等各个维度要素的内在关系,坚持技术创新和制度创新“双轮”驱动,以创新驱动高质量发展。

复习思考题

1. 结合自己的认识,谈一谈交通运输发展各阶段的基本特征。

2. 结合我国交通运输发展历程,通过学习拓展文献资料,举例说明交通运输对经济社会发展的主要作用有哪些。

3. 举例说明我国交通运输发展面临的主要问题,并提出改进的建议。

4. 结合国情,分析我国综合交通运输体系构建的目标和要求有哪些,对于国家和社会发展的作用有哪些。

5. 结合文献阅读,分析世界交通运输的发展趋势。

本章参考文献与延伸阅读

[1] 国家统计局,中国标准化研究院. 国民经济行业分类:GB/T 4754—2017[S]. 北京:中国标准出版社,2019.

[2] 黄晓明,陈峻,等. 交通运输导论[M]. 北京:人民交通出版社股份有限公司,2014.

[3] 丛书编写组. 加快构建现代综合交通运输体系,学习贯彻习近平新时代中国特色社会主义经济思想,做好"十四五"规划编制和发展改革工作系列丛书[M]. 北京:中国计划出版社,中国市场出版社,2020.

[4] 本书编写组. 国家综合立体交通网规划纲要学习读本[M]. 北京:人民交通出版社股份有限公司,2021.

[5] 徐宪平. 我国综合交通运输体系构建的理论与实践[M]. 北京:人民出版社,2012.

[6] 罗仁坚. 中国综合运输体系理论与实践[M]. 北京:人民交通出版社,2009.

[7] 过秀成. 交通运输工程学[M]. 北京:人民交通出版社股份有限公司,2017.

[8] 徐吉谦,陈学武. 交通工程总论[M]. 5 版. 北京:人民交通出版社股份有限公司,2020.

[9] 东南大学. 交通运输类数字化教育教学资源共享平台[DB/OL]. https://ttrsp.seu.edu.cn/Index.

第2章
CHAPTER TWO

综合交通运输系统

学习目的与要求

综合交通运输系统主要由客货交通需求、空间网络设施、交通载运工具、运行保障措施等要素构成，涵盖了铁路、公路、水路、航空、管道等多种交通运输方式，由于不同交通运输方式的空间叠加和衔接，形成了综合交通运输系统的运输大通道和枢纽节点。通过本章学习，要求了解构建综合交通运输系统的客观因素，综合交通运输系统的构成要素、自身特征、交通结构、层次结构、运输大通道、枢纽节点、发展特点等，对综合交通运输系统有一个清晰的整体认识和理解。

2.1 综合交通运输系统的内涵

2.1.1 综合交通运输系统的构成要素

相对传统交通运输而言，综合交通运输系统侧重于通过综合交通枢纽与复合运输通道，有效衔接铁路、公路、水路、航空、管道等多种交通运输方式，形成交通方式综合化、空间布局立体化、交通运输一体化；是基于不同交通运输方式间的协同互补，发挥不同交通运输方式的各自优势，满足交通运输需求的多样性与差异性，实现交通运输"安全、便捷、高效、绿色、经济"的交通运输系统。

综合交通运输系统的构成要素主要包括：客货交通需求、空间网络设施、交通载运工具、运行保障措施等。

2.1.1.1 客货交通需求要素

综合交通运输系统的客货交通需求,包括在实施国家战略、保障国家安全、协调区域发展等过程中,不同人员和物资要素在国土空间流动和转换的交通运输需求,也包括国家对外贸易、生产、服务等要素在国际的交通运输需求,是构建综合交通运输系统的服务客体。

2.1.1.2 空间网络设施要素

综合交通运输系统的空间网络设施,是实现综合交通运输系统客货交通运输功能的物理基础,由铁路、公路、水路、航空、管道等多种交通运输方式的网络设施,衔接不同交通运输方式的综合交通枢纽,以及不同交通运输方式形成的复合运输通道构成。

铁路空间网络包括客运铁路网、货运铁路网,以及铁路枢纽站;公路空间网络包括高速公路网、客货运公路枢纽;水路空间网络包括主要港口及其航道;航空空间网络包括干线机场及其航路;管道空间网络包括原油管道网、成品油管道网、天然气管道网;综合交通枢纽包括国际性综合交通枢纽、全国性综合交通枢纽、区域性综合交通枢纽;复合运输通道包括国际综合运输大通道、国内综合运输大通道、区域综合运输大通道。

2.1.1.3 交通载运工具要素

综合交通运输系统的交通载运工具要素,是容纳与承载被运送人员与物资的基本单元,通过机械动力驱动实现被运送对象在交通运输系统网络上的空间移动。根据运输方式的不同,可以将载运工具分为铁路载运工具、公路载运工具、水上载运工具、航空载运工具和其他载运工具。

铁路载运工具主要以电力、燃料为动力,包括高速及普速铁路列车(客车和货车等)、轻轨、地铁、市郊列车等;公路载运工具以汽油、柴油、电或其他能源为动力,包括汽车(客车和货车等)、无轨电车、摩托车等;水上载运工具以螺旋桨或喷射水流等在水中形成的推力为动力,包括各类船、舰、筏等;航空载运工具以螺旋桨或高速喷射气流在空气中形成的推力为动力,包括螺旋桨飞机、喷气式飞机、直升机等;管道运输载运工具与其空间网络设施为一体。

2.1.1.4 运行保障措施要素

综合交通运输系统的构建需要各种运行保障措施的引导、支撑和保障。在健全的运行保障措施下,才能构建"服务大局,服务人民;统筹融合,协调衔接;优化存量,精化增量;集约节约,资源共享;创新驱动,科技引领"的综合交通运输系统,并保证其顺利地运行,实现综合交通运输系统的可持续健康发展。

综合交通运输系统的运行保障措施要素主要包括:法律法规、体制机制、国土资源、资金保障、技术政策、人才保障、规划设计等方面,具体如下。

(1)在法律法规保障方面,建立健全综合交通法律法规体系,明确综合交通运输系统建设的法律地位。

(2)在体制机制保障方面,建立由国务院相关部门组成的协调机制,督导推动国家综合交通运输系统建设实施,明确国家综合交通运输系统建设的上位规划作用,加强对各级综合交通运输系统建设的指导和约束。

(3)在国土资源保障方面,建立国家综合交通运输系统建设重大项目库制度,建立国土和交通规划的动态调整管理政策。

(4)在资金保障方面,从多个渠道筹集资金,探索建立综合交通发展基金的可行性,为综合交通运输系统建设实施提供充足资金保障。

(5)在规划设计方面,完善综合交通运输系统规划、设计与建设体系,强化多种交通运输方式的有机协调和合理衔接。

2.1.2 构建综合交通运输系统的客观因素

构建综合交通运输系统的客观因素,主要体现在交通运输需求的多样性与差异性、不同交通运输方式的优势与劣势、不同交通运输方式的协同互补、服务人民出行与货物运输的本质功能、交通运输对经济社会的支撑与引导作用、保障国土安全与国防战略实施的客观需要等。

2.1.2.1 交通运输需求的多样性与差异性

交通运输需求主要分为旅客出行需求与货物运输需求。在旅客出行的过程中,出行主体、出行目的、出行时间、出行距离、出行成本等出行需求具有多样性与差异性,以及在货物运输的过程中,货物自身属性及其对运输成本、时效、安全、装载等运输服务的要求有所不同,导致对交通运输方式与交通服务提出的要求有所不同。同时,由于人口资源、自然资源等空间分布的不均衡性,以及运输需求的时变性,交通运输需求具有时空差异性特点,从而导致交通运输系统具有疏密性与不均衡的特点。

旅客出行需求的多样性与差异性,主要体现在以下几个方面。

(1)准时性:旅客要求按时、迅速到达目的地。

(2)出行体验要求:旅客要求出行相对方便,各种旅行标志易于识别,购票方便,出行过程中服务周到、热情等。

(3)经济性:旅客要求在满足需求的情况下,尽量便宜经济。

(4)舒适性:旅客要求行程舒适。

(5)安全性:旅客要求出行过程中必须首先满足自身的安全移动。

(6)个体异质性:部分乘客对于出行的各个方面有着特殊的需求。

(7)时间上的不平衡性:在节假日及旅游季节,旅客出行需求一般相较平时有激增的情况,例如“十一黄金周”、春运等。

(8)空间、方向上的不平衡性:我国交通运输系统物理网络布局与地区经济发展水平的不均衡,使我国不同地区旅客出行需求在客观上存在差异,例如北上广、长三角、东南沿海地区与西北内陆地区的旅客出行需求存在一定差异。

货物运输需求的多样性和差异性与旅客出行有部分相似性,同时存在一些不同,主要体现在以下几个方面。

(1)时间性:货物运输要求货物按时、迅速运达目的地。

(2)方便性:货物运输要求托运货物、提取货物容易方便。

(3)经济性:货物运输要求货物运输服务在满足需求的情况下,便宜经济。

(4)安全性:货物运输要求运输过程中必须首先满足货物的安全移动。

(5)个别需求异质性:部分特殊货物在运输过程中需要特殊的运输工艺,如需冷冻保鲜的食材、易碎品等。

(6)时间、空间、方向上的不平衡性:我国农业生产的季节性,贸易活动存在淡季、旺季,以及交通运输系统物理网络布局与地区经济发展水平的不均衡,使我国不同地区的货物运输需求存在差异,例如西气东输、快递业与大宗货物运输间的差异等。

2.1.2.2 不同交通运输方式的优势与劣势

城市间的交通运输方式主要包括铁路、公路、水路、航空和管道运输5种,每种交通运输方式都有其自身特点。

(1)铁路运输

从技术性能上看,铁路运输的优点有:①相比其他交通运输方式,高铁运行速度快;②铁路运输能力大;③铁路运输过程受自然条件限制较小,连续性强,能保证全年运行;④通用性能好,既可运客又可运各类不同的货物;⑤铁路客货运输到发时间准确性较高;⑥铁路运行比较平稳,安全可靠;⑦平均运距相对较长。

从经济指标上看,铁路运输的优点有:①运输成本较低;②能耗较低。

铁路运输的主要缺点是:①投资高;②建设周期长,而且占地多。

因此,综合考虑,铁路适于在内陆地区运送中长距离、大运量、时间性强、可靠性要求高的一般货物和特种货物;从投资效果看,在运输量比较大的地区之间建设铁路比较合理。

(2)公路运输

公路运输的优点是:①机动灵活,货物损耗少,运送速度快,可以实现"门到门"运输;②投资少,修建公路的材料和技术比较容易解决,易在全社会广泛发展,这是公路运输的最大优点。

公路运输的主要缺点是:①运输能力小,汽车体积小,无法运送大件物资,不适宜运输大宗和长距离货物;②运输能耗很高;③运输成本高;④劳动生产率低;⑤公路建设占地多,随着人口的增长,占地多的矛盾将表现得更为突出。

因此,公路比较适宜在内陆地区运输短途旅客、货物。因此,公路可以与铁路、水路联运,为铁路、港口集疏运旅客和物资,可以深入山区及偏僻的农村进行旅客和货物运输,可以在远离铁路的区域从事干线运输。

(3)水路运输

从技术性能上看,水路运输的优点有:①运输能力大,在各种交通运输方式中,水路运输能力最大;②在运输条件良好的航道,通过能力几乎不受限制;③水路运输既可运客,也可运送各种货物,尤其是大件货物。

从经济指标上看,水路运输的优点有:①水运建设投资比较节省,水路运输只需利用江河湖海等自然水利资源;②运输成本低;③劳动生产率高;④平均运距长;⑤远洋运输在我国对外经济贸易方面占独特重要地位,是发展国际贸易的强大支柱,战时又可以增强国防能力,这是其他任何运输方式都无法代替的。

水路运输的主要缺点是:①受自然条件影响较大,内河航道和某些港口受季节影响较大,冬季结冰,枯水期水位变低,难以保证全年通航;②运送速度慢,在途货物多,会增加货主的流动资金占有量。

总之,水路运输综合优势较为突出,适宜于运距长、运量大、时间性要求不太强的大宗货物运输。

(4)航空运输

航空运输的优点是:①运行速度快;②机动性能好,几乎可以飞越各种天然障碍,可以到达其他运输方式难以到达的地方。

航空运输的主要缺点是:①飞机造价高、能耗大、运输能力小;②技术复杂。

因此,航空运输适于长途旅客运输和体积小、价值高的物资,以及鲜活产品和邮件等货物的运输。

(5)管道运输

管道运输是随着石油和天然气产量的增加而发展起来的,目前已成为陆上油、气运输的主要运输方式。

管道运输的优点是:①运输量大;②运输工程量小,占地少,管道运输只需要铺设管线,修建泵站,土石方工程量比修建铁路小得多,而且在平原地区大多埋在地下,不占农田;③能耗小,在各种运输方式中是最低的;④安全可靠,无污染,成本低;⑤不受气候影响,可以全天候运输,送达货物的可靠性高;⑥管道可以走捷径,运输距离短;⑦可以实现封闭运输,损耗少。

管道运输的主要缺点是:①专用性强,适用于运输石油、天然气等流体物资;②管道起输量与最高运输量间的幅度小,因此,在油田开发初期,采用管道运输困难时,还要以公路、铁路、水路运输作为过渡。

2.1.2.3 不同交通运输方式的协同互补

每一运输方式在某种程度上都存在局限性,均无法满足全部运输需求,解决不了所有的运输问题。因此,应分析比较各种运输方式的优势和特点,调整各种运输方式的分工和配合,实现各种运输方式优势互补,形成各种运输方式协调发展的综合运输体系。综合交通运输系统中的不同交通运输方式协同互补,可以有效地降低出行与运输成本、节省出行与运输时间、节约运输资源,各种运输方式扬长避短,便于各种交通运输方式的统一规划、管理及政策的协调。

不同交通运输方式间的协同互补,包括客运和货运两个方面。

(1)客运方面

客运方面的协同互补,主要目标是做到“零距离换乘”。按照“零距离换乘”的要求,要将城市轨道交通、地面公共交通、市郊铁路、私人交通等设施与干线铁路、城际铁路、干线公路、机场等紧密衔接;建立主要单体枢纽之间的快速直接连接,使各种运输方式有机衔接。鼓励采取开放式、立体化方式建设枢纽,尽可能实现同站换乘,优化换乘流程,缩短换乘距离。

高速铁路、城际铁路和市郊铁路应尽可能在城市中心城区设站,并同站建设城市轨道交通、有轨电车、公共汽(电)车等城市公共交通设施;视需要同站建设长途汽车站、城市航站楼等设施。特大城市的主要铁路客运站,应充分考虑中长途旅客中转换乘需求。

民用运输机场应尽可能连接城际铁路或市郊铁路、高速铁路,并同站建设城市公共交通设施。具备条件的城市,应同站连接城市轨道交通或做好预留,视需要同站建设长途汽车站等换乘设施。

公路客运站应同站建设城市公共交通设施,视需要和可能同站建设城市轨道交通。港口客运、邮轮码头应同站建设连接城市中心城区的公共交通设施。

(2)货运方面

货运方面的协同互补,主要目标是做到“无缝化衔接”。应统筹货运枢纽与产业园区、物流园区等的空间布局;按照货运“无缝化衔接”的要求,强化货运枢纽的集疏运功能,提高货物换装的便捷性、兼容性和安全性,降低物流成本。

铁路货运站应建设布局合理、能力匹配、衔接顺畅的公路集疏运网络,并同站建设铁路与公路的换装设施。

港口应重点加强铁路集疏运设施建设,大幅提高铁路集疏运比重;积极发展内河集疏运设施。集装箱干线港应配套建设疏港铁路和高速公路,滚装码头应建设与之相连的高等级公路。

民用运输机场应同步建设高等级公路及货运设施,强化大型机场内部客货分离的货运通道建设等。

公路货运站应配套建设能力匹配的集疏运公路系统,切实发挥公路货运站功能。

2.1.2.4 服务人民出行与货物运输的本质功能

构建综合交通运输系统,是为了满足服务人民出行与货物运输的本质需求。需求源自人民,只有服务人民出行或货物运输,交通运输才有生命力,才有动力源。目前,我国的交通运输服务尚不能很好地满足用户需求,具体表现为客货运输组织一体化程度不高;旅客运输服务发展不均衡,中西部地区相对滞后;部分边远、经济欠发达地区和山区运输的基本公共服务基础薄弱;一体化综合运输服务缺乏强有力的信息化、智能化、标准化技术和行业协同支撑,跨方式、跨区域、跨行业的信息共享严重缺乏,“信息孤岛”“管理孤岛”现象普遍;多样性、个性化服务方式缺乏,体验感不强。

与此同时,我国货运服务水平不高,一体化服务比例偏低,多种运输方式协同应对突发事件的重点物资运输保障能力仍有待提高;货运服务的差异化、精细化、信息化、智能化、专业化水平总体较低,与物流及商贸流通、制造业、农业等的联动融合程度低。

针对目前人民出行及货物运输存在的诸多问题,构建综合交通运输系统,有助于更大程度实现“人便其行、货畅其流”。借助综合交通运输系统,不仅要便捷人们的出行,而且要让货物通达全球,达到“人民满意”“保障有力”“世界领先”的目标。

2.1.2.5 交通运输对经济社会的支撑与引导作用

交通运输是国民经济中基础性、先导性、服务性产业,对经济社会发展具有战略性、全局性影响。历史充分证明,我国经济社会的快速发展正是得益于交通运输业的有力支撑。

改革开放以来,交通运输为我国经济增长、民生改善、结构调整、贸易畅通、效益提升作出了重要贡献。特别是“十三五”以来,我国各种运输方式快速发展,综合交通运输体系不断完善,设施网络结构和布局明显优化,运输能力显著增强,服务质量大幅提升,交通运输“发展短腿”问题基本得到了解决,进入到了与经济社会发展要求基本相适应的新阶段。

首先,交通运输加速优化区域结构。随着“五纵五横”综合运输大通道基本建成,我国交通网络覆盖广度和通达深度明显扩大,中西部地区交通条件大幅改善,区域协调发展步伐进一步加快。其次,交通运输推动制造业转型升级。以高速铁路、特种船舶等为代表的先进技术装备,已经成为“中国制造”的名片。再次,交通运输带动产业结构优化。交通运输自身作为服务业,在支撑其他行业发展的同时,直接带动第三产业发展,与互联网等新技术深度融合,催生和推动了网购、网约车、共享交通等新消费、新业态的快速发展。

随着交通基础设施网络不断完善和组织方式不断改进,我国运输服务能力和质量明显提高,特别是依托现代综合交通枢纽,各种交通运输方式一体衔接更为顺畅,综合交通运输体系组合效率大幅提升,资源要素流动更为便捷高效。

2.1.2.6 保障国土安全与国防战略实施的客观需要

保障国土安全和国防战略实施,离不开先进的交通运输系统。发达的交通运输业和完善的交通网络,不仅是社会进步、经济发达的体现,也是国防实力的重要体现。国防交通在国家经济建设和国防建设中,发挥着不可替代的重要作用。实践表明,出色的交通保障有助于战争胜利,而混乱和低效率的交通保障会导致战争失败。因此,国防交通历来受到古今中外军事家的高度重视。

组织联络前方和后方的军事运输,是对战争有决定意义的事业。现代战争是高技术战争,对国防交通提出了更高要求。武器装备越先进,部队机动性越强,对交通运输的依赖性就越大,交通保障越来越成为战斗力聚合和增效的重要因素,以致对战争的进程和结局产生重要影响。

2.1.3 综合交通运输系统的特征

综合交通运输系统的特征主要体现在系统构成、空间布局、功能定位、层级结构、经济活动等方面。

2.1.3.1 系统构成

综合交通运输系统由多种交通运输方式、网络基础设施与不同载运工具协调构成,是实现货运“多式联运”与客运联程“一票制”的系统支撑,是一个复杂巨系统,具有构成要素复杂庞大、系统协调发展、系统结构优化等特点。

(1)构成要素复杂庞大

综合交通运输系统的要素集合庞大,由客货交通需求、空间网络设施、交通载运工具、运行服务保障等基本要素构成,同时每个基本要素又涵盖多个子要素。在综合交通运输系统运行的过程中,除了固定设施、移动设备及复杂的管理控制设备等,还有大量的系统信息,包括系统内部信息和系统外部信息。其中,系统内部信息包括生产、调度、相关规章制度等信息;系统外部信息包括气象、地质等信息。

(2)系统协调发展

系统内部的构成要素之间是协调发展的,其中最为突出的是不同运输方式之间的协调衔接。运输方式之间的协调首先是各种运输方式设备能力的协调,各种运输方式有各自特点,在运输过程中各环节相互配合和协调,具有典型的"木桶效应",如铁路点线能力必须协调,港口、航运和集疏运协调等。其次是各种运输方式运输组织工作的协调,作为系统中的各个元素,每种运输方式的运输组织工作都会对整个系统产生影响,如在多式联运中,要求各种运输方式有效协调,除在商务和换装点的技术作业衔接联合外,在技术装备上通常还要采用便于实现多式联运的运输形式,例如集装箱、托盘等。

(3)系统结构优化

交通基础网络在物理上要形成一体化衔接,运行保障系统在运输服务、市场开放、经营合作、技术标准、运营规则、运输价格、清算机制、信息及票据等方面要形成一体化的逻辑连接,以保证全过程实现一体化的运输服务。同时,不同运输方式具有不同的技术经济特征和适应不同层次的需求,应根据资源条件,利用需求引导,充分发挥各种运输方式的比较优势,进行规划布局和优化组合,在有效满足交通运输需求的情况下,实现资源的最合理利用和节约。各种交通运输方式的运行保障系统与交通网络供给系统也要形成有机匹配,实现系统整体的高效用和高效率。

2.1.3.2 空间布局

综合交通运输系统的空间布局特征,主要体现在与空间交通需求相匹配、与自然地理特征相匹配。

(1)综合交通运输系统的空间布局要与空间交通需求相匹配

我国东西部地区的人口与产业分布、经济发展等存在较大差异,因此东西部地区居民具有不同的出行需求。同时,一些国家重大战略的实施也会诱增或转移交通需求,因此,综合交通运输系统在空间布局上要与交通需求相匹配,与我国区域经济社会发展水平和经济地理格局相适应,总体上呈"东密西疏"的空间特征。

(2)综合交通运输系统的空间布局要与自然地理特征相匹配

我国地势西高东低,呈阶梯状分布;地形多种多样,包括平原、高原、山地、丘陵、盆地多种地形,这对综合交通运输系统的构建存在一定的制约与限制。同时,由于我国在资源、人口和发展战略等方面存在较大的区域差异,因此,综合交通运输系统的空间布局要与自然地理特征相匹配。

2.1.3.3 功能定位

综合交通运输系统基于交通基础设施,满足国家在政治、经济、社会、国土、国防等方面的交通需求,实现其功能定位。

(1)服务人民出行与货物运输

随着我国经济、产业结构、能源生产等方面的发展,人民出行需求快速增长,货物运输需求也不断增加,综合交通运输系统的建设能够支撑客货运交通需求的发展,显著增强人民群众的幸福感、获得感、满足度。

(2)保障国家与地区重大战略实施

交通业具有基础性、服务性、战略性、引导性等属性,国家与区域重大战略的实施需要交通作为保障,综合交通运输系统能够更便捷、更高效、更绿色、更经济、更安全地为国家与地区重大战略服务。

(3)支撑国土空间开发

交通对国土空间开发具有支撑作用,做好铁路、公路、水路、航空等多种运输方式间的线位衔接,可促进空间资源集约、节约利用。同时,通过与国土空间规划对接,实现交通基础设施建设线位、点位等空间资源有效预留,也能保障交通健康可持续发展。

(4)支撑国家国防安全

综合交通运输系统提高了交通网络韧性,使得国际关键节点、国内重要口岸、能源基地、重大自然灾害多发地区,以及其他特殊地区多路可靠连接,能够应对各类重大系统安全风险,确保粮食、能源、国防等物资运输的高可靠性,支撑国家安全战略物资的投送。

2.1.3.4 层级结构

综合交通运输系统具有一定的层级结构,不同层级结构的功能定位不同。根据综合交通运输系统的服务覆盖范围,可以将基础设施网络分为5个层级:一是高品质的快速网络,是构建国家综合交通运输系统的主要组成部分;二是高效率的区域骨干网络,是区域综合交通运输系统的主要组成部分;三是便捷化的干线网络,是省级综合交通运输系统的主要组成部分;四是广覆盖的基础网络,是地市级综合交通运输系统的主要组成部分;五是城市综合交通网络,是服务于城市居民内部出行的交通网络。

2.1.3.5 经济活动

综合交通运输系统也属于经济系统的范畴,是社会经济系统不可或缺的组成部分,也是完整意义上的经济系统;是由实体经济系统和经济关系系统组成的综合体,具有经济系统的基本特征和一般规律。

(1)具有经济系统的市场性和主体性

综合交通运输系统的市场性,是指综合交通运输系统的生产、交换、分配、消费等各环节的有效衔接与合理运行,受市场机制的积极作用,体现了市场是经济系统运行的载体和现实表现。综合交通运输系统的主体性,是指交通运输市场的存在、发展、演变和运行都与综合交通运输系统的经济主体有关,可以分为需求主体(包括服务需求和制度需求)和供给主体(包括服务主体和制度主体),进而衍生出供需关联主体之外的监管主体。

(2)具有经济系统的外部性

综合交通运输系统的经济外部性,是指综合交通运输系统经济主体的某些行为会给其他经济主体或整个社会带来相应的损失或收益,具有正负外部性。正的外部性包括:区域间商品流通的加强、范围的扩大、消费能力和生活水平的提高、经济增长的拉动、产业布局的优化、区域经济的推动、就业机会的增多等随着综合交通运输供给与使用带来的“溢出”效应。负的外部性包括:交通拥挤所带来的额外时间成本和运营成本,交通基础设施建设及运输活动带来的环境污染、生态破坏、资源过度耗费,交通事故所造成的人力、物力、财力的损失,以及交通运输使用者之间形成的现金流错位等。

(3)具有资本密集性,建设周期长

综合交通运输系统的资本密集性,体现在其赖以运行的交通运输基础设施网络及运输装备、载运工具等需要大量的资金投入,是拉动国民经济增长的重要部分;同时,综合交通运输系统基础网络设施具有资产的专用性和建设的不可逆性,决定了综合交通运输系统属于具有高沉没成本的资本密集型系统。综合交通运输系统的建设周期长,体现在建设交通运输基础设施网络并使其形成交通运输供给能力的周期很长。一方面,交通运输基础设施建设往往面临多样的地质地貌,跨经不同行政区域,因而建设前期的勘察和区域协调需要较长的时间;另一方面,交通运输基础设施建设本身也需要耗费较长时间。综合交通运输系统的资本密集性和建设周期长的特点,要求其必须体现出适度的超前性,也决定了交通运输规划在综合交通运输系统合理运行及经济社会健康发展中的重要作用和地位。

(4)具有产品的弱替代性

在综合交通运输系统中,虽然不同的运输方式提供的都是“空间运输”服务,但由于经济特征不同,各运输方式所提供的服务存在明显的差异性。尽管在一定范围内不同方式之间表现出一定的可替代性,但从经济系统发展的角度来看,各交通运输方式之间的竞争是其寻找符合自身运营领域和范围的手段。随着科学技术不断进步,各种运输方式的协同、合作与互补会成为系统发展的主旋律,从而实现系统经济效益的最大化。例如,在高铁投入运营后,对于中短途的航空运输造成了明显的冲击,但随着航线网络结构、航班频次、不同距离航线比重和销售政策的调整,二者在服务范围和适用领域等方面又出现了显著的差别,各自找到了自身的服务定位。

2.2 综合交通运输系统的体系结构

综合交通运输系统在交通运输方式上主要涵盖铁路、公路、水路、航空、管道 5 种交通运输方式,以及城市内部的不同交通方式。在层次结构上主要包括:高品质的快速网、高效率的区域骨干网、便捷化的干线网、广覆盖的基础网,以及城市综合交通网。

综合交通运输系统在体系构成上,主要由线网体系和枢纽体系两部分构成;在形式表现上,主要由涵盖各种交通运输方式的主要通道、枢纽节点组成,具体分为 3 个层次:一是涵盖各种交通运输方式的地面、地下、空中、水上综合交通网络;二是横贯东西、纵贯南北、连通全球的国际国内运输大通道;三是包含国际性综合交通枢纽、全国性综合交通枢纽和功能性综合交通枢纽等的综合交通枢纽。

2.2.1 综合交通运输系统的运输方式

2.2.1.1 城市间的运输方式

城市间的综合交通运输系统,主要服务居民城市间的远距离出行,包括铁路、公路、水路、航空、管道五大交通运输方式,其中,水路运输又可以细分为内河与海运交通运输方式。不同的交通运输方式基于自身的运输特点服务于不同的交通需求,其场站的基础设施与组成具有各自的特点,从而形成综合交通运输系统不同运输方式的组成结构。

(1)铁路运输方式

铁路运输是使用铁路列车运送客货的一种运输方式,主要承担长距离、大数量的客货运输,在没有水运条件的地区,几乎所有大批量货物都是依靠铁路运输。铁路运输是在干线运输中起主力运输作用的运输方式,载运量大,连续性强,行驶速度较高,运费较低,运行一般不受气候、地形等自然条件的影响,适合于中长途客货运输。

以客运为例,铁路客运站设施一般包括:站房、站场及站前广场。

站房是铁路客运站的主体,包括:旅客服务设施、技术服务与运营管理设施、职工生活设施等。旅客服务设施包括:候车部分(候车厅)、营业部分(售票厅、行包房、小件寄存处、问询处、服务处等),以及交通通道(走廊、过厅等)3 部分。

站场是办理铁路客运技术作业的场所,包括:线路(到发线、机车走行线、车辆停留线)、站台、雨棚、跨线设备(天桥、地道)等。

站前广场是铁路站与城市交通的连接纽带,是客流与车流的集散区域,也是旅客活动与休息的场所,包括:旅客活动地带、停车场、旅客服务设施、绿化带等。

(2)公路运输方式

公路运输是主要使用汽车在公路上进行客货运输的一种方式,主要承担近距离、小批量的货运,铁路、水路运输难以到达地区的长途、大批量货运,以及铁路、水路运输难以发挥优势的短途运输。公路运输虽然载运量较小,运输成本较高,但机动灵活性较大,连续性较强,适合于中短途客运和高档工农业产品的运输,部分较远距离的大批量运输也会使用公路运输。

以客运为例,公路客运站设施一般包括:站前广场、停车场、发车区、落客区、站务用房、辅助设施等。

站前广场与铁路运输方式的站前广场类似,是连接城市交通的纽带;停车场用于停放运营的长途客运车辆;发车区用于旅客乘车与行包装车,以及客运车辆发车;落客区用于到达车辆旅客下车,以及行包卸车;站务用房主要包括旅客服务、技术服务、运营管理服务等设施;辅助设施包括:运营车辆的安全检验、尾气测试、清洁、清洗等设施。

(3)水路运输方式

水路运输是使用船舶运送客货的一种运输方式,主要承担大数量、长距离的运输,是在干线运输中起主力作用的运输形式。在内河及沿海,船舶也常作为小型运输工具使用,承担补充及衔接大批量干线运输的任务。水运(包括内河和海上运输)具有载运量大、运输成本低、投资省、运行速度较慢、灵活性和连续性较差等特点,适用于大宗、低值和多种散装货物的运输。

水运港口主要包括水域、陆域两部分。

港口水域是指与船舶进出港、停靠及港口作业相关的水上区域,其主要设施一般包括:航道、港池、锚地、回旋水域和码头前水域、防护建筑及导航、助航标志设施等。

港口陆域是指从事与港口功能相关服务的陆上区域,其主要设施包括各种生产设施,即码头、仓库、堆场、铁路、公路、港区道路、装卸机械和运输机械等;各类生产辅助设施及信息控制系统,即给排水系统、供电照明系统、通信导航系统等;为生产提供直接服务的场所与设施,即办公室、候工室、机械库、工具库及维修车间、燃料供应站、港口设施维修基地等;以及与生产服务相关的服务与生活设施。

(4)航空运输方式

航空运输是使用飞机或其他航空器进行运输的一种运输方式。航空运输的单位成本很高,具有速度快、投资少、不受地方地形条件限制、能进行长距离运输等优点,也存在载运量小、运输成本高、易受天气条件影响等缺点,适合于远程客运及高档、外贸货物与急需货物的运输,主要适合载运的货物有两类:一类是价值高、运费承担能力很强的货物,如贵重设备的零部件、高档产品等;另一类是紧急需要的物资,如救灾抢险物资等。

航空机场可划分为空侧(飞行区)和陆侧(航站区)。

空侧(飞行区)是机场内用于飞机起飞、着陆和滑行的飞机运行区域,通常还包括用于飞机起降的空域,包括:跑道、滑行道、净空区、停机坪、航站导航设施、航空地面灯光系统、空港跑道系统的标志灯具等。停机坪是指在机场上划定的一块供飞机上下旅客、装卸货物和邮件、加油、停放和维修之用的场地,包括:航站楼空侧的站坪、维修机坪、隔离机坪、等候机位机坪、等待起飞机坪等。

陆侧(航站区)是飞行区与机场其他部分的交接部,主要包括:航站楼与地面运输区域。航站楼是航站区的主体建筑,一侧为机坪,一侧为地面运输系统。旅客、行李及货邮在航站楼内办理各种手续,并进行必要的检查,以及实现运输方式的转换。航站楼基本设施包括:公共大厅、安全检查设施、政府联检机构、候机大厅、行李处理设施、登机桥和旅客信息服务设施等。地面运输区域是车辆和旅客活动的区域,其功能是采用小汽车、出租车、机场大巴、轨道交通等运输方式将机场和附近城市连接起来,具体包括:空港进出道路、空港停车场、空港内部道路等。

(5)管道运输方式

管道运输是利用管道输送气体、液体和粉状固体的一种运输方式。管道运输方式是靠物体在管道内顺着压力方向循环移动实现的,和其他运输方式的重要区别在于,管道设备是静止不动的。管道运输具有运量大、运输成本低、灵活性较差等特点,适合于输送量大、货源比较稳定的原油、成品油、天然气和其他液态、气态物资。管道运输设施设备如图2-1所示。

图2-1　管道运输设施设备

管道运输系统主要包括管道、输油站等。

管道一般使用钢管焊接而成,能承受较大压力。运输管道通常按所运输物品不同分为输油管道、输气管道和固体料浆运输管道等。根据运输货物种类和运量的不同,管径和管道压力也有所区别。

管道运输站点分为首站、中间站和末站。首站位于管线的首端,其作用一般为汇集货物,然后计量、加压送往中间站。中间站位于管线的首站和末站之间,长距离运输时,中间站不止一个,其主要作用是给管线加压,为管道内货物的流动提供能量。末站位于管线的末端,其作用是接收管道输送的货物,然后送往使用单位或转至其他运输方式。

2.2.1.2　城市内的运输方式

城市综合交通运输系统主要服务居民的城市内部出行,通过与交通枢纽的衔接实现客流的集散功能,一般包括城市道路交通系统和城市轨道交通系统。

(1)城市道路交通系统

城市道路交通系统的出行方式一般包括:地面常规公共交通(简称常规公交)、大容量快速公共交通(简称BRT)、出租车、私人小汽车、非机动车与步行等。

常规公交具有适应性广,线路设置、车站设置、行车组织灵活的特点,一般包括:公共汽车、公交线路和线网、公交站点、公交站场,以及运营管理系统等。

BRT利用改进型的大容量公交车辆在公交专用道路空间上运营,是一种同时具有轨道交通特性与常规公交灵活、便利、快速特性的运输方式,一般包括:专用车道、车辆、车站与信息管理系统等。

出租车与私人小汽车交通借助其自身的方便性与灵活性,利用城市道路网络,实现客流的集散功能。

非机动车与步行适用于出行距离短、未携带大件行李的居民,由于其方便灵活、绿色环保,在城市内部,采用非机动车与步行的客流所占比例非常大。

(2)城市轨道交通系统

城市轨道交通系统作为现代化城市交通运输方式,与常规地面公共交通系统相比,具有方便、快捷、舒适、安全、准时、运量大、能耗小、污染轻、占地少等优点,主要包括:地铁、轻轨、市郊铁路等。

地铁是一种大运量的轨道交通运输系统,主要在大城市地下空间修筑的隧道中运行,当条件允许时,也可以穿出地面,在地上或是高架桥上运行。根据选用车型的不同,可分为常规地铁和小断面地铁;根据线路客运规模的不同,可分为高运量地铁和大运量地铁。

轻轨是一种中运量快速轨道交通运输系统,可以在地下、地面、高架轨道上运行,是由现代有轨电车发展起来的,既可在技术上自成体系,也可采用地铁技术制式。从宏观上说,轻轨交通最主要的特征是其运量规模比地铁小。

车站是轨道交通客流的集散地,是供乘客乘降、换乘和候车的场所,一般由通道及出入口、站厅层、楼梯(自动扶梯)、站台层、设备用房、管理用房、生活用房等组成。

通道及出入口用于连接地面与车站区域。通道的地面部分就是车站的出入口,其主要作用是供乘客出入、换乘其他交通方式或在轨道交通之间进行换乘。某些通道及出入口还兼有行人过街的功能。依据出入口处的地面建筑,出入口分为独立建设与附属其他建筑建设。

站厅层是乘坐列车的中转层,其主要作用是集疏客流,为乘客提供售、检票等服务。站厅层的两端一般设有设备用房、管理用房及生活用房。站厅层一般分为凭票可入区与自由进出区。凭票可入区是指乘客经检票机进入的候车区域和到达乘客在检票出站前所处的区域;自由进出区是车站内除凭票可入区以外的其他行人可入区域。楼梯与自动扶梯主要设置在地铁站的不同楼层之间,如:进出口处的楼梯与自动扶梯主要用于连接地面与车站大厅;大厅凭票可入区的楼梯与自动扶梯主要用于连接站厅层与站台层。

站台层是乘客上下列车的功能层,其主要作用是供列车停靠、乘客候车及上下列车;站台层两端也设有设备用房与管理用房,一般不设生活用房。

设备用房是安置各类设备,并对设备进行日常维修及保养的场所,主要分为环境控制机房、事故风机房、通信机械室、信号机械室、通信测试室、环控电控室、消防泵房等。管理用房是车站工作人员的办公用房。生活用房是车站工作人员的日常生活用房。

2.2.2 综合交通运输系统的交通结构

不同的交通运输网络基于自身的运输特点服务于不同的交通需求,从而形成综合交通运输系统的交通结构。

2.2.2.1 交通需求结构

随着我国交通运输行业的发展,交通供给能力已基本上适应经济社会发展的需要,交通运输行业正处于客货运输需求总量增长放缓、结构调整优化的时期。交通需求的结构性变化,意味着经济转型发展、生活方式升级等深刻的背后原因。综合交通运输系统的建设要改变长期以来以交通需求决定交通供给的发展思路,不仅要适应交通需求规模和层次结构的变化,更要以新的发展理念,发挥交通供给的导向和影响作用,为经济发展、社会和谐和资源环境可持续作出贡献。在创新、协调、绿色、开放、共享的新发展理念指导下,应加快完善国家综合交通运输系统,切实转变交通发展方式,全面提升综合交通网络的整体效率和服务水平,提高交通发展质量和综合效益,着力构建网络完善、衔接顺畅、服务高效、安全绿色的现代化综合交通运输系统,增强交通对经济发展的支撑和引领作用。

2.2.2.2 交通运输结构

基于不同交通运输方式的技术经济特点、交通网络的空间布局、自然地理特征及交通需求的特点,可以形成与社会经济、国家战略、自然地理、交通需求相匹配的交通运输结构。最佳的交通运输结构是从运输行业内部考察各种运输方式的构成,并实现合理的分工。综合交通运输系统的发展,要求各交通运输方式在线网规模、空间布局、交通需求、运输能力、载运工具等方面相互协调与匹配。

综合交通运输系统基于布局完善、规模合理、结构优化、资源集约、衔接高效、互联互通的交通设施网络,有助于促进各种交通运输方式网络的协调发展。因此,应从综合交通运输系统发展的战略高度,在充分考虑资源和环境约束的条件下,顶层设计,统筹指导,转变交通发展方式,优化交通资源配置,调整网络结构;加强各种运输方式的衔接,引导各种运输方式按自身优势进行分工与协作,达到协调发展,发挥组合效率和整体优势,从而避免重复建设和资源浪费。

在具体的规划建设中,宜铁则铁、宜公则公、宜水则水、宜空则空,要做到规模合理且结构协调。在城市与城市群等人口密集地区,重点建设以各层轨道交通为骨架,以高速公路、干线公路和城市快速路为基础,各种方式无缝衔接的基础设施网络;在偏远及自然生态脆弱地区,除公路外,可运用支线航空解决便捷出行问题。货运方面,应以提高铁运和水运分担率为重点,努力提高铁路集装箱运量及占比;升级改造内河航道,提高内河航道技术等级和服务水平,完善江海直达、干支衔接的航道网络体系等。

2.2.3 综合交通运输系统的层次结构

2.2.3.1 基础设施网络的层次定位

根据综合交通运输系统的服务覆盖范围,可以将基础设施网络分为 5 个层次结构:高品质的快速网、高效率的区域骨干网、便捷化的干线网、广覆盖的基础网、城市综合交通网。不同层次的交通网络通过综合交通枢纽在空间上实现互联互通,所服务的交通区域和对象有所不同。

(1)高品质的快速网

高品质的快速网是以高速铁路、货运铁路干线、管道运输干线、高速公路、国际机场、支线机场、特大型港口、大型港口等为主体构建的服务品质高、运行速度快的快速交通网络,是国家综合交通运输系统的主要组成部分,主要服务国际、省际交通需求,以及国家范围内主要城市、行政中心、经济中心、主要口岸、重要产业和能源生产基地之间的交通需求。

在高品质的快速网中,结合交通需求的特点和不同交通运输方式的特征,各运输方式协调发展并大幅提升运输效率。国际客运以航空运输为主,国际货运以水路和管道运输为主;国内客运以高速铁路、高速公路、航空运输为主。时效性极高的长距离客货运输以航空运输为主,其他时效性较高的中长距离客货运输以高速铁路运输为主,时效性较高的短距离客货运输以高速公路运输为主。国内货运以货运铁路干线、管道干线、水路运输为主,并实现铁水、管水、公铁等多式联运。

(2)高效率的区域骨干网

高效率的区域骨干网是以城际铁路、区域间高速铁路、区域间高速公路为主体构建的区域间高效运行的综合交通网络,主要为区域内客货运输提供高品质服务和快速运行服务,同时通过综合交通枢纽与快速网互联互通,是区域综合交通运输系统的主要组成部分,主要服务于都市圈、经济圈、城市群内的城际或省际交通需求。

在高效率的区域骨干网中,区域内的省会城市、重要城市间形成纵横交错、便捷通达的城市铁路、区域间高速铁路主通道。区域内高速公路网在区域内省会城市、中心城市、重要经济区形成多中心放射的路网格局,同时加强城市群内外交通的密切联系。沿边、沿海公路连续贯通,形成环绕我国大陆的沿边沿海普通国道路线。国家陆路门户城市和重要边境口岸有效连接,形成重要区域内的重要运输通道。

区域骨干网运输结构以区域间城际铁路为主,以区域高速公路为辅。中长距离客货运输以城际铁路运输为主,短距离客货运输以高速公路运输为主。公路与铁路相配合,将有利于发挥综合运输的整体优势和集约效能,促进区域协调发展。

(3)便捷化的干线网

便捷化的干线网是以普速铁路、普通国道、普通港口、普通支线机场等为主体构建的运行效率高、服务能力强的综合交通普通干线网络,是省级综合交通运输系统的主要组成部分,主要服务于省域范围内的城际交通需求。

普通国道全面连接省内县级及以上行政区、交通枢纽、边境口岸和国防设施。普通国道、省道形成布局合理、功能完善、覆盖广泛、安全可靠的国家干线公路网络,实现首都辐射省会(和其他重要城市)、省际多路连通,地市通达、县县国道覆盖。

(4)广覆盖的基础网

广覆盖的基础网是以普通省道、农村公路、支线铁路、支线航道等为主体,以通用航空为补充构建的覆盖空间大、通达程度深、惠及面广的综合交通基础服务网络,是地市级综合交通运输系统的主要组成部分,主要服务于市域范围内的交通需求。

在广覆盖的基础网中,普通省道与城市干道有效衔接,提高了城市内外交通的衔接能力,并且与口岸、支线机场及重要资源地、农牧林区和兵团团场等互联互通;农村公路通达全部乡镇和建制村;地方开发性铁路、支线铁路和沿边铁路实现与矿区、产业园区、物流园区、口岸等有效衔接,增强了对干线铁路网的支撑作用;同时,在偏远地区、地面交通不便地区、自然灾害多发地区、农产品主产区、主要林区和旅游景区等地建设通用机场以满足交通需求。

(5)城市综合交通网

服务城市居民的城市综合交通网是以城市道路、地面常规公交线路、大容量快速公交线路、城市轨道线路、公交站点、地铁站等为主体构建的服务水平优、惠民程度高的城市综合交通网络,是城市综合交通运输系统的主要组成部分,主要服务于城市内部的交通需求。

在城市综合交通网中,结合城市居民出行的特点和不同运输方式的特点,城市道路交通系统、城市轨道交通系统等协调发展,互联互通,通过与交通枢纽的衔接实现客流的集散功能。轨道交通、常规公交、快速公交的线路相互连通,构成城市综合交通网的骨架。出租车、私人小汽车、非机动车等交通方式利用城市道路网络,实现客流的集散功能。

2.2.3.2 基础设施网络层次间的关系

综合交通运输系统的5个层次相互联系,相互作用,并通过综合交通枢纽实现整个交通网络的互联互通。快速网与骨干网主要提供高效、快捷的运输服务,发挥交通的骨干作用,体现交通网络的机动性、快速性。干线网和基础网主要提供交通基本服务,发挥交通的基础服务作用,体现交通网络的可达性、辐射性。城市综合交通网络主要服务于城市居民内部出行需求,体现交通网络的便捷性。

快速网是国家级交通网络,是服务品质最高、运行速度最快的网络,主要连接国际主要政治中心、经济中心、国内重点城市、主要口岸、重要产业基地、能源生产基地。骨干网是区域性交通网络,主要为区域客货运输提供高品质服务和快速服务,连接城市群内的主要城市,基本连接省会城市和其他重要城市,并通过与快速网的衔接,实现区域间、城市群间的交通连接。干线网是省级交通网络,是运行效率高、服务能力强的普通干线网络,主要连通省域内主要城市、资源富集区、货物主要集散地、主要港口及口岸,基本覆盖县级以上行政区,是省会与省域内城市联系的主要交通网络。基础网是地市级及以下交通网络,是覆盖空间大、通达程度深、惠及面广的交通基础服务网络,主要连接各个乡镇与各个建制村。城市综合交通网是城市内部交通网络,是服务水平优、惠民程度高的交通服务网络,主要服务于城市内部的交通需求。

综合交通运输系统的5个层次相互作用,协调发展,实现国家辐射国际、首都辐射省会与城市群、省会辐射地市、地市辐射县乡、城市内部出行的基本功能。同时,快速网服务国际与国内省际交通需求、骨干网服务城市群与都市区内的市际交通需求、干线网服务省域内市际交通需求、基础网服务地市县乡区域内的交通需求、城市综合交通网服务城市居民内部出行需求,形成了不同的服务区域与范围。

高品质的快速网、高效率的区域骨干网、便捷化的干线网、广覆盖的基础网、城市综合交通网通过不同等级的交通枢纽,实现综合交通运输系统各层级道路网络的互联互通;同时,低等级交通网络是高等级交通网络的支撑网络,对上一层次网络的交通需求起到集散的作用;而高等级交通网络是低等级交通网络的聚合网络,对下一层次网络的交通需求起到聚合并快速运输的作用。

2.2.4 综合交通运输系统的运输大通道

当国家综合交通运输系统不同运输方式的线路在空间上叠加整合时,就形成了综合运输大通道。综合运输大通道一般由两种或两种以上运输方式的线路组成,是承担国家主要客货运输任务的运输走廊,是综合交通运输系统的主骨架,是国家的运输大动脉。因此,综合交通运输系统通过强化方式衔接和立体互联,实现空间布局上的立体化。例如,在跨越水系时,相比于公铁各建桥隧,应统筹考虑公铁两用桥,如图2-2所示,降低成本并减少对环境的影响。

图2-2 跨长江公铁两用桥

图片来源:微信公众号"星球研究所"。

2.2.4.1 综合运输大通道的分类

根据交通运输对象不同,综合运输大通道可以分为客运综合运输大通道、货运综合运输大通道、客货综合运输大通道;根据服务空间与辐射范围不同,可以分为国际性综合运输大通道、国家综合运输大通道、区域综合运输大通道、省际综合运输大通道;根据通道的空间布局和走向不同,可以分为东西综合运输大通道、南北综合运输大通道、沿海综合运输大通道、沿江综合运输大通道等。

2.2.4.2 综合运输大通道的运输结构

由于综合运输大通道所连通和辐射地区的自然地理条件、经济社会发展水平、交通运输对象、通道功能定位等的差异,综合运输大通道的运输结构比例也有所不同。因此,在国家综合交通运输系统的综合运输大通道的建设中,要宜铁则铁、宜公则公、宜水则水、宜空则空,做到整合资源、规模合理且结构协调,使其更好地服务于经济社会发展。

2.2.4.3 综合运输大通道的功能定位

综合运输大通道对支撑国家战略实施、促进区域经济社会均衡发展、加强国际联系、综合开发能源基地、服务于全国的政治和国防等具有重要意义。因此,我国积极推进国家东西综合运输大通道、南北综合运输大通道、沿海综合运输大通道、沿江综合运输大通道等的发展。同时,在综合运输大通道的结构上,将以铁路、水路为主导的绿色货物运输主通道网络体系作为主体,并且大幅度减少长距离公路运输。

2.2.4.4 综合运输大通道的建设

以对外国际性综合运输大通道为例,陆上方面,我国以周边国家为重点,以现有的经济走廊等陆路通道为依托,推进国际陆上运输大通道建设,加强与境内重要综合交通运输通道的衔接,加强与沿线国家在铁路、公路基础设施建设规划、技术标准等方面的合作,共同推进国际大通道建设,大力推动促进与周边国家互联互通的区域型通道建设;聚焦关键通道、关键城市、关键项目,推进基础设施的关键通道、关键节点和重点工程建设,推动国际陆上交通基础设施网络加速形成。

海上方面,以重点港口为节点,建设通畅、安全、高效的运输大通道。加强海上运输大通道的支点建设,提高能源运输安全保障水平。

航空方面,建设连接亚洲、欧洲、美洲、大洋洲等重点航空市场的空中快线,加大对南美洲、非洲的辐射广度与深度,实现民航国际航线网络覆盖全球五大洲、通达每一地区主要国家重要城市的目标。

2.2.5 综合交通运输系统的枢纽节点

2.2.5.1 综合交通枢纽的定义

在综合交通运输系统中,需通过枢纽节点实现不同交通运输方式间的相互衔接与互联互通,而且也通过枢纽节点实现不同层次综合交通运输系统的相互衔接,同时,大型的综合交通枢纽节点往往是综合运输大通道的端点和中间点。

综合交通枢纽,即综合交通枢纽节点,是综合交通运输系统的重要组成部分,是衔接多种运输方式、辐射一定区域的客货转运中心。综合交通枢纽为服务区域内部和区域外部的客流和货流提供集散和中转服务,带动和支持区域经济的发展,同时也是所在区域对外联系的桥梁与纽带,如图 2-3 所示。

a)

b)

图 2-3 综合交通枢纽

a)北京大兴国际机场;b)上海虹桥国际机场

2.2.5.2 综合交通枢纽的功能

综合交通枢纽作为连接多方式交通运输网络的基础节点和衔接各种客货运方式的纽带，是综合交通运输系统中不同运输方式、不同分布方向、不同交通线路的集散、转换点，在综合交通运输系统中，其功能主要体现在以下两个方面。

(1)综合交通运输系统“点”上的交通衔接功能

综合交通枢纽的规划选址研究源于降低整个综合交通运输系统的运输成本问题。综合交通运输系统中存在交通流从多起点向多讫点运输的情况，由于建设的客观条件或建设费用等原因，不可能在任意起讫点之间建立直接线路，因此需选择一些网络节点作为枢纽节点，起到汇集交通流、换乘交通流、分散交通流的作用，实现运输经济的规模效应，从而降低整个综合交通运输系统的运输成本和建设成本。

衔接功能是指综合交通枢纽作为一个衔接点，根据客货运交通需要，把不同出行方式、不同出行线路、不同出行方向的交通出行与运输活动连接成为一个有机整体。具体而言，一是综合交通运输系统中非枢纽节点至少应连接到一个枢纽节点上，通过枢纽间的连接实现网络节点的互通，从而实现综合交通运输系统的完全连通；二是枢纽节点的建立可以实现枢纽节点间运输经济的规模效应，从而降低整个综合交通运输系统的运输成本；三是枢纽节点可以实现城市内外交通的衔接，有效改善城市内外交通由于运输组织方式差异造成的内外交通衔接不畅的问题。

(2)综合交通运输系统“面”上的客货流集散功能

综合交通枢纽的客货流集散功能主要是针对综合交通运输系统运输的客货流而言，枢纽节点基于枢纽场站系统及其连接的交通线路，利用自身的汇集作用为枢纽节点间的综合运输大通道提供客货流，同时，基于枢纽节点与非枢纽节点间的“支线”运输网络实现汇集与分散客货流的功能。具体而言，一是枢纽与其服务区域内的交通需求起点相连，实现客货流从非枢纽节点到枢纽节点的汇集，即由“面”到“点”的汇集功能；二是枢纽节点与枢纽节点相连，实现客货流从枢纽节点到枢纽节点的规模化运输，即由“点”到“点”的规模化运输功能；三是枢纽与其服务区域内的交通需求讫点相连，实现客货流从枢纽节点到非枢纽节点的分散，即实现由“点”到“面”的分散功能。

2.3 综合交通运输系统的发展特点

2.3.1 交通网络演进与经济社会发展需求相互影响、交互作用

交通网络演进的规律表明，在一定时期，特定地域交通网络结构保持相对稳定，以满足经济社会发展的交通需求；随着经济社会发展，交通网络也会不断演进，以满足交通需

求。如美国交通网络演进的第一个阶段是“马车时代”(约1600—1800年),东北部工商业城市不断开发、建设;第二个阶段以收费公路、运河、铁路为主导(约1800—1860年),从13个州向中西部和西部发展,东西部之间的交流不断密切,东北部经济核心区形成;第三个阶段是铁路大扩张时期(约1860—1900年),美国的经济重心和运输需求重心都发生了西移,中西部城市体系形成且新兴产业逐渐完善;第四个阶段是综合交通发展时期(约1900年至今),出于经济和国防的需要,美国在西部和南部不断加大投资,大量以国防工业为主的城市不断崛起,美国的经济重心和运输需求重心再次西移,地域间分工的深化和市场经济的发展使全社会对完整运输产品的需求迅速增加,从而推动了多式联运和一体化运输的发展,如图2-4所示。

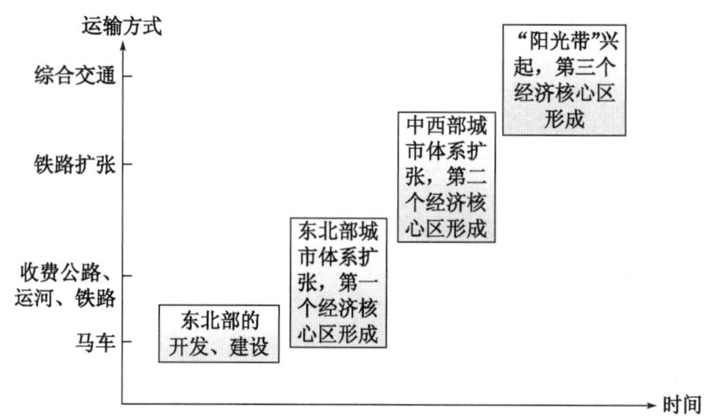

图2-4　美国主导运输方式与经济格局的变化

图片来源:马俊《交通网络演进:过程与机制研究》。

交通活动空间布局与交通网络演进相互影响、交互作用的动态过程,使得综合交通网络成为交通运输发展的必然产物。我国交通网络日益完善,综合运输体系建设逐步加快,运输能力和效率明显提高,交通网络在各种运输方式各自经过以规模扩张为主的外延式增长后,已回到注重综合性、系统性和整体性的发展,对多种运输方式重新协调、优化、整合,将使交通运输系统更具经济效益和社会效益。

2.3.2　综合交通运输体制机制持续改革

综合交通运输体制机制是推动不同交通运输方式融合,实现交通、土地利用、社会福利、环境利益综合管理,达到交通运输可持续发展最重要的组织保障。

各国在发展综合交通运输体系的同时,其交通运输机构组成也经历了多次变革。20世纪上半叶,美国的水路、航空、公路、铁路、管道等隶属于不同的机构,各自为政,协调难度大,直到成立了联邦交通运输部,才将公路、铁路、空运、海洋与近海运输等纳入管辖范围,从而发挥出了各种运输方式各自的优势和作用,相互协调合作。日本的综合交通体制经历了由分运输方式管理(如铁道省)到相对综合管理(如运输省),再到集成综合管理(国土交通省)的改革过程,行使国家的国土规划、河川、都市、住宅、道路、港湾、铁路、航空和管道及政府厅舍营缮的建设与维持管理等职能,实现了国土与交通体制的融合。英国政府通过行政改革普遍实行了"大部制"机构模式,将业务相近或相关性强的部门尽可能进行合并,以利于部门之间的共同协调和政府资源的有效利用。交通管理职责主要由英国环境部门、运输和地方事务部(即运输部)负责,有关交通运输方面的具体事务,大都通过"执行局"和非政府部门的"公共团体"来完成。

2008年,国务院实行"大部制"改革,组建交通运输部,将交通部、中国民用航空总局的职责,建设部的指导城市客运职责,整合划入交通运输部。同时,组建中国民用航空局,由交通运输部管理;国家邮政局改由交通运输部管理;保留铁道部,继续推进改革。2013年,根据《国务院机构改革和职能转变方案》,将铁道部拟订铁路发展规划和政策的行政职责划入交通运输部。组建国家铁路局,由交通运输部管理。交通运输管理体制不断优化,形成了"一部三局"的管理架构,交通运输部统筹规划铁路、公路、水路、民航发展,加快推进综合交通运输体系建设。

2.3.3 综合交通运输发展需要政策保障

各国着力推进各种运输方式之间的协调发展和高效衔接,围绕各种运输方式充分发展而颁布各类法令、政策,来保障综合交通运输体系的建设。美国每3~5年便更新一次交通运输法案,比较突出的是1991年颁布的《陆上综合运输效率法案》(即ISTEA,俗称"冰茶法案"),大力倡导综合运输,鼓励发展一个全国性的联运系统,标志着以可持续发展为目标的综合交通发展阶段的开始。美国随后在"冰茶法案"的基础上制定了《美国21世纪运输平等法案TEA-21》(俗称"续茶法案");之后又颁布了《陆上交通投资法案》(俗称"安全之茶"法案),为美国交通运输的发展提供了方向与保障。

日本先后制定了七次全国的综合规划,为国土利用、开发制定了基本计划,为城市、道路及交通设施等社会资源的整备指明了长期的工作方向。

2019年,中共中央、国务院印发了《交通强国建设纲要》,2021年,又印发了《国家综合立体交通网规划纲要》,明确了我国综合交通运输发展的目标、方向和蓝图。

2.3.4 综合交通运输发展具有战略重点

分析国外综合交通运输系统发展情况,其发展战略主要围绕以下几点:第一,将交通发展作为国家竞争力的基石,支撑国土空间布局,支撑经济贸易发展,实现经济社会可持续发展,提高国家经济竞争力。第二,体现交通支撑区域一体化发展思路,通过航空、高速铁路、高速公路、磁浮等快速交通方式,形成快速交通网覆盖下的空间一体化范围,服务城市群,完善区域间协调发展机制,促进城市群的经济同城化、一体化发展。第三,注重建立环境友好、可持续发展的交通运输系统,"低碳交通"(欧盟),"强调转变发展方向和发展方式"(美国),"以防灾减灾为指导调整国土交通布局"(日本),均旨在建立一个资源节约型、环境友好型的交通运输系统。第四,强调交通智能化发展,新技术、新燃料、新材料融入交通发展自身，推动提升交通运输系统的安全性、适应性、灵活性和可靠性。

我国综合交通发展战略已从如何高效运送货物和旅客转向提高人民的生活质量，并将人民的根本利益作为交通发展的出发点和落脚点。根据《国家综合立体交通网规划纲要》，我国综合交通是以推动高质量发展为主题，以深化供给侧结构性改革为主线，以改革创新为根本动力，以满足人民日益增长的美好生活需要为根本目的，统筹发展和安全，充分发挥中央和地方两个积极性，更加注重质量效益、一体化融合、创新驱动，打造一流设施、技术、管理、服务，构建便捷顺畅、经济高效、绿色集约、智能先进、安全可靠的现代化高质量国家综合立体交通网，加快建设交通强国，为全面建设社会主义现代化国家当好先行。

2.3.5 综合交通运输发展符合自身特色

综合交通运输系统的形成与基本国情、经济社会发展、市场机制等因素密切相关；同时，综合交通网络层次是由多种运输方式构成的，各种运输方式按照自身的技术经济特点满足地域服务范围、经济社会发展需要，且不同运输方式之间更加注重融合，以满足综合交通网络的整体要求。因此，综合交通运输系统发展没有固定模式和路径可循。如在法国、日本，其客运周转量构成中，铁路占比达到70% 以上，而在美国、德国，则仍以公路居主导地位。在货运周转量构成中，地域广阔的国家因其货运运距较大，适宜于铁路运输的运输需求大，铁路货运比例高，如美国达到30% 以上；日本、法国、德国、俄罗斯则是公路运输发挥主体作用，占比均超过50% 。天然的运输资源对货运结构影响也较大，如日本四面环海，海运占据货运比例的40% 以上。发展综合交通运输，不仅是交通问题，更是复杂的社会经济问题。我国综合交通运输发展的方向是充分发挥各种运输方式的组合优势和整体效率，着力构建“宜铁则铁、宜水则水、宜公则公”的综合运输服务格局。

2.3.6 交通网络分层次衔接

2.3.6.1 构建与功能定位相协调的线网层次

交通出行按照不同空间尺度可以分为城市之间的长距离出行、城市郊区与中心地区的中距离出行，以及城市中心地区内部的短距离出行。不同层次的交通需求对交通工具也有不同的要求。日本轨道线网根据各类轨道交通形式的不同特点，明确了其功能定位，建立了与不同层次交通需求相适应的轨道线网层次体系，明确了各类轨道形式的服务范围、衔接模式、线网形态，如表2-1 所示。

日本轨道交通功能定位和线网层次　　表2-1

服务区域	需求特点	服务距离	空间层次	服务形式
城市内部	日常生活	短途	半径小于15km	公路、地铁、单轨等
城市郊区	通勤	中途	半径50～100km	私铁、JR
区域经济圈	商务	长途	半径大于100km	新干线、飞机

根据不同空间圈层的尺度、出行需求特点及出行时耗目标要求，结合不同运输方式的技术特点，构建与功能定位相协调的线网层次，并加强不同层次网络的相互衔接，是城市空间布局和经济发展的有力支撑。

2.3.6.2　加强枢纽无缝换乘衔接

交通枢纽是综合交通网络中客流中转、集散的场所，具有中转换乘、多式联运功能；枢纽往往与场站结合在一起，具有运输组织功能；枢纽对周边土地开发、产业聚集具有带动作用，不再是单一的交通空间，同时也承载了经济服务的功能。交通枢纽无缝衔接是发挥多种交通方式综合效益、方便乘客出行的必然要求，也是发挥枢纽区位优势、发展城市经济、集约土地资源的必然趋势。

客运联程"一票制"，就是通过一张车票实现"多式联乘"的无缝转换。如德国跨区域的公铁联程联运是以德国铁路(Deutsche Bahn)为主导，旅客在乘坐长距离干线铁路出行的同时，还可以享受始发地和目的地城市的公共交通服务。具体的实施方案是在干线铁路票的基础上，额外提供两种形式的附加票，旨在为旅客提供"一票制"的出行服务，以便享受目的地所在市县的公共交通服务(包括公共汽车、地铁、有轨电车、市郊铁路等)。

日本轨道交通系统的直通运营也很好地实现了多线路的无缝换乘衔接。如东京都市圈的地铁线路与 JR 线路、私铁线路实现直通运营，即铁路和地铁之间(或是不同线路之间)相互连接，并且能直接运行，无须换乘，减轻了车站大规模换乘带来的客流压力，也提升了乘客的满意度。另外，将轨道车站作为城市中心进行打造，在车站及其周边地区高密度配建商业设施、商务设施、政务设施、各类服务设施等，车站地区的多功能化建设得到不断发展。枢纽内各种交通方式换乘采取立体模式，地上地下综合利用，旅客不用出站即可快速完成铁路列车与各种交通运输工具的"零换乘"。

复习思考题

1. 简述综合交通运输系统的定义和构成要素。

2. 综合交通运输系统主要的交通运输方式包括哪几种？它们各自有什么特点，分别适用于什么样的交通需求？

3. 列举生活中体现综合交通运输系统经济活动特征的相关实例。

4. 结合出行实例，说明综合客运枢纽的主要功能，提出存在的不足及改进建议。

5. 综合交通运输系统有哪几个层次结构？每个层次的特点是什么？

本章参考文献与延伸阅读

[1] 尹传忠，王立坤. 综合运输学概论[M]. 上海：上海交通大学出版社，2020.

[2] 樊一江. 经济主体行为视角下综合运输系统结构优化的机制与政策[M]. 北京：中国财富出版社，2013.

[3] 万明. 交通运输概论[M]. 北京：人民交通出版社股份有限公司，2015.

[4] 李·毕理克巴图尔.区域综合交通运输一体化——运作机制与效率[M].北京:经济管理出版社,2012.
[5] 连义平.综合交通运输概论[M].成都:西南交通大学出版社,2014.
[6] 邵春福,张旭.城市交通设计[M].北京:北京交通大学出版社,2016.
[7] 傅志寰,孙永福.交通强国战略研究[M].人民交通出版社股份有限公司,2019.
[8] 马俊.交通网络演进:过程与机制研究[D].北京:北京交通大学,2011.
[9] 李茜.发达国家及地区交通运输长期发展战略分析[J].综合运输,2016,38(7):86-90.
[10] 王济钧,田芳,刘玥彤.美国、欧盟、日本和俄罗斯交通发展变迁规律研究[J].中国市场,2019(13):4-12,29.
[11] 曹庆锋,常文军.日本轨道交通发展历程及经验启示[J].交通运输研究,2019,5(3):10-17.
[12] 中华人民共和国住房和城乡建设部.城市综合交通体系规划编制办法[EB/OL].2010.http://www.mohurd.gov.cn/wifb/201002/t20100208_199623.html.
[13] 国务院."十三五"现代综合交通运输体系发展规划[EB/OL].2017.http://www.gov.cn/zhengce/content/2017-02/28/content_5171345.htm.
[14] 周强.我国综合立体交通管理机制存在的问题及对策[J].综合运输,2020,42(2):29-31.
[15] 石宝林.着力综合交通运输"四个一流"体系全面推进交通强国建设[N].中国交通报,2019-11-01(001).
[16] 张乔,黄建中,马煜箫.国土空间规划体系下的综合交通规划转型思考[J].华中建筑,2020,38(1):87-91.
[17] 刘振国,常馨玉,贺明光,等.国土空间新形势下综合交通规划的问题与对策[J].交通运输研究,2019,5(4):64-68.
[18] 胡红波.宏观微观相结合的综合运输枢纽与通道衔接布局一体化研究[J].交通世界(运输·车辆),2015(7):154-155.
[19] 中共中央,国务院.交通强国建设纲要[EB/OL].2019.http://www.gov.cn/zhengce/2019-09/19/content_5431432.htm.
[20] 韩永启.区域综合运输体系客运结构配置方法研究[D].西安:长安大学,2012.
[21] 温子兴.运输通道综合交通运输功能结构与运输结构研究[D].西安:长安大学,2008.
[22] 翁亮,高峥,宗苏宁.中国旅客运输需求结构分析[J].统计与决策,2007,21(21):107.
[23] 樊桦.我国客运需求增长与结构演变的发展趋势[J].综合运输,2010(5):61-66.
[24] 习文辉,杨圣文.我国交通运输结构现状分析及调整策略[J].江苏科技信息,2019,36(8):21-23.

[25] 李伟,孙鹏,李可,等. 运输集中、廊道识别与国家综合运输大通道规划[J]. 综合运输,2017(3):1-7.

[26] 莫宣艳,胡伟. 区域协同视角下大都市区交通枢纽发展策略[J]. 建材与装饰,2018(40):254-255.

[27] 杨勇,梁九凤,唐辉湘. 城市综合交通枢纽一体化设计研究与实践[J]. 中国科技纵横,2019(1):98-99.

[28] 罗仁坚. 运输枢纽与通道布局规划的关系及其分类[J]. 综合运输,2005(6):19-20.

[29] 史育龙. 构建现代综合交通运输体系,塑造区域发展战略格局[J]. 综合运输,2017,39(6):4-7.

[30] 石宝林. 交通强国背景下我国综合交通运输发展战略思考[J]. 大陆桥视野,2019(11):35-36.

[31] 庞清阁,姜彩良,石宝林. 关于新时代我国综合交通运输发展的若干思考[J]. 交通运输研究,2019,5(4):20-25.

[32] 钱俊君,卢毅,伍慧. 习近平关于交通运输重要论述的主要特点[J]. 长沙理工大学学报(社会科学版),2019,34(6):47-53.

[33] 姚晓霞,荣朝和. 我国综合立体交通网规划性质及作用分析[J]. 城市规划,2020,44(5):104-110.

第3章 CHAPTER THREE 道路交通运输系统

学习目的与要求

道路交通运输是综合交通运输系统的重要组成之一,是日常最广泛采用的交通运输方式。通过本章学习,要求掌握道路交通运输系统的基本概念、特点与分类,了解道路交通主要基础设施特性、服务能力等技术特征,熟悉道路交通运输工具的分类,了解道路交通流理论的基本内容。

3.1 道路交通运输系统概述

3.1.1 道路交通运输系统的分类与组成

道路交通运输是使用汽车等运输工具在公路或城市道路上从事的旅客和货物交通运输。道路交通运输是综合交通运输系统的重要组成之一,是日常最广泛采用的交通运输方式,是国民经济社会发展的重要推动力。

3.1.1.1 道路交通运输系统的分类

道路交通运输系统可以分为公路交通运输系统和城市道路交通系统。

(1)公路交通运输系统

公路运输是现代综合运输主要方式之一,具有承担中短途运输、独立承担长途运输或与其他运输方式衔接的功能,在国内运输领域中占有非常重要的地位。

(2)城市道路交通系统

城市道路交通系统具有城市骨架、交通设施、城市空间、城市景观、市政空间与防灾减灾设施等六大功能，是城市空间不可或缺的组成部分。

3.1.1.2　道路交通运输系统的组成

道路交通运输系统由道路交通基础设施、道路交通运输工具、运输对象（旅客、货物）及从业人员（如驾驶员）等组成。

3.1.2　道路交通运输的技术经济特征

道路交通运输是现代综合运输主要方式之一，可以实现“门到门”直达运输。与铁路、水路、航空等运输方式相比，道路运输具有投资成本较低、资金周转较快、对从业人员进行培训较为简单等优越性，特别是在中短途货物的运输中具有显著优势。目前，道路交通运输是我国货物运输的最主要方式，已在国民经济活动中占有重要的地位。

3.1.2.1　道路交通运输的特点

道路交通运输是中短途货物运输的主力。道路运输不仅为铁路、水路、航空运输起集散货物的作用，而且是封闭厂矿、港口、园区内部运输及城市货物运输的基本方式。道路交通运输之所以能取得如此重要的地位，主要是其具有以下几个特点：

（1）适应性

道路运输的适应性主要体现在道路运输工具的适应性。汽车作为道路运输工具能在山区及高原地带、严寒酷暑季节、风雪雨雾中运行，受地理条件、天时气候、洪旱水位等的限制较小。所以道路运输较之铁路运输、水路运输、航空运输有适应性强、运行范围广的特性。

（2）灵活性

客、货运汽车种类多样，单位运量小、运输灵活。在运用上既可完成小批量运输任务，又能随时集结承担大批量突击性运输；同时，车辆随站点分布，运输线路交织成网，车辆来去方便，调度上可随机而动，从而使道路交通运输具备了独特的机动灵活性。

（3）方便性

由于汽车的适应性和灵活性，可以根据运输需求对运输的地点、时间进行自由调控，可以实现“门到门”运输，因而道路运输在很多情况下比其他运输方式更为方便。

（4）快速性

道路运输工具的适应性、灵活性和方便性使得道路运输易于组织直达运输，较之铁路运输、水路运输、航空运输方式，中间环节少、运转速度快。

（5）经济性

从各种运输方式的设施设备始建投资效果来看，公路修建与汽车制造较之铁路、航空运输一般投资较小，见效较快。从各种运输方式的入行成本来看，道路运输的入行投资低，仅需要对交通运输工具与驾乘人员进行投资管理。从各种运输方式的运送效果来看，由于公路网密度大，加之汽车运行适应性强，这就给汽车带来了选走捷径而求实效的有利条件，能够求得较好的社会经济效益和企业经济效益。

(6)联合运输的广泛性

由于道路运输工具的适应性和灵活性,在开展联合运输中,汽车既可开展公铁、公水、公航等的联合运输,又可开展铁、公、水等“挑两头”的多种运输方式的联合运输;就道路运输本身,还可开展干支线连接运输、区域联运、跨省联运等。这种广泛的联运条件也是道路运输的一大特点。

3.1.2.2　道路交通运输的经营方式

(1)货运的经营方式

公路货运的经营方式按照服务类型来分,主要分为零担货运、整批货运、大型特型货运、集装箱运输及危险品运输;按照组织形式来分,主要有公共运输、契约运输、自用运输和汽车货运代理。

城市货运的经营方式按照服务类型可分为搬家运输、商业流通配送、生活消费配送等。

(2)客运的经营方式

道路客运的经营方式按照道路的性质来分,有公路客运与城市道路客运。

公路客运的客流相对稳定,在较短的时间内不会出现偶然的高峰,乘客平均运距较长,车辆营运速度较高。其主要分为班车客运、包车客运及旅游客运。

城市道路客运的行车频率高,乘客交替频繁,运距较短,停车次数和站点多,客流在时间、空间上分布很不均匀,价格弹性系数较小。其主要分为城市公共汽(电)车客运、传统巡游出租车客运和网约车客运。

3.1.2.3　道路交通运输的定价

(1)货运定价

以货物区分时,运费率分为整车运输费率和零担运输费率两种,后者一般比前者高30% ~50%。当一条运输路线包含两种或两种以上的等级公路时,可以结合实际行驶里程分别计算运价,包含特殊道路,如山岭、河床地段时,则由承托双方另议商定。

(2)客运票制票价

客运票制票价从结构上可以划分为4种类型:单一票制票价、计程票制票价、分区票制票价与组合票制票价。

单一票制票价是指在此线路运行的区间内部实行统一的票价,在任意两站间上下车,收取相同费用,没有距离之分。计程票制是一种按照乘客乘车的距离来计算票价的方式。分区票制可以看作是计程票制的一种特殊形式。它的定价思路是将交通线路或网络分成若干个区块,如果只在同一区块中出行,只需支付该区的票价,一旦越区,则需要支付额外的跨区费用。计时及分区票制是指乘客在购票时需要先选择计费区,同时开始计时,根据计费区相应计时收费标准收费的制度。

客运票制票价的制定按定价主体来分,主要有政府定价、政府指导价、市场调节价3种。

政府定价是指政府直接制定价格的行为,在一定范围内统一实施,是不随运输市场运力、运量的变化自动调节的价格。政府指导价是一种具有双重定价主体的定价形式,它介于政府定价和市场调节价之间,主要是政府规定基准价及浮动幅度,引导经营者合理制定具体价格。市场调节价是指经营者根据运输市场供求变化,自发、自主制定的价格,是经过市场竞争形成的价格。

3.2 公路交通运输系统

3.2.1 公路交通运输系统的组成

公路是指连接城市之间、城乡之间、乡村与乡村之间和工矿基地之间按照国家技术标准修建的,由公路主管部门验收认可的道路。公路运输一般即指汽车运输,是在公路上运送旅客和货物的运输方式。随着我国铁路、民航客运的发展及私家车的普及,我国公路旅客运输量占比逐步下降,但在我国各种货物运输量中,公路运输量占比超过七成,比重最大。

公路交通运输系统包括公路运输设施(公路及场站)、运输工具(车辆)、运输对象(旅客、货物)及劳动者(驾驶员)等,可以分为公路运输线路设施和公路运输场站设施两大类。

(1)公路运输线路设施

公路是一种线形构造物,是汽车运输的基础设施,由路基、路面、桥梁、涵洞、隧道、防护工程、排水设施与设备,以及山区特殊构造物等基本部分组成,此外还需设置交通标志、安全设施、服务设施及绿化栽植等。

(2)公路运输场站设施

公路运输场站设施主要指组织运输生产所需要的生产性和服务性的各类建筑设施,如客运站、货运站、停车场(库)、加油站及食宿站等。

3.2.2 公路的分级

为了满足经济发展、规划交通量、路网建设和功能等要求,公路需要划分等级。公路分级有不同的划分角度。功能型等级主要是依据交通量划分。此处的交通量一般指年平均日交通量(Annual Average Daily Traffic,AADT),即全年日交通量观测结果的平均值。

根据我国现行的《公路工程技术标准》(JTG B01—2014),公路按使用任务、功能和适应的交通量分为高速公路、一级公路、二级公路、三级公路、四级公路 5 个技术等级:

高速公路为专供汽车分方向、分车道行驶,全部控制出入的多车道公路。高速公路的年平均日设计交通量宜在 15000 辆小客车以上。

一级公路为供汽车分方向、分车道行驶,可根据需要控制出入的多车道公路。一级公路的年平均日设计交通量宜在 15000 辆小客车以上。

二级公路为供汽车行驶的双车道公路，其与一级公路最主要的区别是一般不设中央分隔带。二级公路的年平均日设计交通量宜为 5000 ~ 15000 辆小客车。

三级公路为供汽车、非汽车交通混合行驶的双车道公路。三级公路的年平均日设计交通量宜为 2000 ~ 6000 辆小客车。

四级公路为供汽车、非汽车交通混合行驶的双车道或单车道公路。双车道四级公路年平均日设计交通量宜在 2000 辆小客车以下；单车道四级公路年平均日设计交通量宜在 400 辆小客车以下。

同时，公路还可根据行政等级划分为国家干线公路（国道）、省级干线公路（省道）、县级干线公路（县道）、乡级公路（乡道）、村级公路（村道）和专用公路。

3.2.3 公路通行能力和服务水平

公路的通行能力是指在不同运行质量情况下，公路上一小时所能通行的最大交通量，亦即在指定的交通运行质量条件下，公路所能承担交通的能力。因此，通行能力分析过程中要进行运行质量的分析，将公路规划、设计及运营管理等与运行质量相联系，以合理地使用公路工程资金，提高公路工程和汽车运输的综合经济效益。

公路通行能力按照作用性质主要分为 3 种：基本通行能力、可能通行能力和设计通行能力。

基本通行能力是指公路组成部分在理想的道路、交通、控制和环境条件下，一条车道或一车行道的均匀段上或一横断面上，不论服务水平如何，一小时所能通过标准车辆的最大辆数。

可能通行能力是指已知公路的一组成部分在实际或预测的道路、交通、控制及环境条件下，该组成部分一条车道或一车行道对上述诸条件有代表性的均匀段上或一横断面上，不论服务水平如何，一小时所能通过的车辆（在混合交通公路上为标准汽车）的最大辆数。

设计通行能力是指设计中的公路的一组成部分在预测的道路、交通、控制及环境条件下，该组成部分一条车道或一车行道对上述诸条件有代表性的均匀段上或一横断面上，在所选用的设计服务水平下，一小时所能通过的车辆（在混合交通公路上为标准汽车）的最大辆数。

服务水平是指驾驶员感受公路交通流运行状况的质量指标，通常用平均行驶速度、行驶时间、驾驶自由度和交通延误等指标表征。根据《公路工程技术标准》（JTG B01—2014），高速公路服务水平划分为 6 级，如表 3-1 所示。根据交通流状态，各级服务水平定性描述如下：

一级服务水平，交通流处于完全自由流状态。交通量小，速度高，行车密度小，驾驶员能自由地按照自己的意愿选择所需速度，行驶车辆不受或基本不受交通流中其他车辆的影响。在交通流内驾驶的自由度很大，为驾驶员、乘客或行人提供的舒适度和方便性非常优越。较小交通事故或行车障碍的影响容易消除，在事故路段不会产生停滞排队现象，很快就能恢复到一级服务水平。

二级服务水平,交通流状态处于相对自由流的状态,驾驶员基本上可按照自己的意愿选择行驶速度,但是开始要注意到交通流内有其他使用者,驾乘人员身心舒适水平很高,较小交通事故或行车障碍的影响容易消除,在事故路段的运行服务情况比一级差些。

三级服务水平,交通流状态处于稳定流的上半段,车辆间的相互影响变大,选择速度受到其他车辆的影响,变换车道时,驾驶员要格外小心,较小交通事故仍能消除,但事故发生路段的服务质量大大降低,严重的阻塞后面形成排队车流,驾驶员心情紧张。

四级服务水平,交通流处于稳定流范围下限,但是车辆运行明显地受到交通流内其他车辆的相互影响,速度和驾驶的自由度受到明显限制。交通量稍有增加就会导致服务水平的显著降低,驾乘人员身心舒适水平降低,即使较小的交通事故也难以消除,会形成很长的排队车流。

五级服务水平,为交通流拥堵流的上半段,其下是达到最大通行能力时的运行状态。对于交通流的任何干扰,例如车流从匝道驶入或车辆变换车道,都会在交通流中产生一个干扰波,交通流不能消除它,任何交通事故都会形成长长的排队车流,车流行驶灵活性极端受限,驾乘人员身心舒适水平很差。

六级服务水平,为拥堵流的下半段,是通常意义上的强制流或阻塞流。这一服务水平下,交通设施的交通需求超过其允许的通过量,车流排队行驶,队列中的车辆出现停停走走现象,运行状态极不稳定,可能在不同交通流状态间发生突变。

高速公路路段服务水平分级 表3-1

服务水平等级	v/C 值	设计速度(km/h)		
		120	100	80
		最大服务交通量 [pcu/(h·ln)]	最大服务交通量 [pcu/(h·ln)]	最大服务交通量 [pcu/(h·ln)]
一	$v/C \leq 0.35$	750	730	700
二	$0.35 < v/C \leq 0.55$	1200	1150	1100
三	$0.55 < v/C \leq 0.75$	1650	1600	1500
四	$0.75 < v/C \leq 0.90$	1980	1850	1800
五	$0.90 < v/C \leq 1.00$	2200	2100	2000
六	$v/C > 1.00$	0~2200	0~2100	0~2000

注:v/C 是在基准条件下,最大服务交通量与基准通行能力之比。最大服务交通量是指在通常的道路条件、交通条件和管制条件下,保持规定的服务水平时,道路某一断面或均匀路段在单位时间内所能通过的最大小时交通量。基准通行能力是五级服务水平条件下,对应的最大小时交通量。

3.2.4 公路交通运输的主要设施

3.2.4.1 公路运输线路设施

公路是一种建筑在大地上的带状空间结构物。它主要承受各种汽车车轮荷载的重复作用,并受到各种自然因素的长期影响。因此,公路不仅要有平顺的线形、缓和的纵坡,而且还要有坚固稳定的路基、平整和抗滑性好的路面、牢固可靠的桥涵及必要的防护工程和附属设施,以满足公路交通的要求。

公路工程由路线工程和结构工程两大部分组成。

(1)路线工程

公路路线即公路的中心线。公路为平面上有曲线、纵面上有起伏的立体空间线形结构物。路线平面的形状称为平面线形,平面线形由直线、圆曲线和缓和曲线组成,其中缓和曲线是指设置在直线和圆曲线间或半径相差较大、转向相同的两圆曲线间的一种曲率连续变化的曲线。平曲线是指在平面线形中路线转向处曲线的总称,包括圆曲线和缓和曲线;竖曲线则指在道路纵坡的变坡处设置的竖向曲线。在进行路线设计时,为满足汽车运动学和力学要求,研究如何满足视觉和心理方面的连续、舒适,与周围环境相协调,并有良好的排水条件的工作,称为平、纵线形组合设计。

公路路线的平面、纵断面和横断面是公路的几何组成部分,如图 3-1 所示。

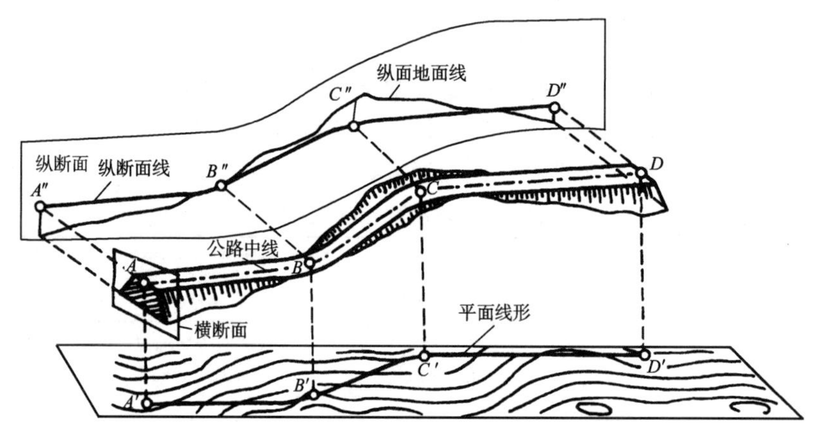

图 3-1　公路路线的平面、纵断面、横断面示意图

公路的选线是指根据道路的性质、任务、等级和标准,结合地形、地质和地物及其沿线条件,综合平、纵、横三方面因素,在实地或纸上选定道路中线的平面位置。选线的一般方法有实地选线、纸上选线、航测选线等。一条公路路线的选定需经过由浅入深、由轮廓到局部、由总体到具体、由面到带到线的过程。选线的一般步骤为确定路线的基本走向;确定路线走廊带;确定路线方案;选定具体线位。

(2)结构工程

公路的结构工程主要包括:路基、路面、桥涵、隧道等设施。

①路基。

路基是公路的重要组成部分,是线形构造物的主体。路基是路面的基础,它与路面共同承受车辆荷载的作用。路基通常由天然土石材料修筑而成,必须具有足够的强度、整体稳定性和水稳定性。路基构造的基本形式如图 3-2 所示。

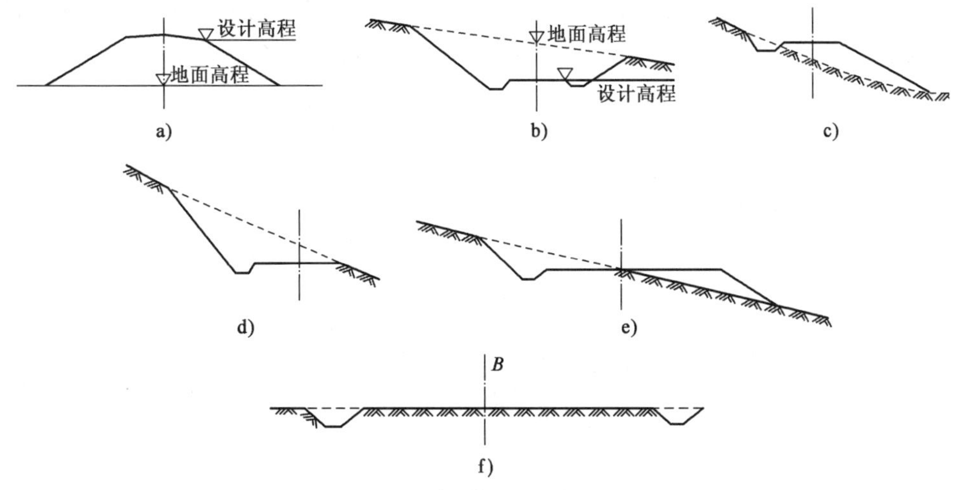

图 3-2　路基构造的基本形式

a)路堤;b)路堑;c)半路堤;d)半路堑;e)半路堤半路堑;f)不填不挖路基

②路面。

路面是公路与汽车车轮直接接触的结构层,主要承受车轮荷载和磨损,其结构如图3-3所示。因此,要求路面具有足够的强度、稳定性、平整度和粗糙度,以利车辆在其表面安全而舒适地行驶。路面工程的质量直接影响公路的使用性能和服务质量。

路面可以分为两种:沥青路面和水泥混凝土路面。

沥青路面由沥青作为结合料,黏结矿料修筑面层,并和基层(底基层)、路基(垫层)共同组成的路面结构,也称柔性路面。

水泥混凝土路面是指由水泥混凝土面板和基层或底基层所组成的路面,也称刚性路面,包括普通混凝土路面(JPCP)、钢筋混凝土路面(JRCP)、钢纤维混凝土路面(SFCP)、预应力混凝土路面、连续配筋混凝土路面(CRCP)、装配式混凝土路面等。

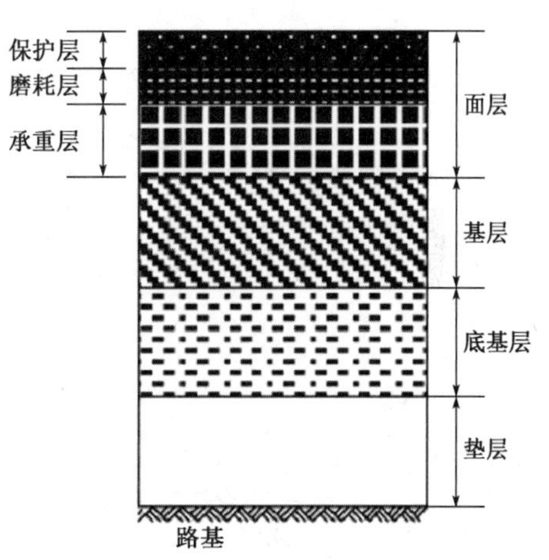

图 3-3　路面的基本结构

③桥涵。

公路路线常常需要跨越大小不同的障碍物(如河流、山谷、铁路、公路),故需要修筑桥梁和涵洞。桥梁是指架设在江河湖海上,使车辆、行人等能顺利通行的构筑物。桥梁亦引申为为跨越山涧、不良地质或满足其他交通需要而架设的使通行更加便捷的建筑物。涵洞是指为保证地面水流能够横穿公路而设置的小型构造物,一般由基础、洞身、洞口组成。

桥梁由4个基本部分组成:上部结构、下部结构、支座和附属设施。按上部结构的行车道位置进行分类,桥梁可分为上承式、中承式和下承式桥,如图3-4所示。

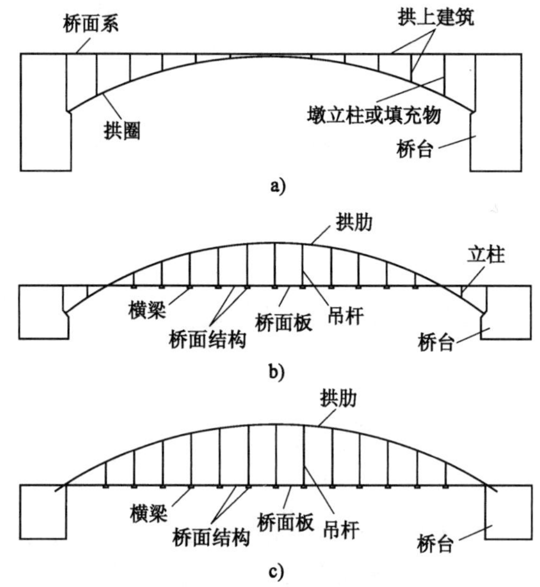

图3-4　桥梁按上部结构行车道位置分类

a)上承式桥;b)中承式桥;c)下承式桥

按结构体系进行分类,桥梁可分为梁式桥、拱式桥、斜拉桥、悬索桥等,如图3-5所示。

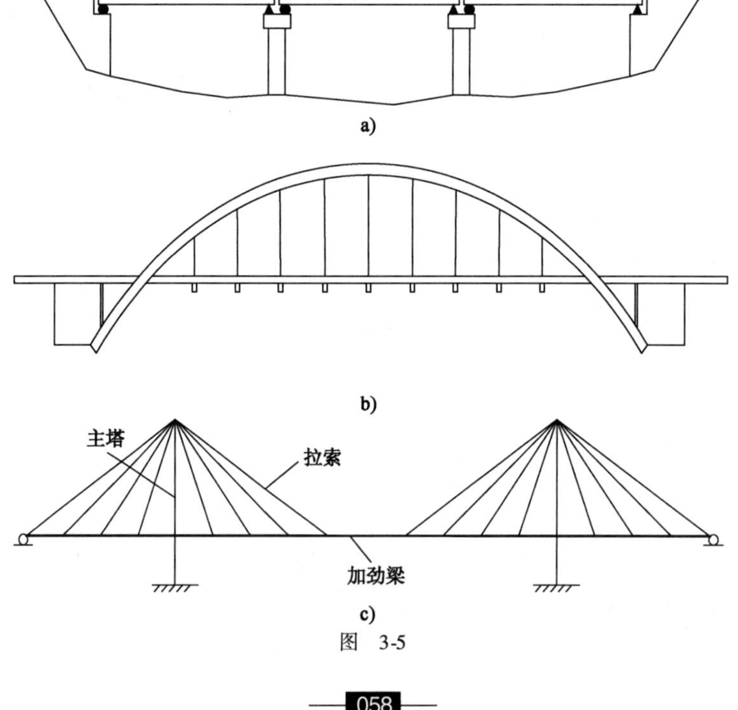

图　3-5

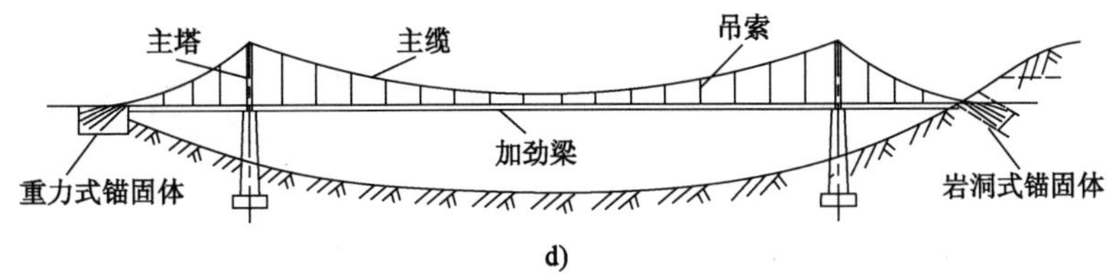

图3-5 桥梁按结构体系分类

a)梁式桥;b)拱式桥;c)斜拉桥;d)悬索桥

在《公路工程技术标准》(JTG B01—2014)中,桥涵按照跨径进行分类,具体见表3-2。

桥涵按跨径分类表 表3-2

桥涵分类	多孔跨径总长L(m)	单孔跨径K(m)
特大桥	$L>1000$	$K>150$
大桥	$100\leqslant L\leqslant1000$	$40\leqslant K\leqslant150$
中桥	$30<L<100$	$20\leqslant K<40$
小桥	$8\leqslant L\leqslant30$	$5\leqslant K<20$
涵洞	—	$K<5$

④隧道。

隧道是指在岩土体中开挖形成的用作地下通道的地下工程结构物。

按地质不同,隧道可以分为岩体隧道和土体隧道;按用途不同,可以分为公路隧道、城市道路隧道、地下铁道、铁路隧道和航运隧道。

3.2.4.2 公路运输场站设施

(1)公路货运站

公路货运站是指公路货运网络中组织货物集散、中转运输及相关服务,并具有一定规模的场所。

①类型划分。

公路货运站可以分为以下几类:

a.综合型公路货运站,主要应体现运输和仓储等物流多环节服务的功能,同时符合从事物流多环节服务业务,可以为客户提供运输、货运代理、仓储、配送、流通加工、包装、信息等多种服务,且具备一定规模;按照业务要求,自有或租用必要的装卸设备、仓储设施及设备;配置专门的机构和人员,建立完备的客户服务体系,能及时、有效地提供服务;具备网络化信息服务功能,应用信息系统可对服务全过程进行状态查询和监控等要求。

b.运输型公路货运站,主要应体现运输服务为主的中转服务功能,同时符合以从事道路货物运输业务为主,包括公路干线运输和城市配送,并具备一定规模;可以提供门到站、站到门、站到站的运输服务；具有一定数量的装卸设备和一定规模的场站设施等要求。

c.仓储型公路货运站，主要应体现道路运输为主的仓储服务功能，同时符合以从事货物仓储业务为主，可以为客户提供货物储存、保管等服务，并具备一定规模；具有一定规模和数量的仓储设施及设备等要求。

d.信息型公路货运站，主要应体现道路运输为主的信息服务功能，同时符合以从事货物信息服务业务为主，可以为客户提供货源信息、车辆运力信息、货流信息及配载信息等服务，并具备一定规模；具有网络化的信息平台，或为客户提供虚拟交易的信息平台；具有必要的货运信息交易场所和一定规模的停车场所；具备网络化信息服务功能，应用信息系统可对交易过程进行状态查询等要求。

②站址选择原则。

公路货运站站址选择应充分考虑城市发展要求，尤其是作为公路运输的重要节点，既要满足运输网络能力及服务范围内的货运组织能力，又要有便捷的城市对外交通条件，同时考虑建站地质等条件，一般遵循如下原则：

a.符合城市或城镇总体布局规划。

b.与公路网、城市道路网和综合运输网合理衔接。

c.靠近较大货源集散点，并适应服务区域内的货运需求。

d.尽量利用现有场站设施，并留有发展余地。

e.具备良好的给排水、电力、道路、通信等条件。

f.具备良好的环境和地质条件等原则。

(2)公路汽车客运站

公路汽车客运站是公益性交通基础设施，是道路旅客运输网络的节点，是道路运输经营者与旅客进行运输交易活动的场所，是为旅客和运输经营者提供站务服务的场所，是培育和发展道路运输市场的载体。

①站址选择原则。

公路汽车客运站的选址应考虑城镇发展规划、旅客集散能力、客运系统组织、公用工程、地质条件等因素，一般遵循如下原则：

a.应符合城镇总体规划及交通枢纽总体布局规划。

b.应便于旅客集散和换乘组织，与公路、城市道路、城市公交系统和其他运输方式的场站衔接良好。

c.具备必要的工程、地质条件，方便与城市的公用工程网系(道路网、电力网、给排水网、排污网、通信网等)的连接。

d.具备足够的场地来满足车站建设需要，并有发展余地。

②级别划分。

根据《汽车客运站级别划分和建设要求》(JT/T 200—2020)，汽车客运站按规模分为等级车站、便捷车站和招呼站。以设施与设备配置、旅客日发送量等为依据，等级车站从高到低分为一级车站、二级车站、三级车站三个级别。具体车站级别划分标准见表3-3。

车站级别划分标准 表3-3

车站级别	级别划分标准
一级车站	设施与设备符合一级车站配置要求,且具备下列条件之一: ①日发量在5000人次及以上的车站; ②日发量在2000人次及以上的旅游车站、国际车站、综合客运枢纽内的车站
二级车站	设施与设备符合二级车站配置要求,且具备下列条件之一: ①日发量在2000人次及以上、不足5000人次的车站; ②日发量在1000人次及以上、不足2000人次的旅游车站、国际车站、综合客运枢纽内的车站
三级车站	设施与设备符合三级车站配置要求,且日发量在300人次及以上、不足2000人次的车站
便捷车站	设施与设备符合便捷车站配置要求的车站
招呼站	设施与设备不符合便捷车站配置要求,具有等候标志和候车设施的车站

3.3 城市道路交通系统

3.3.1 城市道路交通系统的组成

城市道路交通系统主要由路网系统、交通监测和控制系统构成。路网系统是城市道路交通流运行的载体,而交通监测和控制系统是获取交通运行状态并指引交通流有序通行的保障。路网系统、交通监测和控制系统好比管道和管道之间的控制阀门,通过阀门的控制,城市道路上的交通流有序通过路网,并最终到达目的地。

城市路网系统主要由道路和交叉口组成。其中,道路主要保证城市各区域的连通性及路网的可达性,交叉口则是道路交汇的冲突点,负责组织与连通相交汇的不同道路。城市交通监测和控制系统主要监控城市道路运行状态,并对道路交通实施信号/通行等控制。

城市道路系统的功能主要可分为狭义道路功能与广义道路功能,即交通功能与空间功能。狭义来看,城市道路系统具有交通运输的本体功能,是为各类交通主体的交通活动与行为提供服务的载体;广义来看,城市道路具有城市骨架、交通设施、城市空间、城市景观、市政空间与防灾减灾设施六大功能,是城市空间不可或缺的组成部分。

3.3.2 城市道路的分类

城市道路分类的目的是将规划的道路功能用于道路的管理,确保道路系统在管理上更加精细。国内外城市道路规划中均倾向于道路的细分,使道路的功能更加明确,与道路运行管理衔接的更好。

我国城市道路根据《城市综合交通体系规划标准》(GB/T 51328—2018)的规定,按照功能划分为干线道路系统、集散道路系统和支线道路系统,具体功能等级划分与规划要求如表3-4所示。

城市道路功能等级划分与规划要求 表3-4

<table>
<tr><th>大类</th><th>中类</th><th>小类</th><th>功能说明</th><th>设计速度(km/h)</th><th>高峰小时服务交通量推荐(双向pcu)</th></tr>
<tr><td rowspan="5">干线道路</td><td rowspan="2">快速路</td><td>Ⅰ级快速路</td><td>为城市长距离机动车出行提供快速、高效的交通服务</td><td>80~100</td><td>3000~12000</td></tr>
<tr><td>Ⅱ级快速路</td><td>为城市长距离机动车出行提供快速交通服务</td><td>60~80</td><td>2400~9600</td></tr>
<tr><td rowspan="3">主干路</td><td>Ⅰ级主干路</td><td>为城市主要分区(组团)间的中、长距离联系交通服务</td><td>60</td><td>2400~5600</td></tr>
<tr><td>Ⅱ级主干路</td><td>为城市分区(组团)间中、长距离联系以及分区(组团)内部主要交通联系服务</td><td>50~60</td><td>1200~3600</td></tr>
<tr><td>Ⅲ级主干路</td><td>为城市分区(组团)间联系以及分区(组团)内部中等距离交通联系提供辅助服务,为沿线用地服务较多</td><td>40~50</td><td>1000~3000</td></tr>
<tr><td>集散道路</td><td>次干路</td><td>次干路</td><td>为干线道路与支线道路的转换以及城市内中、短距离的地方性活动组织服务</td><td>30~50</td><td>300~2000</td></tr>
<tr><td rowspan="2">支线道路</td><td rowspan="2">支路</td><td>Ⅰ级支路</td><td>为短距离地方性活动组织服务</td><td>20~30</td><td>—</td></tr>
<tr><td>Ⅱ级支路</td><td>为短距离地方性活动组织服务的街坊内道路、步行、非机动车专用路等</td><td>—</td><td>—</td></tr>
</table>

表3-4中的大类用于城市道路功能确定及框架性空间布局规划衔接;中类用于承接历史道路功能分类并与宏观的空间分区衔接;小类用于具体道路细分及设计、管理层面引导,与道路空间、用地布局及运行管理衔接。在依据高峰小时交通量来判断道路类别时,应考虑道路所在城市区位对道路交通量的影响。比如,可能存在位于市中心的Ⅲ级主干路/次干路的交通量高于位于城市边缘的Ⅰ级主干路的现象,应结合道路连接功能和交通量两者进行功能确定。

经过21世纪以来城市的快速扩张,城市的空间尺度不断增大,很多城市空间尺度超过30km,甚至50km,需要更加高效的道路系统服务更长距离的机动交通。因此,将城市快速路分为Ⅰ级、Ⅱ级,增加设计速度为80~100km/h的Ⅰ级快速路,以适应大尺度城市的空间联系效率要求。

对城市主干路，根据道路与两侧用地的关系，大城市（及以上等级）的交通性主干路作为Ⅰ级主干路，大城市（及以上等级）的生活性主干路和中等城市的交通性主干路作为Ⅱ级主干路。实际情况中已建成的承担干线道路功能的次干路，应作为Ⅲ级主干路，同时大量的中等城市的生活性主干路和小城市的主干路系统也为Ⅲ级主干路。

城市道路中步行与非机动车交通对于道路密度很敏感，大尺度街区将大大增加步行和非机动车交通的出行距离，导致步行与自行车交通出行比例的下降，因此，根据现行《城市居住区规划设计标准》（GB 50180—2018），并落实《中共中央 国务院关于进一步加强城市规划建设管理工作的若干意见》中对开放式街区的要求，将街坊内道路也根据其组织步行与非机动车交通的功能列入支路系统，作为Ⅱ级支路。

3.3.3 城市道路通行能力与服务水平

城市道路通行能力是指在一定的道路和交通条件下，单位时间内道路上某一路段通过某一断面的最大交通流率，包括基本通行能力和设计通行能力等。

基本通行能力是指在一定时段，在理想的道路、交通、控制和环境条件下，道路的一条车道或一均匀段或一交叉路口，期望能通过人或车辆的合理的最大小时流率。

设计通行能力是指在一定时段，在具体的道路、交通、控制及环境条件下，一条车道或一均匀段或一交叉路口，对应设计服务水平下的最大服务交通流率。

《城市道路工程设计规范》（CJJ 37—2012）建议的快速路基本路段一条车道的通行能力如表3-5所示。

快速路基本路段一条车道的通行能力 表3-5

设计速度（km/h）	100	80	60
基本通行能力［pcu/（km·ln）］	2200	2100	1800
设计通行能力［pcu/（km·ln）］	2000	1750	1400

服务水平是衡量交通流运行条件及驾驶员和乘客所感受的服务质量的一项指标，通常根据交通量、速度、行走时间、行驶（走）自由度、交通间断、舒适和方便等指标确定。城市快速路服务水平分为4级：一级服务水平时，交通处于自由流状态；二级服务水平时，交通处于稳定流中间范围；三级服务水平时，交通处于稳定流下限；四级服务水平时，交通处于不稳定流状态。

快速路基本路段服务水平应符合表3-6的规定，新建道路应按表中三级服务水平设计。

关于其他等级道路通行能力和服务水平的分析、评价，目前国内尚未有成熟的研究成果，可参阅美国《道路通行能力手册》中的相关内容。

城市道路网络的通行能力往往取决于城市道路关键交叉口的通过能力。根据《城市道路工程设计规范》（CJJ 37—2012），城市道路交叉宜分为平面交叉和立体交叉两类，交叉形式应根据道路交通网规划、相交道路等级及有关技术、经济和环境效益的分析合理确定。

快速路基本路段服务水平分级 表3-6

设计速度(km/h)	服务水平等级		密度[pcu/(km·ln)]	平均密度(km/h)	负荷度 v/C	最大服务交通量[pcu/(km·ln)]
100	一级(自由流)		≤10	≥88	0.40	880
	二级(稳定流上段)		≤20	≥76	0.69	1520
	三级(稳定流)		≤32	≥62	0.91	2000
	四级	(饱和流)	≤42	≥53	≈1.00	2200
		(强制流)	>42	<53	>1.00	—
80	一级(自由流)		≤10	≥72	0.34	720
	二级(稳定流上段)		≤20	≥64	0.61	1280
	三级(稳定流)		≤32	≥55	0.83	1750
	四级	(饱和流)	≥50	≥40	≈1.00	2100
		(强制流)	<50	<40	>1.00	—
60	一级(自由流)		≤10	≥55	0.30	590
	二级(稳定流上段)		≤20	≥50	0.55	990
	三级(稳定流)		≤32	≥40	0.77	1400
	四级	(饱和流)	≤57	≥30	≈1.00	1800
		(强制流)	>57	<30	>1.00	—

(1)平面交叉口通行能力

根据是否有信号灯控制,可将平面交叉口分为无信号控制平面交叉口、信号控制平面交叉口。其中,常见的无信号控制平面交叉口包括了全无管制交叉口、让行标志交叉口、环形交叉口。

全无管制交叉口指的是不采用任何交通管制的交叉口。住宅区或工业区内部、高峰小时到达交叉口的全部进口道总交通量在800pcu/h以下且无安全隐患的支路与支路相交的交叉口,可以不进行控制。此时,平面交叉口的通行能力根据设计速度、道路环境的不同一般在600~800pcu/h范围内。精确的通行能力计算可通过间隙接受理论得到。

让行标志交叉口指的是采用停车让行标志或减速让行标志管制的交叉口。高峰小时到达交叉口的全部进口道总交通量在800~1500pcu/h以下且无安全隐患的支路与支路,或单车道次干路与支路相交的交叉口,可以采用此种控制方式。此时,平面交叉口的通行能力根据相交道路的车流差异,大致在1000~1600pcu/h(减速让行)、850~1600pcu/h(停车让行)范围内。精确的通行能力取值可以通过《城市道路交叉口规划规范》(GB 50647—2011)查表,或者间隙接受理论计算得到。

环形交叉口是自调节交叉口,指的是在交叉口中央设置圆岛,使进入交叉口的车辆均以同一方向绕岛行驶的交叉口。当非机动车和行人较少,且机动车流量不大时适宜采用。根据实测资料与理论分析,常规环形交叉口的通行能力一般在1400～2700pcu/h范围内。

(2)立体交叉口通行能力

高速公路与城市各级道路相交时,必须采用立体交叉。快速路与快速路相交必须采用立体交叉;快速路与主干路相交,应采用立体交叉。主干路与主干路交叉口的交通量超过4000～6000pcu/h,相交道路为4车道以上,且对平面交叉口采取改善、调整交通组织均收效甚微时,可设置立体交叉。两条主干路交叉或者主干路与其他道路相交,当地形适宜修建立体交叉,且技术经济比较合理时,可设置立体交叉。道路跨河或跨铁路时,可利用桥梁边孔修建道路与道路的立体交叉。

3.3.4 城市道路交通主要控制设施

交叉口信号控制设施是城市道路交通的主要控制设施。交叉口的信号控制方式将直接影响交叉口的通行能力。交叉口信号控制主要分为单点交叉口信号控制、干线交叉口信号协调控制及区域交叉口信号协调控制。

3.3.4.1 单点交叉口信号控制

单点交叉口信号控制是指利用交通信号灯,对交叉口运行的车辆和行人进行通行权的分配。单点交叉口信号控制以交通信号控制模型为基础,通过合理控制路口信号灯的灯色变化,达到减少交通拥堵、保证城市道路畅通和避免发生交通事故等目的。单点交叉口信号控制是城市道路交通信号控制的基本形式,是城市道路交通控制最主要、最基本的方法。单点交叉口信号控制根据控制方式的不同可分为定时式控制、感应式控制及自适应控制。

(1)定时式控制是指交叉口信号具有确定的控制方案,信号灯在控制时段内按照预先设定的控制方案周期式地进行信号控制。定时式控制具有工作稳定可靠,便于与相邻交叉口的交通信号进行协调,设施成本较低,安装、维护方便等优点,适用于交通需求波动小或交通量较大(接近饱和状态)的情况,但存在灵活性差、不适应交通需求波动的缺点。

(2)感应式控制是指交通信号灯能根据交通检测器检测到的交叉口实时交通流状况,采用适当的信号显示时间以适应交通需求的信号控制方式。感应式控制对车辆随机到达及交通需求波动较大的情况适应性很强,然而存在协调性差、设施成本较高的缺点。

(3)自适应控制是基于人工智能技术发展起来的一种信号控制方式,具有学习、抽象、推理和决策等功能,能根据环境的变化作出恰当的适应性反应。自适应控制具有较强的实时性、鲁棒性和独立性,但控制策略较为复杂,且需要配套相应的检测装置。

3.3.4.2 干线交叉口信号协调控制

干线交叉口信号协调控制是为了保持城市主干道的畅通,对主干道上的信号控制交叉口采取的协调控制。单向行驶道路的协调控制方式主要包括:简单协调(前向协调)、可变协调、逆向协调、同步协调。

3.3.4.3 区域交叉口信号协调控制

区域交叉口信号协调控制(简称面控制)系统的控制对象是城市或某个区域中所有交叉口的交通信号。目前国内外普遍使用的控制系统主要有 TRANSYT 系统、SCATS 系统、SCOOT 系统和 ACTRA 系统。

3.3.5 城市道路交通其他设施

3.3.5.1 城市常规公共交通设施

(1)城市常规公共交通线路网布局

城市的公共交通线路网呈现不同的布局结构,主要有:设有中央终点设施的放射形网络、主干线和驳运线相结合的网络、带合环线或切线状线路的放射形网络 3 类。公共交通线路网布局时应遵循如下原则:

①城市中有多种公共交通方式时,其线路网必须综合规划。

②市区线路、郊区线路和对外交通线路应紧密衔接,并协调各线路网的集疏能力。

③应对城市用地的发展具有较好的适应性。

④应与城市用地规划范围内主要客流的流向一致。

⑤主要客流的集散点应设置不同交通方式的换乘枢纽,方便乘客停车与换乘,以缩短乘客出行时间,扩大乘客活动可达范围。

城市公共交通线路网密度大小反映出居民接近线路的程度。城市公共交通线路网密度与城市人口密度、城市形态结构、道路网密度密切相关,一般线网平均密度约为 2.5km/km^2,在市中心可以加密些,达到 3 ~ 4km/km^2,而城市边缘地区取值可小些。居民步行到公共交通车站的平均时间以 4 ~ 5min 为佳。

(2)城市常规公共交通车站与场站设施

城市常规公共交通车站与场站设施主要包括:起、终点站,枢纽站、中途站及维修设施。各型城市道路公共交通车站、场站的功能和用地要求均不相同。

城市常规公共交通起、终点站是影响车辆运营速度和调度计划的重要因素,其主要功能是为线路上的公交车辆在开始和结束营运、等候调度及下班后提供必要的停放场地。公共交通起、终点站的设置位置和进出口的交通组织与管理既对公交系统作用的发挥有着很大影响,同时又影响着城市道路交通秩序和安全,规划时应遵循以下原则:公交起、终点站的设置应与城市路网的建设及发展相协调,宜选择在紧靠客流集散点和道路客流主要方向的同侧;公交起、终点站的选址宜靠近人口比较集中、客流集散量较大而且周围留有一定空地的位置,如居住区、火车站、码头、公园、文化体育中心等,使大部分乘客处在以该站点为中心的服务半径范围内;起、终点站的规模应按所服务的公交线路所配营运车辆的总数来确定;与公交起、终点站相连的出入口道应设置在道路使用面积较为富裕、服务水平良好的道路上，尽量避免接近平面交叉口，必要时出入口可设置信号控制，以减少对周边道路交通的干扰。

城市常规公共交通枢纽站是公共交通线路之间、公共交通与其他运输方式之间客流转换的场所。随着城市不断扩大，公共交通线路不断增加和延伸，客运方式向多元化发展，人们的工作、社交、购物、文化娱乐等各项活动的出行范围也在不断扩大，出行距离不断增长。乘客从起点到终点完成一次出行，往往需要使用多种运输方式或转换线路，把多种运输方式、多条线路有机衔接起来，方便乘客换乘，是客运交通系统提高服务水平、吸引乘客的重要手段。城市公共交通枢纽可以分为对外交通枢纽和市内交通枢纽两种。对外交通枢纽是市内公共交通与市际交通的联系点，一般设在铁路客运站、长途汽车站、轮渡港口、航空港口和城市出入口道路处，这类交通枢纽在城市中的位置相对比较确定。市内交通枢纽一般是城市区域内的客流集散点，是公共交通之间或公共交通与其他运输方式之间的转换场所，如常规公交与快速轨道交通、非机动车交通的换乘枢纽，多条公交线路汇聚的交点等。

城市常规公共交通中途站点的位置、间距、站点形式和规模对公交系统的正常运营有很大影响，是决定公交车辆运营速度和行车牌时效性的重要因素。公共交通中途站点的规划布置通常主要考虑中途站点的合理间距。最优站间距规划的目标是使所有乘客出行的总行程时间最短。较长的车站间距可提高公交车的平均运营速率，并减少乘客因停车造成的不适，但乘客从出行起(终)点到上(下)车站的步行距离增加，并给换乘出行带来不便，站间距缩短则相反。公共交通中途停靠站的站距受交叉口间距和沿线客流集散点分布的影响，在整条线路上是不等的。市中心客流密集、乘客乘距短、上下站频繁，站距宜小；城市边缘区，站距可大些；郊区线乘客乘距长，站距可更大。设置公共交通停靠站的原则是应方便乘客乘车并节省乘客总的出行时间。

3.3.5.2 城市停车设施

(1)停车设施的基本属性

①停车设施的资源有限性。

城市停车设施是车辆出行的起点和终点，与道路设施一样，是一项典型的时空资源。城市停车设施的时空消耗，即一定时间内占有的空间资源，可以用“车位面积 · 小时”来度量，其中车位面积大小与停放车辆的类型、停放形式等相关，停放时间长短与停放行为有关。根据著名的“当斯定律”(Downs Law)，“新建的交通设施会诱发新的交通量，而交通需求总是倾向于超过交通供给”。正如其他交通设施一样，城市停车设施作为一项典型的时空资源，停车设施供应数量不可能为满足停车设施需求的增长而无限制地增加；停车设施用地作为城市用地的一种类型，也应合理占据用地比例，而不能随意地扩大。

城市停车设施在不同时段的供需关系是不同的。一般而言，停车需求的时间分布有高峰时段和非高峰时段。各类用地有不同的停车需求高峰时段，如居住地停车需求总是夜间最大,就业密集区停车需求高峰通常在上午,餐饮及休闲设施的停车需求高峰一般是在晚上。不同出行目的的停车需求高峰时段也不相同,有些还呈现较强的规律相关性,如通勤出行的停车需求时间分布与上下班时间相关,而弹性出行的停车需求时间分布则与通勤出行明显错开,这为停车设施的错时使用提供了可能。调整上下班时间、公共服务的营业时间等,都可以改变停车需求在不同时段的分布状况。停车设施的供给在时间分布上具有不可储存性,停车位容量在高峰时段会出现短缺,非高峰时段又会产生过剩,而非高峰时段过剩的停车位容量无法储存起来以备于高峰时段使用。因此,需要采取一定的经济技术手段,使停车需求在时间分布上更加合理,以提高停车设施的利用率。

城市停车设施在不同区域的供需关系也不相同。停车设施需求的空间分布具有一定的规律性,表现为其供需总量和空间分布与城市的机动车拥有量及其出行空间分布的对应关系,究其根本是由土地利用特性所决定的。不同区位、功能和建设强度的土地利用形成了不同的城市活动特点,决定了不同的停车行为。如商业用地引发购物行为,工业用地引发工作行为,公共绿地等引发休闲娱乐行为。车辆在不使用过程中的停放地点取决于车辆拥有者所在地(如居住区、就业密集区)分布,而使用过程中的停放地点与车辆出行目的相关。土地利用的特性带来了停车设施需求空间分布的差异,对土地利用进行调整,将带来车辆出行的强度和空间分布的变化,从而引起停车供需关系的变化;反过来,如果某一区域的停车设施供应量发生变化,也会对相关土地的利用产生直接影响。这些特点表明,通过调控不同区域停车设施的供需关系,可以保障和优化该区域用地功能的发挥,如对城市中心区等停车困难地区,通过合理控制停车设施的供应可以引导人们选择公共交通方式,实现停车设施与土地利用之间的协调发展,保持健康有效率的城市运行秩序。

②停车设施的物品双重性。

停车设施是城市交通中一项重要的基础设施,兼具公用物品和私用物品的双重特性。停车设施的公用物品属性指停车设施为全社会和全体公众提供服务,它所带来的经济、社会和环境的间接效益远远超过其直接经济效益。停车设施的私用物品属性表现为具体设施为特定的车辆停放服务,停车设施可按泊位分割成单个的使用单位,一个停车泊位在一定时间内只能供一辆汽车停放。无论是为公共服务的停车设施,还是为特定车辆服务的停车设施,其供需状况对城市交通空间供应都有很大影响。因此,必须通过城市停车设施规划对各类停车设施统筹安排,才能实现城市交通与城市功能的协调发展。

城市停车设施由停车泊位及附属设施组成,按照使用权特点,停车泊位可分为自备车位和公共车位两种类型。自备车位是指拥车者自建自用、购买自用或租赁自用的停车位,面向特定对象提供停车服务,如住房设施一样,同时具有效用的可分割性和受益的排他性。公共车位则是指在车辆出行过程中供车辆停放的公共停车位,面向全社会提供服务,也同时具有效用的可分割性和受益的排他性。

(2)停车设施的类型划分

根据停车设施的基本属性,停车设施可分为3类:路外公共停车设施,路内公共停车设施,配建停车设施(表3-7)。

停车设施类型划分情况一览表 表3-7

<table>
<tr><th colspan="2">设施类型</th><th>车位类型</th><th>基本属性</th><th>调控作用</th></tr>
<tr><td colspan="2">路外公共停车设施</td><td>公共车位</td><td rowspan="4">具有资源有限性、物品双重性,其供需关系具有可控性特征</td><td rowspan="3">可对车辆使用进行调控</td></tr>
<tr><td colspan="2">路内公共停车设施</td><td>公共车位</td></tr>
<tr><td rowspan="2">配建停车设施</td><td>配建公共停车设施</td><td>公共车位</td></tr>
<tr><td>配建专用停车设施</td><td>自备车位</td><td>可对车辆拥有进行调控</td></tr>
</table>

①路外公共停车设施。

路外公共停车设施主要为从事各种活动的出行者提供公共停车服务,通常设置在公共活动中心、交通转换处等车流量较为集中的区域,如商贸中心、购物中心、文体活动中心、城市出入口、客运换乘枢纽等。

路外公共停车设施泊位利用率一般白天显著高于夜间。根据这一特性,为最大化利用公共停车设施资源,可以利用路外公共停车设施辅助解决周边自备车位不足的居住区和其他建筑物的夜间停车需求。

②路内公共停车设施。

路内公共停车设施主要指在道路用地(红线)以内划定的供车辆停放的场地,一般在道路行车带以外的一侧或两侧呈带状设置,并用标志、标线施划出一定的范围。路内停车设施设置简单、使用方便、用地紧凑(一般不另设置通道)、投资少,适宜供车辆临时停放。

路内公共停车设施一般不适合长时间停车。设置路内公共停车设施不是解决停车问题的主要途径,过多的路内停车会影响城市道路交通的正常运行。自备车位不足的居住区,可以在道路交通条件允许的前提下,利用周边道路适当施划路内停车泊位,用于夜间停车。

③配建停车设施。

配建停车设施是城市停车设施的主要组成部分,设置在相关建筑或设施内,一般应与主体建筑同步规划、设计和建设。

3.4 道路交通运输工具

道路交通运输工具包括:汽车、挂车、无轨电车、拖拉机、摩托车、自行车及各种专用车和特种车等,本节主要介绍汽车和挂车的基本特性。

3.4.1 汽车

各种道路交通运输工具中,最主要的运输工具是汽车。汽车由自带动力装置驱动,由动力装置、底盘、车身、电器及仪表等部分组成,主要用于载运人员和货物。

动力装置是汽车行驶的动力源,包括发动机及其燃料供给系统、冷却系统。底盘是接受动力装置发出的动力,使汽车产生运动,保证正常行驶的装置和机构。它包括传动系统(离合器、变速器、方向传动装置、驱动桥)、行驶系统(车架、轮胎及车轮、悬架、从动桥)、转向系统(带转向盘的转向器及转向传动机构)和制动系统(制动器和制动传动机构)。客车一般是非承载式,车身是整体车身。货车是承载式,车身一般包括驾驶室和各种形式的车厢。电器及仪表包括电源、发动机的起动系统和点火系统,以及照明、信号、仪表等设备。

3.4.1.1 汽车的分类

《机动车辆及挂车分类》(GB/T 15089—2001)对汽车进行了分类,具体如表3-8所示。

机动车辆及挂车分类 表3-8

类别	说明
L类:两轮或三轮机动车辆	L_1:若使用热力发动机,其气缸排量不超过50mL且无论何种驱动方式,其最高设计车速不超过50km/h的两轮车辆
	L_2:若使用热力发动机,其气缸排量不超过50mL且无论何种驱动方式,其最高设计车速不超过50km/h,具有任何车轮布置形式的三轮车辆
	L_3:若使用热力发动机,其气缸排量超过50mL或无论何种驱动方式,其最高设计车速超过50km/h的两轮车辆
	L_4:若使用热力发动机,其气缸排量不超过50mL且无论何种驱动方式,其最高设计车速不超过50km/h,三个车轮相对于车辆的纵向中心平面为非对称布置的车辆(带边斗的摩托车)
	L_5:若使用热力发动机,其气缸排量不超过50mL且无论何种驱动方式,其最高设计车速不超过50km/h,三个车轮相对于车辆的纵向中心平面为对称布置的车辆
M类:至少有四个车轮并且用于载客的机动车辆	M_1:包括驾驶员座位在内,座位数不超过九座的载客车辆
	M_2:包括驾驶员座位在内座位数超过九个,且最大设计总质量不超过5000kg的载客车辆
	M_3:包括驾驶员座位在内座位数超过九个,且最大设计总质量超过5000kg的载客车辆
N类:至少有四个车轮且用于载货的机动车辆	N_1:最大设计总质量不超过3500kg的载货车辆
	N_2:最大设计总质量超过3500kg,但不超过12000kg的载货车辆
	N_3:最大设计总质量超过12000kg的载货车辆

续上表

O 类:挂车(包括半挂车)	O_1:最大设计总质量不超过 750kg 的挂车
	O_2:最大设计总质量超过 750kg,但不超过 3500kg 的挂车
	O_2:最大设计总质量超过 3500kg,但不超过 10000kg 的挂车
	O_3:最大设计总质量超过 10000kg 的挂车
G 类:指依据该标准提出的一定检测条件和定义,满足本条要求的 M 类、N 类的越野车	

《汽车和挂车类型的术语和定义》(GB/T 3730.1—2001)将汽车分为乘用车和商用车两类,具体如下:

乘用车是指在设计和技术特征上主要用于载运乘客及其随身行李和/或临时物品的汽车,包括驾驶员座位在内最多不超过 9 个座位,它也可以牵引一辆挂车。乘用车包括普通乘用车、活顶乘用车、高级乘用车、小型乘用车、敞篷车、仓背乘用车、旅行车、多用途乘用车、短头乘用车、越野乘用车、专用乘用车(旅居车、防弹车、救护车和殡仪车)。

商用车是指在设计和技术特征上用于运送人员和货物的汽车,并且可以牵引挂车。商用车包括客车(小型客车、城市客车、长途客车、旅游客车、铰接客车、无轨电车、越野客车、专用客车)、半挂牵引车、货车(普通货车、多用途货车、全挂牵引车、越野货车、专用作业车、专用货车)。

根据动力燃料不同,汽车又可分为传统汽车和新能源汽车,这里仅介绍新能源汽车中的电动汽车。电动汽车是指以电能为动力的汽车,一般采用高效率充电电池或燃料电池为动力源。《电动汽车术语》(GB/T 19596—2017)将电动汽车分为纯电动汽车、燃料电池电动汽车和混合动力电动汽车 3 类,其各自特点见表 3-9。

电动汽车的分类及特点 表 3-9

类　别	定　义	优　点	缺　点
纯电动汽车	以车载电源动力电池为动力,用电机驱动车轮行驶的汽车	行驶过程中无污染	动力电池自重较大,充电时间长,续航里程短,成本高,折旧快,易对环境造成二次污染
燃料电池电动汽车	装有可以将燃料中的化学能直接转化为电能的能量转换装置的汽车	能量产生效率比石化燃料高,且获取燃料较容易	电池使用寿命有限
混合动力电动汽车	装有两个以上动力源的汽车	续航里程长,可储备电能,提高汽油燃油效率,有利于环境保护	技术工艺复杂,材料多,自重大,仍依赖石化燃料

3.4.1.2　设计要求

车辆的尺寸影响到行车对道路的车道宽度、净空和转弯半径等方面的要求,而车辆的质量则影响到对道路路面和桥梁的结构承载能力的要求。为此,一方面,要在变化繁多的各种车辆中选择一些代表性车辆(称作设计车辆),规定其尺寸和质量,作为道路和桥梁设计的依据和标准;另一方面,又要对各种车辆的尺寸和质量的最大数值以法规形式作出限定。表3-10所列为以小客车、公共汽车或整车和铰接式公共汽车或单拖挂货车作为设计车辆时所规定的主要外廓尺寸。

设计车辆的外廓尺寸(单位:m)　　表3-10

车辆类型		总长度			总宽度			总高度		
		中国	欧洲	美国	中国	欧洲	美国	中国	欧洲	美国
小客车、面包车		6	—	5.8	1.8	—	2.1	2	—	2.44
整车、公共汽车		12	12	12.2	2.5	2.5	2.6	4	—	4.27
单拖挂货车	半挂	16	15.5	16.75	2.5	2.5	2.6	4	4	4.27
	全挂	(18)	18	19.8						

注:括号内数字为《城市道路工程设计规范》(CJJ 37—2012)的规定。

各国对道路上行驶车辆的最大轴重和总重有不同的限制,表3-11中列出了我国和欧美的一些数值以供参考。我国规定的单轴最大允许轴重为100kN,双联轴最大允许轴重为180kN,三联轴最大允许轴重为220kN,整车的最大允许总重为400kN。

道路上行驶车辆的轴重和总重最大允许值(单位:kN)　　表3-11

项目		中国	美国	加拿大	欧洲各国
轴重	单轴	100	82~102	55(前轴),91	90~130
	双联轴	100(单轮),180(双轮)	145~181	170	160~220
	三联轴	120(单轮),220(双轮)	200	240	200~260
车辆总重		400	330~740	237(3轴),316(4轴),395(5轴),465(6轴),535(7轴)	350~500

3.4.1.3　主要性能指标

汽车的主要性能指标有发动机功率、质量-功率比、容载量、最高车速、燃料消耗量、制动距离等。

发动机功率是衡量汽车性能的一项重要指标,它反映车辆具有的最大加速率和在坡道上行驶时能维持的最大速度。一些代表性汽车出厂时标定的额定马力(表示为hp,1hp≈735W)大致如下:

①小客车(驾驶员在座的空车质量为1545kg)——105hp。

②轻型货车(驾驶员在座的空车质量为1909kg)——175hp。

③二轴六轮货车(驾驶员在座的空车质量为4545kg)——175hp。

④半挂货车(驾驶员在座的空车质量为11364kg)——325hp。

可用于推动车辆行进的最大马力仅为额定马力的一部分。对于以96km/h行驶的小客车,可利用的马力约为额定值的50%;而对于大型货车,则约为94%。车辆行驶还需要克服各种运动阻力,包括轮胎与路表面之间的滚动阻力、车辆迎风面的空气阻力、在坡道上行驶的坡道阻力、曲线上行驶的曲线阻力和速度变化时的惯性阻力等。

运动阻力同车辆的质量大小成正比。因而,用质量-功率比(W/P)可以更好地反映车辆的总体性能(加速性能和爬坡时的速度),特别在用于比较不同车辆的性能时。*W/P* 越高,意味着车辆的加速性能越差;而 *W/P* 低,则表明车辆的性能好,可以有较大的功率来克服运动阻力。

小客车的 *W/P* 在 20 世纪 70 年代末—80 年代初出现较大的降低,而随后的变化就很小了。对于货车,由于货车的质量随装载量而变,*W/P* 的变化范围很大。虽然货车的尺寸和质量在不断地增长,但发动机的功率比质量增长得更快。因而,货车的 *W/P* 不断地下降。

其他重要指标的定义如下:容载量是指载客车辆座位数和车内站立乘客数之和;对载货车辆,以最大装载质量表示。最高车速是指规定装载状态下,在水平良好路面上,变速器处于最高挡且节气门全开时,车辆稳定行驶的最大速度。燃料消耗量为规定装载状态下,单位行驶距离消耗的燃料量(L/100km)。制动距离是指规定装载状态下,以一定车速行驶时,实施紧急制动,从踩制动踏板开始到完全停车为止测得的车辆驶过的距离。

3.4.2 挂车

挂车是指因设计和技术特性,需由汽车牵引才能正常使用的一种无动力的道路车辆,通常用于载运人员和货物或用于其他特殊用途。在公共汽车及组合货车中,挂车均为重要组成部分。

3.4.2.1 挂车的分类

《汽车和挂车类型的术语和定义》(GB/T 3730.1—2001)中对挂车进行了分类。而按照挂车的最大设计总质量,可将挂车分为 4 类:O_1类,最大设计总质量不超过 750kg;O_2类,最大设计总质量超过 750kg,但不超过 3500kg;O_3类,最大设计总质量超过 3500kg,但不超过 10000kg;O_4类,最大设计总质量超过 10000kg。就半挂车或中置轴挂车而言,对挂车分类时所依据的质量是半挂车或中置轴挂车在满载且和牵引车相连的情况下,通过其所有车轴垂直作用于地面的静荷载。

3.4.2.2 半挂车通用技术条件

在整车方面,半挂车应符合相关强制性标准的要求,并按照规定程序批准的图样技术文件制造。半挂车中具有专用功能的部件及总成应符合相应的国家标准或行业标准。集装箱半挂车装载空箱的高度应不大于 4000mm。半挂车的机构应保证半挂汽车列车满载时能适应 90km/h 的车速。当半挂车需要采用货箱顶盖时,应满足使用要求。在使用过程中,货箱顶盖应能够阻止货物的散落、遗洒;顶盖处于开启状态时,不得与车辆行驶部分发生干涉。在车架方面,半挂车车架总长度不大于 8000mm 时,其长度极限偏差为 ±5mm;总长度每增加 1000mm(不足 1000mm 按 1000mm 计算),长度极限偏差增加 1mm;宽度极限偏差在任意点测量为 ±4mm。在纵、横梁的任意横截面上,上下翼面对腹板的垂直度公差不大于翼板宽度的 1%。纵梁腹板的纵向直线度公差,在任意 1000mm

长度内为2mm，在全长上为其长度的0.1%。当车架长度不大于4m时，车架对角线之差不大于5.5mm，长度每增加1m（不足1m按1m计算），车架对角线之差允许增加1mm。

3.5 道路交通流基本理论

道路交通流是交通需求和交通供给的相互作用结果和表现形式，道路交通流理论以揭示道路交通系统运行现象和基本规律为主要目标，研究在一定环境下道路交通流随时间和空间变化规律的模型和方法体系，有利于更好地理解道路交通现象及其本质。

道路交通运输工具在道路交通运输网内运行时，可类比于气体或液体分子在介质内的流动，称作交通流。当车辆在道路交通运输网的路段上行驶，且较少受到外界因素干扰情况下，交通流处于稳定流动状态，此时的交通流特性通常可用3个主要宏观指标来表征，即速度、交通量和交通密度（常称之为交通流三要素）。三者之间的关系可以通过三维空间图像表示，当投影到二维空间中时，两两之间的关系存在稳定的规律。道路交通工程师在规划、设计和管理道路交通运输系统及其工程设施时，必须充分掌握载运工具在交通运输网内的流动特性，该特性既能帮助工程师确定道路交通系统设施的通行能力与规模需求，也有助于分析和评价道路交通运输系统的具体运行性能（如效率和服务水平等），从而能为优化系统管理与控制提供科学决策支撑。

3.5.1 交通流三要素——速度

速度是单位距离内行程时间的倒数，是车辆在路段上或交通运输网内运行效率的简单度量指标。在规划和设计工作中进行方案比较时，速度或行程时间常常是一个重要的选择依据。

速度不仅随车辆本身的性能、驾驶员的行为和环境条件等因素而变化，也随交通密度和交通流速率而变化。速度和行程时间具有不同的含义。车辆在行驶过程中某一瞬间（通常为几秒钟）的速度，称为瞬时速度。车辆不受耽搁地连续行驶，驶经某一段路程所用去的时间称为行驶时间，该段路程与行驶时间之比称为行驶速度。行驶时间如包括起动和制动时的加速和减速时间，则该段行程与行驶时间之比称为技术速度。在某段行程中，包括行驶时间、起终点或途中的加速和减速时间、行驶途中的耽搁时间（如交叉口延误、站点停留时间等）在内的时间称为总行程时间；该段路程与总行程时间之比称为平均运行速度。

在交通流中，各车辆往往以不同的速度行驶。通常对车辆速度的分布可以采用正态分布的假设。分布的中心以均值表示，而车辆速度的离散性用标准差表示。可以采用不同的数据采集方法得到交通流的平均速度。根据在同一瞬间得到的某路段上各车辆的速度,可以整理出速度在空间的分布或空间平均速度 v_{as}。或者,也可在某一时段内采用各车辆通过某一特定地点(断面)的速度,得到速度的时间分布或时间平均速度 v_{at}。通常,时间平均速度略大于空间平均速度,差值一般在5%以内。

3.5.2 交通流三要素——交通量

交通量 q 为单位时段内通过线路或通道上某断面的车辆数。各个车辆在不同时刻的行驶轨迹(行驶距离)可以绘制成图3-6所示的时间-空间图。在图上,同一地点相继车辆经过的时间间隔,称为车头时距 h。各个相继车辆的车头时距并不相同。其平均车头时距 h_a 可用时段与车辆数的比值表示,因此交通量为平均车头时距的倒数。

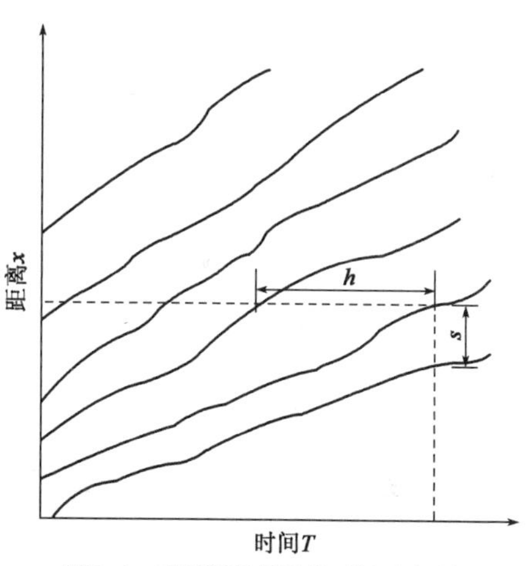

图3-6 车辆行驶轨迹的时间-空间图

交通量是衡量交通运输设施需求的一项指标,它是对交通运输设施的需求同交通流相互作用的结果。交通量在小时、日或月内的时间变异性,反映了经济社会对交通运输的需求。交通量的变化方式,对于确定交通运输设施的供给有很大的影响。

3.5.3 交通流三要素——交通密度

交通密度 k 是某瞬间单位线路长度 L 上的车辆数 n。某瞬间相继车辆的空间间距,称作车头间距 s(图3-6)。路段长度 L 内,各相继车辆的车头间距并不相等,其平均车头间距 s_a 为路段长度 L 与车辆数 n 的比值。因此,交通密度为平均车头间距的倒数。

交通密度是交通拥挤程度的度量。由于它比速度和交通量难于在野外测定,故这一指标的应用不太普遍。

3.5.4 交通流三要素的关系

如果在交通流中各车辆的行驶速度相同,车流速度即为路段长度与时间段的比值。而在 T 时段或 L 长度内,通过的车辆数 n 为交通量与时间段的乘积或交通密度与路段长度的乘积。因此可以推导出,交通量为交通密度同速度的乘积。

通常在交通流中,各车辆的速度并不相同。平均车速为各组车速乘以该组车辆的密度占总密度的比例(权数)。将车辆按速度分组,则总的交通量为交通密度与平均车速的乘积。

上述三要素基本关系式可绘制成图3-7所示的关系图。

(1)平均速度-交通密度(v_a-k)关系图

对于大多数运输方式来说,平均速度 v_a 随交通密度 k 的增加而下降。也即,平均速度可表示为交通密度的递降函数[图 3-7a)]。其中 v_f 为交通密度为零时的速度，称作自由流速度；而 k_j 为交通堵塞时的交通密度。对于具体的道路运输方式，v_a 与 k 的关系式可通过观测确定。

(2)交通量-交通密度(q-k)关系图

图 3-7b)表现了交通量 q 与交通密度 k 之间的关系。k_j 是阻塞密度，即车辆密集无法行驶时的密度，交通量 $q=0$；当 k 在 0 和 k_j 之间时，q 为正值。因此，q 必有一最大值：当 $k=k_m$ 时，$q=q_m$，此最大交通量称为通行能力(或者称作通过能力或容量)。曲线上任一点(k,q)与原点的连线，即为该点的平均速度 v_a。所以，此图可把 q、k 和 v_a 三者相关联，可称作交通流特性基本关系图。

(3)平均速度-交通量(v_a-q)关系图

利用上述关系图，可以转换成 v_a-q 图[图 3-7c)]。

除了最大交通量 q_m 以外，相应于每一个交通量，可以有两种速度。一种速度高于最大交通量 q_m 处的平均速度 v_m，处于这种状态的交通流称作自由流。另一种速度则低于 v_m，这时称为强迫流，在图 3-7 中以虚线表示。

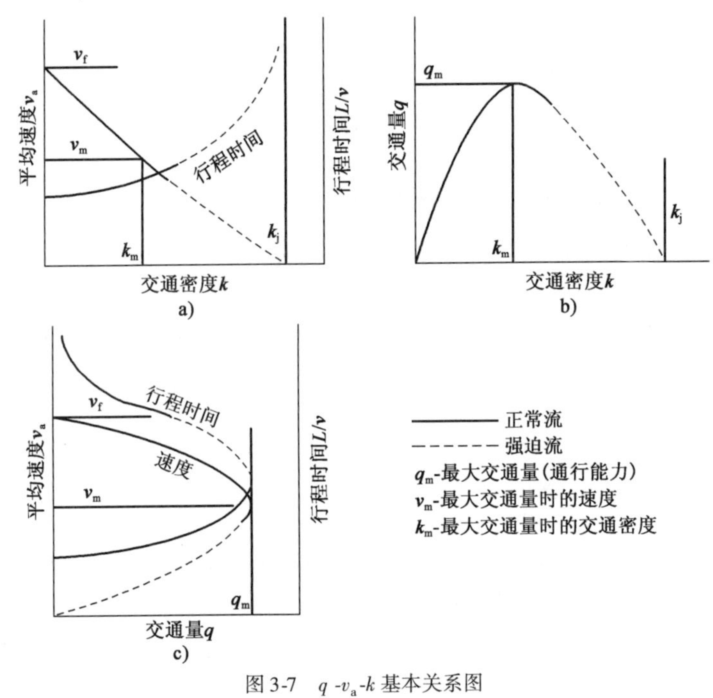

图 3-7　q-v_a-k 基本关系图

a)v_a-k 关系；b)q-k 关系；c)v_a-q 关系

对于不定时行驶的交通运输方式，也即车速可由车辆自己确定，如汽车、自行车等，v_a-q 关系曲线只有上半部有实际意义。如果交通流因事故等原因而受到约束，则车辆被迫以小于 v_m 的速度行驶，但一旦约束撤除，车辆便会加速而恢复到曲线的上半部分。

对于定时行驶的交通运输方式,车辆的速度由调度人员控制,如轨道车辆,则可能出现上下两部分曲线上任意一点的情况。

复习思考题

1. 道路交通运输系统的主要特征是什么?

2. 公路交通运输系统的服务水平与通行能力是什么关系?

3. 城市道路交通系统的主要设施有哪些?它们的功能分别是什么?

4. 道路交通运输工具有哪些类型?各类型的主要功能是什么?

5. 什么是交通流的三要素?为何要用它们来表征交通运输网中交通流的特性?

6. 结合教材和拓展文献学习,举例说明道路交通运输系统对于区域或城市交通出行的重要作用(3 条以上)。你认为还有什么改进之处?

本章参考文献与延伸阅读

[1] 黄晓明,陈峻,等. 交通运输导论[M]. 北京:人民交通出版社股份有限公司,2014.

[2] 王炜,陈峻,过秀成,等. 交通工程学[M]. 3 版. 南京:东南大学出版社,2019.

[3] 姚祖康,顾保南. 交通运输工程导论[M]. 2 版. 北京:人民交通出版社,2008.

[4] 邓学钧,刘建新. 交通运输工程导论[M]. 北京:清华大学出版社,2009.

[5] 过秀成. 交通运输工程学[M]. 北京:人民交通出版社股份有限公司,2017.

[6] 交通运输部公路局,中交第一公路勘察设计研究院有限公司. 公路工程技术标准:JTG B01—2014[S]. 北京:人民交通出版社股份有限公司,2014.

[7] Transportation Research Board. Highway Capacity Manual 2010[M]. Washington DC: Transportation Research Board,2010.

[8] 陈宽民,严宝杰. 道路通行能力分析[M]. 北京:人民交通出版社,2011.

[9] 中国石化工程建设有限公司. 汽车加油加气站设计与施工规范:GB 50156—2012[S]. 北京:中国计划出版社,2012.

[10] 黄晓明. 路基路面工程[M]. 6 版. 北京:人民交通出版社股份有限公司,2019.

[11] 杨少伟. 道路勘测设计[M]. 3 版. 北京:人民交通出版社,2009.

[12] 陈峻,徐良杰,朱顺应,等. 交通管理与控制[M]. 2 版. 北京:人民交通出版社股份有限公司,2018.

[13] 中国城市规划设计研究院. 城市综合交通体系规划标准:GB/T 51328—2018[S]. 北京:中国建筑工业出版社,2019.

[14] 北京市市政工程设计研究总院有限公司. 城市道路工程设计规范(2016 年版):CJJ 37—2012[S]. 北京:中国建筑工业出版社,2016.

[15] 同济大学. 城市道路交叉口规划规范:GB 50647—2011[S]. 北京:中国计划出版

社,2011.

[16] 武汉市交通科学研究所.城市道路公共交通站、场、厂工程设计规范:CJJ/T 15—2011[S].北京:中国建筑工业出版社,2011.

[17] 中国汽车技术研究中心.机动车辆及挂车分类:GB/T 15089—2001[S].北京:中国标准质检出版社,2002.

第4章
CHAPTER FOUR

轨道交通运输系统

学习目的与要求

轨道交通运输系统一般指利用轨道来运输人员或物资的交通运输系统,在现代交通运输系统中具有重要地位。特别是近年来我国高速铁路与城市轨道交通快速发展,对国民经济和社会发展起到了显著的支撑作用。通过本章学习,要求掌握轨道交通运输系统的主要类别及基本性能,了解铁路交通、高速铁路交通、城市轨道交通系统的构成要素及运输组织方法。

4.1 轨道交通运输系统概述

4.1.1 轨道交通的分类与组成

按运输能力范围,车辆类型及主要技术特征一般可分为普速铁路、高速铁路、城市轨道交通、现代有轨电车、单轨交通、磁悬浮交通、自动导向交通等形式。通常,也可以根据以下不同标准对轨道交通基本类型进行分类。

(1)按运输能力分,可分为高运量轨道交通、中运量轨道交通和低运量轨道交通。

(2)按敷设方式分,可分为地下(隧道)、高架和地面形式。

(3)按路权分,可分为独立路权、半独立路权和共有路权形式。

(4)按导向方式分,可分为轮轨导向和导向轮导向。

(5)按轮轨支撑形式分,可分为钢轮钢轨系统、胶轮混凝土轨系统和特殊系统。

轨道交通系统主要由基础设施和控制系统中的一系列设施组成,如图4-1所示。

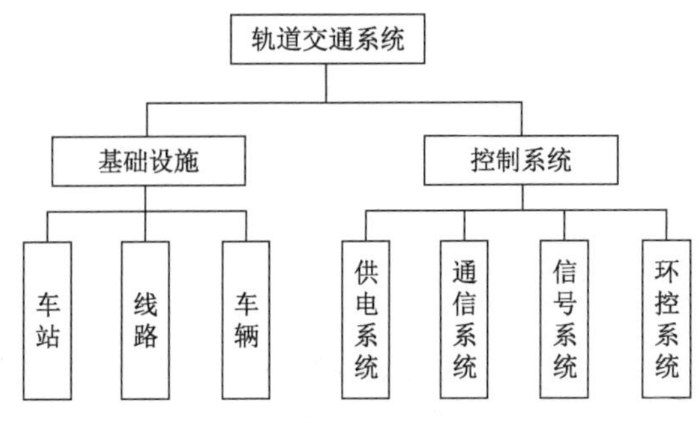

图4-1　轨道交通系统组成

车站是交通运输的基本生产单位,也是轨道交通系统运行的主要设施。车站的设计要保证乘客使用安全、方便,并具有良好的内部和外部环境条件,对于枢纽地区,还要考虑高架车站、地面车站与地下车站之间客流换乘的方便性,并满足各种安全防护要求。线路是轨道交通基础设施中的主体部分,是机车与车辆运行的基础,由路基、轨道和桥涵隧道结构物组成,考虑到乘客出行方便、土地利用充分、建设费用节约等因素,线路一般选在易于施工和客流相对比较集中的地区。车辆是轨道交通系统重要的组成部分,也是技术含量较高的机电设备。轨道交通车辆应具有先进性、可靠性和实用性,不仅要保证车辆运行的安全、快速,而且要为乘客提供良好的服务条件,使乘客舒适、方便,同时还应考虑对环境和能源的影响。

供电系统负责提供车辆及设备运行的动力资源。供电系统是否可靠直接影响轨道交通的畅通和人员的安全,高度安全、可靠和经济合理的电力供给是轨道交通正常运营的重要保障和前提。通信系统是列车运行、组织运输生产及进行公务联络的重要手段。轨道交通的特点是客流密集、运输繁忙,为了保证行车安全和提供快速、高效、准时的优质服务,必须设置功能完善、可靠的内部专用通信系统。信号系统是轨道交通的主要技术装备,它担负着指挥列车运行、保证列车运行安全和提高线路通过能力的重要任务。环控系统的任务是为列车运行和旅客出行提供满足一定要求的空气环境,包括空气的温度、湿度、空气流动速度和空气质量。

轨道交通各种方式的比较见表4-1。

轨道交通各种方式的比较　　表4-1

运输方式	运营速度(km/h)	运输能力等级	运输能力(万人次/小时)	线路		车辆	
				线路空间位置	路权形式	支撑导向	车厢编组数
普速铁路	200以下	高运量	3~4	地面线路	独立路权	钢轮双轨	18~20节
高速铁路	250~350	高运量	0.6~1	地面线路	独立路权	钢轮双轨	8~10节
城市轨道交通	60~130	高运量	3~8	地下线路为主	独立路权	钢轮双轨	6~10节
现代有轨电车	35~110	低运量	0.6~1	地面线路	独立路权	钢轮双轨	1节或铰接

续上表

运输方式	运营速度(km/h)	运输能力等级	运输能力(万人次/小时)	线路		车辆	
				线路空间位置	路权形式	支撑导向	车厢编组数
单轨交通	70~80	中运量	0.5~3	地面或高架线路	独立路权	胶轮单轨	2~6 节
磁悬浮交通	20~25	中运量	约 1.3	地面或高架线路	独立路权	常导、超导	4~6 节
自动导向交通	100~500	低运量	0.5~1.5	地面或高架线路	独立路权	胶轮导轨	1~6 节

4.1.2 各类轨道交通运输系统

本节主要介绍轨道交通运输系统的重要组成部分:铁路交通系统、高速铁路交通系统和城市轨道交通系统。

4.1.2.1 铁路交通系统

铁路交通系统的生产任务是由车务、机务、工务、电务、车辆、供电等很多部门紧密联系而协同完成的,因此,相关工作环节必须紧密配合,才能准时、安全地完成繁重的运输任务。

铁路交通系统是一个庞大的具有明显服务功能的物质生产部门。其基本设施设备主要包括线路、机车、车辆、车站和信号与通信设备,除上述 5 种主要的基本设施设备外,还有供电供水等设备。为保证铁路运输正常运转,各类设施设备都有相应的检测、维修设备。根据国家铁路局发布的《2022 年铁道统计公报》,2022 年全国铁路主要指标完成情况见表 4-2。

2022 年全国铁路主要指标完成情况 表 4-2

指标	单位	2022 年	备注
旅客发送量	万人	167296	高点为 2019 年 366002 万人
旅客周转量	亿人公里	6577.53	高点为 2019 年 14706.64 亿人公里
货运总发送量	万吨	498424	—
货运总周转量	亿吨公里	35945.69	—

4.1.2.2 高速铁路交通系统

高速铁路交通系统是铁路交通系统的重要组成部分,是超大而复杂的系统工程。我国通过系统设计和系统集成,逐步构建了具有中国特色和世界先进水平的高速铁路技术体系。《铁路工程基本术语标准》(GB/T 50262—2013)对高速铁路的定义是:设计速度 250km/h(含预留)及以上动车组列车,初期运营速度不小于 200km/h 的客运专线铁路。

我国高速铁路系统主要由高质量及高稳定的基础设施、性能优越的高速列车、先进可靠的列车运行控制系统、高效的运输组织与运营管理架构等综合集成。各子系统之间既自成体系,又相互关联,围绕整体统一的经营管理目标,彼此兼容,完整结合。图4-2展示了我国高速铁路系统构成及各子系统之间的关系。

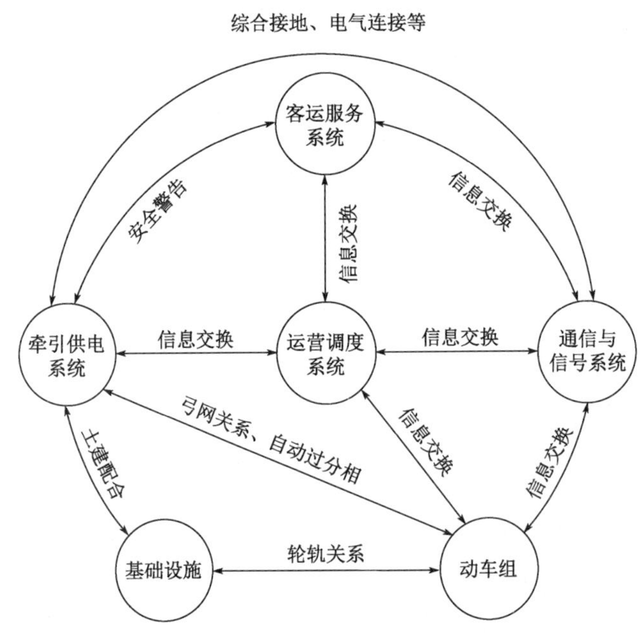

图4-2 高速铁路系统构成及各子系统之间的关系

4.1.2.3 城市轨道交通系统

城市轨道交通系统是集多专业、多工种于一身的复杂系统,由一系列相关设施设备组成,这些设施设备包括车站、线路、车辆、轨道、供电、给排水、通风系统及通信、信号系统等,它们的协同工作是为用户提供满意服务的保证。城市轨道交通系统的运输组织、功能实现、安全保证均应遵循有轨交通的客观规律。在运输组织上要实行集中调度、统一指挥、按图行车。在设备设施方面,各有关系统,如线路、车站、隧道、车辆、供电、通信、信号、机电设备及消防系统,均应保证状态良好,运行正常;在安全保证方面,主要依靠行车组织和设备正常运行来保证必要的行车间隔和无冲突的行车路线。

城市轨道交通系统是一个多专业、多工种相互配合、有序联动、时效性极强的系统,其主要采用了以电子计算机处理技术为核心的各种自动化设备。例如,列车自动控制(Automatic Train Control,ATC)系统可以实现列车自动驾驶、自动跟踪、自动调度;自动售检票(Automatic Fare Collection,AFC)系统可以实现自动售票、检票、分类等功能;数据采集与控制(Supervisory Control and Data Acquisition)系统可以实现主变电所、牵引变电所、降压变电所设备系统的遥控、遥信、遥测和遥调等。

4.2 铁路交通系统

4.2.1 铁路交通系统概述

自1825年世界上第一条铁路在英国正式通车,迄今已近200年。自此之后,世界各国不断探索符合本国特点的技术发展道路。目前,在铁路技术发展水平较高的国家,大致形成了3种运输类型:一是客运型,以日本为代表,其特点是国土面积小,货运成本高,人口密度大,依托铁路开展旅客运输优势明显;二是货运型,以美国、加拿大等国为代表,其特点是国土面积大,公路、航空运输业发达,铁路承担客运任务很少,主要从事货物运输且大多为大宗货运运输,为了满足长距离运输需求,逐步形成了以重载运输技术为主的铁路货运型重载技术体系;三是客货混运型,以西欧各国为代表,其特点是铁路既承担客运任务,也承担货运任务,逐步形成了客运快速、货运便捷、客货混运的技术体系。

在我国经济建设进程中,铁路具有不可替代的特殊地位和重要作用。目前,我国铁路取得了显著的成绩,例如:铁路路网规模扩大,运输能力不断增强;科技创新迈出新的步伐,技术装备水平有新的提高;安全基础建设成效显著,运输安全总体上保持了基本稳定;铁路改革不断深化,企业经营机制发生了深刻变化等。但是,我们必须清醒地看到铁路发展上存在的问题,如运输能力仍然十分紧张等。为了解决铁路发展的问题,我国铁路必须实现高质量发展。只有确立铁路高质量发展的思路和战略,才能更好地承担"铁路先行"的历史使命。《国家综合立体交通网规划纲要》指出,到2035年,普速铁路将达到13万公里(含部分市域铁路),形成由若干条纵横普速铁路主通道为骨架、区域性普速铁路衔接的普速铁路网。

4.2.2 铁路线路

铁路线路是列车运行的基础。它直接承受机车、车辆轮对传来的压力,为了保证列车能按规定的最高速度安全、平稳地运行,铁路运输部门能够顺利完成客货运输任务,铁路线路必须经常保持良好状态。铁路线路是由路基、桥隧建筑物(桥梁、隧道、涵洞等)和轨道(钢轨、轨枕、道床、防爬设备和道岔等)组成的一个整体工程结构。

4.2.2.1 路基

路基主要由路基本体、路基防护和加固建筑物、路基排水设备3部分组成。铁路路基是为了满足轨道铺设和运营条件而修建的土工构建物。路基必须保证轨面设计高程满足要求,并与桥梁隧道连接组成完整贯通的铁路线路。在铁路线路工程中,依其所处的地形条件不同,路基常见的两种基本形式是路堤和路堑。

4.2.2.2　桥隧建筑物

桥隧建筑物包括桥梁、涵洞、明渠、隧道等。在修建铁路时，桥隧建筑物的工程量往往很大，大桥和隧道的施工期限，有时是新建铁路能否按时通车的关键影响因素。

4.2.2.3　轨道

在路基、桥隧建筑物修成之后，就可以在上面铺设轨道。轨道是指处于路基面以上、车辆车轮以下部分的铁路线路建筑物，由钢轨、轨枕、道床、防爬设备和道岔等主要部件组成。轨道的功能是引导机车车辆运行，直接承受由车轮传来的巨大压力，并把它传递给路基或桥隧建筑物。

4.2.3　铁路车辆

铁路车辆是运送旅客和货物的工具。除动车组的动车外，它一般没有动力装置，必须把车辆连挂成列，由机车牵引才能在线路上运行。铁路车辆按用途可分为客车、货车及特种用途车。铁路车辆种类繁多，但其结构大致相似，一般由车体、走行部、车钩缓冲装置、制动装置和车辆内部设备 5 个基本部分组成。

4.2.3.1　车体

车体是旅客乘坐或装载货物的部分，车体一般和车底架构成一个整体，车体结构形式与车辆的用途有关，一般由车底架、侧墙、端墙、地板、车顶等部分组成。

4.2.3.2　走行部

走行部由两台相同并独立的二轴转向架组成。走行部可以引导车辆沿轨道运行，并把车辆的重量和货物载重传给钢轨，它应保证车辆以最小的阻力在轨道上运行，并顺利地通过曲线。走行部能否保持良好的状态，对于车辆的安全、平稳、高速运行有很大影响。

4.2.3.3　车钩缓冲装置

车钩缓冲装置包括车钩、缓冲器两部分，安装在车底架中梁的两端。车钩缓冲装置的作用是使机车和车辆或车辆之间连挂一起，并且传递牵引力和制动力，缓和列车运行或调车作业时所产生的冲击力。

4.2.3.4　制动装置

车辆的制动装置一般包括 3 个部分，即制动机、基础制动装置和停车制动装置（人力制动机）。它不仅是列车安全、正点运行的重要保证，而且也是提高列车运行速度的前提条件。因此，制动装置的性能好坏，对铁路的运输能力和行车安全都有重要影响。

4.2.3.5　车辆内部设备

车辆内部设备是一些能良好地为运输对象服务而设于车体内的固定附属装置。如客车上的电气、给水、取暖、通风、空调、坐席、卧铺、行李架等装置均属于车辆内部设备。

4.2.4 铁路机车

铁路机车为铁路运输提供牵引动力。无动力装置的铁路车辆需要连挂成列，由机车牵引沿钢轨运行。在车站内，车辆的转线及货物车辆的取送等各项调车作业，都要由机车完成。因此，铁路为了完成客货列车的牵引和车站的调车工作，必须保证提供足够数量、牵引性能良好的机车；同时，还必须加强对机车的维护与检修工作，正确组织机车的合理运用等。

4.2.4.1 铁路机车的分类

铁路采用的机车类型很多，可有不同的分类。

(1)按牵引动力分，可分为蒸汽机车、内燃机车、电力机车等。蒸汽机车主要由锅炉、汽机、走行部、车架、煤水车、车钩缓冲装置、制动装置组成。内燃机车按传动方式的不同可分为电力传动内燃机车和液力传动内燃机车，以电力传动内燃机车应用最多。电气化铁路设备的主要特点是比蒸汽、内燃机车牵引的铁路增加了一套牵引供电系统。

(2)按运用分，可分为客运机车、货运机车、调车机车。客运机车要求速度高，货运机车需要牵引力大，而调车机车要具有机动灵活的特点。调车机车主要用于铁路站场内或专用线上车辆的编组、解体、专线等调车作业。而客运机车和货运机车用于牵引客货车辆在铁路线上运行，属于干线机车(也称本务机车)。

(3)按列车动力轮对分布和驱动设备的设置来分，可分为动力集中型和动力分散型。

(4)按列车转向架布置和车辆连接方式来分，可分为独立式转向架和铰接式转向架。

4.2.4.2 机车的检修与运用

机车的检修与运用是铁路运输工作的重要组成部分，也是机务部门的基本任务。认真负责地检修机车，可确保机车的状态完好；经济、合理地运用机车，对完成铁路运输任务具有十分重要的意义。

(1)机车的检修

机车经过一定时期的运用后，各部件都会发生磨耗、变形或损坏。为了保证机车的正常运用，延长使用寿命，除了机车乘务员的日常检查和维护外，还必须进行各种定期检修。机车的检修可分为定期修理和临时修理两种。按机车检修地点的不同又可分为厂修和段修两种。

(2)机车运用

机车运用上的一个特点是，机车只要离开机务段，就要受相关运输负责人员的调度和指挥。所以，机务部门和行车部门的关系特别密切，必须协调配合才能安全、优质地完成运输任务。

4.2.5 铁路车站

铁路运输的目的是安全、迅速、经济、便利地运送旅客和货物，为国家的经济建设和人民的需要服务。在完成运输任务的过程中,铁路车站起着重要的作用。

车站既是铁路办理客货运输的基地,又是铁路系统的一个基层生产单位。在车站上,除办理旅客和货物运输的各项作业外,还办理和列车运行有关的各项作业。为了完成上述作业,车站上设有客货运输设备及与列车运行有关的各项技术设备,还配备了客运、货运、行车、装卸等方面的工作人员。

4.2.5.1 车站的分类

我国铁路上不同车站所担负的任务量、业务性质不同,其办理的作业、服务的对象及重点也有所不同。因此,车站有不同的分类。

(1)按业务性质分,可分为客运站、货运站、客货运站。

(2)按技术作业分,可分为中间站、区段站、编组站。

(3)按所担负的任务量及在铁路网上的地位分,可分为特等站和一、二、三、四、五等站。

4.2.5.2 车站的作用

(1)车站是办理客货运输的基地。旅客购票、候车、乘降和货物的承运、保管、装卸交付及相关的作业都是在车站进行的,可以说车站是铁路与旅客、货主等联系的纽带。

(2)车站是铁路运输的基本生产单位。在车站,除了办理客货运输各项作业,还进行机车的换挂、整备;车辆的检查、修理等作业。此外,车站还进行列车的接发、会让、越行,车列的解体、编组等作业。所以说,车站不仅是铁路内部各项作业的汇合点,也是保证铁路运输效率和运输安全的关键点。

(3)车站是铁路运输的窗口,服务水平和效率亦在此体现。在机车的大部分周转时间中,机车在车站上停留。因此,合理地布置和有效地运用车站和枢纽的各项设备,是列车快速、安全、正点运行,加速车辆周转,降低运输成本的关键。

4.2.6 铁路信号与通信设备

4.2.6.1 铁路信号设备

铁路信号设备是指挥列车运行、保证行车安全、提高运输效率、传递信息、改善行车人员劳动条件的关键设施;是铁路主要技术装备之一,其装备水平和技术水准是铁路现代化的重要标志;是铁路信号、车站联锁、区间闭塞等设备的总称。它的重要作用是保证列车运行与调车工作的安全和提高铁路通过能力,同时对增加铁路运输经济效益、改善铁路职工劳动条件也起着重要作用。

(1)铁路信号:是指向有关行车和调车人员发出的指示和命令。

(2)车站联锁设备:用于保证站内行车与调车工作的安全,并提高车站的通过能力。

(3)区间闭塞设备:用于保证列车在区间内运行的安全,并提高区间的通过能力。

4.2.6.2 铁路通信设备

铁路通信设备是为指挥列车运行、组织铁路运输生产而迅速、准确地传输各种信息的通信系统的总称,应能做到迅速、准确、安全、可靠,使全国铁路的通信系统能成为一个完善与先进的铁路通信网。铁路通信按传输方式可分为有线通信和无线通信两大类;按服务区域可分为长途通信、地区通信、区段通信和站内通信等;按业务性质不同可分为公用通信、专用通信及数据传输等。

铁路通信具有点多线长、布局成网、多层次、多种类的特点。随着铁路运输的发展和科学技术的进步,铁路通信技术获得迅速发展,光纤通信、微波通信、数字通信等现代通信技术使铁路通信摆脱了传统技术,现代化、数字化、程控化已成为普遍趋势,通信技术已由模拟通信向数字通信转化,实现了程控数字交换,发展了宽频带信息传输和智能网络管理等。

4.2.7 铁路运输组织

铁路运输组织的主要内容包括车流组织、列车编组计划、列车运行图、铁路线路通过能力、车站行车组织工作、铁路运输生产计划和调度指挥等。

4.2.7.1 车流组织

车流是指在一定时期内,在某一方向、某一区段或某一车站上,车辆的去向或到站(流向)和数量(流量)的总称。装车站装出的重车向卸车地点输送就形成重车流,卸车站把卸后的富余空车向装车地点排送,又形成空车流。重、空车流有目的地移动和相互转化的过程,也就是铁路完成货物运输的主要过程。

在铁路上,货车通常是以编成合乎一定规格的列车而进行长距离运送的。在流向有同有异、流量有大有小、流程有远有近,各站设备条件不尽相同、作业性质与能力互有差异等错综复杂的条件下,如何将发、到站各不相同的重车流及不同车种的空车流合理地组织起来,在适当的地点编组各种不同去向和种类的列车,并使之互相配合、互相衔接,保证各站产生的车流都能迅速而经济地运送到目的地,这就是车流组织所要解决的问题。

4.2.7.2 列车编组计划

列车编组计划是全路车流组织的规划,包括装车地直达列车编组方案和技术站列车编组方案两大组成部分。它根据全路车流结构、各站设备能力和作业条件,统一安排各种货物列车的编解作业任务,具体规定各货运站、编组站和区段站编组列车的种类、到站及车组编挂办法。

列车编组计划是铁路运输组织工作的较长时期的基础性计划,它的正确编制与严格执行可以充分发挥各站技术设备的潜力,提高运输效率。

4.2.7.3 列车运行图

列车运行图实质上是列车运行的图解,它以横轴表示时间,并用垂直线等分横轴(单位可以是一昼夜的小时或分钟);以纵轴表示距离,并按列车在各区间运行时分的比例画水平线,代表各车站中心线的位置。图上的斜线称为列车运行线,其与车站中心线的交点就是该列车在区段内有关车站的到发或通过时刻。为了区别每一列车的不同性质和用途,在运行图中用不同颜色和符号的运行线来表示不同种类的列车,同时对每条运行线冠以相应的车次,标在区段的首末两端区间相应列车运行线的上方。上行列车车次为双数,下行列车车次为单数。

4.2.7.4 铁路线路通过能力

铁路线路通过能力是指某一铁路线、方向或区段,根据现有的固定技术设备(如区间、车站、机务设备及电气化铁路线的供电设备等),在一定类型的机车车辆和行车组织方法(如运行图类型及车站技术作业过程等)条件下,在单位时间(通常为一昼夜)内所能通过的规定重量的最大列车对数或列数。货运通过能力除用列数表示外,也可用车数或货物吨数表示。

按各种固定设备分别计算出来的通过能力,其中最小的一种能力就限制了整个线路、方向或区段的通过能力,该能力即为该线路、方向或区段的最终通过能力。在实际工作中,通常把通过能力分为设计通过能力、现有通过能力和需要通过能力3个不同的概念。

4.2.7.5 车站行车组织工作

车站是铁路运输企业的基层生产单位,是客货运输的起始、中转和终到地点,铁路运输生产过程中的绝大部分作业环节都是在车站上进行的,车站工作的质量直接影响着铁路区段(方向),乃至整个路网运输工作的安全性、准确性、连续性和节奏性,决定着全路运输工作任务完成的数量和质量。因此,正确组织车站工作,特别是车站的行车组织工作,对于保证安全、正点、畅通、优质、高效的运输有着十分重要的意义。

车站技术管理和作业组织应在《车站行车工作细则》中具体规定,其主要内容包括:车站技术设备的使用和管理、接发列车和调车工作的组织、列车和车辆的技术作业程序、车站作业计划与调度,以及车站通过能力和改编能力的计算等。

4.2.7.6 铁路运输生产计划

铁路运输生产计划由铁路月度货物运输计划和铁路运输工作技术计划两部分组成,是铁路日常运输组织工作的基础和编制运输工作日常计划的主要依据。

铁路月度货物运输计划的基本任务是根据国家经济政策和运输政策,密切产、供、运、销关系,正确安排各地区、各部门、各种物资的发送量和流向,积极组织合理运输、均衡运输、直达运输,充分发挥运输工具效能,分月度完成和超额完成年度运输任务,最大限度地满足国民经济对铁路运输的需要。

铁路运输工作技术计划的基本任务是根据铁路各种运转设备的能力及用户货物运输需求,最大限度地合理安排各区段重空车流和货物列车列数,确定货车运用主要指标,以及核定各分界口定量交接使用车基数,质量良好地完成铁路月度运输生产任务。

4.2.7.7 铁路运输调度指挥

铁路运输作业具有线长、点多、部门分工细、生产连续性强、各作业环节紧密联系等特点。运输生产过程是在长距离的连续空间带上进行的,涉及的部门多,影响因素多又变化大、时间性强。为使这一庞大而复杂的系统能够不间断地、均衡地、高效地运转,就必须对铁路的日常生产活动实行分级管理、集中统一指挥。为此,我国铁路的各级运输部门都建立了相应的调度机构。在各级调度机构中按照业务分工设有若干不同级别的调度员,分别代表各级领导掌管一定范围内的日常运输指挥工作。

4.3 高速铁路交通系统

4.3.1 高速铁路交通系统概述

近年来,我国高速铁路技术标准不断完善、路网规模迅速扩大、运营速度逐步提高。根据《中国国家铁路集团有限公司2022年统计公报》,截至2022年底,我国高速铁路运营总里程达到4.2万公里,稳居世界第一。《国家综合立体交通网规划纲要》提到,预计在2035年,我国高速铁路运营里程将达到7万公里(含部分城际铁路),形成“八纵八横”高速铁路主通道为骨架、区域性高速铁路衔接的高速铁路网。

从世界高速铁路发展的角度看,高速铁路主要有3种类型:一是既有线客货混运型高速铁路,最高运行速度为200km/h,如英国的高速铁路;二是新建客货混运型高速铁路,最高运行速度为250km/h,如德国、意大利的高速铁路;三是新建客运专线型高速铁路,最高运行速度可达300km/h及以上,如中国、日本、法国的高速铁路。

高速铁路是综合交通运输系统中的新锐力量和重要运输方式之一,是建立在高速铁路相关领域尖端技术的基础之上相互协调的成果,在我国的经济和社会发展中发挥着关键作用,具有至关重要的战略地位。高质量的铁路基础设施、性能优越的高速列车、稳定可靠的列车运行控制系统等协同配合,是高速铁路高效运营的重要保障。高速铁路在速度、安全性、舒适性、运量等方面有显著优点,克服了普速铁路速度较低和技术作业繁杂的不足,有效解决了大量旅客的快速运输问题,极大地满足了旅客高层次服务水平的出行需求。

4.3.2 高速铁路线路

高速铁路建设首先要满足安全性与舒适性的要求,在设计高速铁路时必须予以重视。为保证高速列车运行平稳,要求线路具有高平顺性、高精度、少维修性等特性,同时兼顾良好的环境保护性。

4.3.2.1 高速铁路线路标准

(1)最小曲线半径

最小曲线半径的确定需要考虑到行车速度、地形条件和牵引情况等因素,主要以行车速度作为确定最小曲线半径的首要考虑因素。在我国,客运专线铁路行车速度达到350km/h时,一般条件下,其区间线路最小曲线半径应为7000m。

(2)缓和曲线

缓和曲线的设计要简单,曲线长度尽量较短,便于测量设计和维修养护、减少工程量。

(3)线路间距

高速铁路的两列车相遇,会产生较大的风压,为减小强大风压造成的不良影响,需要根据具体情况设计适当的线路间距。我国京沪高速铁路结合国外高速铁路线间距设计经验,并综合考虑我国高速铁路实际情况,确定 5.0m 为线间距。

(4)限制坡度

与普速铁路相比,高速铁路允许采用较大的坡度值,我国京沪高速铁路的最大坡度为12‰,部分困难地段需要牵引计算检验,可采用不超过 20‰的坡度。

(5)竖曲线半径

高速铁路线路的相邻坡度差大于 1‰时,应设置竖曲线,一般采用圆曲线形,与高速列车的行车速度有关。

4.3.2.2 高速铁路路基结构

为了达到高速铁路线路的运营要求,高速铁路路基既要为高速度运行的车辆提供高平顺性与高稳定性的轨道面条件,同时需要保证足够的坚固性、耐用性,从而减少维修。与普通路基相比,高速铁路路基具有高强度、高刚度的道床,可有效控制路基缓慢沉降或无沉降。路基横断面处除满足高速行车技术要求外,还需为行车安全和线路检修提供便利条件,即设计较宽的路基宽度。

4.3.2.3 高速铁路轨道结构

高速铁路轨道结构由轨枕、道床、扣件和道岔等部分组成,轨道结构的作用力与运行速度密切相关,所以,要求高速铁路轨道结构具有更高的安全性、稳定性和平顺性,在部件性能、技术水平和养护维修等方面标准更高。轨道结构应具有沿纵向轨道均匀分布的合理刚度,同时需要进行较好的养护和维修。高速铁路轨道结构主要分为有砟轨道和无砟轨道两种类型。其中,有砟轨道通常也称为碎石道床轨道,是轨道结构的主要形式之一,具有弹性良好、价格较低、维修方便等优点,但是存在线路平面形状不易保持、维修工作量较大等缺点。相较而言,无砟轨道是指采用混凝土、沥青混合料等整体基础取代散粒碎石道床的轨道结构,是目前世界领先的轨道技术,具有平顺性好、稳定性好、耐久性好、维修工作少等优点,可适用于列车运行时速达 350km 以上的轨道。我国京沪高速铁路全线铺设无砟轨道 1200km(双线),占全长的 91%。

4.3.3 高速铁路车站

高速铁路车站是高速铁路运输组织的核心基地,只办理客运业务,不办理货运业务,主要是为高速客流提供运输服务,其运输服务对象决定了其与普速铁路车站的不同。在高速列车运行途中,高速车站不办理行包、邮政托运业务。根据高速铁路的线网设计差异,沿线的高速铁路车站的修建类型和办理作业各有不同。

按照不同的分类标准，高速铁路车站可以分为不同的类型。

4.3.3.1 按技术作业的性质分类

按技术作业的性质，高速铁路车站可分为越行站、中间站和始发（终到）站。

（1）越行站。越行站是专为办理旅客列车越行而设的车站，其主要办理的作业有正线各种旅客列车的通过作业、中速列车待避高速列车；通常不办理客运业务，但可为未来该站办理客运业务预留发展条件。

（2）中间站。中间站是主要办理列车通过和越行作业、客运业务及少量的列车折返作业的车站。

（3）始发（终到）站。始发（终到）站是主要办理列车始发、终到作业及客运业务的车站；同时可以办理高速旅客列车的折返、动车组取送作业；设有动车段，可完成动车组的客运整备和客车的检修作业等。

4.3.3.2 按办理的客运量大小分类

按办理的客运量大小，高速铁路车站可分为特大型站、大型站、中型站和小型站。

4.3.3.3 按高峰小时旅客发送量分类

《铁路旅客车站设计规范》（TB 10100—2018）规定，高速铁路车站按高峰小时旅客发送量 PH（单位为人）分类：$PH \geq 10000$ 为特大型站，$5000 \leq PH < 10000$ 为大型站，$1000 \leq PH < 5000$ 为中型站，$PH < 1000$ 为小型站。

4.3.4 高速铁路动车组

高速客车一般包括传统车体车辆和摆式车体车辆。其中传统车体车辆主要指动力车和非动力车（拖车），高速客车的动力车一般也有客室，也要载运旅客，客室部分与拖车完全一样。摆式车体车辆可以运行在既有线路上，按照车体倾摆的方式分为主动式摆式车体和被动式摆式车体两种。

动车组一般包括动力车和非动力车（拖车），可以分为车体、转向架、制动装置、车载连接装置、车辆电气系统、车内设备六大部分。

4.3.4.1 车体

车体是容纳旅客、装载行包和整备品等的部分。车体主要由底架、侧墙、端墙和车顶组成。其中，底架是车体的基础，由各种纵向梁、横向梁、辅助梁和底板等组成，承载着车辆上的各种垂直载荷和水平载荷。

4.3.4.2 转向架

转向架是车辆上能相对车体回转的一种走行装置。它承受着车体的自重和载重，并由机车牵引行驶在钢轨上。转向架主要由构架、轮对、轴箱、弹簧减振装置、摇枕、基础制动装置和传动装置等部分组成。

4.3.4.3　制动装置

制动装置是车辆上起制动作用的零部件所组成的一整套机构。它的主要作用是保证高速运行中的列车能按需要实现减速或在规定距离内实现停车,以保证行车安全。

4.3.4.4　车载连接装置

车载连接装置是将车辆与车辆之间相互连接,传递纵向牵引力及缓和列车运行中冲击力等作用性能的装置。

4.3.4.5　车辆电气系统

车辆电气系统包括车辆上的各种电气设备及其控制电路。车辆电气系统按其作用和功能可分为主电路系统、辅助电路系统和电子控制电路系统。

4.3.4.6　车内设备

车内设备是指为旅客提供必要的舒适条件所需的设备,如车内的座席、卧铺、茶桌、行李架、给水设备、卫生设备、取暖设备、通风设备、照明设备、空气调节设备及各种电气设备和供电装置等。

4.3.5　高速铁路信号控制系统及其他系统

高速铁路信号控制系统主要是由列车运行控制系统、联锁系统、调度集中系统、通信设备等组成。高速铁路信号系统相关设备主要布置在调度中心、车站、信号室、线路和动车组内部。高速铁路信号控制系统具有以下特点:

(1)采用列车自动控制(ATC)系统。已建成的高速铁路均采用了列车自动控制系统完成闭塞功能,以车载信号为行车凭证,可直接向司机提供速度命令,信号直接控制列车制动。

(2)采用调度中心指挥行车。调度中心统一指挥全线列车运行,通过调度集中(Centralized Traffic Control,CTC)系统远距离控制全线信号和列车进路。正常行车情况下,不需要车站本地控制。

(3)采用安全防护措施。系统配备有热轴探测、限界检查、自然灾害报警等功能,保证各个监测点与调度中心联网,及时预防危险情况。

(4)采用通信信号一体化传输方式。通信系统承载业务以数据为主,包括声音和图像。高速铁路车站和调度中心采用局域网形式,对信息传递的实时、安全、准确提供有力支撑。

4.3.6　高速铁路运输组织

高速铁路运输组织工作主要分为调度指挥工作、旅客运输服务和动车组运用与维修等部分。

4.3.6.1　调度指挥工作

高速铁路调度指挥系统是高速铁路高新技术的集中体现,同时也是高速铁路日常运输组织的管理中枢,实现了各部门协调工作和高效行车,保证了运输全过程的实时监督和决策调整。高速铁路调度指挥系统具有设备运用、整备、检修一体的运营管理特点,建立了以人为核心的人-机-环境监测与管理的系统,包括运输计划系统、运行管理系统、动车组管理系统、环境监测与报警系统、自然灾害预报系统等。高速铁路调度指挥中心设置运输调度(包括列车调度和旅客调度)、运用调度、电力调度、设施调度及信号通信系统调度岗位,各岗位工作人员协调处理调度指挥工作。

4.3.6.2　旅客运输服务

高速铁路在传统客运组织模式的基础上,形成了信息高度共享、资源高效整合的综合客运服务系统,构建了售票、候车、检票、旅客乘降及在途服务等全过程一体化的客运组织新模式,极大地提升了旅客出行的效率和满意度。目前,高速铁路客运服务创新地运用了智能化设备,大力发展以自助服务为特征的服务体系,应用自动售检票系统(AFC)、旅客自动查询系统、旅客服务信息系统、互联网服务系统等先进的信息管理系统,引导旅客快捷进出站的同时,为运营管理者提供实时准确的客流情况和决策依据。高速铁路车站正在逐渐成为旅客重要的换乘和中转站节点,实现了与城市轨道交通、城市常规公共交通等方式的高效衔接,为旅客提供更加高效和便捷的出行服务。

4.3.6.3　动车组运用与维修

高速铁路的旅客载运工具主要是由牵引动力和运输载体一体化的动车组构成,因此动车组在担当某一车次的全过程中,不需要中途换挂机车,减少了工作环节,提高了运输工作的效率。根据动车组运用与维修一体化的思想,高速铁路动车组的运用和维修计划是统筹编制和安排的,使得高速铁路载运设备的运用与管理逐渐集中化。动车组的运用与维修方案是根据运用期间的所有动车组数量、设备状态、所在位置和定期检修期限等条件制定的,并在保证完成运输任务和检修任务的基础上,最大化地提升动车组的运用效率。

4.4　城市轨道交通系统

4.4.1　城市轨道交通系统概述

根据中国城市轨道交通协会发布的《城市轨道交通分类》(T/CAMET 00001—2020),城市轨道交通按照系统制式划分为市域快轨系统、地铁系统、轻轨系统、单轨系统、磁浮交通系统、自导向轨道系统、有轨电车系统 7 类。城市轨道交通具有安全、快捷、准时、大运能、绿色环保等特点,在城市公共客运交通中起骨干作用。城市轨道交通对改善交通运输环境、引导优化城市空间布局、带动城市经济创新发展发挥了巨大推动作用。

4.4.2 城市轨道交通线路

线路是城市轨道交通列车运行的基础,是城市轨道交通工程的重要组成部分之一。考虑到乘客出行方便、土地充分利用、节约建设费用等因素,城市轨道交通线路的走向一般选择易于施工和客流相对比较集中的区域。

4.4.2.1 线路的分类

轨道交通线路按其在运营中的地位和作用,可分为正线、配线和车场线。以下简要介绍正线和配线。

(1)正线

正线是贯穿所有车站和区间供车辆载客运营的线路。正线行车速度高、密度大,要保证行车安全和乘坐舒适,线路要求的标准较高。

城市轨道交通正线一般为地下隧道、高架和有护栏的地面专用道的独立运行的线路,通常按双线设计,分为上行线和下行线,采用右侧行车制;大多数线路为全封闭;与其他交通线路相交处,一般采用立体交叉;两条线路或运输方式的运量均较小时,在通过能力满足要求的情况下也可考虑采用平面交叉。

(2)配线

配线,原称"辅助线"。凡在正线分岔的,为配合列车转换线路或运行方向等某些运营功能服务的,并增加运行方式灵活性的线路,统称为配线。根据功能需求,配线分为折返线、停车线、存车线、车辆基地出入线、联络线、渡线、安全线几类。

①折返线:供列车折返转向运行的线路。折返线形式很多,有环形折返线、尽端折返线等,折返线的形式应能满足折返能力的要求。常见形式如图4-3所示。

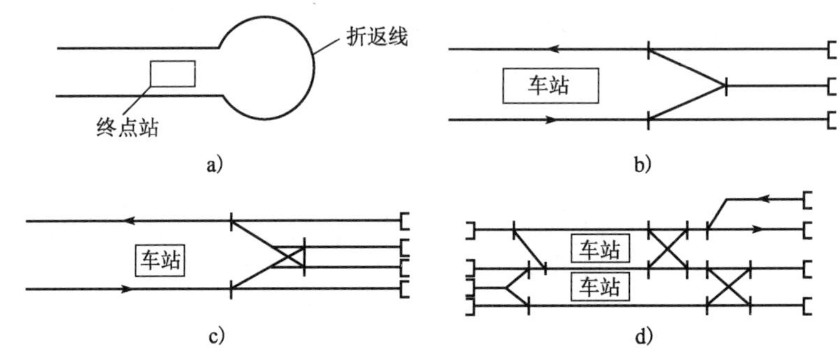

图4-3 折返线形式

a)环形折返线;b)单线折返线;c)双线折返线;d)多线折返线

②停车线:供故障列车待避、临时折返、临时停放或夜间停放列车的线路。

③存车线:供夜间停放过夜列车的线路。

④车辆基地出入线:简称为"出入线",从正线上分岔引出至车辆基地的线路。图4-4

为车辆段出入线的 3 种典型形式。

⑤联络线：设置在两条不同正线之间，供各种车辆过渡运行的线路。

⑥渡线：设置在正线线路左右线之间，供车辆过渡运行的线路。用道岔将上行线、下行线及折返线连接起来的线路，其又分为单渡线和交叉渡线，如图 4-5 和图 4-6 所示。

⑦安全线：对某些配线的尽端线，或在正线上的接轨点前，根据列车运行条件，设置在设计停车点以外，具有必要的安全距离的线路，以避免停车不准确发生冒进的安全问题。

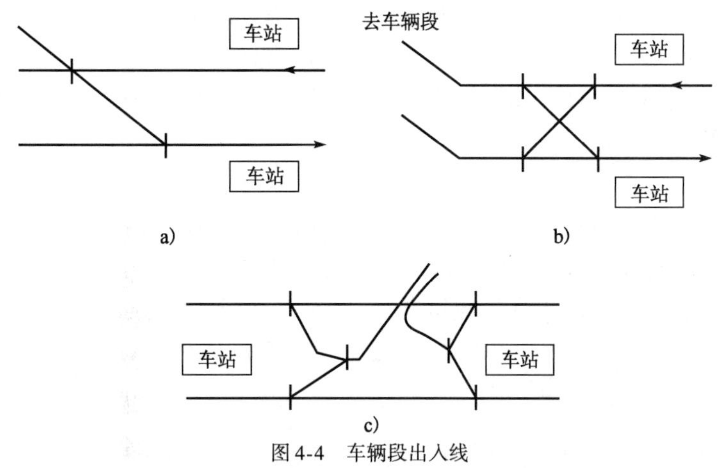

图 4-4　车辆段出入线

a）单线式接轨；b）双线式线路端部接轨；c）双线式两站中间接轨（八字线接轨）

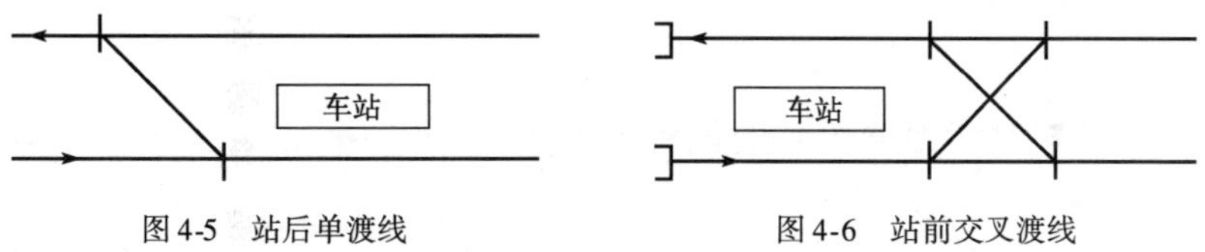

图 4-5　站后单渡线　　图 4-6　站前交叉渡线

4.4.2.2　轨道

轨道是城市轨道交通线路的基础，由钢轨、扣件、轨枕、道床及其他附属设备组成。轨道结构应具备足够强度、稳定性、耐久性和适量弹性，保证列车运行安全、平稳、快速和乘坐舒适。

（1）钢轨

钢轨是轨道的主要部件，直接承受列车载荷，并传递到扣件、轨枕、道床和结构底板（路基或桥梁），依靠钢轨的头部内侧和列车轮缘的相互作用引导列车前进。其断面形状主要为工字形，由轨头、轨腰、轨底 3 部分组成，如图 4-7 所示。我国生产的钢轨有 12.5m 和 25m 两种标准轨长。

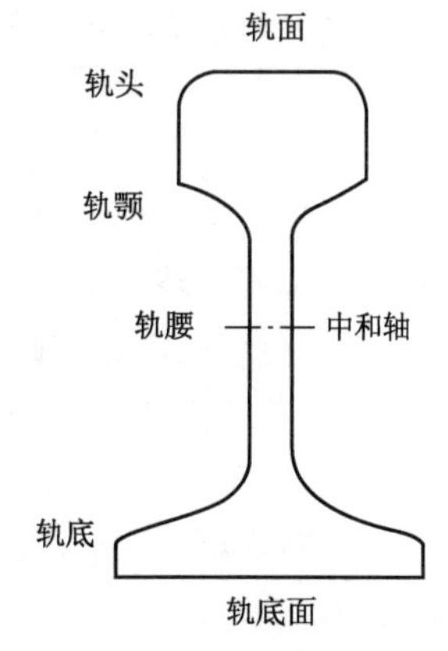

图 4-7　钢轨断面

（2）轨枕

轨枕是钢轨的支座，其功能是支承钢轨，固定轨距和方向，并将钢轨对它的各向压力传递到道床上。使用扣件把轨枕和钢轨连在一起形成“轨道框架”,可增加轨道结构的横向刚度。轨枕按其结构和铺设方法可分为横向轨枕、纵向轨枕及短枕等;按其使用目的,可分为用于一般区间的普通轨枕、用于道岔上的岔枕和用于无砟桥梁上的桥枕;按其材质分主要有木枕、混凝土枕和钢枕等。

(3)扣件

扣件是连接钢轨与轨枕的零件,其作用是将钢轨固定在轨枕上,保持轨距并阻止钢轨的横向和纵向移动,防止钢轨倾斜,并能提供适当的弹性,将钢轨承受的力传递给轨枕或道床承轨台。扣件必须具有足够的强度、耐久性和良好的弹性,能有效保持钢轨与轨枕的可靠连接;结构力求简单,便于安装及拆卸;应具有良好的绝缘性能。扣件可分为中间连接和接头连接两类。

(4)道床

道床是指路基之上、轨枕之下的部分。道床是用碎石、卵石或砂等材料组成的轨道基础,用以将轨枕的荷载均匀地传布到路基上,防止轨枕的纵向和横向移动。同时,为轨道提供良好的排水、通风条件,以保持轨道干燥,使轨道具有足够弹性。

4.4.3 城市轨道交通车站

城市轨道交通车站是乘客接受出行服务,进行乘降、换乘的场所,是运输企业提供城市轨道交通运输服务不可或缺的组成部分。

4.4.3.1 车站的分类

(1)根据车站相对于地面道路的位置关系不同,可将车站分为地面站、高架站及地下站。

(2)根据其运营性质不同,可分为中间站、换乘站、折返站、联运站及终点站等。

①中间站(即一般站):仅供乘客上、下车,功能单一,是线路中数量最多的车站。

②换乘站:位于两条及两条以上线路交叉点上的车站。除具备中间站的功能外,还可以从一条线路通过换乘设施转换到另一条线路的车站。

③折返站:设在两种不同行车密度交界处的车站,设有折返线和设备,兼有中间站的功能。

④联运站:设有两种不同性质的列车(例如地铁、高铁、城际铁路)线路,进行联运及客流换乘的车站,具有中间站及换乘站的双重功能。

⑤终点站:设在线路两端的车站,可供列车折返或临时停留检修。

(3)根据车站站台形式不同,可以将车站分为岛式车站、侧式车站和岛、侧混合式车站,如图4-8所示。

①岛式车站:站台位于上、下行行车线路之间,上、下行乘客共用一个站台,是一种常用的车站形式。

②侧式车站:站台位于上、下行行车线路的两侧。

③岛、侧混合式车站:将岛式站台及侧式站台同设在一个车站内。

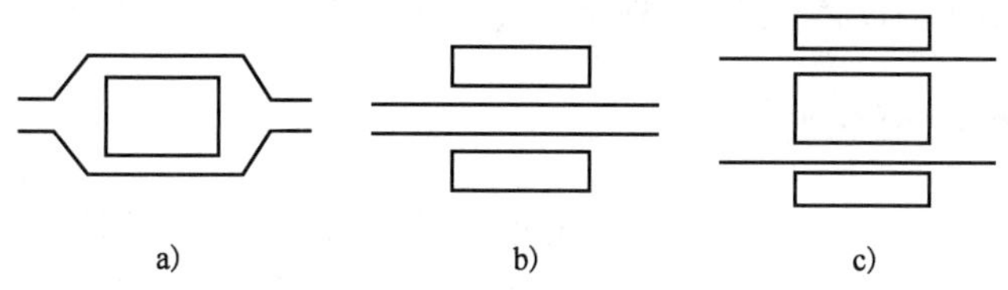

图4-8 车站站台形式

a)岛式车站;b)侧式车站;c)岛、侧混合式车站

4.4.3.2 车站的组成

城市轨道交通系统的车站一般由4部分组成:①车站大厅及广场;②售票大厅,为乘客出售列车客票;③站台,直接供乘客乘降车使用;④旅客不经常到达的地方,如车站办公室、仓库、维修设施及铁路股道等。

从建筑空间位置角度讲,车站一般包括出入口及通道、车站主体和附属建筑物。图4-9为一般车站设施组成示意图。

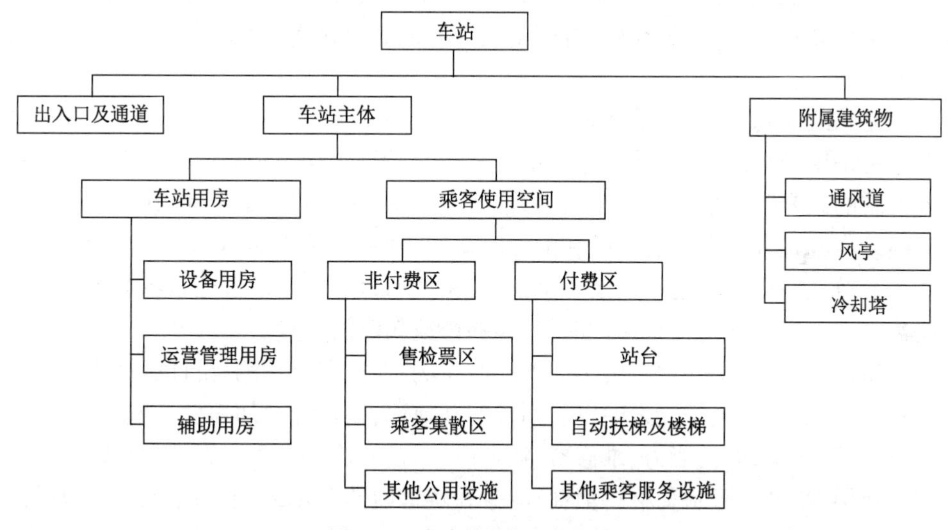

图4-9 一般车站设施组成示意图

(1)出入口及通道是乘客进出入站厅的通道。

(2)车站主体是列车的停车点,它不仅要供乘客上、下车、集散、候车,还要办理运营业务和设置运营设备。车站主体根据功能可分为两大部分:车站用房和乘客使用空间。其中,车站用房包括设备用房(包括通风与空调房、变电所、控制室等)、运营管理用房(包括站长室、行车值班室、业务室、广播室、会议室和公安保卫室等)和辅助用房(包括卫生间、茶水间等)。

(3)车站的附属建筑物包括通风道、风亭及冷却塔。通风道是供地铁车站、区间流入新鲜空气、排出污浊空气用的建筑物。风亭是通风道在地面出入口部位的建筑物,是同外界进行空气交换的端口。这两者能保证地下车站具有一个良好的空气质量。冷却塔是空调系统与室外的热交换设备,担负着地下车站空调制冷系统与室外换热的任务。

4.4.4 城市轨道交通车辆

城市轨道交通车辆是城市轨道交通最重要的设备之一,也是技术含量较高的设备。城市轨道交通车辆应具有先进性、可靠性和实用性,应满足安全、容量大、快速、舒适、美观和节能的要求。

4.4.4.1 车辆的分类

按照车辆设备配置,可分为动车和拖车、带司机室和不带司机室等多种形式,如无司机室的拖车(T 车)、带司机室的拖车(Tc 车)、带司机室的动车(Mc 车)、无司机室的动车(M 车)、带受电弓的动车(Mp 车),以及带司机室和受电弓的动车(Mcp 车)。

按照车辆大小及定员,可分为 A 型车、B 型车和 C 型车等。其中,A 型车宽 3.0m,高 3.8m,车体长度 22.1m,定员 310 人;B 型车宽 2.8m,高 3.8m,车体长度 19.0m,定员 230 人;C 型车宽 2.6m,高 3.7m,定员 210 人(以上定员按每平方米有效空余地板面积站立 6 人标准计算)。采用钢轮钢轨、旋转电机牵引的城市轨道交通车辆,以 A 型车和 B 型车为主要车型。

列车是编组成列、可以正常载客的若干城市轨道交通车辆的完整组合。城市轨道交通列车通常采用动车组技术,动车组是指自带动力、固定编组、两端设有司机室、配备现代化服务设施的旅客列车单元。动车组中,带动力的车辆叫动车,不带动力的叫拖车。动车组按牵引动力方式分为内燃动车组和电力动车组;按动力配置方式分为动力集中式动车组和动力分散式动车组。动车组是一个整体,相关动力与控制设备分布各节车辆上,结构上不能拆分。动车组具有加减速性能好、能够快速起停的特点。

城市轨道交通列车的编组,由不同形式的车辆,根据客流预测、设计运输能力、线路条件、环境条件及运营组织等要素确定。列车的动拖比,根据起动加速度、制动减速度、平均速度、旅行速度、故障运行能力、维修费、耗电量、车辆的购置费等因素,以及考虑充分发挥再生制动作用,减少摩擦制动材料消耗,减少在隧道内的发热量,节约电能,减少环境污染等因素综合分析确定。

目前,我国城市轨道交通系统 A 型列车编组分为 8 辆/列、6 辆/列 2 类,动力配置分别为六动两拖、四动两拖;B 型列车编组分为 8 辆/列、6 辆/列、4 辆/列 3 类,动力配置分别为六动两拖、三动三拖或四动两拖、两动两拖。

4.4.4.2 车辆基本构成

城市轨道交通车辆一般由以下 7 个部分组成:

(1)车体。车体分为司机室车体和无司机室车体两种。车体既是容纳乘客和司机的地方,又是安装与连接其他设备的基础。车体一般分为底架、端墙、侧墙和车顶等部分。

(2)转向架。转向架是车辆的走行部分,设置于车体与轨道之间,用来牵引和引导车辆沿轨道行驶,承受与传递来自车体与线路的各种荷载,并缓和其动作用力。可分为动力转向架和非动力转向架。

(3)牵引缓冲连接装置。车辆的连接是通过车钩实现的,车钩后部一般需要装设缓冲装置,以缓和列车冲动和撞击。

(4)制动系统。制动系统的主要作用是保证运行中的列车按需要减速或在规定的距离内停车,包括制动控制系统和制动执行系统两部分。

(5)受流装置。受流装置的作用是从接触导线(接触网)或导电轨(第三轨)将电流引入动车,通常称受流器。受流装置按其受流方式可分为5种形式:①杆形受流器;②弓形受流器;③侧面受流器;④轨道式受流器;⑤受电弓受流器。城市轨道交通常用的是轨道式受流器和受电弓受流器。

(6)车辆内部设备。车辆内部设备包括服务于乘客的固定附属装置(座椅、扶手、照明、空调、通风、取暖等)和服务于车辆运行的设备装置(蓄电池、继电器箱、主控制器箱、电动空压机单元、牵引箱、电阻箱及各类电气开关等)。

(7)车辆电气系统。车辆电气系统是指车辆上的各种电气设备及其控制电路,包括主电路、控制与信息监控电路、辅助电路、门控电路。

4.4.5 城市轨道交通系统其他设施

除线路、车辆、场站设施外,城市轨道交通设施设备还包括供电系统、通信系统、信号系统、环控系统、防灾系统、售检票系统等。下面主要介绍供电系统、通信系统、信号系统和环境与设备监控(简称环控系统)。

4.4.5.1 供电系统

在整个城市轨道交通系统中,供电系统主要为其他系统提供供电服务,高度安全、可靠和经济合理的电力供给是城市轨道交通正常运营的重要保障和前提。它不仅为城市轨道交通列车提供牵引用电,还为城市轨道交通运营服务的其他设施提供电能,如照明、通风、空调、给排水、通信、信号、防灾报警、自动扶梯等设施。

4.4.5.2 通信系统

城市轨道交通的通信系统是指挥列车运行、组织运输生产及进行公务联络的重要手段,城市轨道交通的特点是客流密集、运输繁忙,为了保证行车安全和实现快速、高效、准时、优质的服务,必须设置完善可靠的内部专用通信系统。

城市轨道交通的通信系统由光纤数字传输系统、电话交换系统、闭路电视监控系统、无线通信系统及车站广播系统等组成。具体来说,它们共同为城市轨道交通系统的列车运行调度指挥、无线通信、公务通信、旅客信息广播、系统运行状况监视等提供通信途径。

4.4.5.3 信号系统

城市轨道交通的信号系统是保证列车运行安全和提高通过能力的重要设施。

列车自动控制(ATC)系统是城市轨道交通信号系统的重要组成部分,它可实现行车指挥和列车运行自动化,能最大限度保证行车安全,提高运输效率,减轻运营人员的劳动强度,提高城市轨道交通的通行能力。列车自动控制系统包括列车自动监控、列车自动防护和列车自动驾驶3个子系统。

列车自动监控(Automatic Train Supervision,ATS)系统用于实现对列车运行的监督,辅助行车调度员对全线列车运行进行管理,它可以显示全线列车运行状态,监督和记录运行图的执行情况,为行车调度员的调度指挥和运行调整提供依据。

列车自动防护(Automatic Train Protection,ATP)系统主要用于对列车驾驶进行防护,对与安全有关的设备或系统实行监控,实现列车间隔保护、超速防护等功能。

列车自动运行(Automatic Train Operation,ATO)系统是列车运行自动化系统中的高层次环节,主要用于实现"地对车控制",即用地面信息实现对列车驱动、制动的控制。ATO系统在ATP和ATS系统基础上工作,接受来自ATP的速度命令和ATS系统的列车运行等级信息,对提高列车运行效率、完成运行自动调整、实现列车经济运行等具有重要作用。

4.4.5.4　环控系统

城市轨道交通的地下车站和地下区间隧道除出入口等极少部分与外界相连外,基本上与外界隔绝,只有使用人工气候环境才能满足乘客的需求。通风、空调的作用是采用人工的方法,创造满足一定要求的空气环境,包括空气的温度、湿度、空气流动速度和空气质量。当列车阻塞在区间隧道时,环控系统能维持车厢内乘客短时间能够接受的环境条件;当发生火灾事故时,环控系统能提供有效的排烟手段,给乘客和消防人员输送足够的新鲜空气,并形成一定的风流,引导乘客迅速撤离现场。

4.4.6　城市轨道交通系统运营管理

城市轨道交通系统运营管理工作主要分为行车管理、站务管理、票务管理和设备运营管理四大部分。

4.4.6.1　行车管理

城市轨道交通的行车管理涉及生产、组织、管理流程,以下围绕客流计划、行车计划、列车运行图、行车调度指挥进行介绍。

(1)客流计划

客流计划是运输计划期间城市轨道交通线路客流的规划,是编制行车计划、车辆配备计划和列车运行图等的基础。客流计划的主要内容包括沿线各站到发客流数量、各站分方向分别发送人数、全日分时段断面客流分布、全日分时段最大断面客流图等。

(2)行车计划

行车计划指城市轨道交通线路各区段、全日分时段的列车开行对数和编组情况。它决定着城市轨道交通系统的输送能力和设备(列车)使用计划,也是列车运行图(时刻表)编制的依据。确定列车开行方案是行车计划编制最重要的核心工作。列车开行方案包括:①列车交路计划,规定列车运行区段、折返车站及不同交路运行的列车对数;②列车停站方案，规定各列车运行过程中需要停靠的车站；③列车编组方案，规定各列车采取的车辆编组形式。

(3)列车运行图

列车运行图是列车运行的综合计划。它规定了列车占用区间的次序，列车在每一个车站出发、到达或通过的时间，区间运行时分，车站停站时分，也就规定了线路、站场、车辆和通信信号等设备的运用流程与行车有关各部门的工作。

(4)行车调度指挥

城市轨道交通运营是一个动态的、变化的过程，具有随机性、复杂性。行车调度指挥工作担负着指挥列车运行、贯彻安全生产、实现列车运行图、完成运输计划的重要任务。客流的增减、列车的晚点、运营秩序的紊乱、突发事件及设备故障等的影响，都要求行车调度指挥工作根据情况的变化，及时合理地采取调整措施，使列车尽可能按运行图行车。

4.4.6.2　站务管理

城市轨道交通的站务管理主要包括车站行车组织和车站客流组织等内容。车站行车组织主要是按列车运行图要求，安全有序地组织列车接发作业和折返作业。车站客流组织主要是指通过合理布置和运用相关设备、设施和管理手段，组织乘客在车站管辖范围内按照预先设定的路线安全有序流动的过程。

4.4.6.3　票务管理

城市轨道交通的票务管理主要包括票制票价制定、自动售检票系统运用管理及票款清分等。票务管理主要是由车站组织售检票工作，并负责设备的养护维修和运用管理，并根据客流情况对售检票系统(装备)进行调整、设置，便于城市轨道交通运营部门对全线的运量、运营指标进行统计，并进行票款的清分、核算和评价。

4.4.6.4　设备运营管理

城市轨道交通的设备运营管理主要包括车站服务设施系统、通信及信号系统、收费系统、供电系统、环控系统、通风及排烟系统、防灾系统、给排水及消防系统、自动扶梯及电梯载运系统等设施、设备的操作运用和养护维修管理等。设备的运用一般可分为正常状态下的日常设备运用、非正常情况下(故障运行)的设备运用及紧急情况时的设备运用。

复习思考题

1. 轨道交通运输系统主要由哪几部分构成？

2. 轨道交通主要分为哪几种？高速铁路、城市轨道交通有何技术经济优势？请简要描述。

3. 铁路交通的基本设备有哪些？铁路线路由哪些部分组成？

4. 高速铁路运输组织的特征是什么？请简要描述。

5. 高速铁路列车运行控制系统主要包含哪些内容？各部分的作用具体是什么？请简

要描述。

6. 城市轨道交通系统的概念是什么？系统的组成主要包括哪些设施设备？

7. 城市轨道交通配线有哪些类型？各类配线有何作用？

本章参考文献与延伸阅读

[1] 佟立本. 铁道概论[M]. 8版. 北京：中国铁道出版社有限公司,2020.

[2] 彭燕. 城市轨道交通系统[M]. 北京：中国物资出版社,2012.

[3] 陈维亚,吴庆杰. 现代交通运输概论[M]. 2版. 北京：中国铁道出版社,2012.

[4] 黄晓明,陈峻,等. 交通运输导论[M]. 北京：人民交通出版社股份有限公司,2014.

[5] 万明. 交通运输概论[M]. 北京：人民交通出版社股份有限公司,2015.

[6] 赵小军. 铁道概论[M]. 上海：上海交通大学出版社,2017.

[7] 佟立本. 高速铁路概论[M]. 5版. 北京：中国铁道出版社,2017.

[8] 王炜,陈峻,过秀成,等. 交通工程学[M]. 3版. 南京：东南大学出版社,2019.

[9] 毛保华,陈绍宽,柏赟. 城市轨道交通规划与设计[M]. 3版. 北京：人民交通出版社股份有限公司,2020.

[10] 刘建国,张齐坤. 城市轨道交通概论[M]. 2版. 北京：中国铁道出版社,2018.

[11] 朱顺应,郭志勇. 城市轨道交通规划与管理[M]. 南京：东南大学出版社,2008.

[12] 过秀成. 交通运输工程学[M]. 北京：人民交通出版社股份有限公司,2017.

第5章
CHAPTER FIVE

水路交通运输系统

学习目的与要求

水路运输是以水为载体的运输方式，主要利用江、河、湖泊和海洋的"天然航道"来进行。水路运输具有运量大、成本低和能耗少等优点，一直在世界经济发展中发挥着重要作用。本章的学习目的是了解水路交通运输系统的基本概念、组成、特点。通过本章学习，要求掌握水路交通运输系统的构成及分类；掌握航道和航道设施的概念、作用、主要特征和参数、分类方法等；掌握港口系统的组成，了解港口设施的定义、用途、特征及分类，了解港口运营基础流程；掌握船舶的分类方法及主要类型，了解船舶性能指标与参数的定义、作用；掌握船舶运行组织的概念及运行组织形式，了解不同运行组织形式的基本流程。

5.1 水路交通运输系统概述

水路交通运输，是指以海洋、江河、湖泊或人工水道作为航行通路，以港口作为集散、转运枢纽(节点)，以各种类型船舶(或其他水运工具)作为载运工具来完成旅客及货物运输的一种运输方式。

水路交通运输系统通常有以下分类。

(1)按照航行区域分类，分为远洋运输、沿海运输和内河运输。远洋运输通常是指国际跨洋运输，以外贸运输居多。沿海运输是指沿海各港口间的海上运输，以内贸运输为主。内河运输是指通过江河湖川等天然或人工水道完成运输的方式。

(2)按照运输对象分类，分为旅客运输和货物运输。旅客运输包括单一客运和客货兼运。货物运输则按照货物类型可分为散货运输、杂货运输、集装箱运输等。

(3)按照贸易种类分类,分为外贸运输和内贸运输。外贸运输是指不同国家和地区间的水上贸易运输。内贸运输是指一个国家内不同地区间的贸易运输。

(4)按照运营组织形式分类,通常分为定期船运输、不定期船运输和专用船运输。定期船运输是指在固定的航线上,以既定的港口顺序,按照事先公布的船期表航行的水上运输方式。不定期船运输是指根据水运需求在时间、地点和内容上所发生的变化,不断变更航线和货种的不规则运输方式。专用船运输是指企业自置或租赁船舶从事本企业自有物资的运输。

水路交通运输系统的基本组成要素包括航道、船舶和港口。

(1)航道是水路运输的首位要素。随着运输业与科学技术的发展、船舶尺度的增大、船舶运行密度的增加和纵横水运网的逐步形成,现代水上航道已不仅是天然航道,而是包括人工运河、进出港航道及保证航行安全的航行标志系统和现代通信导航设备系统在内的工程综合体。对海上航道来说,主体还是自然水道,人工水道、运河及过船建筑只是作为自然水道的补充或改进。

(2)船舶是水路运输的工具,是港口的主要服务对象之一,是水路运输的重要组成部分。

(3)港口是水路运输中停靠船舶、装卸货物和上下旅客的场所。港口的任务是为船舶提供能安全停靠的设施,及时完成货物和旅客由船至岸或由岸到船及由船到船的转运,并为船舶提供补给、修理等生活服务和技术服务。港口既是水路交通运输的终端,又是连接水陆运输的枢纽。

5.2 航道与航道设施

5.2.1 航道

航道是指沿海、江河、湖泊、水库、渠道和运河内可供船舶、排筏在不同水位期通航的水域。

5.2.1.1 航道的分类

航道可以按照多种方法分类。按照形成的因素可分为天然航道、人工航道、渠化航道;按照通航时间长短可分为常年通航航道、季节通航航道;按照限制条件可分为单行航道、双行航道、限制性航道;按照通航船舶的类型可分为内河船航道、海轮进江航道;按照管理属性可分为国家航道、地方航道、专用航道;按照航道所处的区域可分为内河航道、沿海航道。以下仅简要介绍沿海航道和内河航道。

(1)沿海航道

沿海航道是指位于海岸线附近、具有一定边界、可供海船航行的航道。沿海航道属于自然水道,其通过能力几乎不受限制,每一海区的地理、水文情况都反映在该区的海图上。随着船舶吨位的增加,在一些海峡或狭窄水道会对通航船舶进行一些限制。

(2)内河航道

内河航道是河流、湖泊、水库内的航道,以及运河和通航渠道的总称。内河航道大部分是利用天然水道增设引航的航标设施构成。内河航道与海上航道相比,其通行条件有很大差别,反映在通航水深、通航时间(部分内河航道不能夜行)和通航方式(如单向过船)等方面。大多数内河自然水道还需考虑航运、发电、灌溉、防洪和渔业的综合利用与开发。

5.2.1.2　航道的分级

内河航道应按可通航内河船舶的吨级划分为7级,具体见表5-1。

内河航道等级划分　表5-1

航道等级	Ⅰ	Ⅱ	Ⅲ	Ⅳ	Ⅴ	Ⅵ	Ⅶ
船舶吨级(t)	3000	2000	1000	500	300	100	50

注:引自《内河通航标准》(GB 50139—2014)。

沿海航道按通航船舶的吨级划分为12个等级,各等级沿海航道适应通航的船舶吨位见表5-2。

沿海航道等级划分　表5-2

航道等级		通航船舶吨位范围(t)
等级	通航船舶吨级(t)	
Ⅰ	300000	≥275001
Ⅱ	250000	225001~275000
Ⅲ	200000	175001~225000
Ⅳ	150000	125001~175000
Ⅴ	100000	85001~125000
Ⅵ	70000	65001~85000
Ⅶ	50000	45001~65000
Ⅷ	30000	12501~45000
Ⅸ	10000	7501~12500
Ⅹ	5000	4501~7500
Ⅺ	3000	1501~4500
Ⅻ	1000	≤1500

注:引自《广东省沿海航道通航标准》(DB44/T 1355—2014)。

5.2.1.3　航道的尺度

根据我国《内河通航标准》(GB 50139—2014)的规定,各级航道的尺度是航道工程需要达到的标准,系指在设计最低通航水位时航道的水深、宽度和弯曲半径的总称。因此,具体确定某个河段的航道尺度时,应依据不同河流或水域的性质、通航船舶(队)船型、过船的密度和运量等情况进行分析论证。

航道标准尺度应保证船舶正常安全航行,并能提供发挥合理运输效益的条件,同时要使航道工程的投资和维护费用少。因此,它是满足一定船舶(队)在安全有效航行条件下的最低技术标准。凡客观条件允许,无须增加航道工程费用,或费用虽有增加,但经论证仍属合理的情况下,可采用较大的航道尺度。

(1)航道水深

航道水深是航道尺度中最为直接的一项尺度。航道水深决定着船舶的航速和载重。一般在平原和河口地区,航道水深不足是碍航的关键。在这些地区,采取工程措施的主要目的是解决航道水深不足的问题。

航道标准水深是指设计最低通航水位下航道范围内的浅滩最小水深。航道标准水深一般包括船舶的标准吃水和富余水深。

(2)航道宽度

航道宽度是指设计最低通航水位时具有航道标准水深的宽度。航道宽度取值一般以保证两个对开船队安全错船为原则,在船舶(队)航行密度很小、航道狭窄段不长、拓宽工程较大时可采用单线航道。

(3)航道弯曲半径

航道弯曲半径 R 是指弯曲航道中心线的曲率半径,弯曲半径越大,航行越便利。但是受自然河道地形及两岸地物限制,船舶往往不得不在半径较小的弯曲河道中行驶。因此,要规定一个弯曲半径的最小限值作为航行保障的条件之一。

(4)流速流态

航道中的表面流速和局部比降不能过大,否则上行船舶的推力不能克服逆流阻力前进,下行船舶的舵效难以发挥,使船舶操纵困难。航道中允许的最大纵向表面流速和局部比降的数值与船型和航道整治措施有着密切关系,应进行综合比较后确定。垂直航道轴线的横向流速亦不应过大,否则会将船舶推离航道,发生事故。

(5)水上跨河建筑物的净空

跨河桥梁、渡槽、管道、电缆等应有足够的水上净空高度和净空宽度,以便船舶能安全顺利地通过。净空高度是指设计最高通航水位至建筑物底部的垂直距离。设计最高通航水位的标准,应根据航道等级依据国家标准执行。净空高度的数值应大于设计船舶空载的水上高度加富余值。净空宽度系指航道底部高程以上桥墩(或墩柱)间的最小净宽度,应大于船舶过桥航行轨迹宽度和富余宽度两部分之和。

5.2.1.4　航道的通过能力

航道的通过能力是指对于确定港区的给定航道和一定的到港船型组合,在港口正常生产作业状态下，基于一定的港口服务水平，一年期内通过该航道的船舶数量（艘）或载重吨位。影响航道航行条件的主要因素有：航道通航尺度（深度、宽度、弯曲半径）、水流速度、气象条件、河床边界条件和航道设施状况等。这些因素对港口建设、船型选择及运输组织往往具有决定性影响。

（1）航道通过能力的计算方法

国内外常用的内河航道通过能力的计算方法是西德公式、苏南运河公式、长江公式等。我国航道通过能力公式在一定程度上借鉴了西德公式，再根据我国内河航道的当地航道环境，进行一系列修正系数调整，使得航道通过能力的计算公式更为科学合理。

（2）航道通过能力分析

影响航道通过能力的因素有很多，主要包括航道的等级和标准、通航船舶的规模和尺度、全年可通航天数、载重吨位和货运量等。航道通过能力是以上各种因素在一定时空条件下的综合反映。根据考虑的主要影响因素的不同，主要分为理论通过能力、可能通过能力和实际通过能力 3 种类型。

①理论通过能力。

航道理论通过能力是按最大设计船型、船舶满载，在连续、不间断的理想船舶流条件下计算的单位时间内通过某航道的船舶数量（艘）或载重吨位。

②可能通过能力。

可能通过能力是在实际环境或预计的航道、交通条件和良好的气候条件下，在单位时间内通过某一航道或某一航道断面的最大船舶数。航道可能通过能力是针对理论通过能力中假定的各种因素，在考虑了自然条件的影响及船舶运输过程中的不均衡性后，计算的航道通过能力。

可能通过能力与理论通过能力的根本区别在于前者考虑了如航道宽度、货流均衡度、运行船舶、航道设施等，是修正后的通过能力。

③实际通过能力。

实际通过能力是指通过某一区段航道中的实际船舶数量或载重量，是结合船舶调度部门及航道管理部门的资料进行加工整理而得出的。

综上所述，航道理论通过能力比可能通过能力大，可能通过能力比实际通过能力大，原则上应着重对可能通过能力进行研究，也就是对影响通过能力的各项因素进行调查和分析。

5.2.2 航道设施

航道设施主要包括通航建筑物、助航设施、航道整治建筑物和其他设施。

5.2.2.1 通航建筑物

为帮助船舶（队）克服航道上下游集中水位落差，顺利通过河道上的闸、坝，必须修建通航建筑物。通航建筑物以内河航道上最为常见，海上应用较少，主要有船闸和升船机两类。

(1)船闸

船闸是用水力直接提升船舶过坝,以克服航道上的集中水位差而设置的一种通航建筑物,主要由闸首、闸室、输水系统、引航道、口门区、连接段、锚泊地等组成。

①船闸的工作原理。

假定船舶(队)从下游驶向上游,闸室内水位与下游水位齐平,下闸门开启,上闸门及上游输水阀门关闭。首先使船舶(队)从下游引航道内驶向闸室,关闭下闸门及下游输水阀门,然后打开上游输水阀门给闸室灌水,等闸室内水位与上游水位齐平后,打开上闸门,船舶(队)驶出闸室,从而进入上游引航道。如果船舶(队)从上游驶向下游,其过闸程序与此相反。

②船闸的分类。

按船闸的级数分类,可分为单级船闸和多级船闸。

按船闸的线数分类,可分为单线船闸和多线船闸。

按闸室的形式分类,可分为广室船闸、井式船闸和省水船闸。

③船闸的通过能力。

船闸的通过能力是指单位时间内船闸能通过的货物总吨数(过货能力)或船舶总数(过船能力),是船闸的一项重要经济技术指标。一般情况下,船闸通过能力应计算设计年内近期、中期、远期通过客(货)运量能力和船舶总吨位能力,并以年单向通过能力表示。过闸船舶包括客船、货物船、工程船、服务船等,而货船中又有满载、非满载和空载的区别,因此过船能力相同的船闸,通过的货量并不完全相同。

(2)升船机

升船机是利用机械力将船舶提升过坝的通航建筑物,由以下几个主要部分组成。

①承船厢:用于装载船舶,其上、下游端部均设有厢门。

②支承结构或斜坡道:前者用于垂直升船机的支承并起导向作用,后者用于斜面升船机的运行轨道。

③闸首:用于衔接承船厢与上、下游引航道,闸首内设有工作闸门和拉紧(将承船厢与闸首锁紧)、密封等装置。

④机械传动机构:用于驱动承船厢升降和启闭承船厢的厢门。

⑤事故装置:当发生事故时,用于制动并固定承船厢。

⑥电气控制系统:用于操纵升船机的运行。

船舶通过升船机的程序与其通过船闸的程序基本相同。当船舶驶向上游时,先将承船厢停靠在厢内水位与下游水位齐平的位置,操纵承船厢与闸首间的拉紧、密封装置和冲灌缝隙水,开启下闸首的工作闸门及承船厢下游端的厢门,船舶驶入承船厢。然后将下闸首的工作闸门和承船厢下游端的厢门关闭,泄去缝隙水,松开拉紧和密封装置,将承船厢提升至厢内水位与上游水位齐平的位置,待完成承船厢与上闸首之间的拉紧、密封和充灌缝隙水等操作后,开启上闸首的工作闸门和承船厢上游端的厢门,船舶即可驶入上游。船舶自上游驶向下游,按上述程序反向进行。

5.2.2.2　助航设施

(1)助航设施的功能

助航设施即航标。国际航标协会(The International Association of Marine Aids to Navigation and Lighthouse Authorities,IALA)在《国际航标协会助航指南》中定义海上航标是为促进船舶和/或船舶交通的安全、有效航行而设计的、在船舶之外运行的一种装置或系统。《中华人民共和国航标条例》中定义航标为供船舶定位、导航或者用于其他专用目的的助航设施,包括视觉航标、无线电导航设施和音响航标。

航标的主要功能包括定位、警告、交通指示和特殊区域标识。

①定位:驾驶员根据海图或相关航行资料,查找永久性航标的位置、特征、灯质、信号等,为船舶航行提供定位信息。

②危险警告:通过特定的颜色、灯光表示航道及其附近的危险物和碍航物。

③交通指示:根据海上/内河交通航行规则指示船舶航行方向。

④特殊区域标识:对航道中特殊区域进行标定,例如锚地、测量工作区、临时禁航区等。

永久性航标的位置、特征、灯质、信号等已载入各国出版的航标和海图。

(2)航标的分类

按照设置地点分类,航标可分为海区航标与内河航标。

①海区航标是指在海上的某些岛屿、沿岸及港内重要地点所设的航标。海区航标建立在沿海和河口地段,引导船舶沿海航行及进出港口。它分为固定航标和水上浮动航标两种。固定航标设在岛屿、礁石、海岸,包括灯塔、灯桩、立标;水上浮动航标是浮在水面上,用锚或沉锤、链牢固地系留在预定海床上的标志,水上浮动航标包括灯船与浮标。

②内河航标是设在江、河、湖泊、水库航道上的助航标志,用以标示内河航道的方向、界限与碍航物,为船舶航行指示安全航道。

内河航标按功能分为航行标志、信号标志和专用标志 3 类。

a. 航行标志:用于标示航道方向、界限、礁石或其他碍航物所在地及通航桥孔等,使船舶按照航行标志所标示出来的航道安全航行。它包括过河标、沿岸标、导标、过渡导标、首尾导标、侧面标、左右通航标、示位标、泛滥标、桥涵标 10 种。

b. 信号标志:是为航行船舶提示有关航道信息的标志,有水深信号标、通行信号标、鸣笛标、界限标、电缆标、横流浮标、风讯信号标 7 种。

c. 专用标志:是用于标示与船舶航行有关的某一特定水域或建筑物特征的助航标志,设置在内河的专用标志有管线标和专用标 2 种。

内河航标的其他详细规定参见国家技术监督局[1]颁布的《内河助航标志》(GB 5863—1993)。

航标按工作原理分类,有视觉航标、音响航标和无线电航标 3 类。

[1] 国家技术监督局现已并入国家市场监督管理总局。

①视觉航标:是以形状、颜色和灯光为特征,供船舶驾驶员直观识别的固定式或浮动式助航标志。视觉航标通常包括灯塔、立标、导标、灯船、浮标、日标牌和交通信号。

②音响航标:是能够发出音响,以引起航行人员注意的助航设施。音响航标包括气雾号、电雾号及雾情探测器等。

③无线电航标:是以无线电波传送信息,供船舶接收以测定船位的助航设施。利用无线电技术对载运体运动进行引导,称为无线电导航。

5.2.2.3 航道整治建筑物

为改善航行条件、提高航道尺度所采取的炸礁、疏浚和构筑整治建筑物等工程措施称为航道整治。航道整治建筑物是指具有整治航道的起束水、导流、导沙、固滩和护岸等作用的建筑物。

(1)航道整治建筑物的分类

航道整治建筑物大多修建在河底或与岸坡相接的坡面上,具有水工建筑物受力复杂、施工影响因素多、工程量大的特点。航道整治建筑物种类繁多、形式多样,其结构和建筑材料均有不同,总体上可分为重型和轻型两大类别的航道整治建筑物。

重型整治建筑物主要由土、石料、混凝土、钢板桩、土工织物等构筑。重型整治建筑物多采用抛石结构整治建筑物。抛石结构整治建筑物具有自重稳定、适应性强、施工简单、维修方便、容易就地取材的特点,是当前国内外普遍采用的一种形式。

轻型整治建筑物是采用竹、木、梢料、橡胶等材料构成的整治建筑物。轻型整治建筑物结构简单、施工期短、工程费用少,但强度小、使用期限不长。轻型整治建筑物在实际中使用较少,用它作为沉排护底居多。在沙质易冲的河床上筑坝,常需要沉排护底,常见的沉排包括柴排、化纤织物软体排、沙袋排等。

常用的航道整治建筑物有丁坝、锁坝、顺坝、潜坝、洲头分流坝、洲尾导流坝、护岸、格坝、底墙、转流建筑物等。

(2)航道整治建筑物的设计原则

航道整治应根据水资源综合利用的原则和河床演变规律,进行全河段总体规划,局部滩险整治应服从全局。

①航道整治建筑物应根据航道整治工程设计中的平面布置、整治水位、材料状况、水流、风浪和河床地质等自然条件及其他技术要求进行结构设计。

②航道整治建筑物应经济实用,宜就地取材、便于施工和维修,建筑物的外观宜与当地环境相协调。

③对受力复杂、河床松软或工程量大的航道整治建筑物,应进行稳定性计算和地基沉降计算。

5.2.2.4 航道其他设施

(1)控制河段的船舶通航控制设施

有些天然山区的河流航道弯曲狭窄,水流湍急、紊乱,通航条件差,特别是在枯水期,航道水深和宽度较小,需在局部河段对船舶通行进行单线控制,即控制河段。

控制河段具有弯曲、狭窄、滩险等特征,通视条件差,会船避让困难,导致船舶在同一时间段内只能单向通行。控制河段一般滩陡流急,一旦上下行船舶同时进槽会让,轻则出现紧迫局面,影响船舶通行效率,重则引发船舶海损事故,导致控制河段断航,严重威胁通航安全,会给航运带来很大的经济损失和产生不良社会影响。为确保控制河段航道的畅通安全,船舶在通过时必须按有关规定接受通行信号台的指挥,根据揭示信号单向、有序地通行。

信号台是控制河段揭示信号的船舶指挥场所。信号台指挥船舶通行的信号有上水、半杆、下水、电失、禁航5种,由4种信号旗表示,分别为上水或半杆(该信号旗升至旗杆顶部为上水、升至旗杆中部为半杆)、下水、电失、禁航。

(2)航道水文设施

水文测站是在河流上或流域内设立的,按一定技术标准经常收集和提供水位要素的各种水文观测现场的总称。在航道或流域上一般分布多个水文测站,其构成水文站网。水文站网是指在流域或者区域内,由适当数量的各类水文测站构成的水文检测资料收集系统。水文站网主要通过水文测验对水文要素进行测定。水文要素的主要构成是某一点或区域在某一时间的水文情势的主要因素,它描述了水文情势的主要物理量,包括各种水文变量和水文现象。其中降水、蒸发和径流是水文循环的基本要素。同时,把水位、流量、流速、水温、含沙量、冰凌和水质等列为水文要素。以下为各个主要要素的定义。

①水位:指水体的自由水面高出基本面以上的高程,以 m 计。

②流量:指单位时间内通过河流或航道某一过水断面的水量,以 m^3/s 计。

③径流总量:指一定时段内通过河流或航道某一断面的总水量,以 m^3 计。

④降水量:对某一测点而言,指一定口径承雨面积上的降水深度,亦可指某一面积上的一次降水总量,以 m^3、亿立方米计或以降水深度(mm)表示。在研究降雨量时,很少以一场雨为对象,一般常以单位时间表示,年平均降雨量指多年观测所得的各年降雨量的平均值;月平均降雨量指多年观测所得的各月降雨量的平均值;年最大降雨量指多年观测所得的一年中降雨量最大一日的绝对量。

⑤蒸发量:指在一定时段内,水分经蒸发而散布到空中的量,通常用蒸发掉的水层厚度表示,以 mm 计。

⑥含沙量:河流含沙量又称固体径流,指单位体积浑水中所含泥沙的数量,以 kg/m^3计。

根据《中华人民共和国水文条例》对水文测站的定义,水文测站分为国家基本水文测站、国家重要水文测站和专用水文测站。

不同类型的水文测站监测的水文要素也不尽相同。国家基本水文测站主要监测降水、蒸发和径流等。其是以公用为目的,经统一规划设立,能获取基本水文要素多年变化情况的水文测站。它应进行较长期的连续观测,是国家重要的水文数据观测收集储存单位，对航道航行安全、航行交通管理有着重要意义。专用水文测站是为特定目的而设立的，不具备或不完全具备基本水文测站功能的水文测站。

随着水运事业的蓬勃发展，通航水域的船舶密度逐渐增加，船舶大型化、专业化和高速化的发展对水上航行安全保障系统提出了更高层次的要求。作为影响航运活动的主要因素之一，水文、气象情况，特别是通航水域实时的水文、气象情况一直是船舶安全航行所必须关注的。由于对于河道和海上生命安全的日趋重视，助航信息已经不局限在水上和航道安全有关的内容，而是涉及一切影响航道中航行安全的因素，其中包括通航航道的实时水文和气象信息。建设水文气象信息系统，不仅有利于船舶航行的安全，也有助于周边地区防洪防汛工作的开展。

(3)航标遥测遥控系统

自2007年长江下游的黄金水道——“南浏段”(南京—浏河口)开始建设“数字航道”工程及航标遥测遥控系统起，我国内河包括长江中上游、珠江、京杭运河、黑龙江等相继采用智能航标替代了传统航标，这标志着我国内河航道维护管理手段从传统模式时代进入了数字化和信息化时代。

航标遥测遥控系统由航标RTU(Remote Terminal Unit)设备、无线通信链路和监控中心系统组成。其主要功能包括航标设备的状态信息和运行参数的采集、传输、显示与查询、失常报警及运行参数设置等。

RTU负责采集、存储、传输航标设备的动态信息和运行参数，执行中心监控平台下发的遥控指令，按照通信规约和监控中心进行信息交互。RTU的核心是具有存储和运算能力的MCU(微控制单元)，并集成了定位模块、电源测量模块、灯器控制器、通信模块、角速度传感器(防碰撞)、摄像头等传感器。

监控中心系统通常由电子海图(航道图)监控系统、数据库系统和通信软件模块组成。监控中心系统主要有航标位置漂移、卫星导航系统工作失常、航标灯器异常、灯质错误、欠压、过压、被撞击等报警功能。

(4)水位遥测遥控系统

水位遥测遥控系统是数字航道建设的一个重要部分，它可实现水位信息的自动采集、传输、存储、应用、服务等功能，为航道部门实时提供水位信息。

水位遥测遥控系统由水位RTU设备、无线通信链路和监控中心系统组成。

水位遥测遥控系统工作原理是水位站RTU自动采集、存储水位数据，按照一定周期及在水位值变化幅度超过一定范围时将水位值、电池电压等信息发送到监控中心数据库。监控中心系统对水位信息进行加工、处理、应用和服务。

水位RTU是前端水位采集单元，目前使用率比较高的主要有两种类型：压力式水位计和雷达水位计。

监控中心主要有信息显示与查询、水位曲线图绘制、电压报警、运行参数设置等功能。报警功能通常只有电压欠压报警。

(5)虚拟航标

虚拟航标是指物理上不存在,由授权的助航服务提供部门发布,能在导航系统中显示的数字信息物标,是继视觉航标、无线电航标之后国际航标学会认可的、旨在提升和增强航标管理机关的航标助航服务能力的现代化技术手段。

虚拟航标通过两种方式实现:一种是采用自动识别系统(AIS)基站向外广播,船舶使用 AIS 设备进行接收,然后通过电子海图/航道图系统进行显示;另一种模式是通过更新电子航道图的方式,即航标业务系统负责管理虚拟航标基础数据,并生成更新记录。电子海图生成系统同步获取虚拟航标更新数据,进行编辑和更新,最终输出电子航道图产品。

虚拟航标在我国大连、天津和青岛等海域及长江口得到了广泛使用,在内河航道应用比较少。虚拟航标因具有如下局限性限制了其推广应用:①船舶必须安装 AIS 设备和电子海图/航道图才能显示;②AIS 网络具有不稳定性;③驾驶员看不到实体航标,在心理上有一种不安全感。

(6)虚拟电子围栏

电子围栏在陆上主要用作周界防盗报警系统,由前端探测围栏和控制中心两部分构成。前端探测围栏是由围杆、导线等元件构成的实物防护周界。控制中心实现高压脉冲信号的发射和接收,一旦前端探测围栏出现触网、短路或断路等状态,控制中心触发报警单元,及时发出预警或报警信号。

航道上多采用虚拟电子围栏,通过卫星导航系统、AIS、闭路电视监控系统(CCTV)、船舶交通管理系统(VTS)、电子海图(ECDIS)等技术,将航道上的禁止通航区、施工作业区、沉船、暗礁、浅滩、渡口区等设置为虚拟的“电子围栏”,与航道监管平台后台大数据系统进行融合。当船舶进入虚拟“电子围栏”区域时,系统自动比对和报警,并可以通过 AIS 轨迹记录、CCTV 拍照等手段将相关数据上传至后台分析系统。

5.3 港口与港口设施

5.3.1 港口系统的组成

港口由一定范围的水域、陆域所构成,并有与之相关的经济腹地相配套。以港口岸线为界,港口分为港口陆域和港口水域。

5.3.1.1 港口陆域

港口陆域是指有适当高程、岸线长度与纵深的用于人员上下船,货物装卸、堆存、转载与编配加工等的陆地区域。该区域内一般拥有码头、仓库、货场、道路(公路、铁路等)及供货物装卸、堆存、转载与编配加工等的各种设备,以及其他各种必要的附属设施。

码头是港口的主要组成部分,由若干个泊位构成,供船舶靠泊作业(货物装卸与人员上下);仓库是供货物在装船前和卸船后临时或短期存放的建筑物,其主要功能是货物储存、集运,或进行货物分类、编配加工、检查,以加速车船周转,提高港口通过能力和保证货运质量。港口货场是在港内堆存货物用的露天场地,用于存放不许进库的货物或不怕日晒雨淋的货物;根据场地所在位置不同,货物可分为前方货场与后方货场;根据货物种类不同,又可分为件杂货货场和散货货场。港内道路用于运货车辆和流动装卸运输机械的通行,并与城市道路和疏港道路相连接,一般布置成环形,以便利运输,并尽可能减少对装卸作业的干扰。当港口有大量货物运输时,可铺设铁路线通往港口,通过火车集疏运。

同时,港口有各种装卸及运输机械,包括起重、运输机械和库场、船舱机械等。这些设备有利于加快车船装卸、运输与加工,提高港口吞吐能力,降低成本,减轻劳动强度。港口也拥有众多附属设施,包括为港口建筑物及设备维修所用的工程维修基地、燃料和淡水供应站、对船舶进行临时性修理的航修站、作业区办公室、消防站、输电系统、照明、通信和导航设备及港务管理办公建筑等辅助生产设施。

5.3.1.2 港口水域

港口水域是供船舶航行、运转、锚泊和停泊装卸之用的水上区域,要求有适当的深度和面积,且水流平缓、水面平静,包括进出港航道、港池、锚地等。

进出港航道是指由海、河主航道通向港口码头的通道。进出港航道的尺度应适应进出港船舶的尺度,以保证航行安全,航道中线应与水流的方向尽量一致或接近,以便船舶进出港口和减少泥沙淤积。

港池是供船舶停靠和装卸货物的紧靠码头的水域,需满足船舶停泊、安全停靠和装卸及船舶掉头的需要。

锚地要满足船舶安全停泊、等候码头泊位、进行过驳作业、船舶编解队作业的要求,利于边防及海关检查与检疫。当港口需防风浪时,还常建有防波堤,以保证港内船舶的安全作业。港口锚地分为港内锚地和港外锚地。

5.3.1.3 港口腹地

港口相应的港口腹地,又称港口的吸引范围,即港口集散旅客和货物的地区范围。对港口而言,其港口腹地是该港口所服务和被服务的地区,即港口货物(或旅客)直接运来、运出或中转的地区和直接为该港口提供后勤、经济支撑等服务的地区。

腹地的类型与范围受自然、社会、经济因素的影响,应根据港口地理位置及其周边交通运输与经济状况而定。港口腹地的划分有助于了解腹地的资源状况和经济潜力,是确定港口合理分工、进行港口布局和规划的基本依据。

港口腹地可以利用有关交通运输网络资料和费率标准,根据最小费用原则(计算由起始点到目的地的最小费用路径),并参考港口及其周围地区的具体条件来确定。对现有港口,还可以通过对客货流集散的实际数量,进行调查分析后确定。港口经济腹地的大小不仅受其区位条件、交通条件等多种因素的影响,而且港口对外的贸易和由运输联系所决定的港口物流的流量和流向,在很大程度上也决定了港口及其腹地的规模和地位。一个港口的腹地范围不是静止的,而是随着经济社会和物流的发展而不断变化的。

港口腹地与港口之间存在着相互依存、相互作用的关系,腹地经济越发达,对外经济联系越频繁,对港口的服务需求也越大,由此推动港口规模扩大和结构演进;港口的发展又为腹地经济发展创造了条件,可促使港口腹地范围进一步扩展。港口和其腹地间的这种相互作用关系,对以港口为中心的区域经济发展具有重要意义。

从空间上看,港口是一个点,它需要面(腹地)和线(陆上集疏运和海上船队航线)的支持。现代物流条件下,港口与港口之间的竞争早已脱离了点与点竞争的概念,而是以港口、腹地和运输为整体的综合实力的较量。每一个港口的形成都是顺应某一地区经济大发展和对外贸易的强大需求而发展起来的。而港口也需要发达的腹地经济支持,若腹地不能为其提供充足的货源和服务,现代港口是很难形成的。

5.3.2 港口设施

港口设施是指港口内为港口生产和经营而建造与设置的人工构造物及相关设备,主要提供船舶进出港、船舶靠泊、货物装卸及相关服务。按照目前国内外惯例,港口基础设施通常包括码头、港口航道、港池、防波堤、港口道路、港口给排水和公共通信等。

港口设施分为水域设施和陆域设施。其中水域设施位于港界线以内的水域面积。

5.3.2.1 水域设施

(1)锚地。锚地是供船舶抛锚候潮、等候泊位、避风、办理进出口手续、接受船舶检查或过驳装卸等停泊的水域。有防波堤掩护的海港,口门以外的锚地称为港外锚地,供船舶抛锚停泊等待检疫、引航和乘潮进港;口门以内的锚地称为港内锚地,供船舶避风停泊、等待靠岸及离港、进行水上由船转船的货物装卸。

(2)航道。航道是指船舶进出港的航行通道。有防波堤掩护的海港,同样以防波堤为界,把航道分为港外航道和港内航道。航道一般设在天然水深良好,泥沙回淤量小,不受横风、横流和冰凌等因素干扰的水域中。航道必须有足够的水深和宽度。航道水深需满足设计标准船型的满载吃水要求,有的港口天然水深即可满足这一要求,而大多数港口由于航道天然水深不足或有局部浅滩,需进行人工疏浚和整治。航道水深可依据港口建设要求而定,在工程量大、整治比较困难的条件下,航道水深一般按大型船舶乘潮进出港的原则确定;在工程量不大或船舶航行密度较大的情况下,航道水深可按随时进出港的原则确定。河港的航道水深同样应能保证设计标准船型安全通过。航道的宽度可根据船舶通航的频繁程度分别采用单向航道和双向航道。在航行密度比较小的情况下,为了减少挖方量和泥沙回淤量,经技术经济比较后,可考虑采用单向航道。一般大中型港口都采用双向航道。

(3)回旋水域。回旋水域是为船舶在靠离码头、进出港口需要转头或改向而设置的水域,又称转头水域。其大小与船舶尺度、转头方向、水流和风速风向等因素有关。一般设在口门和码头泊位之间,以方便船舶作业。在内河港口,为方便控制,船舶逆流靠离岸。当船舶从上游驶向顺岸码头时,先掉头、再靠岸;当船舶离开码头驶向下游时,需要逆流离岸,然后再掉头行驶。

(4)港池。供船舶靠泊、系缆和进行装卸作业使用的直接与码头相连的水域称为港池。对突堤式码头而言,码头从岸边伸入水域中,突堤与突堤之间的水域即为港池;对顺岸式码头而言,港池系指在码头前供船舶进行靠离岸作业所使用的水域,一般不得占用主航道。港池内水域要求不受风浪和水流的影响,以便为船舶安全作业提供稳静的水域条件。另外,要求港池有足够的水域面积,使船舶能方便地靠岸和离岸,必要时可在外挡进行水上装卸作业。港池大小可根据船舶尺度、靠离码头的方式、水流和强风的影响及转头区的布置等因素确定。

(5)防波堤。防波堤位于港口水域的外围,用以抵御风浪、保证港内有平稳水面的水工建筑物。突出水面伸向水域与岸相连的称为突堤,立于水中与岸不相连的称为岛堤,堤头外或两堤头间的水面称为港口口门。口门数与口门宽度应当满足船舶在港内停泊、进行装卸作业之时水面稳静及进出港航行安全、方便等各方面的要求。有时,防波堤也兼用于防止泥沙与浮冰侵入港内。防波堤的内侧常兼作码头。防波堤按照堤线布置形式可分为单突堤式、双突堤式、岛堤式与混合式。为使水流归顺,防止泥沙侵入港内,堤轴线常布置成环抱状。防波堤按照其断面形状及对波浪的影响,可以分为斜坡式、直立式、混合式、透空式、浮式及配有喷气消波设备与喷水消波设备的防波堤等多种类型。

5.3.2.2 陆域设施

(1)码头和泊位。码头是停靠船舶、上下旅客和装卸货物的场所。港口水域和陆域的交接线称为码头前沿线或码头岸线,它是港口的生产岸线和生产活动的中心。一艘船停靠在码头上,它所占用的码头岸线长度称为泊位。码头可依据不同特征分为不同类型,具体如下。

港口码头按用途可分为客运码头、货运码头、军用码头、轮渡码头、工作船码头、修造船码头等。货运码头又可分为件杂货码头、散货码头、油码头、滚装码头、集装箱码头、多用途码头等。

按装卸货物种类可分为专业化码头和综合性码头。专业化码头使用的机械设备专业性强、劳动生产率高,适用于装卸货种比较单一、运量大、货源稳定的港口;综合性码头则可为多种货物的装卸服务。

按平面布置可分为顺岸式码头、突堤式码头、墩式码头。

按断面形式可分为直立式码头、斜坡式码头、半斜坡式码头、浮动式码头。

按结构形式可分为重力(砌块、沉箱)式码头、板桩(框架)式码头、高桩板梁式码头等。

(2)仓库和堆场。由于受运输组织、货流季节性变化和气象因素的影响,运输车辆和船舶往往难以做到同时抵港,即使同时抵港,两者的单元载货量相差悬殊,不可能实现全部货物的直接换装作业,港口需要设置一定容量的仓库和堆场,作为车船不能完全对口的缓冲。并且,港口是车船换装的地方,也是货物的集散地。出口货物需要在港口聚集成批等候装船;进口货物需要检查、分类或包装,等候散发转运。港口必须具有足够容量的仓库与堆场,以保证港口的吞吐能力。因此,港口的仓库和堆场就是指为保证货物换装作业的正常进行,防止进出口货物灭失、损坏而对货物进行临时或短期存放保管的建筑物。其主要作用是便于货物储存、集运,有利于车、船的紧密衔接,保证货运质量,提高港口通过能力。

(3)港口道路。港口道路分为港内道路与港外道路。港内道路由于要通行载货汽车与流动机械,对道路的轮压、车宽、纵坡与转弯半径等方面都有特殊要求。港内道路行车速度较低,一般为15km/h左右。港外道路是港区与城市道路和公路相连接的通道,若通行一般的运输车辆,其功能及技术条件就与普通道路相同。

(4)装卸和运输机械。港口装卸和运输机械是指用来完成船舶与车辆的装卸、库场货物的堆码和拆垛,以及舱内、车内、库内装卸作业的各种起重运输机械。港口装卸和运输机械的种类很多,可分为港口起重机械、港口连续输送机械、装卸搬运机械和港口专用机械四大类。要使各类机械都能充分发挥作用,必须进行合理的选择配置和管理使用。

(5)港口生产辅助设备。为保证港口完成水陆联运任务,在港口陆域上还设有各种生产辅助设备,主要包括给排水设施、供电、照明、通信及导航系统、办公楼、流动机械库、机械修理候工室等生产辅助建筑,以及燃料供应站、工作船基地等。

5.3.3 港口运营管理

港口既是水陆运输工具的衔接点和货物、旅客的集散地,又是由为车、船、货、客提供服务的各种工程建筑物和设备组成的综合体。港口水域、陆域设施的建设维护耗费巨大精力,只有实现了协调配合,才能形成港口的综合生产能力。其中任何一个环节出现"瓶颈",都将抑制港口通过能力的充分发挥。因此,港口的运营管理就是不断地实施科学管理,使港口的各作业系统由原来的不平衡达到一个新的平衡,以取得最佳的经济效益。港口的生产计划与生产调度是港口生产活动的重要依据和基础,也是实现港口服务目标的重要保证。

(1)港口生产计划

现代港口生产涉及面广,既涉及港口内部、水上运输与其他运输方式的各个环节,又涉及国民经济的各部门。每完成一次港口物流的生产作业,必定涉及船舶、货物、港口内的各种装卸机械设备、各种作业人员与各种运输车辆的衔接。要将这些复杂的技术装备与人员组织在一起,使其协调地进行港口生产,就必须进行严格的计划管理。港口的规模越大,对于计划管理的要求也就会越高;港口的航线越多,涉及的面越广,对于计划管理的要求也就越严格。

(2)港口生产调度

港口生产调度是指保证港口生产计划实现而进行的一系列指挥、检查、督促、协调和平衡工作。港口生产调度部门应依据制定好的生产作业计划,把生产中各部门或各环节有机地联系起来,实现港口有节奏的生产和服务。

港口生产调度工作质量的高低直接影响到港口企业的生产效率与经济效益。如何提高港口生产调度的准确性和合理性,最大限度地发挥生产调度的核心作用,一直是港口企业为提高自身竞争力而不断探索的重要问题。

港口生产调度流程包括以下内容:

①及时获取相关信息,如货源、运输工具(车船)、装卸机具和劳动力等。

②具体调配各种资源,如决定采用装卸操作的方法、选用机械类型、配备一定规模的人力、安排船舶作业顺序,以及确定停靠泊位和作业起止时间等。

③掌握货物的装卸、堆存、疏运等过程中的情况和进度,及时发现问题并采取相关补救措施,以保障港口生产作业的计划、组织、协调、控制等行为得以低成本、高效率地完成,并为客户提供高效、优质的服务。

随着管理科学和信息技术的不断发展,现代港口生产调度改变了以往"以现场指挥为主"的局面,呈现出"预见性、实时性、集中性、全面性"等特点。利用信息技术开展港口生产调度,对港口生产作业及经营活动进行连续的、不间断的组织、指挥、协调和平衡工作,不仅可提高港口生产资源的使用效率,还可降低港口物流服务成本,提高港口经济效益。

5.4 船舶与船舶特性

船舶是一种能航行或漂浮于水域中承担运输、作业、作战等任务的载运工具。按其不同的用途,船舶具有不同的技术性能、装备和结构形式。了解和掌握船舶的分类及特性,对水路安全运输至关重要。

5.4.1 船舶的分类

船舶种类繁多,为了便于使用和管理,可将其按不同的原则进行分类。

按航行区域,可分为极区船、远洋船、近海船、沿海船、内河船等;按航行状态,可分为排水型船、半潜船、潜水船、气垫船、水翼船等;按推进动力,可分为内燃机船、蒸汽机船、汽轮机船、电力推进船、核动力船、帆船等;按推进器形式,可分为螺旋桨船、平旋推进器船、喷气推进船、喷水推进船、明轮船等;按机舱位置,可分为中机型船、中后机型船和尾机型船;按上层建筑形式,可分为平甲板型船、首楼型船、首楼和尾楼型船(凹甲板型船)、首楼和桥楼型船、三岛型船等;按造船材料,可分为钢质船、木质船、铝合金船、玻璃钢船、水泥船等;按用途,可分为军用船和民用船。民用船又分为运输船、工程船、工作船、渔船和其他特殊用途船等。其中,运输船又称商船,按用途不同可按图5-1进一步细分。

运输船
- 客船：全客船、客货船、渡船等
- 货船
  - 干货船：普通货船、多用途船、散货船、集装箱船、滚装船、载驳船、木材船、冷藏船、半潜船等
  - 液货船：油船、液化气船、液体化学品船等
  - 兼用船：矿/油船、矿/散/油船

图5-1　运输船的分类

5.4.2　船舶的特性

为了确保船舶在水上安全航行和正常营运，要求船舶具有良好的航行性能和一定的容重性能，主要包括船舶重量性能和容积性能、浮性、稳性、强度、抗沉性、快速性、摇荡性和操纵性。

5.4.2.1　船舶重量性能和容积性能

（1）重量性能

在最大允许吃水范围内，反映吃水与船舶载重关系的性能，称为船舶重量性能。用来表征船舶载重能力的指标包括排水量和载重量。

排水量是指船舶自由漂浮于静水中保持静态平衡时，船体水线下体积所排开水的重量。按船舶装载状态不同，排水量可分为空船排水量、满载排水量和装载排水量。

载重量是指船舶所能装载的载荷重量。载重量分为总载重量 DW（Dead Weight）和净载重量 NDW（Net Dead Weight）。

总载重量是指船舶在任意吃水状况下所装载的最大重量。它包括在该吃水条件下船上所能装载货物、航次储备、压载水及其他重量的总和。总载重量 DW 作为衡量船舶载重能力大小的重要指标，通常用来表征船舶大小和统计船舶拥有量，作为签订租船合同及航线配船、定舱配载、船舶配载的依据。

净载重量 NDW 指船舶具体航次中所能装载货物重量的最大能力。

（2）容积性能

船舶所具有的容纳各类荷载体积的能力称为船舶容积性能，其衡量指标包括舱柜容积、舱容系数和登记吨位。

①舱柜容积：指船舶设计的货舱和液体舱柜的容积。根据装载货物的不同，货舱容积分为散货舱容、包装舱容和液货舱舱容。液体舱柜的舱容积是指船舶承装燃润料、淡水、压载水等专用舱柜的容积。

②舱容系数：指全船货舱总容积与船舶净载重量之比。船舶舱容系数是表征船舶适合装载轻货还是重货的参数。舱容系数较大的船舶，适合装载轻货；舱容系数较小的船舶，适合装载重货。

③登记吨位：指船舶为登记注册及便利海上运输的需要，按国际规则或有关国家主管机关指定的丈量规范规定丈量的船舶内部容积，以吨位表示其大小。凡船长不小于 24m 的我国海上航行船舶，根据中华人民共和国海事局《船舶与海上设施法定检验规则》中关

于吨位丈量的规定丈量并核算船舶登记吨位,其数值记入船舶必备的“吨位证书”中。我国政府已加入了国际海事组织 IMO《1969 年国际船舶吨位丈量公约》,《船舶与海上设施法定检验规则》中有关国际航行船舶的吨位丈量方法与该国际公约一致。

登记吨位分为总吨 GT(Gross Tonnage)和净吨 NT(Net Tonnage)。

总吨 GT 是根据吨位丈量规则的规定,丈量船舶所有围蔽处所总容积后所核算的吨位。船舶总吨的用途主要包括表征船舶建造规模的大小,作为船舶拥有量的统计单位,作为船舶建造、买卖、租赁费用及海损事故赔偿费的计算基准,作为国际公约、船舶规范中划分船舶等级、提出技术管理和设备要求的基准,作为船舶登记、检验、丈量等计费的依据,作为计算净吨的基础等。

净吨 NT 是根据吨位丈量规则的规定,丈量船舶有效容积后所核算的吨位。有效容积可理解为船舶用于载货和载客处所的容积。净吨主要用作计收各种港口使费(如港务费、引航费、码头费、灯塔费等)和税金(吨税)的依据。

5.4.2.2 船舶浮性

浮性是指船舶在各种装载工况下具有的漂浮在水面上(或浸没水中)保持平衡位置的能力,它是船舶的基本性能之一。此处主要介绍船舶在静水中的浮态及载重线标志。

(1)船舶浮态

船舶漂浮于静水中的平衡状态称为浮态。浮态有正浮、横倾、纵倾和任意倾斜 4 种。正浮状态指既无横倾又无纵倾的漂浮状态,此时船舶 6 面吃水相等;横倾指船舶仅有横向倾斜的漂浮状态,此时船舶左右舷吃水不相等;纵倾指船舶仅有纵向倾斜的漂浮状态,此时船舶前、中、后吃水不相等;任意倾斜指船舶既有横倾又有纵倾的漂浮状态,此时 6 面吃水均不相等。

(2)载重线标志

为了充分发挥船舶的最大载重能力,在保障船舶安全航行的条件下,根据不同航行水域的风浪情况,国际海事组织 IMO 于 1966 年制定了《1966 年国际载重线公约》,此后又制定了《1966 年国际载重线公约 1988 年议定书》。公约规定在船中两舷勘划载重线标志,表明该船在不同航区、不同季节中航行时所允许的最大吃水线。中华人民共和国海事局颁布的《船舶与海上设施法定检验规则》也分别规定了国际航行海船、国内航行海船和内河航行船舶的载重线标志要求。

载重线标志由甲板线、载重线圈和各载重线 3 部分组成,如图 5-2、图 5-3 所示。

图 5-2 中,“C”和“S”表示勘绘载重线的船级社名称,“CS”表示中国船级社 CCS;T、S、W、WNA、F、TF 英文字母依次表示热带载重线、夏季载重线、冬季载重线、北大西洋冬季载重线、夏季淡水载重线、热带淡水载重线,要求船舶在使用该载重线的海区航行时最大吃水不得超过对应载重线的上边缘。

图 5-3 中,“Z”和“C”表示勘绘载重线的机构为中华人民共和国海事局;R、X、Q、RQ 汉语拼音字母依次表示热带载重线、夏季载重线、夏季淡水载重线、热带淡水载重线。根据规定,我国沿海航区不适用冬季载重线和北大西洋冬季载重线,因此载重线圈的下半部涂黑。

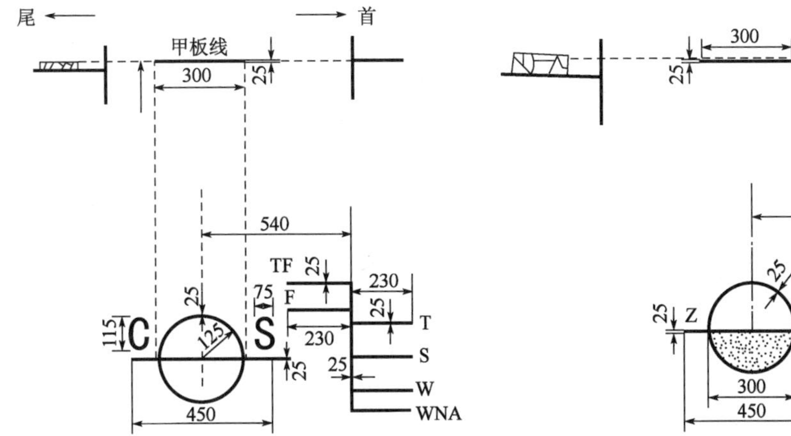

图 5-2　国际航行海船载重线标志(尺寸单位:mm)

图 5-3　国内航行海船载重线标志(尺寸单位:mm)

5.4.2.3　船舶稳性

当船舶静止漂浮于水平面上时,必然处于平衡状态,即作用于船舶上的重力和浮力大小相等、方向相反且作用于同一铅垂线上。如果船舶受到风浪等各种外力(矩)的干扰,偏离其平衡位置而倾斜,当外力(矩)消除后,船舶能自行恢复到初始平衡位置的能力称为船舶稳性。船舶稳性反映了船舶抵抗外力矩干扰、保持初始平衡位置的能力。船舶是否具有稳性关键取决于当船舶倾斜后是否具有恢复力矩。

为方便研究和校核,根据相应的原则对船舶稳性做如下分类:

①根据船舶的倾斜方向,可分为横稳性和纵稳性。横稳性是指船舶单纯绕纵向轴(X轴)横倾时的稳性;纵稳性是指船舶单纯绕横向轴(Y轴)纵倾时的稳性。

②根据船舶横倾角大小,可分为初稳性和大倾角稳性。初稳性是指船舶横倾角小于10°~15°时的稳性;大倾角稳性是指船舶横倾角大于10°~15°时的稳性。

③根据船舶所受作用力的性质,可分为动稳性和静稳性。动稳性是指船舶在倾斜过程中计及角加速度和惯性矩的稳性,它表述的是倾斜力矩与稳性力矩所做功之间的动平衡问题;静稳性是指船舶在倾斜过程中不计及角加速度和惯性矩的稳性,它表述的是倾斜力矩与稳性力矩之间的静平衡问题。

④根据船舶舱室是否破损,可分为完整稳性和破损稳性。完整稳性是指船舶舱室为完整状态时的稳性;破损稳性是指船舶舱室为破舱浸水状态时的稳性。

不同类别的稳性各有其特点,相应的研究方法和侧重点也不同。由于船舶抵抗横向倾斜力矩的能力要远远小于抵抗纵向倾斜力矩的能力,所以实船营运中重点考虑横稳性。

5.4.2.4　船舶强度

船舶是由骨架、板材及其内部设备组成的钢制结构体。营运过程中,作用在船体上的外力有重力、浮力、船舶运动时产生的惯性力、波浪冲击力、螺旋桨和机器等引起的振动力、碰撞力、搁浅和进坞时墩木的反作用力等。为保证船舶安全,船体结构必须具有抵抗各种内外作用力使之发生极度变形和破坏的能力,这种能力称为船体强度。按照所受作用力的分布和船体结构变形的范围,船舶强度可分为纵强度、横强度、扭转强度和局部强度。

对于营运船舶,主要考虑船舶的总纵强度和局部强度。对具有较大货舱开口的集装箱船等,还应考虑满足船体扭转强度的要求。

(1)总纵强度

将船体视为一根空心变断面的薄壁梁,简称船体梁。船体梁抵抗总纵弯曲或破坏的能力称为船体总纵强度。影响船体梁总纵弯曲变形的主要外力是重力和浮力。

(2)局部强度

局部强度是船体结构某个构件或部分结构承受相应载荷的能力。

5.4.2.5 船舶抗沉性

船舶在一舱或数舱浸水后仍能保持一定的浮态和稳性的能力称为抗沉性。营运船舶可能会由于碰撞、搁浅、触礁等事故造成船舶浸水,发生海损事故。为了确保船舶安全航行,国际海事组织 IMO 制定的《国际海上人命安全公约》(SOLAS 公约)和我国制定的《船舶与海上设施法定检验规则》均对各类民用船舶的分舱和破损稳性提出了明确的规定和强制性要求。船舶在设计和建造中采取的将船体进行水密分舱等有关措施,能够提高船舶破损稳性,保证船舶破损状态下的安全。

5.4.2.6 船舶快速性

船舶在给定主机功率条件下等速直航的速度性能称为快速性。船舶在航行时受到水和空气对它的阻力 R,为了克服这种阻力,要求主机以一定的功率转动推进器(螺旋桨),螺旋桨克服水的旋转阻力持续转动,产生推船前进的推力 T。快速性是船舶阻力和推力共同作用的结果。为了提高船舶的快速性,一方面应尽可能提高推进器的推力,另一方面则应尽力降低流体对船舶的阻力。

(1)船舶阻力

船舶阻力由基本阻力和附加阻力构成。基本阻力是裸船体在静水中所受到的水阻力,由摩擦阻力、涡流阻力和兴波阻力构成。一般情况下,基本阻力占船舶阻力的绝大部分。附加阻力是指区别于基本阻力的所有阻力,包括空气阻力、汹涛阻力、污底阻力和附体阻力。

(2)船舶推力

船舶推力与船舶阻力有着密切的关系。船舶在一定推力的作用下,才能克服船舶的阻力,使船舶保持某一速度航行。作用于船上的推力主要来源于人力、风力、发动机提供的力等。这些推力通过船舶的专门装置和机构推动船舶运动,如桨、风帆、明轮及螺旋桨等,目前广泛使用的船舶推进器是螺旋桨。

5.4.2.7 船舶摇荡性

船舶摇荡性是指船舶在风浪等外力作用下,产生摇荡运动及砰击、上浪等现象时仍能保持一定航速安全航行的性能。船舶摇荡是一种有害的性能。剧烈的摇荡会降低船速,损坏船舶结构,导致晕船及影响船员工作,会使货物移动及甲板上浪等;同时,不适当的摇荡会使船舶处于谐摇状态,危及船舶安全。

船舶在风浪中航行时,其运动情况比较复杂。通常可简化分解为6个自由度的运动,包括纵摇、横摇、艏摇、纵荡、横荡和垂荡运动。其中横摇、纵摇和垂荡对船舶影响较大。船舶在波浪中航行,有时可能出现单纯的横摇,而垂荡往往与纵摇同时发生,最常见的是3种运动的叠加,其中横摇影响最大。如果船舶在波浪中航行时处于谐摇运动状态,可能导致船舶倾覆。

在船舶设计与建造中选择适当的船型、安装减摇装置可以适当地减弱船舶的摇荡运动。减摇装置按其减摇原理和控制方法,可以分为主动式和被动式两大类。主动式减摇装置依靠装置本身的动力和控制系统使船产生稳定力矩;被动式减摇装置利用船舶自身摇摆时产生的能量来工作,本身不具有动力。目前常用的减摇装置在结构形式上主要有舭龙骨、减摇鳍(稳定鳍)、减摇水柜等。

5.4.2.8 船舶操纵性

船舶操纵性是指船舶能保持或改变航速、航向和位置的性能。在船舶操纵中,改变和保持船舶的运动方向通常是通过操舵来实现的。

船舶在航行时,根据驾驶员的要求保持一定的航速和航向,因此要求船舶应具有良好的稳定性;有时又需要不断改变航速、航向和位置,因此又要求船舶具有良好的机动性。稳定性是指船舶保持直线航行的性能,机动性包括船舶的回转性和转首性。

①回转性:指操舵后,船舶改变原航向做圆弧运动的性能。通常用回旋直径的大小表示其性能的好坏,回转直径越小,回转性能越好。

②转首性:指船舶回转初期对舵的快速反应能力。转舵后,船舶能快速响应,改变航向;或者当船舶偏离航向时,操舵后船舶能很快回到原来的航向,则船舶转首性好。

稳定性好的船舶,机动性差,主机与操作装置所消耗的功率较小,对船舶使用的经济性有利;机动性好的船舶,稳定性差,易于绕过障碍,避免船舶碰撞和触礁,在狭水道及港口航行时,便于操纵,对船舶的安全有利。对于同一船舶,难以同时满足船舶稳定性和机动性均好的要求。

5.5 水运交通管理与控制

为保障船舶在水域内的航行安全,特别在水域有限或拥挤的情况下,如出入港口或在江河上航行时,为提高航道的使用效率和船舶的航行效率,必须对水上交通实施管理与控制。在管理控制过程中,要综合考虑水路运输的各个环节与其他运输方式的协调配合,体现出水路运输对国民经济发展的重要作用。

5.5.1 船舶运行组织

船舶的运行组织是指航运企业根据已揽取到或即将揽取到的运输对象和航运企业控制的运力情况,综合考虑船舶生产过程中各个环节及与其他运输方式的协调配合,对船舶生产活动所作出的全面计划与安排。基本要求是强调运输的经济性、及时性、协调性和安全性。

船舶的运行组织主要包括:规划航线系统,为航线选配适当的船舶或船队,协调各环节的工作,确定推(拖)船与驳船工作配合方式,以及制定船舶运行时刻表。

船舶运行组织以实现运输对象的流向、流量、时间、质量要求为目的,以船舶运行环境为客观约束条件。船舶运行的主要环境参数包括:

①船线总距离和港口间各区段的距离(海上运输以海里为单位,内河运输以千米为单位)。

②各港平均装卸定额,反映航线上各港口的平均装卸效率和组织管理水平。

③航线沿途水文气象条件及适航性,如风浪参数、海况、航道尺度等。

这些环境参数对船舶运行组织有着直接的影响,做船舶运行计划前应充分分析研究,在船舶运行中也要密切关注其变化,适时作出必要的调整。

5.5.2 航次形式及航线形式

5.5.2.1 航次

航次是指船舶从事货物或旅客运输的一个完整运输生产过程(即一个生产周期)。根据船舶运输生产组织的特征,航次可分为简单航次、复杂航次和往返航次。复杂航次是指船舶在多个港口间完成的航次,即船舶不仅运输从始发港到终点港的货物(旅客),还在中途一个或几个港口装、卸部分货物(或上、下旅客)或加、减驳船。往返航次是指船舶在两个或两个以上港口间从事客、货运输,船舶到达终点港卸完货或下完客以后又重返回始发港的航次。

航次时间由航行时间、停泊时间及其他时间组成。航次时间内,船舶要完成基本作业和辅助作业两类作业。装卸货物、上下旅客、船舶航行属于基本作业;装卸货准备、办理船货进出港手续和燃物料、淡水供应等属于辅助作业。分析航次中各项作业的协调性、经济性和安全性,合理安排各个环节是提高运输效率、保证水路运输质量的关键。

5.5.2.2 航次形式

航次形式是指船舶的运行没有固定的始发港和终点港,船舶仅为完成某一项运输任务,按照航次计划运行的船舶运行组织形式。采用航次形式时,船舶完成一个航次后,便可用于它到达的任一港口,开始另一个航次。航次形式中船舶的使用性质、所运输的货种、数量、发送港和发送期限及船舶的运行方向等,主要取决于货主的具体运输申请书。航次形式的缺点是常常会造成船舶空驶,使船舶使用效率降低。加强货源组织工作,加强领导监督,对充分利用航次航行船舶尤为重要。

5.5.2.3 航线形式

所谓航线形式是指在固定的港口之间，为完成一定的运输任务，选配适合具体条件的一定数量的船舶，并按一定的工艺过程组织船舶生产活动的船舶运行组织形式。航线形式成为一种独立的组织形式，是由航次形式在具有稳定的运输需要的航区形成和发展起来的。

与航次形式相比，航线形式的主要优点包括：

①货物(旅客)能够定期送达，有利于吸收和组织货源。

②有利于各生产环节协调配合并有节奏的工作，保持正常、稳定的生产秩序，有利于缩短船舶泊港时间，提高运输效率。

③为组成几种运输方式协调工作的联合运输创造了条件。

④有利于加强人员熟悉航行条件，有助于安全航行，缩短航行时间。

⑤有利于对船舶的调度领导和管理。

⑥有利于船员安排生活。

5.5.3 船舶进出港口管理

5.5.3.1 船舶签证管理

船舶签证是指海事管理机构根据船舶或者经营人的申请，经依法审查，对符合船舶签证条件的船舶，准予其航行的行政许可行为。

5.5.3.2 国际航行船舶进出口岸检查

负责船舶进出口岸实施检查的机关(以下简称检查机关)包括港务监督机构、海关、边防检查机关、国境卫生检疫机关、动植物检疫机关。凡进出口岸(指国家批准可以进出国际航行船舶的港口)的外国籍船舶和航行国际航线的本国籍船舶(即国际航行船舶)及其所载船员、旅客、货物和其他物品，除非另有规定，均应由检查机关依法实施检查。检查机关通常不登船检查，港务监督机构负责召集有关口岸检查的联席会议。

5.5.4 船舶交通管理系统

船舶交通管理系统(Vessel Traffic Service，VTS)也称船舶交通服务系统，是集导航技术、通信技术、计算机网络技术、信息处理技术和航海技术为一体的交通管理系统，可大幅度提高海事系统内信息交流和共享的程度，提高水路运输的管制能力。

5.5.4.1 VTS 的功能与组成

VTS 的功能包括搜集数据、数据评估、信息服务、助航服务、交通组织服务与支持联合行动。VTS 由 VTS 机构、使用 VTS 的船舶与通信系统 3 部分组成。

5.5.4.2 VTS 的工作原理

VTS 的信息主要来自各种传感器，一般包括雷达、气象仪、CCTV、AIS、船载甚高频(VHF)、ECDIS 等。通过信息采集及处理，VTS 在其覆盖的水域中主要得到两方面数据：

一方面是航路的气象、水文数据及助航标志的工作情况;另一方面是航路的交通形势。搜集到数据以后,再用适当的方式显示这些数据,并进行数据评估,即根据国际上和当地的船舶交通规则及有关的决策准则,对交通形势现状与发展趋势进行分析。

复习思考题

1. 水路交通运输系统由哪几部分构成?通常如何进行分类?
2. 简述航道设施的内容及其基本功能。
3. 定义航道尺度的参数有哪些?
4. 水文观测通常包括哪些要素指标?
5. 港口水域、陆域如何划分?它们都有哪些特点?
6. 港口基础设施的定义是什么?通常包括哪些设施?
7. 什么是港口生产调度?简述港口生产调度的流程。
8. 船舶重量性能和容积性能的衡量指标有哪些?
9. 简述船舶稳性的定义和分类。
10. 船舶在大风浪中的运动状态有哪些?哪些状态对船舶影响较大?

本章参考文献与延伸阅读

[1] 过秀成. 交通运输工程学[M]. 北京:人民交通出版社股份有限公司,2017.
[2] 胡旭跃. 航道整治[M]. 北京:人民交通出版社股份有限公司,2017.
[3] 杨立新. 航标[M]. 大连:大连海事大学出版社,2016.
[4] 陶涛. 水文学与水文地质[M]. 上海:同济大学出版社,2017.
[5] 汪长江. 港口物流:理论,实务与技术[M]. 北京:清华大学出版社,2012.
[6] 梁明彬. 现代港口发展的理论与实践研究[J]. 工业 C,2015(9):290.
[7] 田佰军,邱文昌,伍声春. 船舶结构与货运[M]. 北京:人民交通出版社股份有限公司,2021.
[8] 杜嘉立,姜华. 船舶原理[M]. 大连:大连海事大学出版社,2016.
[9] 中共中央,国务院. 交通强国建设纲要[EB/OL]. 2019. http://www.gov.cn/zhengce/2019-09/19/content_5431432.htm.
[10] 中国船级社. 智能船舶规范(2020)[S/OL]. 2019. https://www.ccs.org.cn/ccswz/articleDetail? id=201900001000009739.
[11] 交通运输部,中央网信办,国家发展改革委,等. 智能航运发展指导意见[EB/OL]. 2019. https://xxgk.mot.gov.cn/2020/jigou/haishi/202006/t20200630_3319468.html.
[12] 交通运输部. 推进综合交通运输大数据发展行动纲要(2020—2025 年)[EB/OL]. 2019. https://xxgk.mot.gov.cn/2020/jigou/kjs/202006/t20200623_3317395.html.

[13] 长江航道局. 内河通航标准:GB 50139—2014[S]. 北京:中国计划出版社,2014.
[14] 广东省航道局,交通运输部规划研究院. 广东省沿海航道通航标准:DB44/T 1355—2014[S]. 广州:广东省质量技术监督局,2014.
[15]《内河助航标志》国际编写组. 内河助航标志:GB 5863—1993[S]. 北京:中国标准出版社,1994.
[16]《内河助航标志》国际编写组. 内河助航标志的主要外形尺寸:GB 5864—1993[S]. 北京:中国标准出版社,1994.
[17] 中国航海学会航标专业委员会. 航标术语:GB/T 17765—1999[S]. 北京:中国标准出版社,1999.
[18] 交通运输部海事局,天津海事局,上海海事局,等. 中国海区水上助航标志:GB 4696—2016[S]. 北京:中国质检出版社,2016.
[19] 上海河口海岸科学研究中心,上海市地方海事局,上海中交水运设计研究有限公司. 内河交通安全标志:GB 13851—2019[S]. 北京:中国质检出版社,2019.
[20] 中华人民共和国航道法[M]. 北京:法律出版社,2016.
[21] 国务院法制办公室. 中华人民共和国水文条例[M]. 北京:中国法制出版社,2007.
[22] 中华人民共和国海事局. 船舶与海上设施法定检验规则[M]. 北京:人民交通出版社股份有限公司,2016.
[23] 长江航道局. 航道工程基本术语标准:JTJ/T 204—1996[S]. 北京:人民交通出版社,1996.
[24] 长江航道规划设计研究院,中交天津港航勘察设计研究院有限公司. 航道工程设计规范:JTS 181—2016[S]. 北京:人民交通出版社股份有限公司,2016.
[25] 交通运输部水运科学研究院. 绿色港口等级评价指南:JTS/T 105—4—2020[S]. 北京:人民交通出版社股份有限公司,2020.
[26] 中交第三航务工程勘察设计院有限公司,中国港口协会. 自动化集装箱码头设计规范:JTS/T 174—2019[S]. 北京:人民交通出版社股份有限公司,2020.
[27] 中国船级社. 国际海上人命安全公约[M]. 北京:人民交通出版社股份有限公司,2014.
[28] International Maritime Organization (IMO). International convention for the safety of life at sea (SOLAS),1974[M]. London:IMO Publishing,2020.
[29] International Maritime Organization (IMO). International convention on load lines,1969[M]. London:IMO Publishing,2005.
[30] International Maritime Organization (IMO). International load line convention 1966 and protocol 1988[M]. London:IMO Publishing,2014.
[31] International Maritime Organization (IMO). The international convention on tonnage measurement of ships,1969[M]. London:IMO Publishing,2013.

第6章 CHAPTER SIX 航空交通运输系统

学习目的与要求

航空交通运输系统是现代交通运输体系的重要组成部分，航空运输是人们出行、货物运输的重要方式。通过本章学习，要求了解航空交通运输系统的基本类别和发展历程，掌握航空器、民用机场、空域等航空运输系统关键要素的基本概念、分类与特征，以及空中交通管理的基本内容。

6.1 航空交通运输系统概述

航空运输是指用飞机或其他航空器作为载运工具的一种运输方式。航空运输可分为军用航空运输和民用航空运输。从交通运输的角度看，航空运输系统的三要素包括：人、航空器、空域机场。人主要指航空运输从业单位的交通运输人员，包括飞行员、空中交通管理单位的管制员、航空公司的签派员、机场机坪管制员和现场指挥员等，这些交通管理人员共同对航空运输的全过程实施管理。在航空运输系统中，航空器主要指按照国际民航组织规则运行、从事旅客和货物运输的固定翼飞机。空域机场是指航空器地面(水面)活动、进场和离场，以及机场间飞行使用的区域。

航空运输作为五大运输方式中的一种，具有其自身的特点，其优势可概括为以下5点。

(1)安全

安全是航空服务的核心价值。据统计，2016—2020年，全球每百万次航班平均发生

1.38 起事故,平均死亡风险为 0.13,即在经历至少一场致命事故之前,平均每位乘客要搭乘飞机旅行 461 年。在各国的共同努力下,商用运输航空已成为相当安全的旅行方式。

(2)运输速度快

运输速度快是航空运输最显著的特点和优势。现代化喷气式客机的平均巡航速度为900km/h,是动车的 3 ~4 倍,普通火车、汽车的 7 ~10 倍,轮船的 20 ~30 倍。对于运输距离长、时效性强的运输任务,航空运输是优先选择。

(3)舒适

运输客机的巡航飞行高度可达大气平流层。平流层的气流平稳,不受恶劣天气影响,能保证飞行平稳舒适。此外,全球市场化竞争也推动了航空运输业高质量航空服务的发展。

(4)机动性好

与铁路运输、公路运输受到路线条件限制相比,航空运输受航线条件限制较小。它可以灵活选择飞行高度和航线,具有很好的机动性。

(5)基础设施建设简单

航空运输基础设施包括机场及通信导航设施,基础设施建设投资较少、收效较快,而修建铁路和公路则需要较大投资和较长建设周期。

同时,航空运输也有其自身的不足之处,具体可概括为以下两个方面。

(1)受气象条件影响大

航空运输的安全性和正常性易受气象条件影响。为此,每个民航机场都会公布由云底高、能见度等气象要素构成的最低气象标准,限制航空器在低于标准时起降。为避免侧向风对起降的影响,航空公司同时规定了每种机型的最大侧风限制。不利气象条件是影响航班正常性的重要因素。

(2)运输能力小

受机舱容积和载重限制,航空运输无法承运大宗货物,运输成本较高。与其他运输方式相比,航空运输适合距离在 800km 以上的长途客运,以及时间性强的鲜活易腐和价值高的货物运输。

6.1.1 民用航空的定义与分类

民用航空是指使用各类航空器从事所有非军事性质(包括国防、警察和海关)的航空活动。“使用”一词界定了民用航空和研制、生产、维修航空器的航空工业的界限,“非军事性质”表明了民用航空和军事航空的不同。

民用航空可分为运输航空和通用航空。

(1)运输航空。运输航空又称为商业航空,是指以航空器进行经营性(以盈利为目的)客货运输的航空活动。

(2)通用航空。通用航空是民用航空中除运输航空以外的其余部分的统称。通用航空主要进行专业性工作,提供专业性操作,包含工业、农业及其他行业各领域的航空服务活动。大致可分为工业航空(如航空测绘、海上采油、航空摄影等)、农业航空(如森林灭火、除虫、撒播农药等)、航空科研和探险活动(如新飞机试飞、新技术验证、气象天文观测等)、飞行训练、航空体育运动(如跳伞、滑翔运动、热气球飞行等)、医疗卫生、抢险救灾、公务航空(大企业或事业单位及政府单位自备航空器为其自身业务服务,以及进行出租服务业务的航空活动)和私人航空等几类。

6.1.2 民用航空的发展历史

6.1.2.1 世界民航发展历史

自飞机发明后,世界民航经历了萌芽阶段、初始发展阶段、大发展阶段和全球化与大众化阶段。

(1)萌芽阶段

1903 年 12 月 17 日,美国莱特兄弟发明了飞机,不到 10 年时间,飞机便应用于航空运输。1910 年,美国飞行员菲利普·帕玛利驾驶莱特 B 型双翼机,将一批丝织品从代顿运往哥伦布,完成了首次货运飞行。1914 年,美国长途飞行员托尼·贾纳斯驾驶伯努瓦号水上飞机,载一名乘客从彼得斯堡飞往坦帕,完成了首次客运飞行。

(2)初始发展阶段

1919—1939 年是民用航空的初始发展阶段,民用航空迅速从欧洲发展到全球各地,我国也在 1920 年建立了第一条航线。1919 年,世界上第一部国家间的航空法——《巴黎公约》在巴黎和会上宣告成立,使得民航运输活动开始标准化和程序统一化。在这一阶段,民航客机采用活塞式发动机,最具代表性的是道格拉斯公司的 DC-3 飞机(图 6-1),可载客 30 人,航程 2420km,速度约 290km/h。

(3)大发展阶段

第二次世界大战结束后,1945—1958 年,民用航空经历大发展时期。民航运输更加规范,人们制定了《国际民用航空公约》,并成立了政府性管理机构和国际民航组织。在这一阶段,机场和航路网等基础设施大量兴建,由过去的点线结构向航空网络发展。波音 707(图 6-2)投入商业运输,标志着喷气航空时代的到来,其速度为 900 ~ 1000km/h,航程可达 12000km,可载客 158 人。

图 6-1 DC-3 飞机

图 6-2 波音 707 飞机

(4)全球化与大众化阶段

1958 年以后,民用航空进入全球化与大众化的发展阶段。喷气飞机的出现使得远程、大众化和廉价的航空运输成为可能,航空运输市场实现快速增长。以大城市为中心的枢纽机场开始兴建,空中交通管制系统不断更新。世界航线网络不断扩大并越发密集,北大西洋航线、北太平洋航线、欧亚航线等连接了世界上大部分的国家和地区。空客公司制造的 A380 载客量达到 555 人,航程可达 15100km,速度约 945km/h。

6.1.2.2　我国民航发展历史

中华人民共和国成立后,新中国民航经历了从无到有,由小到大,由弱到强的不平凡的发展历程。特别是 1978 年党的十一届三中全会以来,我国民航事业在航空运输、通用航空、机群更新、机场建设、航线布局、航行保障、飞行安全、人才培养等方面都持续快速发展,取得了令人瞩目的成就。目前,在国际民航组织 190 多个成员中,我国的航空运输总周转量排名已经上升到世界第二位,成为仅次于美国的世界第二航空运输大国。

(1)新中国民航的建立

1949 年 11 月 2 日,中共中央作出建立民航事业的决定,在人民革命军事委员会下设民用航空局,统管全国民航事务。

1949 年 11 月 9 日,当时总部迁到香港的中国航空公司和中央航空公司的总经理刘敬宜和陈卓林宣布两个航空公司 4000 余名员工起义,服从中央人民政府的领导,并率领 12 架飞机飞回祖国大陆。这就是奠定新中国民航事业基础的著名的"两航起义"。

1949—1965 年期间,我国不断开辟新航线,建立了以北京为辐射中心的单线式航空网络。1950 年 7 月 1 日,中苏民航公司成立,开辟了北京至苏联的国际航线,打破了西方对我国对外航空交通的封锁。1955 年 7 月,新中国第一个国营航空运输企业中国人民航空公司在天津成立。

(2)新中国民航的发展

新中国民航发展初期,我国仅有 30 多架小型飞机,年旅客运输量仅 1 万人次,运输总周转量仅 157 万吨公里,基础相当薄弱。第一个五年计划期间,以北京为中心的连接全国各主要城市的国内航线网得以建立。通用航空也在工农业生产和基本建设中初显其特殊作用,服务范围有防火护林、航空摄影、航空探矿等。1978 年,我国航空旅客运输量为 230 万人次,运输总周转量 3 亿吨公里,在国际民航组织成员中排名第 37 名。

1980 年,中国民航局从隶属于空军改为国务院机构,实行企业化管理。管理体制的改革推动了我国民航事业的快速发展。2005 年,我国航空运输总周转量排名世界第 2 位,航空运输市场的规模和整体实力已经达到世界先进水平,我国已经成为航空大国,并向民航强国迈进。

2019 年,我国航空旅客运输量达 65993.42 万人次,旅客周转量 11705.30 亿人公里,完成货邮运输量 753.14 万吨,货邮周转量 263.20 亿吨公里,北京首都国际机场旅客量突破 1 亿人次,连续 10 年位居世界第二繁忙机场。我国已形成以北京、上海、广州、成都、西安、沈阳、乌鲁木齐 7 个大城市为中心的区域性辐射航线网络,国际航线不断增加。

6.1.3　我国民航运输系统的组成

我国民航运输系统由行政管理系统、空中交通管理系统、航空运输企业、民航机场、民航信息服务系统、航空器材供应系统、航空油料供应系统和科教文卫系统 8 个部分构成，具体如下。

(1)行政管理系统。行政管理系统由中国民用航空局、中国民用航空地区管理局和省市民用航空安全监督管理局组成，负责提出民航行业发展战略和中长期规划，起草相关法律法规草案、规章草案、政策和标准，承担民航飞行安全和地面安全监管责任，承担民航空防安全监管责任。

(2)空中交通管理系统。我国民航空中交通管理系统的管理体制为中国民用航空局空中交通管理局、地区空管局、空管分局(站)三级管理；运行组织形式基本是以区域管制、进近管制、机场管制为主线的三级空中交通服务体系；主要职责是全国民航空中交通管制和通信导航监视、航行情报和航空气象服务，以及相关规划、运行管理制度、标准、程序编制。

(3)航空运输企业、民航机场。中国航空集团有限公司、中国东方航空集团有限公司、中国南方航空集团有限公司是我国具有代表性的大型航空运输企业；首都机场集团有限公司、上海机场集团有限公司、广东省机场管理集团有限公司等，管理着北京、上海、广州等地的我国最大的几个机场。

(4)保障单位。保障单位包括民航信息服务系统、航空器材供应系统、航空油料供应系统等，主要为航空公司、机场、旅客提供服务保障。

(5)科教文卫系统。科教文卫系统包括中国民航科学技术研究院、中国民航大学、民航总医院等教学科研单位。

6.1.4　民航运输领域的国际法与国际组织

6.1.4.1　民航运输领域的国际法

国际航空法是规范大气空间航空活动的一套规则，用于保障正常的国际航空活动。国际航空法可以分为航空公法、航空私法和航空刑法 3 类。

(1)航空公法

航空公法以《国际民用航空公约》(又称《芝加哥公约》，于 1944 年签署)为主，主要处理国家之间的国际民用航空关系和事务。该公约是国际民航组织(International Civil Aviation Organization，ICAO)管理国际航空运输活动的宪章性文件。

(2)航空私法

航空私法是规定航空承运人之间或航空承运人与其他航空法律关系主体之间权利义务关系的公约，以《华沙公约》(于 1929 年签署)为核心，包括对该条约修改的各项议定书。

(3)航空刑法

航空刑法用于处理航空器上或航空器地面场所的犯罪行为,以《东京公约》(于1963年签署)及随后的《海牙公约》和《蒙特利尔公约》为代表。

6.1.4.2 民航运输国际组织

(1)国际民航组织(ICAO)

国际民航组织是《芝加哥公约》的产物,于1947年4月4日正式成立,总部设在加拿大蒙特利尔,主要任务是协调各国民航经济和法律问题,并制定各种民航技术标准和航行规则。国际民航组织由大会、理事会和秘书处三级框架组成。我国于1974年加入该组织,2004年成为该组织的一类理事国。国际民航组织是国际法主体,是政府间的国际组织,也是联合国的专门机构。

(2)国际航空运输协会(International Air Transport Association,IATA)

国际航空运输协会是世界航空运输企业资源联合组织,属非政府性国际组织,总部设在加拿大蒙特利尔,执行机构设在日内瓦。协会基本职能包括:协调国际航空客货运价,统一运输规章制度、作业程序、文件的标准格式,统一结算会员和非会员的联运业务等。

除此之外,国际机场理事会(Airports Council International,ACI)、民用航空航行服务组织(Civil Air Navigation Services Organization,CANSO)也是民航领域重要的协调全球机场、空中交通管理事务的国际组织。

6.2 航空器

6.2.1 航空器的分类

ICAO对航空器的定义是可以在大气中,从空气的反作用而不是从空气对地面的反作用取得支撑的任何机器。

根据获得升力方式的不同,航空器可分为两大类:一类依靠空气浮力飘浮,称为轻于空气的航空器;另一类依靠自身与空气之间相动运动产生的空气动力克服重力升空,称为重于空气的航空器,如图6-3所示。

6.2.2 飞机

飞机机体包括机身、机翼、尾翼、起落架和动力装置几大部分,如图6-4所示。

一次典型的飞行过程包括从起飞机场停机位开始地面滑行、起飞、爬升、巡航、下降、进近、着陆和滑行到目的地机场停机位几个阶段,如图6-5所示。

- 航空器
  - 轻于空气的航空器
    - 非动力驱动：气球
      - 自由气球
      - 系留气球
    - 动力驱动：飞艇
  - 重于空气的航空器
    - 非动力驱动：滑翔机
    - 动力驱动
      - 飞机（固定翼航空器）
      - 旋翼航空器
        - 直升机
        - 旋翼机
      - 扑翼机

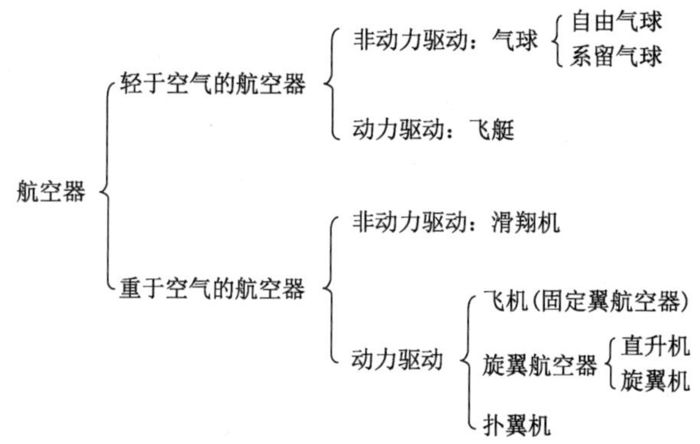

图 6-3　航空器的分类

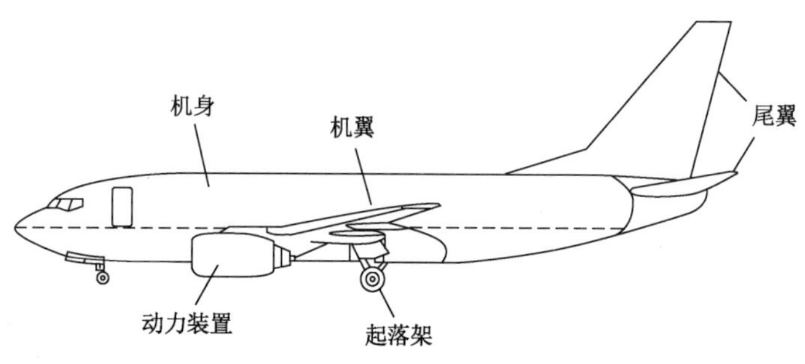

图 6-4　飞机机体基本结构

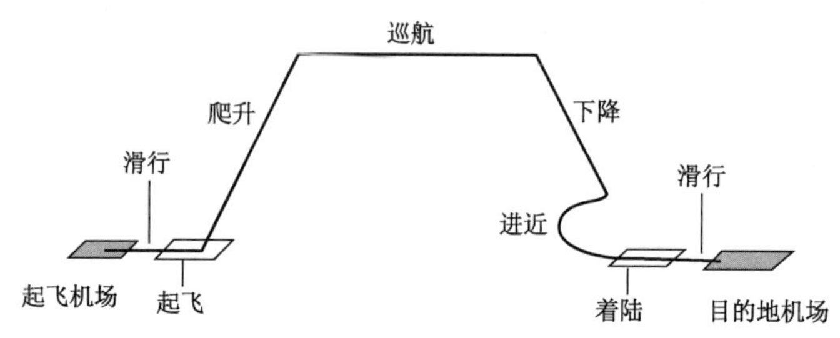

图 6-5　飞行剖面图

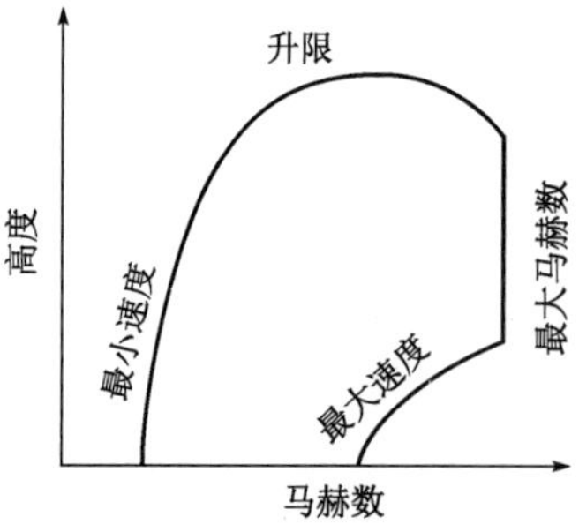

图 6-6　飞行包线

受飞机外形、发动机性能和机体结构强度影响，飞行高度和速度必须限制在一定范围内。在飞机设计和使用中，以速度作为横坐标，以高度作为纵坐标，把各个高度的速度上限和下限画出来，就构成了一条边界线，称为飞行包线，如图 6-6 所示。马赫数是飞行速度与当地音速的比值。飞机只有在包线范围内飞行才能保证安全。

6.2.3 民用飞机的类型

按照用途不同进行分类,民用飞机可分为运输飞机和通用航空飞机。

运输飞机是航空运输的主力军。在飞机设计、航空公司选型过程中,通常使用业载(座位数量)、航程作为衡量飞机运输能力的核心指标。

运输飞机有多种分类方法:①按航程可分为远程飞机(航程大于8000km)、中程飞机(航程3000~8000km)和短程飞机(航程小于3000km)。②按发动机类型可分为活塞式飞机和喷气式飞机。③按机身宽度可分为宽体飞机(座舱有2条或者3条通道)和窄体飞机(座舱有1条通道)。④按服务航线网络可分为干线飞机和支线飞机。

除美国波音公司、欧洲空中客车公司外,中国商用飞机有限责任公司、巴西航空工业公司、加拿大庞巴迪宇航公司都是世界著名的运输飞机制造商。

与运输飞机功能单一不同,通用航空飞机按照用途可分为公务机、私人用飞机、农业用机、教练机、体育竞赛飞机等。该类飞机体型较小,飞行速度较低,起飞质量较小,一般不超过50t。湾流宇航公司"湾流"系列、赛斯纳飞机公司"奖状"系列、豪客比奇飞机公司"豪客"系列,都是世界知名的公务机。

6.2.4 新型航空器

无人驾驶航空器(Unmanned Aerial Vehicle,UAV),是指机上没有飞行员进行操控的航空器,包括遥控航空器、自主航空器、模型航空器等。遥控航空器、自主航空器统一简称为无人机。无人机在航拍、农业、植保、快递运输、灾难救援、电力巡检、救灾等领域有着广泛的应用。

根据质量、飞行高度、最大平飞速度不同,无人机可分为微型、轻型、小型、中型、大型几类,如表6-1所示。

无人机的分类　　表6-1

类型	质　量	飞行高度	最大平飞速度
微型	空机质量小于0.25kg	不超过50m	40km/h
轻型	空机质量不超过4kg,最大起飞质量不超过7kg	—	100km/h
小型	空机质量不超过15kg,或者最大起飞质量不超过25kg	—	—
中型	最大起飞质量25~150kg,且空机质量超过15kg	—	—
大型	最大起飞质量超过150kg	—	—

近年来,随着无人机的可靠性、操控性不断提升,越来越多的无人机开始出现在货物运输领域。京东、顺丰、饿了么、亚马逊等公司都推出了无人机物流配送服务。2020年10月,中国民用航空局公布了首批13个民用无人机驾驶航空试验基地(试验区),全面启动城市、海岛、水上、山区物流运输验证,以为后续大发展积累经验。

无人机旅客运输也在迅速起步。我国亿航公司、欧洲空中客车公司、美国波音公司、德国 Volocopter 公司等纷纷以“空中巴士”“飞行汽车”名义推出电动垂直起降(Electric Vertical Takeoff and Landing,eVTOL)载人无人机(图6-7)。与此同时,垂直起降机场(VertiPort)、城市航空公司、城市空中交通管理等新航空运输理念也引起了广泛关注。

超音速飞机是指飞机飞行速度超过音速的飞机。比较有代表性的超音速飞机是“协和号”飞机。该机型于1970年由英法两国联合研制并投入运行,飞行速度可达音速的2.02倍,即700m/s左右。由于经济性和噪声两方面的原因,超音速客机的发展遇阻。进入21世纪以来,随着航空科技的进步,超音速飞机的噪声显著降低,新一代超音速公务机如图6-8所示。

图6-7　载客无人机

图6-8　新一代超音速公务机

亚轨道飞行器是指在高度上抵达临近空间顶层但速度尚不足以完成绕地球轨道运转的飞行器,其速度一般在5~15倍音速,如图6-9所示。2021年7月,美国维珍银河公司 VSS Imagine 亚轨道飞行器搭载4名乘客飞升至80km高空,使乘客享受了一次短暂的太空旅行。除旅游外,亚轨道飞行器未来还可用于洲际旅客运输。

图6-9　亚轨道飞行器

浮空器一般指比重小于空气而依靠或主要依靠大气浮力升空的飞行器,主要分为无动力气球和有动力飞艇两类,如图6-10所示。飞艇的飞行高度超过20km,能长期定点驻留,除军用外,在交通运输、娱乐、赈灾、影视拍摄、科学实验等领域都有广泛应用。

图 6-10　浮空器(飞艇)

6.3　民用机场

6.3.1　基本概念

机场是航空器飞行活动的起点和终点,是空地交通网络的衔接点,也是一个地区的公众服务设施。根据 ICAO 附件 14 的定义,机场(Aerodrome)是在陆地上或水上的一块划定区域(包括建筑物、设施和设备),其全部或部分用于供航空器着陆、起飞或地面活动。

机场的分类如图 6-11 所示。

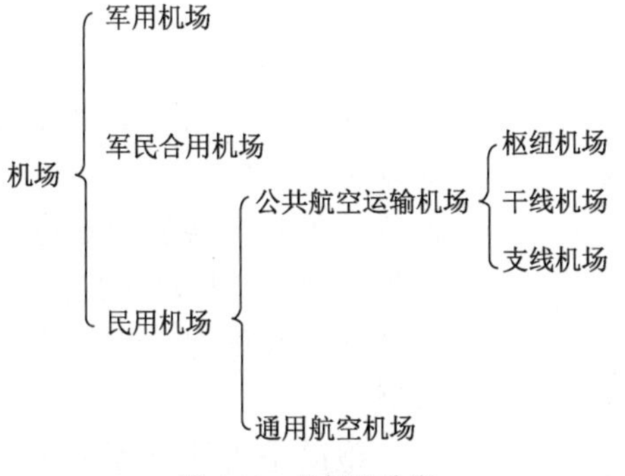

图 6-11　机场的分类

世界上知名的民航运输机场有美国芝加哥奥黑尔国际机场(占地面积最大)、美国亚特兰大哈兹菲德国际机场(全球客运量最大)、中国香港国际机场(全球货运量最大)等。截至 2022 年底,我国境内民用航空运输机场共有 254 个(不含港澳台地区),初步形成了以北京、上海、广州等枢纽机场为中心,以成都、昆明、重庆、西安、乌鲁木齐、深圳、杭州、武汉、沈阳、大连等省会或重点城市机场为骨干,以及其他城市支线机场相配合的基本格局。

通用航空机场主要用于通用航空,为专业航空的小型飞机或直升机服务。至 2022 年底,我国在册管理的通用机场数量达到 399 个。

6.3.2 机场系统

以航站楼为界限,机场可划分为空侧和陆侧。

(1)空侧

空侧指飞行器的活动区域,机场内旅客和其他公众不能自由进入,包括跑道、滑行道、机坪和登机门等,如图 6-12 所示。

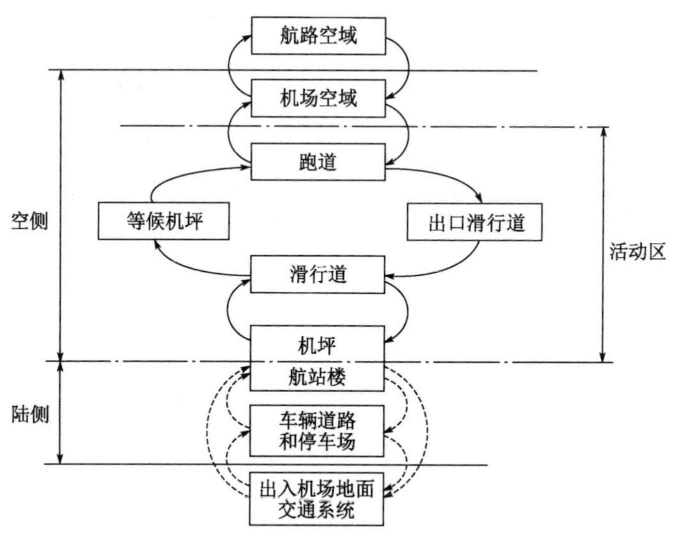

图 6-12 机场系统的组成

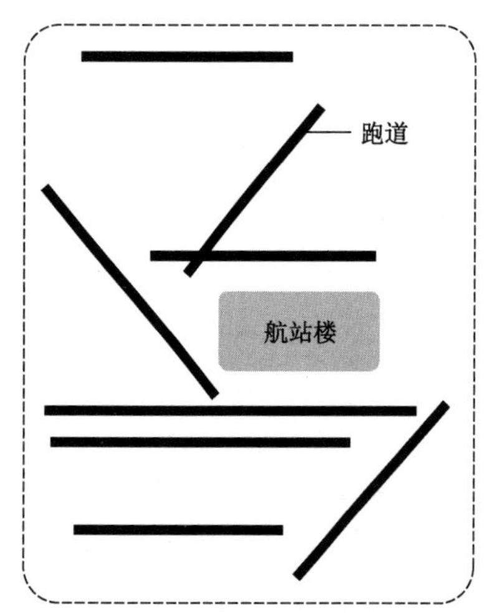

图 6-13 芝加哥奥黑尔国际机场跑道示意图

陆地机场跑道是指经修整供航空器着陆和起飞而划定的一块长方形场地。滑行道是指在陆地机场设置的供航空器滑行并将机场的各部分之间相连接的规定通道。机坪是指陆地机场供航空器上下旅客、装卸邮件或货物、加油、停放或维修之用的一块划定区域。

跑道是机场空侧最重要的组成部分。拥有 2 条及以上跑道的机场可称为多跑道机场,例如美国芝加哥奥黑尔国际机场拥有 8 条跑道,如图 6-13 所示。按照布局不同进行分类,多跑道系统有平行跑道、交叉跑道、V 形跑道和混合跑道 4 类。

(2)陆侧

陆侧是机场内旅客和其他公众可以自由进入的区域。机场陆侧分为航站楼和地面运输区,包括停车场、办票岛、行李托运及必要的服务设施等。航站楼为旅客上、下飞机提供各种服务,是地面交通和空中交通的接合部,又称候机楼。航站楼内旅客的进出港流程如图 6-14 所示。

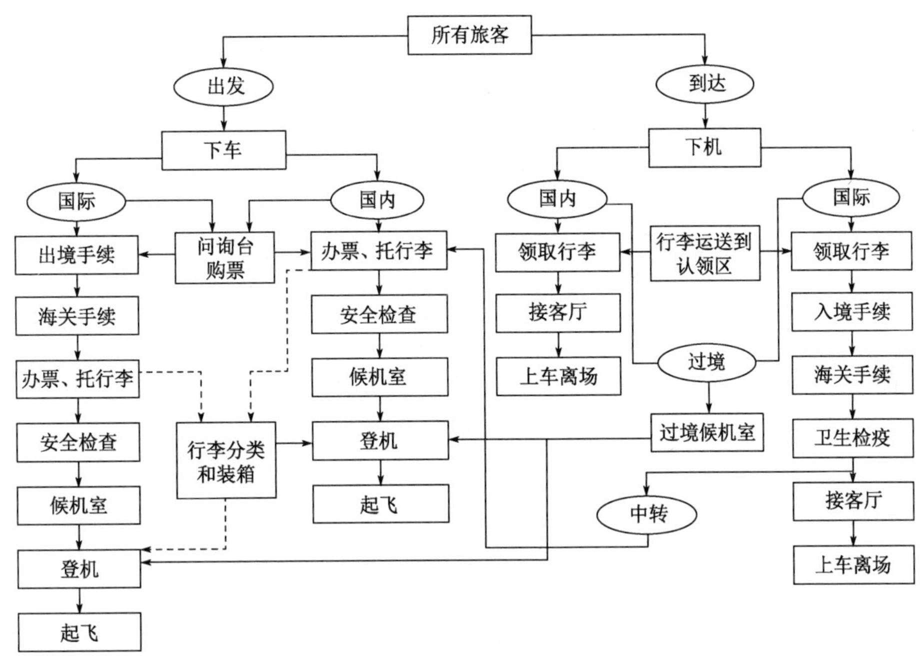

图 6-14 航站楼内旅客的进出港流程

(3)机场交通

机场交通是指在机场滑行道、跑道上的一切交通和在机场附近飞行的一切航空器。起飞过程中,飞机从机坪上的停机位推出,滑入滑行道,经滑行道到达跑道入口等待,获得许可后,进入跑道起飞,起飞后沿着指定的离场飞行路径到达一定位置和高度后,移交给终端管制区。着陆过程中,着陆飞机从终端管制区沿着指定的进场飞行路径到达跑道后,经滑行道到达机坪停机位。

多架航空器起降形成机场起飞、降落交通流。起飞、降落交通流随时间变化明显。2017 年 7—9 月北京首都国际机场小时起降交通量如图 6-15 所示。由图可以看出,起飞流量主要集中在 6:00—9:00,夜间较少;降落流量高峰出现在 21:00 之后,这是由旅客出行习惯和航班时刻安排所决定的。

(4)机场空中交通管理机构

机场空中交通管理机构主要有机场塔台、机坪塔台和机场现场运行指挥中心。机场塔台负责对航空器的开车、滑行、起飞、着陆和与其有关的机动飞行进行管制。机坪塔台对机坪范围内的航空器实施管制指挥,负责机坪航空器之间、航空器与人员车辆之间的运行安全、运行秩序。机场现场运行指挥中心负责对机场运行保障作业进行指挥、协调和监控,以及负责停机位的分配和机场的应急救援。

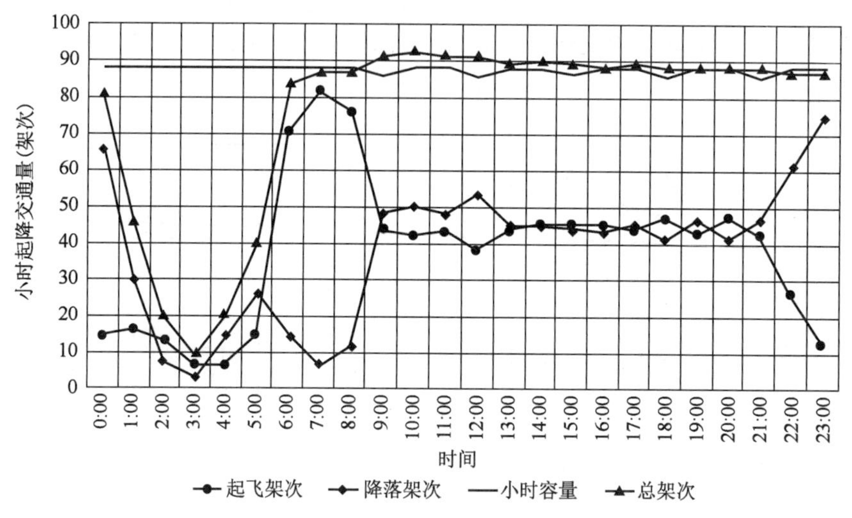

图 6-15　北京首都机场小时起降交通量分布图

(5)机场容量

机场容量指机场在给定的时间中能处理的最大交通量(以飞机的起降架次或旅客的流量表示)。当交通量增加到一定程度时,交通需求大于交通容量,易造成交通拥堵,引发航班延误。

从运行角度看,跑道是限制机场容量的最大因素,因此常用跑道容量表示机场容量。按照不同的进场、离场流量,可以用如图 6-16 所示的跑道容量包线表示机场容量。

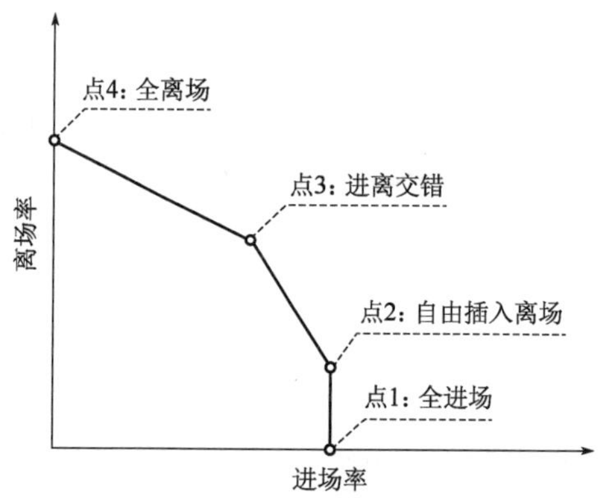

图 6-16　用“四点法”表示的跑道容量包线

6.3.3　机场群

机场群通常是指在民航运输发展中逐渐出现的,地理位置相邻,功能协调、运行协同的多个运输机场。国际上著名的机场群包括伦敦、巴黎、纽约等地机场群。我国正在打造京津冀、长三角和珠三角等世界级城市群,机场群也将随之形成和发展。

机场群的基本特征如下:

(1)航线密集。机场群内的各机场均布局高密度航线,航线网络全球可达性高。其中的枢纽机场更是世界航线网络的重要节点,旅客运输量、中转量高。

(2)内部分工明确。各机场接受统一的规划管理和市场调控,不同等级机场承担不同地区、航线、运营里程和航班频率的运输任务。

(3)与其他运输方式高度协调。航空运输与铁运、海运、城市交通等紧密衔接,能够满足高强度的客货运输要求。

6.3.4 机场综合交通枢纽

航空运输是一个庞大、复杂的系统。机场不仅要确保内部流程完整、连续,还必须与其他运输方式有效衔接,确保旅客顺利抵达、离开机场。目前,国内外的各大机场普遍实现了与地铁、高铁、渡轮、大巴、出租车等的高效换乘。

2021 年 2 月,中共中央、国务院印发《国家综合立体交通网规划纲要》,提出建设 20 个左右国际性综合交通枢纽城市。以机场为核心,打造国际性综合交通枢纽成为很多城市的选择。

6.4 空域系统

6.4.1 基本概念

6.4.1.1 空域的定义

空域是地球表面上可供航空器飞行的空气空间。空气空间分为两大类:一是各国领土之内的陆地和水域之上的空气空间,即国家领空空域;二是国家领土之外的陆地和水域之上的空气空间,也称公空。空域是空中交通活动的载体,是实现空中交通活动的物理空间,是空中交通服务提供者向空域用户提供服务的场所。

6.4.1.2 空域的属性

空域作为一种资源,具有自然属性、社会属性和技术属性。

(1)自然属性。空域来自于大气层空间。航空器飞过某一空域,即完成了对空域的使用。空域资源有限,但可再生使用,具有不可储存性和不可替代性。这就需要优化空中交通管理,确保飞行安全,同时使空域利用最大化。

(2)社会属性。空域的社会属性表现为人类对空域资源的占有、分配、使用及相关制度的安排,这也是空域区别于空间的根本属性。按照国际法,国家对其领空享有领空所有权、领空辖治权和空域管理权。

(3)技术属性。对于需要在全天候、复杂气象条件下运行的运输飞机来说,虽然天然大气空间可以用于飞行,但无法保证飞行安全,因此需要建设通信、导航、监视、航空气象、空中交通管理等技术设施设备,为飞行提供定位、引导服务,使空域具备安全航行条件。

6.4.1.3　空域的分类

根据提供的空中交通服务的类型不同,ICAO 将民用空域划分为 A、B、C、D、E、F、G 共 7 种基本类型。我国的空管规则将提供管制服务的空域按照垂直高度和使用范围划分为 A、B、C、D 共 4 类。A 类空域为高空管制空域,我国在境内 6600m 以上空间,划分了若干个高空管制区域。B 类空域为中低空管制空域,我国在境内 6600m(含)以下指定高度以上的空间,划分了若干个中低空管制区域。C 类空域为进近管制空域,通常是指在一个或几个机场附近的航路汇合处划设的便于进场和离场航空器飞行的管制空域,是中低空管制空域与机场管制空域之间的连接部分。D 类空域为机场管制地带,通常包括起落航线、第一等待高度层(含)及其以下地球表面以上的空间和机场机动区。我国民航管制空域划分如图 6-17 所示。

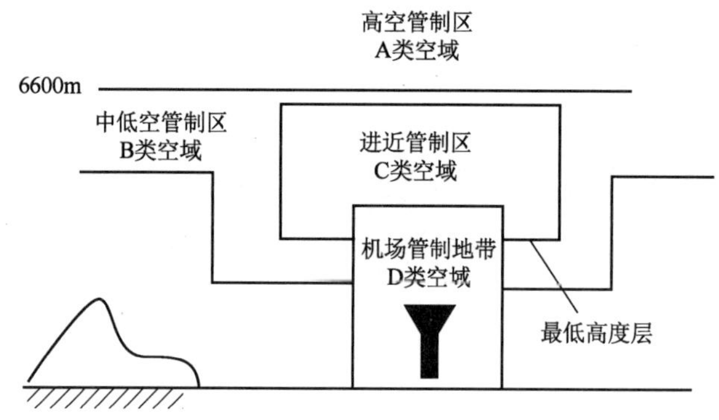

图 6-17　我国民航管制空域划分

6.4.2　可安全航行的空域

早期飞行活动仅在机场内部进行。随着航空邮件运输启动,航空器开始在城市间飞行。1921 年以前,飞行员主要根据山脉、河流、建筑物等确定位置,沿着铁路、公路等地面标志飞行。这一方式在夜间、雨雾天气时很难保证飞行安全。自 1921 年起,经过夜间篝火导航试验之后,主持航空邮递业务的美国邮政总局开始在空中邮路下方布置旋转灯塔和地面指示标志来标注航线和危险物。至 1927 年,连接美国各大城市的空中航路逐渐被无线电信标台覆盖,航空器按照无线电波的指引飞行,航路上每隔 50 ~ 80km 还建设了中间起降点,供航空器加油、飞行员休息等。有了这些地面设施的支持,空域才真正成为航空器安全航行的“道路”。

6.4.2.1 空域的划分

航空器使用的空域由点、线和域构成,其中点指航路点、定位点;线指航路航线、飞行程序;域指管制区、情报区和特殊空域,管制区一般划分为多个扇区。为方便用户了解使用,空域用航图统一表示。

6.4.2.2 通信导航监视设备

为实现点、线、域的安全飞行,需要建设空域通信设施、导航设施和监视设施,构建从起飞到着陆的空域系统并实施相关的管制服务。

(1)通信。通信是指利用通信网络或者点到点的通信链路,采用语音或者数据报文,传递飞行动态、控制指令、航行动态和气象情报信息,为航空器安全、高效运行提供信息保障。通信设备主要包括地-空通信和地-地通信。地-空通信多采用高频(High Frequency,HF)通信、甚高频(Very High Frequency,VHF)通信、二次雷达(Secondary Surveillance Radar,SSR)的S模式和航空移动卫星数据链,地-地通信主要包括航空固定业务通信、民航专用电话通信、机场移动通信和管制中心间通信等。管制员利用通信设备获取航空情报信息、飞行动态和气象信息,向空中航空器发布管制指令,确保飞行安全和畅通。

(2)导航。导航是指通过接收和处理导航信息,确定飞机的位置、航向和飞行时间,引导飞机沿着预定的航线从地球表面上一点准确、准时、安全地飞往地球表面上预定点的过程。导航设备主要为陆基导航设备,包括:全方向性信标台(Very High Frequency Omni-directional Range,VOR),为航空器提供方向引导信息;无方向性信标台(Non-Directional Beacon,NDB),为航空器提供方向引导信息;测距仪(Distance Measurement Equipment,DME),为航空器提供距离信息;仪表着陆系统(Instrument Landing System,ILS),为进近阶段的航空器提供方向和高度指引。除上述陆基导航设备外,北斗、GPS等星基导航系统也广泛应用于航空导航。

(3)监视。监视是指采用主动发射或被动接收方式对航空器进行探测,为管制员提供航空器位置、高度、状态和告警等信息。监视设备主要包括一次雷达(Primary Surveillance Radar,PSR)、二次雷达、广播式自动相关监视(Automatic Dependent Surveillance-Broadcast,ADS-B)和多点相关定位系统(Multilateration Systems,MLAT)。监视设备用于帮助地面人员掌握航空器位置和空中交通态势,支持管制员进行有效管控。

6.4.2.3 管制区交通管理

空中交通管理的核心任务是防止航空器相撞、防止航空器与地面障碍物相撞、加速和维持空中交通的有序流动。为实现这一目标,将受管制航空器活动区域划分为高空管制区、中低空管制区、进近管制区和机场管制区,每个管制区又细分为多个管制扇区,每个管制扇区安排1名管制员职守,负责扇区内航空器运行的安全和秩序。

6.4.2.4 空域容量

空域容量是空中交通流量管理、空域设计的重要参数。按照目前的运输航空交通管理体制,管制员取代飞行员,成为航空器位置、高度、速度和航向等交通行为的实际控制者。受扇区管制员个体能力的限制,每个管制扇区都有一定的扇区容量,当扇区的交通需求大于扇区容量时,扇区管制员便会超负荷工作,严重影响空中交通的安全与效率。扇区容量是空域容量的核心。

ICAO 将管制扇区容量定义为单位时间内能够进入空域扇区的航空器最大数量,或者单位时间内空域扇区内的航空器最大数量。管制扇区容量代表了一个管制员能够指挥的航空器的最大数量。这一数值受空中交通态势、管制员能力、设施设备水平、工作程序、天气条件等诸多动态因素影响,很难量化。

6.4.3 终端管制区

6.4.3.1 基本概念

终端管制区(简称终端区)是管制区的一种,通常设在一个或几个繁忙机场附近的空中交通航路汇合处,上接航路管制区,下接机场管制地带,主要职责是把出港的航空器引导到航路,把进港的航空器排序引导到跑道。

6.4.3.2 终端区运行

终端区内交通密集,航空器上升、下降频繁。为保证安全和效率,航空器必须在管制员指挥下,按照规定路线飞行。规定路线即为终端区进场、离场飞行程序,离场航线如图 6-18 所示。

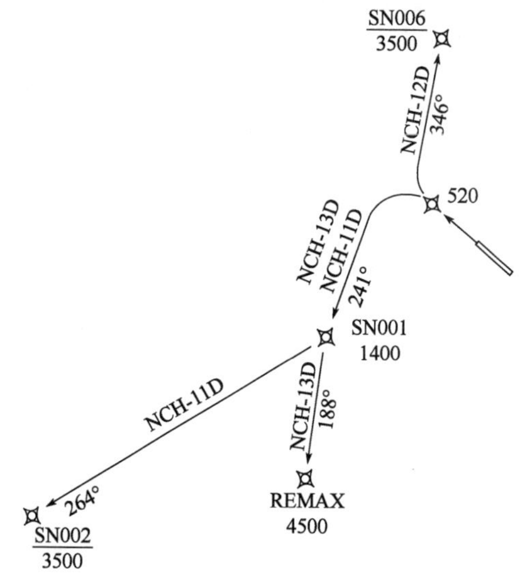

图 6-18 离场航线示意图

6.4.3.3 终端区交通流

一般来说,终端区是整个空域中密度最大、交通最为复杂的区域。虽然事先划设了进场、离场飞行程序,但在实际运行中,受交通态势、风向风速、临时性空域限制、跑道构型和相邻机场的影响，航空器的实际飞行轨迹常常偏离预设路线，由此形成复杂的终端区交通流。高效管控进、离场交通流，既是空域规划设计的重点，也是现实中交通管理的难点。

6.4.4 航路航线网

航路是指由导航设施或机载自主导航建立的，具有一定宽度（一般 20km）和高度范围的空中通道。在我国空管体制中，还有一类没有规定宽度的特殊航路，称为航线。空域系统中的航路、航线对应地面交通中的道路。此外，航空公司也将从起飞机场到目的地机场的连线称为航线。这类航线类似地面交通的 OD 路径。除非特别说明，本章中提到的航线，均指第一类航线。

截至 2020 年底，我国共有定期航班航线 5581 条，按不重复距离计算，共计 942.63 万公里，已经初步形成“5 轴、9 纵、16 横”航路航线网络。为满足交通量增长，我国正在规划和建设新的航路网。

当前，我国空中交通量的分布很不均衡。由北京、上海、广州构成的东部大三角区域的飞行量占全国总飞行量的 60% ~70%，是空中交通最为拥堵的区域。

6.5 空中交通管理

6.5.1 概述

6.5.1.1 内涵

在 1991 年召开的 ICAO 第十届航行委员会上，“新航行系统”（Future Air Navigation System，FANS）委员会提出，空中航行系统由通信（Communication）、导航（Navigation）、监视（Surveillance）和空中交通管理（Air Traffic Management，ATM）等几个部分组成，缩写为 CNS/ATM。ATM 又包含如图 6-19 所示的几层含义。

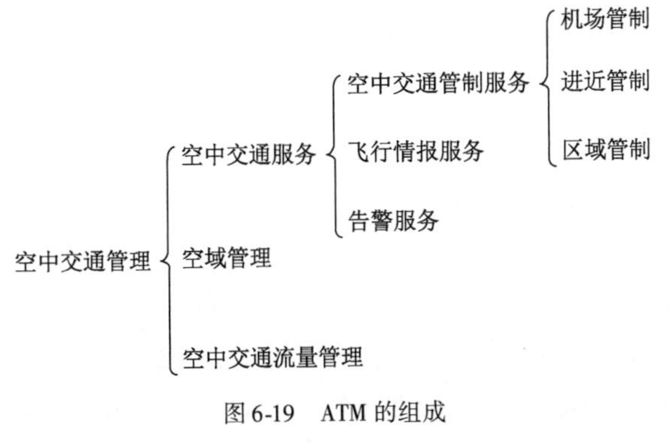

图 6-19 ATM 的组成

CNS/ATM 定义了空中交通领域的基础语境,影响深远,很多国家都按照这一框架调整甚至重构了整个空中交通管理系统。

6.5.1.2 发展历程

20 世纪 30 年代以前,飞机的飞行距离只有几百千米,且只能在昼间和天气良好的情况下飞行,人们因而按照看见和可以被看见的原则,制定了以飞行员防撞为核心的目视飞行规则(Visual Flight Rules,VFR)。当机场上空飞机较多时,由机场交通管制员使用工具(如旗帜、探照灯等)指挥飞机飞行。

1934—1945 年期间,飞行速度达到 300km/h 的飞机出现,依靠飞行员防撞已经很难保证飞行安全。此时,飞机上已经安装了无线电通信设备,飞行员可与地面随时通话。因此,地面管制员开始取代飞行员,承担航空器防撞职能,航路交通管制中心和相应的仪表飞行规则(Instrument Flight Rules,IFR)正式出现。管制单位接收航空公司发来的飞行计划及更新信息,再根据飞行员的位置报告确定飞机间的相互位置关系,发布指令、控制飞行间隔和次序,这种管制方法通常称为程序管制,是一种被动管制。

20 世纪 50 年代中期,雷达技术开始应用于空中交通管制。雷达管制环境下,飞机的编号、高度、速度、位置等直接显示在雷达屏幕上,飞机之间的间隔也可由管制员直接客观地判读,雷达管制陆续取代了程序管制,它是一种主动管制。同期,ILS 出现,飞机可以在能见度和云底高度很低的情况下安全着陆,极大地提高了航班正常性和飞行安全性。

20 世纪 80 年代后期,电子技术飞速发展,计算机在机载设备和空管地面设施上广泛应用。卫星通信和定位技术的成熟使得飞行员、管制员和各种保障单位、决策机构可以实时地掌握飞机的准确位置并进行通信,为实现大范围交通协同管理提供了可能。

2004 年,欧盟启动了欧洲单一天空(Single European Sky,SESAR)计划,其重要目标就是提升安全,减少空中交通管制的分割现象。2003 年,美国下一代航空运输系统(Next Generation Transportation System,NextGen)法案生效。NextGen 提出了 8 个能体现主要特征的关键性能,从而实现以用户为中心的分散式决策机制,充分利用人机效能,在安全上实现了集成化。

未来的空中交通管理系统是一个集成、合作(统一标准、格式、可互操作)和基于性能(可度量)的系统,基于航迹运行(Trajectory Based Operation,TBO)是其显著的特征。以精确四维航迹(时间、经度、纬度和高度)为核心的管控,可以大大降低飞行的不确定性,提升航班飞行正常率。

6.5.1.3 管理机构

我国空中交通管理目前采用三级管理模式。中国民用航空局直属的空中交通管理局为一级管理机构。空中交通管理局下设的华北、东北、华东、中南、西南、西北地区空管局和新疆空管局为二级管理机构。各地区空管局又下设多个空管分局(站)作为三级管理机构。二级管理机构设在北京、沈阳、上海、广州、成都、西安、乌鲁木齐等地区中心城市。三级机构通常设在各省会城市,以及交通量较大的机场、管制区空管单位所在地。

为提高运行效率,自2000年起,我国开始建设覆盖多个省市高空管制区的大型区域管制中心。目前已经建成北京、上海、广州、西安、沈阳、成都、乌鲁木齐7个大型区域管制中心。

6.5.2 工作流程

1997年,美国波音公司研究团队以美国空管系统为研究对象,经过细致的调研,完整定义了空中交通管理功能架构。该架构细致梳理了20世纪20年代以来,尤其是雷达管制出现后,在国际民航运行中逐渐形成的IFR飞行空中交通管理体系。目前,我国空中交通管理的实施也基本遵循这一架构,主要分为计划和实施两大阶段,如图6-20所示。

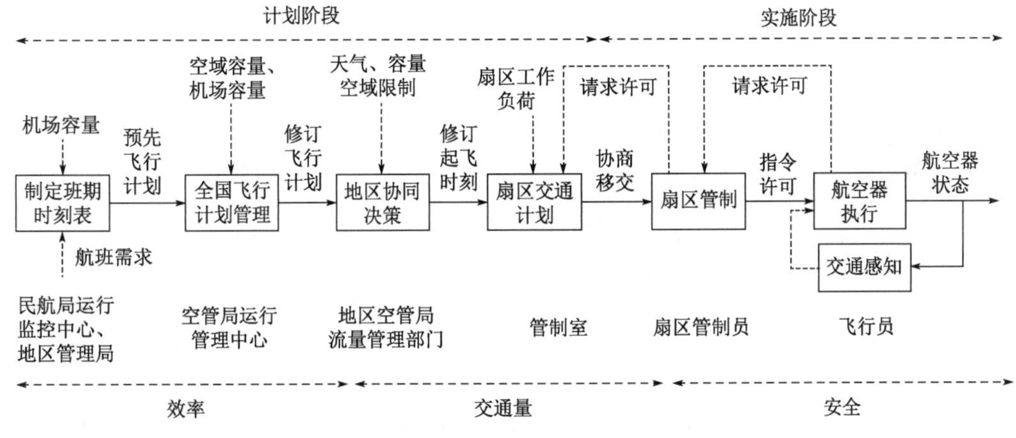

图6-20 我国空中交通管理架构

6.5.2.1 计划阶段

计划阶段包括制定班期时刻表、全国飞行计划管理、地区协同决策(Collaborative Decision Making,CDM)和扇区交通计划4个阶段,主要目的是在防止机场、空域拥挤的同时,提升交通量。

(1)制定班期时刻表。班期时刻表中主要包括航班号、机型、起降机场、起降时刻等基本信息。航空公司提前1d以上,向民航局运行监控中心或根据飞行范围向民航地区管理局提交申请,受理单位综合考虑机场容量等因素作出回复。获批航班进入预先飞行计划。

(2)全国飞行计划管理。飞行计划实施150min之前,航空公司根据批复的预先飞行计划,向空管局运行管理中心提交飞行计划。后者根据预计的机场容量、空域容量对飞行计划作出调整,以领航计划报方式发给航空公司和相关空管单位。

(3)地区协同决策。飞行计划实施前数个小时,一般是在飞机起飞前,各地区空管局流量管理部门,在CDM系统支持下,与航空公司、机场运行管理部门协同,根据飞行计划、空域容量限制、大面积航班延误预警(Massive Delay Response System,MDRS)及相关管制室发布的流量控制要求,调整航班起飞时刻。

(4)扇区交通计划。航班起飞后,飞机会经过不同管制扇区。进入扇区前 5 ~ 20min,扇区所在管制室根据飞行计划和航班动态,预判扇区交通态势,对航班进入扇区移交条件(间距、时间和高度等)作出计划。

6.5.2.2 实施阶段

实施阶段包含扇区管制和航空器执行两部分,主要目的是防止航空器相撞。

(1)扇区管制。雷达管制下,扇区管制员监视扇区内航空器活动,并根据飞行计划,预判飞行冲突,直接向飞行员发出冲突解脱指令,同时处理来自飞行员的航线修改请求。

(2)航空器执行。飞行员根据扇区管制员指令飞行,规避飞行冲突,同时向管制员发出航线修改的请求。

6.5.3 发展趋势

管制员是当前空中交通管理的核心,最基本的管理手段是改变航空器高度、速度、航向。在交通量持续增长而管制员能力无法持续提升的背景下,这一管控方式面临重大挑战。

2005 年,ICAO 推出全球空中交通管理的概念,其核心是基于航迹运行(TBO)。航空器从停机位推出到落地进入停机位的完整过程,用一组四维(时间、经度、维度和高度)关键点表示。在空中交通管理的各个阶段,班期时刻表、飞行计划、交通计划管理部门和人员、扇区管制员根据分工对四维航迹上的关键点作出提前修改,飞行员则按照定义好的四维航迹飞行。

在这一概念下,新一代空中交通管理包括空域管理、流量管理、交通管理、冲突管理、信息管理 5 个有机相连的组成部分,如图 6-21 所示。

(1)信息管理。信息管理是提供航迹、机场、空域、天气等信息的共享和交互平台。包括 5G 空地数据通信在内的新一代航空宽带通信技术,实现了空地实时数据共享,是 TBO 的关键支撑技术。

(2)空域管理。与目前固定的航路航线、管制区结构不同,新一代空域管理将根据交通需求和空域限制,灵活配置机场和空域资源,最大程度地满足各类空域用户需求。

(3)流量管理。流量管理是指与空域动态调整密切配合,通过调整计划航迹,动态改变进出机场和空域的交通量,确保流量与容量平衡。

(4)交通管理。交通管理是指调整四维航迹,消除航迹上的冲突点和交通阻塞点;优化次序,实现跑道等关键资源利用率的最大化。

(5)冲突管理。冲突管理是指以 5 ~ 20min 的提前量,对飞行冲突进行预测,通过重新规划航迹或者临时调整等方式,完成冲突解脱。

2016 年,ICAO 发布的《2016—2030 全球航行计划》提出了航空系统组块升级(Aviation System Block Upgrades,ASBU)计划,全面规划了空管系统发展路径。我国也出台了《中国民航航空系统组块升级(ASBU)发展与实施策略》。

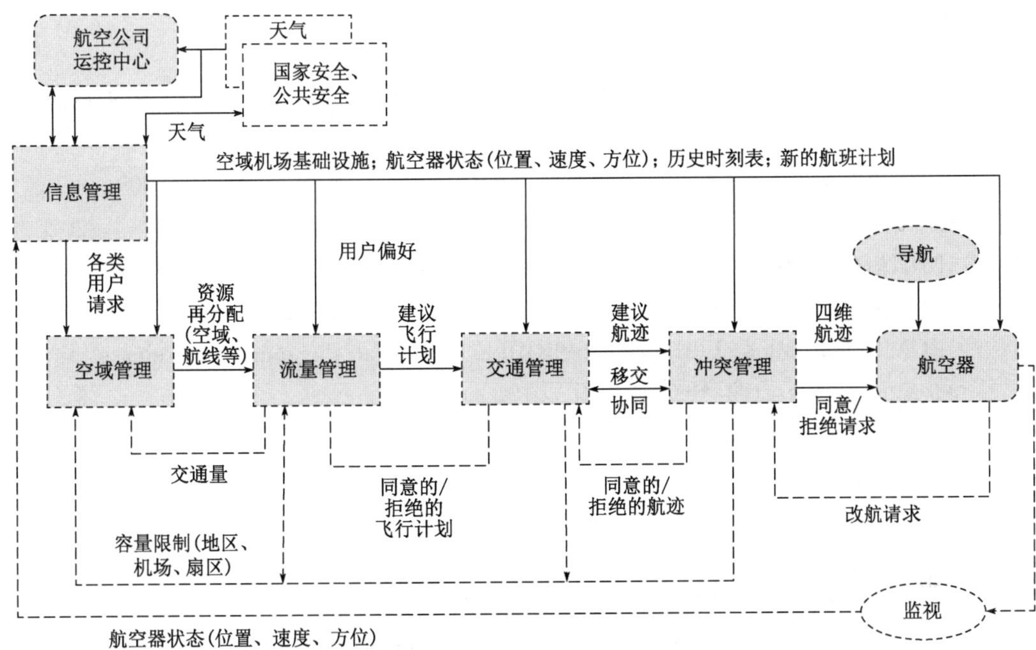

图 6-21　新一代空中交通管理功能框架

2019 年 3 月 20 日,我国自主开展的天津—广州初始四维(initial 4D,i4D)飞行试验取得成功。整个飞行过程中,地面系统通过地空数据链向航空器发送沿途各点的控制到达时间,机载飞行管理系统根据这一时间自动控制飞行速度。结果表明,航空器实际过点时间与控制到达时间的误差在 10s 以内,精度远高于传统的管制员-飞行员控制结果。2019 年 9 月 27 日,北京大兴国际机场开航,该机场配备了高级地面活动引导系统,航空器落地后,系统自动生成无冲突的滑行路线,同时通过控制航空器前方灯光颜色引导航空器滑行,管制员仅在设备故障或航空器违反灯光指令时才介入指挥。这些突破向全世界展现了下一代空中交通管理技术,成为新一轮空管系统变革的开端。

复习思考题

1. 航空运输的优点和缺点有哪些?

2. 简述航空运输系统的组成。

3. 航空器有哪些类别? 它们各自的基本性能是什么?

4. 简述机场系统的基本构成。结合拓展文献学习,请从综合交通运输的角度分析机场交通枢纽应如何协调发展。

5. 航线和航路的主要区别是什么?

6. 空中交通管理的主要目的和作用有哪些?

7. 请结合交通强国建设,谈一谈我国航空运输系统的发展现状和未来发展趋势。

本章参考文献与延伸阅读

[1] BELOBABA P, ODONI A, BARNHART C. The global airline industry[M]. 2nd ed. New Jersey: Wiley, 2015.

[2] 谈至明,赵鸿铎,张兰芳. 机场规划与设计[M]. 北京:人民交通出版社,2009.

[3] 汪瑜,贺镜帆,王雪. 民航运输航线网络规划[M]. 成都:西南交通大学出版社,2020.

[4] BARNHART C, SMITH B. Quantitative problem solving methods in the airline industry[M]. New York: Springer, 2012.

[5] HORONJEFF R, MCKELVEY F X, SPROULE W J, et al. Planning and design of airport[M]. 5th ed. New York: McGraw-Hill, 2010.

[6] HOLMES B J. Transformations in air transportation systems for the 21st century[C]. International Council for Aeronautics and Space Twenty-Fourth Congress. Washington DC: National Aeronautics and Space Administration, 2004.

[7] 过秀成. 交通运输工程学[M]. 北京:人民交通出版社股份有限公司,2017.

[8] BURGEMEISTER A H, LINDSEY C G, MAKINS N J, et al. Air traffic management concept baseline definition[R]. Chicago: National Center of Excellence for Aviation Operations Research, 1997.

[9] 陈志杰. 空域管理理论与方法[M]. 北京:科学出版社,2012.

[10] GALOTTI V P. The future air navigation system(FANS)[M]. Abingdon: Taylor & Francis Ltd, 1997.

[11] 赵嶷飞,肖瞳瞳,万俊强. 中国民航空中交通管制体制演化[J]. 交通运输工程学报,2020,20(2):100-120.

[12] 任新惠,岳一笛,尹晓丽,等. 无人机车辆组合物流配送路径规划探讨[J]. 飞行力学,2020,38(2):88-94.

[13] 宋庆功. 面向大众解说民用航空[M]. 北京:人民交通出版社股份有限公司,2019.

[14] 阿什弗德,斯坦顿,摩尔. 机场运行[M]. 高金华,等,译. 北京:中国民航出版社,2006.

[15] 王炜,陈峻,过秀成,等. 交通工程学[M]. 3 版. 南京:东南大学出版社,2019.

[16] 纽弗威尔,欧都尼. 机场系统:规划、设计和管理[M]. 高金华,等,译. 北京:中国民航出版社,2006.

[17] 李善梅. 空中交通拥挤的识别与预测方法研究[D]. 天津:天津大学,2014.

第7章
CHAPTER SEVEN
管道运输系统

学习目的与要求

管道运输作为现代交通运输体系中五大基本运输方式之一，在区域运输中承担油气等物资的运输，是区域运输的重要组成部分。通过本章学习，要求掌握管道运输方式相对其他运输方式的主要特点，了解长距离输油管道、长距离输气管道、固体料浆管道及城镇燃气管道运输方式的基本概念及设备构成，了解输油、输气管道布局的主要原则与选线选址主要影响因素。

7.1 管道运输系统概述

7.1.1 管道运输的分类

管道运输是使用管道输送流体货物的一种运输方式，所输送的货物主要是油品(原油和成品油)、天然气(包括油田伴生气)、煤浆及其他矿浆。管道运输随石油、天然气等流体燃料的开发及大规模应用而兴起，并随需求增长而发展。

运输管道通常按所输送的物品不同分为输油管道、天然气管道和固体料浆运输管道。

7.1.1.1 输油管道

输油管道分为原油管道和成品油管道两类。

(1)原油管道

原油一般具有比重大、黏稠和易于凝固等特性。用管道输送时,要针对所输原油的物理性质,采用不同的输送工艺。原油运输是自油田将原油输给炼油厂或者转运原油的港口或铁路车站,或两者兼而有之。原油管道运输具有输量大、运距长、收油点和交油点少等特点,世界上的原油有85%以上是用管道输送的。

(2)成品油管道

成品油管道输送汽油、煤油、柴油、航空煤油和燃料油,以及从油气中分离出来的液化石油气等成品油(油品)。每种成品油在商业上有多种牌号,常采用在同一条管道中按一定顺序输送多种油品的工艺,这种工艺能保证油品的质量和准确地分批运到交油点。成品油管道的任务是将炼油厂生产的大宗成品油输送到各大城镇附近的成品油库,然后用油罐汽车转运给城镇的加油站或用户。有的燃料油直接用管道输送给大型电厂,或用铁路油槽车外运。成品油管道运输的特点是批量多、交油点多。因此,管道的起点段管径大,输油量大;经多处交油分输以后,输油量减少,管径亦随之变小,从而形成成品油管道多级变径的特点。

7.1.1.2 输气管道

输气管道是输送天然气、煤层气和煤制天然气的管道,包括集气管道、输气干线和供配气管道。就长距离运输而言,输气管道系指高压、大口径的输气干线。这种输气管道约占全世界管道总长的一半。

7.1.1.3 固体料浆运输管道

固体料浆运输管道是20世纪50年代中期发展起来的,到20世纪70年代初已建成能输送大量煤炭料浆的管道。其输送方法是将固体粉碎,掺水制成浆液,再用泵按液体管道输送工艺进行输送。

7.1.2 管道运输的特点

管道作为一种运输手段得到较快的发展,成为交通运输系统中的一个重要组成部分,是因为它具有独特的优点:第一,管道能够进行不间断的输送,运输连续性强,运输量大,不产生空驶。如管径529mm的管道,年输送能力达1000万吨;管径630mm的管道,年输送能力达1500万吨;管径720mm的管道,年输送能力达2000万吨,比一条单线铁路的运输能力还大。而用车、船运送油品,一般回程放空不能利用,浪费运力。第二,管道可以实现密封输送,消除途中装卸、倒装和转运作业,把输送物资从产地直接送到消费地,因此,可使油类在运送途中的损耗降到最低限度。第三,管道是埋在地下的,占用土地少,输送石油及其制品安全可靠。第四,管道运输适应性强,基本不受自然条件的限制,如不受气候影响,可全天全年运行;可穿越高山峡谷、河流沼泽,几乎不受地形影响。第五,管道基建投资少,燃料消耗少,经营管理简便,劳动生产率高,运输成本低,从而大大节省运输费用,运输效益大。第六,在同一条管道中可以输送多种油品,比较易于实现运输自动化管理，占用劳动力少。

管道运输作为一种专用运输方式，货种单一，且管道运输弹性小，起运量与最高运输量间的幅度小，因此油田开发初期，难以采用管道输送，往往还要以铁路、公路或水路运输作为过渡。另外，如管道某处出现故障或事故，会影响全管路运输工作。

7.2 长距离输油管道

7.2.1 长距离输油方式

管道输送原油及其制品的方式一般有3种，即常温输送、加热输送、易燃原油的不加热输送。

(1)常温输送。输送轻质油或低凝点原油的管道不需加热，油品经一定距离后，管内油温等于管线埋深处的地温，这种管道称为常温输油管，它无须考虑管内油流与周围介质的热交换。原油或成品在大气温度下输送，多用于单一的成品油，如汽油、柴油、煤油或低黏度原油。在输送过程中只有压能的消耗。设备、工艺简单，各站只要加压即可。

(2)加热输送。加热输送主要用于一些凝固点高、黏度大、含蜡高的原油。当油品黏度极高或其凝固点远高于管路周围环境温度时，每公里管道的压降将高达几个甚至几十个大气压，这种情况下，加热输送是最有效的办法。输送这种油，要测定黏度与温度的关系。在输送过程中，既要解决压能平衡问题，还要解决热能平衡问题，因而要设置泵站与加热站，组成热泵站。热油输送管道要考虑摩阻损失和散热损失，输送工艺更为复杂。

(3)易燃原油的不加热输送。不加热输送主要包括热处理输送、乳化输送、水悬浮输送、内螺旋管输送和轻油稀释输送5种方式。各类输送方式的特点见表7-1。

易燃原油的不加热输送方式与特点　表7-1

输送方式	特　点
热处理输送	把油先加热到一定温度，按要求的冷却速度冷却，改变蜡的结晶，从而降低凝固点
乳化输送	在被输送油中加一些表面活性剂水溶液，在一定温度条件下，搅拌后形成一种水包油型乳状液，从而降低油的凝固点
水悬浮输送	利用水凝固点较高的特点，使油呈颗粒状与水混合输送，液体中含油量占60%，这种输送要解决水源、脱水和水处理问题
内螺旋管输送	水、油混合输送，靠离心力作用使水近壁，而油在中心进行输送
轻油稀释输送	用稀油与重黏度的油混合输送

7.2.2 长距离输油管道的构成

长距离输油管道由输油站和输油管线两部分构成。

7.2.2.1 输油站(加压泵站)

输油站是管道运输的重要组成设备和环节,在管道运输过程中,通过输油站对被输送物资进行加压,克服运行过程中的摩擦阻力,使原油或其制品能通过管道由始发地运到目的地。输油站按其所在位置可以分为:①首输油站,多靠近矿场或工厂,收集原油及其制品,进行石油产品的接站、分类、计量和向下一站输油。要配有较多油罐和油泵。如果是热油输送,还要配有加热设备。②中间输油站,担负把前一站输来的油转往下站的任务。如果是热油输送,则通过中间输油站加热,使油温大于环境温度,带有加热功能的叫热泵站。③终点基地,接收、计量、储藏由输油管输来的油,并分配到各消费单位,或转交其他运输工具。需要有大量油罐和输转设备。

输油站设有一系列复杂的构筑物,其中与输油过程直接相关的主要设备有:

(1)泵房。它的作用在于造成一定的压力,以便克服管道输送时所产生的阻力,把石油输往下一站。应根据压力大小,每隔一定距离设置一个泵站。

(2)油池。在矿场、炼油厂和各个输油站设有收油和发油的专用油池。利用管道从发油企业收油,或从油池往外发油。

(3)阀房。阀房设有闸阀以控制输油过程。

与输油过程不直接发生联系的辅助设施有变电所、冷却设备、锅炉房、机修车间、水塔、净化设备、阴极防护设施及清管装置。

7.2.2.2 输油管线

输油管线按其作用分为3种:

(1)内部输油管式辅助输油管。这种输油管是指炼油厂、石油基地中的各种线路系统,用于输送加工原油和灌注油罐车、内河及港内驳船、远洋油轮及油桶。

(2)局部性输油管。这种输油管是指把石油从矿场输往石油基地与大型输油管首站的短距矿场管路。

(3)大型输油管或干线输油管。这种输油管自成系统,形成独立的企业单位。其线路可长达数百公里至数千公里。除必要的检修工作外,能全年不断地输送石油。

输油管线包括以下几部分设备:

(1)钢管。钢管一般是用焊接方式连接的无缝钢管,每根长12.5m。建设时首先是散管,再焊接成2km左右长的无缝钢管,分段试压、缠上防腐层(沥青、玻璃皮等),然后将管条连接起来,进行整体试压(试压压力为工作压力的1.2倍),最后下沟埋管。

(2)穿(跨)越工程。

(3)截断阀。在各站、穿(跨)越工程两端及管道沿线,每隔一定距离就要设截断阀。

(4)通信系统。通信系统用于指挥生产。

(5)简易公路。简易公路的作用是便于检修等工作。

7.2.2.3 输油管线与输油站的联系

输油管线与输油站的联系主要有通过式联系、旁通油罐式和密闭式联系,前两种方式均需在中间站安设一个油罐,其差异仅是油罐安放的位置不同,各个泵站各自成为一个独立水力系统,罐为缓冲装置。密闭式联系中间泵站不设油罐,仅设有事故处理罐,平常处于封闭状态,全线形成一个统一的水力系统,各部分的参数变化都将影响整体,这种联系方式可靠性要求高,通信、自动化水平要求高。

7.3 长距离输气管道

长距离输气管道通常连接产量巨大的天然气田(或人工燃气)与用气地区的输气管道,其干管及支管的末端连接城镇或大型工业企业,作为该供气区的气源点。输气管道系统主要由矿场集气管网、干线输气管道网、城市配气管网及与此相关的站、场等设备组成。这些设备从气田的井口装置开始,经矿场集气、净化及干线输送,再经配气管网送到用户,形成一个统一的、密闭的输气系统。矿场输气管道输送未经处理的原料气,输送距离短、管径小、压力变化大。干线输气管道把经脱硫净化处理的天然气送到城市,输送距离长,管径大(400mm 以上),压力高(4.0MPa 以上),是天然气远距离输送的主要工具。城市输气管道是天然气的分配管网,遍布整个城市和近郊,一般呈环形布置,且按压力严格区分。

7.3.1 长距离输气特点

长距离输气管道(长输管道)与压缩机站组成一个复杂的动力系统,由于其输送的气量大,常采用大口径、高压力的输送系统。其主要特点包括:

(1)长输管道是天然气长距离连续运输系统,可用自身运输的物质消耗克服摩擦阻力,迅速将天然气运到目的地。

(2)长输管道属于输气系统的中间环节,要协调好上下游间的关系,其设计及操作管理较为复杂。

(3)长输管道输送量大,涉及国计民生及千家万户,必须充分保证能安全、连续、可靠地供气。

(4)由于采气生产的均衡性和用户用气的波动性,要求管道有一定的储气能力,以适应用气量的变化。

(5)长输管道投产初期可充分利用地层压力进行输送,根据气田压力的变化逐步建设增压站,可节约投资和经营费用。

(6)长输管道要求有与之配套的附属设施,尤其是通信和自控系统。

现代管道运输在国民经济中的地位日趋重要,利用冶金、机械制造、自动控制和施工安装等综合技术来提高运输效率已成为管输工艺研究的核心。

7.3.2 长距离输气管道的构成

长距离输气管道由矿场集气设备、输气站、干线输气管道、城市配气管网4部分构成。

7.3.2.1 矿场集气设备

集气过程指从井口开始,经分离、计量、调压、净化和集中等一系列过程,到向干线输送为止。集气设备包括井场、集气管网、集气站、天然气处理厂、外输总站等。一般气田的集气有单井集气和多井集气两种流程。单井集气方式下,每一口井场除采气树外,还有一套独立完整的节流(加热)、调压、分离、计量等工艺设施和仪表设备。多井集气方式下,主要靠集气站对气体进行节流、调压、分离、计量和预处理等工作,井场只有采气树;气体经初步减压后送到集气站,每一个集气站可汇集不超过10口井的气体。集气站将气体通过集气管网集中于总站,外输至净化厂或干线。多井集气处理的气体质量好,劳动生产率高,易于实现管理自动化,多用于气田大规模开发阶段。单井集气与多井集气都可采用树枝形或环形集气管网。环形集气管网可靠性好,但投资较大。由于气井井口压力较高,集气管道工作压力一般可达110MPa以上。

7.3.2.2 输气站

输气站又称压气站,核心设备是压气机和压气机车间,任务是对气体进行调压、计量、净化、加压和冷却,使气体按要求沿着管道向前流动。由于长距离输气需要不断供给压力能,故沿途每隔一定距离(一般为110~150km)设置一座中间压气站(或称压缩机站)。首站也是第一个压气站,当地层压力大至可将气体送到第二站时,首站也可不设压气机车间;第二站开始称为压气站;最后一站即干线网的终点——城市配气站。压气站也可按作用分为压气站、调压计量站、储气库3类。调压计量站多设在输气管道的分输处或末站,其作用是调节气体压力,测量气体流量,为城市配气系统分配气量并分输到储气库;储气库则设于管道沿线或终点,用于管道均衡输气和解决气体消费的昼夜及季节不均衡问题。

压缩机(或称压气机)是提高气体压力以输送气体的机器。它可分容积型和速度型两大类。前者通过压缩体积、增大密度来提高气体压力;后者则通过提高气体速度并使其从很高的速度降低,使动能转化为压力能。输气管线上的压缩机主要是容积型的活塞式往复压缩机和速度型的离心式旋转压缩机。

(1)活塞式往复压缩机的优点是排出气体的压力稳定,调节性能好,效率高,对压缩机制造材料要求不高,但结构复杂,易损件多,运转中振动、噪声较大,多适用于升压要求高、输气量低的线路。

(2)离心式旋转压缩机的优点是结构紧凑,排气均匀、连续,可直接串联运行,振动小，易损件少，机内无须涂润滑油，不污染输送气体，转速高，节能，维修工作量小，但对流量小、压力要求高的输送要求难以满足，效率较低。

随着管径和流量不断增长，离心式压缩机在输气干线上占据了绝对优势。活塞式压缩机中，活塞在气缸中做往复运动对气体加压。离心式压缩机中，气体从轴向进入高速旋转的叶轮并被离心力甩出进入扩压器。叶轮中速度高、动能大的气体进入断面渐大的扩压器后速度降低，部分动能转变为压力能。接着气体通过弯道和回流器被第二级吸入，进一步提高压力。依次逐级压缩，直至获得所需压力。每级叶轮中，排气压力与进气压力之比称为叶轮的压力比。干线输气管上一个站的压缩比为 1.2 ~ 1.5。必要时可采用多台压缩机串联使用。

压气站站址应选在地面平坦、有缓坡可排水、土壤承载能力不低于 0.12MPa、地下水位低、土壤干燥的地方。

7.3.2.3 干线输气管道

干线是指从矿场附近的输气首站开始到终点配气站为止的线路。

由于输气管道输送的介质是可压缩的，其输量与流速、压力有关。压气站与管路是一个统一的动力系统。压气机的出站压力就是该站所属管路的起点压力，终点压力为下一个压气站的进站压力。一般地，输气管线可以有一个或多个压气站。

当只有一个压气站时，系统工作点可由压气站及全线管路的工作特性来确定。不过，系统工作点并非一成不变的，而是随压气站与管路工作特性、输气管线工作条件（如地温）变化而变化的。输气管与压缩机的选用要考虑使系统工作点在压缩机的高效区内，且工作点压力不超过管道工作的最大压力。

当全线有多个压气站时，在确定工作点之前应确定压气站数和站间距离。在生产中，由于各压气站需要消耗一定数量的天然气（动力与生活用气），输气干线从起点到终点的压力是逐渐下降的。若沿线有分气或进气，则各压气站的流量也可能不同。全线所需要的压气站数和站间距应根据实际情况通过水力计算确定。压气站数可根据管线起终点最大供气量、压气站最大出站压力、全线管长、末段管线长度、压气机性能、输送介质等因素来初步确定，再根据地形、地质、水、电、交通等条件最终确定。一般地，压气站数与站址确定后，压缩机与管路工作点即可确定，工作点的流量应大于或等于输气管的任务输量。

管径对流量影响最大，其他因素不变时，流量与管径的 2.53 次方成正比；管径增大 1 倍，流量可增加 4.776 倍；其他参数不变时，要增加同样多的流量，则管长要缩短为原来管长的 1/31，或平均温度下降到原来温度的 1/31。故加大管径是提高输量的最有效途径之一。影响输气量的另一重要因素是压力，高压输气比低压输气有利，即在相同的压差下，同时提高起点和终点压力能提高输气量，提高起点压力或降低终点压力也能提高输气量，但前者效果更好。温度的提高也有利于提高输气量。

7.3.2.4 城市配气管网

城市配气指从配气站（即干线终点）开始，通过各级配气管网和气体调压所按用户要求直接向用户供气的过程。配气站是干线的终点,也是城市配气的起点与枢纽。气体在配气站内经分离、调压、计量和添味后输入城市配气管网。城市配气管网形式可分树枝形和环形两类,按压力则可分高压、次高压、中压和低压 4 级。由于不同级别的管网上管道等设施的强度不同,上一级压力的管网必须调压后才能输向下一级管网。城市一般均设有储气库,可调节输气与供气间的不平衡。例如,当输气量大于城市供气量时,储气库储存气体,否则输出气体。

7.4 固体料浆管道

7.4.1 固体料浆管道运输原理

用管道输送各种固体物质的基本措施是将待输送固体物质破碎为粉粒状,与适量的液体配置成可泵送的浆液,通过长输管道输送这些浆液到目的地后,再将固体与液体分离送给用户。浆液管道主要用于输送煤、铁矿石、磷矿石、铜矿石、铝矾土和石灰石等矿物,配制浆液主要用水,少数采用燃料油或甲醇等液体。固体料浆管道的基本组成部分与输气、输油管道大致相同,但还有一些制浆、脱水干燥设备。以煤浆管道为例,整个系统包括煤水供应系统、制浆厂、干线管道、中间加压泵站、终点脱水与干燥装置。

7.4.2 固体料浆管道的构成

固体料浆管道由浆液制备系统、输送管道、中间泵站、后处理系统 4 部分构成。

7.4.2.1 浆液制备系统

以煤为例,煤浆制备过程包括洗煤、选煤、破碎、场内运输、浆化、储存等环节。为清除煤中所含硫及其他矿物杂质,一般要采用淘选、浮选法对煤进行精选,也可采用化学法或细菌生物法。

从煤堆场用皮带运输机将煤输送至储仓后,经振动筛粗选后进入球磨机进行初步破碎,再经第二级振动筛筛分后进入第二级棒磨机掺水细磨,所得粗浆液进入储浆槽,由提升泵送至安全筛筛分,最后进入稠浆储罐。在进行管道输送前,为保证颗粒级配和浓度符合质量要求,可用试验环管进行检验。不合格者可返回油罐重新处理。

煤浆管道首站一般与制浆厂合在一起,首站的增压泵从外输罐中抽出浆液,经加压后送入干线。

7.4.2.2 输送管道

在管道中流动浆液是流态多变的固液二相混合物,在一定的流速下浆液才能稳定流动。在流量降低、流速减缓的情况下,会出现多种不均质流态,甚至产生固体沉积现象。

为保持浆液稳定流动，须确定合理的输送工艺，如筛选均质固体、确定合理破碎筛分、确定颗粒级配、配制适合浓度的浆液；还要根据年输送量选择适宜的管径、确定临界流速等。此外，在确定固体粒径和级配时，要考虑便于固液分离。

在固体管道中，浆液的浓度受固体的重度、粒径等的限制。煤浆管道的浆液质量浓度在50%左右，而铁矿浆液的质量浓度为66%左右。管道输送工艺中应注意的问题有：

(1)浆液管道的流态

在相同的流速下，由于粒径级配不同，形成3种基本流态：①均质流态，在管道断面上颗粒均匀悬浮，各点的固体浓度相同；②半均质流态，细颗粒均匀分布在管道全断面上部，但大颗粒则在下部运动，因此下部浓度大，上部浓度小，但不出现固体颗粒沉淀；③非均质流态，全断面上浓度分布很不均匀，出现固体颗粒沉淀，并在管道底部出现沉淀层。

严格地说，不存在纯均质的浆液流，对于同一种浆液，当流速变化时，可以在均质流与半均质流或半均质流与非均质流之间转化。出现沉淀时的流速称为浆液的临界流速，这一流速是非均质流与半均质流的分界点。固体管道应在临界流速以上输送浆液。

(2)固体料粒径的选择

固体管道运营是否经济，与颗粒粒径的选择有密切关系。制浆和脱水费用主要由设备投资和运行费用这两项组成，而这两项费用都与颗粒粒径有关。粒径小，需要破碎的设备就多，耗用动力大；脱水也难，脱水的设备多，时间长，能耗也多。粒径与输送费用的关系更为复杂。粒径大，浆液流态不稳定，临界流速大，耗能也大；粒径小，流态稳定，临界流速低，但也有一定的限度。如粒径小于某一数值，则会使浆液的黏度增加，能耗上升，脱水更加困难，输送费用反而增加。粒径的选择又与固体的重度有关。根据黑梅萨煤浆管道的经验，煤浆管道中的全部颗粒粒径要小于1.19mm，其中20%的粒径要小于0.044mm。当粒径小于0.044mm的占14%时，停输时会造成管道堵塞；后改为16%的粒径小于0.044mm，仍有堵塞，但较易于启动；最后改为19%的粒径小于0.044mm，再启动就比较容易。对不同的管道，上述条件还会改变。

(3)管道坡度

管道坡度是管道堵塞的影响因素之一，应严格限制管道坡度。固体料浆管道常用间歇输送来调节输送量，停输后固体颗粒会沉淀。如果管道坡度大于沉淀物的自然安息角，沉淀物将向下滑动堆积，形成堵塞。若堵塞的长度较短，可在启动压力下恢复流动。若堵塞长度过长，启动将会困难。煤浆管道的敷设坡度一般不大于16°。

7.4.2.3 中间泵站

中间泵站的任务是为煤浆补充压力能。停运时则提供清水冲洗管道。输送煤浆的泵也分为容积式与离心式两种，其特性差异与输油泵大致相同。泵的选用要结合管径、壁厚、输送量、泵站数等因素综合考虑。为了减少浆液对活塞泵缸体、活塞杆、密封圈的磨蚀，可采用油隔离泵方法，避免浆液进入活塞缸内，活塞只对隔离油加压并通过它将压力传给浆液。

7.4.2.4　后处理系统

煤浆的后处理系统包括脱水、储存等部分。管输煤浆可脱水储存，也可直接储存。脱水的关键是控制煤表面的水含量，一般应保证在7%～11%。影响脱水的因素主要有浆液温度与细颗粒含量。浆液进入受浆罐或储存池后用泵输送到振动筛中区分为粗、细浆液。粗浆液进入离心脱水机，脱水后的煤粒可直接输送给用户，排出的废液输入浓缩池与细粒浆液一起，经浓缩后再经压滤机压滤脱水后输送给用户。

由于管道中流动的浆液是固液两相的混合物，其输送过程中除了要保证稳定流动外，还要考虑其沉淀的可能，尤其是在流速降低情况下。不同流速、不同固体粒径及浓度条件下，浆液管道中可能出现均质流、非均质流、半均质流3种流态。非均质流浓度分布不均，可能会出现沉淀，其摩阻高，输送费用大。

颗粒大小及浆液浓度影响后处理系统的经济性，细颗粒含量多时，虽然可以降低管输费用，但制浆、脱水费用将会增加。

7.5　城镇燃气管道

7.5.1　城镇燃气管道的分类

城镇燃气管道可按用途、敷设方式、设计压力、管网形状、管网压力级制等加以分类。

7.5.1.1　按用途分类

(1)分配管道。分配管道是在供气地区将燃气分配给工业企业用户、商业用户和居民用户的管道，包括街区和庭院的燃气分配管道。

(2)用户引入管。用户引入管是将燃气从分配管道引到用户室内引入口处总阀门前的管道。

(3)室内燃气管道。室内燃气管道是通过用户管道引入口的总阀门将燃气引向室内，并分配到每个燃气用具的管道。

7.5.1.2　按敷设方式分类

(1)埋地管道。城市中燃气管道一般采用埋地敷设，有直接埋设及间接埋设两种，当燃气管段需要穿越铁路、公路时，有时需加设套管或管沟。

(2)架空管道。工厂厂区内或跨越障碍物的管道，以及建筑物内的燃气管道，常采用架空敷设。

7.5.1.3　按设计压力分类

燃气管道与其他管道相比，有特别严格的要求，因为管道漏气可能导致火灾、爆炸、中毒等事故。燃气管道中的压力越高,管道接头脱开、管道本身出现裂缝的可能性就越大。管道内燃气压力不同时,对管材、安装质量、检验标准及运行管理等要求也不相同。

我国城镇燃气管道按燃气设计压力 P(MPa)分为 7 级,见表 7-2。

城镇燃气设计压力(表压)**分级**(单位:MPa) 表 7-2

名称		压力
高压燃气管道	A	$2.5 < P \leq 4.0$
	B	$1.6 < P \leq 2.5$
次高压燃气管道	A	$0.8 < P \leq 1.6$
	B	$0.4 < P \leq 0.8$
中压燃气管道	A	$0.2 < P \leq 0.4$
	B	$0.01 \leq P \leq 0.20$
低压燃气管道		$P < 0.01$

燃气输配系统各种压力级制的燃气管道之间应通过调压装置相连。当有可能超过最大允许工作压力时,应设置防止管道超压的安全保护设备。

7.5.1.4 按管网形状分类

(1)环状管网:管段连成封闭的环状,输送至任一管段的燃气可以由一条或多条管道供气。环状管网是城镇输配管网的基本形式,在同一环中,输气压力处于同一级制。

(2)枝状管网:以干管为主管,分配管呈树枝状由主管引出。在城镇燃气管网中一般不单独使用。

(3)环枝状管网:环状与枝状混合使用的一种管网形式。

7.5.1.5 按管网压力级制分类

城镇燃气管网系统根据所采用的管网压力级制不同,可分为以下 4 类。

(1)单级系统:仅有低压或中压 1 种压力级别的管网输配系统。

(2)二级管网系统:具有 2 种压力等级的管网系统。

(3)三级管网系统:由低压、中压和次高压 3 种压力级别组成的管网系统。

(4)多级管网系统:由低压、中压、次高压和高压多种压力级别组成的管网系统。

7.5.2 城镇燃气管网系统选择

7.5.2.1 城镇燃气管网采用不同压力级制的原因

城镇燃气管网不仅应保证不间断地、可靠地给用户供气,保证系统运行管理安全,维修简便,而且应考虑在检修或发生故障时,关断某些管段不致影响系统其他部分的工作。因此,城镇燃气管网系统需要选择不同压力级制,具体原因如下。

(1)经济性

大部分燃气由较高压力的管道输送,可以缩小管径以节省管材。如由城市的某一地区输送大量燃气到另一地区,则采用较高的压力比较经济合理。有时,对城市里的大型工业企业用户,可敷设压力较高的专用输气管线。

(2)用户需求

居民用户和小型公共建筑用户需要低压燃气,而大多数工业企业则需要中压或次高压甚至高压燃气。

(3)消防要求

在城市未改建的老区,建筑物比较密集,街道和人行道都比较狭窄,不宜敷设高压或中压 A 管道。考虑安全运行和方便管理,也不宜敷设高压或中压 A 管道,而只能敷设中压 B 和低压管道。同时大城市的燃气输配系统的建造、扩建和改建具有过程性,在城市老区,原先设计的燃气管道的压力大都比近期建造的管道的压力低。

7.5.2.2 城镇燃气管网系统的选择

城镇燃气输配系统压力级制的选择,应根据燃气供应来源、用户的用气量及其分布、地形地貌、管材设备供应条件、施工和运行等因素,经过多方案比较,择优选取技术经济合理、安全可靠的方案,主要考虑以下因素:

(1)气源情况,包括燃气的种类和性质、供气量和供气压力,燃气的净化程度和含混量,气源的发展或更换气源的规划情况。

(2)城市规模、远景规划情况、街区和道路的现状和规划,以及用户的分布情况。

(3)原有的城市燃气供应设施情况。

(4)不同类型用户对燃气压力的要求。

(5)用气的工业企业的数量和特点。

(6)储气设备的类型。

(7)城市地理地形条件、城市地下管线和地下建筑物、构筑物的现状和改建、扩建规划。

7.5.2.3 城镇燃气管网系统的分类

(1)单级管网系统

单级管网系统是只有一个压力级制,即仅用一级压力的管网输送、分配和供应燃气的系统。其优点是供应系统简单,维护管理方便且不需要压送设备,输配费用小;缺点是供气压力低,致使管道直径较大,一次投资费用较高且用户压力波动大。该系统适用于用气量较小,供气范围为 2 ~ 3km 的城镇和地区。当供应范围较大时,必须采用很大口径的管网,使输送单位体积燃气的投资和金属耗量急剧增加。

(2)中-低压二级制管网系统

低压气源厂和储气罐供应的燃气经压缩机加至中压,由中压管网输气,再通过区域调压器调至低压,由低压管道供给燃气用户。在系统中设置储配站以调节小时用气不均匀性。

中-低压二级制管网系统的特点有:因输气压力高于低压供气,输气能力较大,可用较小的管径输送较多数量的燃气,以减少管网的投资费用。只要合理设置中-低压调压器,就能维持比较稳定的供气压力。输配管网系统有中压和低压两种压力级别,而且设有压缩机和调压器,因而维护管理复杂,运行费用较高。由于压缩机运转需要动力,一旦储配站停电或发生其他事故,将会影响正常供气。因此,中压供气及二级制管网系统适用于供应区域较大、供气量也较大、采用低压供气方式不经济的中型城镇。

①中压B-低压二级管网系统。中压B-低压二级管网系统的气源是人工燃气,用低压储气罐储气。从气源厂生产的低压燃气,经加压后送入中压管网,再经区域调压站调压后送入低压管网。设置在供气区的低压储气罐低压时,由中压管网供气,高峰时,储气罐内的燃气输送给中压(经加压)或低压管网。该系统特点是供气范围比单级系统大,采用低压配气,庭院管道在低压下运行比较安全,但投资要比中压单级系统大。一般适用于人口密集、街道狭窄的老城区。

②中压A-低压二级管网系统。中压A-低压二级管网系统的气源为天然气,用长输管线末端储气。天然气由长输管道经燃气分配站送入城市,中压A管道连成环网,通过区域调压站向低压管网供气,通过专用调压站向工业企业供气。低压管网根据地形条件可分成几个互不连通的区域管网。该系统特点是输气干管直径较小,比中压B-低压二级系统节省投资。街道宽阔、建筑物密度较小的大中城市均可采用。

(3)高-中-低三级制管网系统

高(次高)压燃气从气源厂或城镇的天然气门站输出,由高压管网输气,经区域高-中压调压器调至中压,输入中压管网,再经区域中-低调压器调成低压,由低压管网供应燃气用户。

高-中-低压三级制管网系统的特点有:①三级系统通常含有中低压两级,另外一级管网是高压或次高压。②高(次高)压管道的输送能力较中压管道更大,所用管径更小,如果有高压气源,管网系统的投资和运行费用均较经济。③采用管道储气或高压储气罐,可保证在发生短期停电等事故时供应燃气。④三级制管网系统配置了多级管道和调压器,增加了系统运行维护的难度。如无高压气源,还需设置高压压缩机,压缩费用高。

高-中-低压三级制管网系统适用于供应范围大,供气量大,并需要较远距离输送燃气的场合,可节省管网系统的建设费用,对天然气或高压制气等高压气源较为经济,通常在大城市要求供气有充分保证时考虑选用。

(4)多级管网系统

多级管网系统的气源是天然气,城市的供气系统可采用地下储气库、高压储气罐站及长输管线储气。这种管网系统一般适用于居民人口众多的特大型城市。天然气由较高压力等级的管网经过调压站降压后进入较低压等级的管网。工业企业用户和大型公共建筑用户与中压B或中压A管网相连,居民用户和小型公共建筑用户则与低压管网相连。因为气源来自多个方向,主要管道均连成环网,运行管理安全灵活。对于用户用气量的不均匀性问题,可以由缓冲用户、地下储气库、高压储气罐及长输管线储气协调解决。

对于新建城市天然气输配系统,多采用高-中压两级系统及中压单级输配管网。前者适用于较大城市,其中高压管道可兼作储气装置,而具有输、储双重功能。后者适用于中小城市。天然气经输配系统中的中压管道输送至小区调压装置(箱)或楼栋调压箱,由中压调至低压后进入低压庭院管和室内管。各小区或楼栋设调压柜或设楼栋调压箱。中压管道也可直接进入用户调压器调压,用户燃具前的压力更为稳定。

7.5.3 城镇燃气门站、储配站和调压站

城镇燃气门站、储配站和调压站是城镇燃气输配系统中的重要组成部分。门站用来接收长输管线来气并控制供气压力、计量,向城镇、居民点和工业区供应燃气。储配站具有储存燃气的功能并能够控制供气压力。调压站具有控制燃气压力的功能,用来连接城镇燃气输配系统中不同压力级制的管网。

7.5.3.1 门站和储配站

城镇燃气门站是长距离输气干线或支线的终点站,城市、工业区管网的气源站。门站规模依据区域天然气规划确定。

储配站是城市燃气输配系统中储存和分配燃气的设施。其主要任务是使燃气输配管网达到所需压力和保持供气与需气之间的平衡。

气态储存是我国目前广泛用于调节用气不均匀性的储气方式,分低压储存和高压储存两种。当城镇采用低压气源,而且供气规模不大时,燃气供应系统通常采用低压储气与其相适应,需建设低压储配站。低压储配站的作用是在用气低峰时将多余的燃气储存起来,在用气高峰时通过储配站的压缩机将燃气从低压储罐中抽出送到中压管网中,保证正常供气。

7.5.3.2 调压站

调压站设于城市配气管网系统中的不同压力级制的管道之间,或设于某些专门的用户之间,有地上式和地下式之分。根据压力等级、调压精度、附属配置等不同功能,分有楼栋调压箱、区域调压箱、高压调压站、城市门站、超高压调压站等。

站内主要设备是调压器,其任务是按照用户的需求,对管网中的天然气进行调压,以满足用户的需求。

调压站的个数、布置要考虑调压室的最佳作用半径,布设位置应选在负荷比较集中或大用户位置,以简化输配管网,避开繁华地段,远离火灾易发地及一些重要的建筑物。

调压站是燃气输送管道的关键设备,需具备按运行要求和设计规定将输配管网的压力调配到下一级管网或用户所需的压力;当系统的负荷发生变化时,将调节后的压力稳定保持在运行或设计要求的范围之内;以及控制燃气的流量等功能。

7.6 输油输气管道的布局

7.6.1 布局原则

根据管道的特点及其在运输系统中的地位，对于管道布局，应遵循交通运输布局一般原则，并作以下具体考虑：

(1)因地制宜的原则。管道的铺设及其能力规模要与输送物资要求相协调。管道的发展和布局要适应石油开采、石油化工工业、天然气生产的发展和布局，以及炼油厂布局、换装港站布局和石油消费地区分布，应结合石油的基本流向图，安排管道运输的布局，促使管道线网的合理化。

(2)各种运输方式协调发展的原则。处理好管道运输与铁路运输、公路运输、水路运输的相互关系，各种运输方式合理分工，使管道运输在经济合理的范围内发挥其优势。

(3)适应国民经济发展的原则。管道设备能力和技术标准的选定，要通过可行性研究和技术经济比较，提高管道运输的经济效益。

管道布局由石油、石油制品、天然气的起运地和到达地所决定。大多数大型管道是将石油、石油制品、天然气送到全国各地的运输干线，在建设时应根据开采和炼油地区现有石油、石油产品、天然气的资源，计算从矿场到炼油厂及各消费地的近期和远期货流量。管线建设必须与其他运输方式在投资费用、运营费用、金属消耗等方面进行技术经济比较。管道管径大小的确定需要考虑近、远期运输任务。

7.6.2 输油管道布局

7.6.2.1 线路选择

输油管道线路的选择，应根据工程建设的目的和资源、市场分布，结合沿线城镇、交通、水利、矿产资源和环境敏感区的现状与规划，以及沿途地区的地形、地貌、地质、水文、气象、地震自然条件，通过综合分析和多方案技术经济比较确定线路总体走向，还应具体考虑以下因素：

(1)中间站场和大、中型穿跨越工程的位置选择应符合线路总体走向，局部线路走向应根据中间站场和大、中型穿跨越位置进行调整；管道不应通过饮用水水源一级保护区、飞机场、火车站、海(河)港码头、军事禁区、国家重点文物保护范围、自然保护区的核心区。

(2)输油管道应避开滑坡、崩塌、塌陷、泥石流、洪水严重侵蚀等地质灾害地段，宜避开矿山采空区、全新世活动断层。当受到条件限制必须通过上述区域时，应选择危害程度较小的位置通过，并采取相应的防护措施。新建管道线路与已建管道线路走向大致相同时，宜利用已建管道走廊并行敷设。

(3)埋地输油管道同地面建(构)筑物的最小间距应满足相关的规范要求。原油、成品油管道敷设需要考虑与城镇居民点、重要公共建筑、邻近飞机场、海(河)港码头、大中型水库和水工建(构)筑物的安全距离；输油管道与铁路、公路并行敷设时，应敷设在相应交通用地范围边线以外。

(4)同期建设的输油管道，宜采用同沟方式敷设；同期建设的油、气管道，受地形限制时，局部地段可采用同沟敷设。管道同沟敷设时，其最小净间距(指两断面垂直投影的净距)不应小于0.5m。管道与通信光缆同沟敷设时，其最小净间距不应小于0.3m。

7.6.2.2　管道标识

管道沿线应设置里程桩、转角桩、标志桩、阴极保护测试桩和警示牌等永久性标志，还应满足以下要求：

(1)里程桩应沿管道从起点至终点，每隔1km至少设置1个。阴极保护测试桩可同里程桩合并设置。在管道平面改变方向时，应设置水平转角桩。转角桩宜设置在折转管道中心线上方。

(2)管道穿跨越人工或天然障碍物时，应在穿跨越处两侧及地下建(构)筑物附近设置标志桩。通航河流上的穿跨越工程，应在最高通航水位和常水位两岸岸边明显位置设置警示牌。

(3)当管道采用地上敷设时，应在行人较多和易遭车辆碰撞的地方设置标志并采取保护措施。标志应采用具有反光功能的涂料涂刷。埋地管道通过人口密集区、有工程建设活动可能和易遭受挖掘等第三方破坏的地段时，应设置警示牌，并宜在埋地管道上方埋设管道警示带。

7.6.2.3　输油站设置

(1)站场选址

输油站的设置应合理利用土地，并应符合当地国土空间规划。输油站位置选择需符合下列规定：

①宜选定符合工程建设条件及生产生活较方便的地点。

②应保持与附近城镇居民点、工矿企业、铁路、公路等的安全间距要求。

③站场位置选定应结合管道线路走向，满足工艺设计的要求，站场内应有足够的生产及施工操作场地。

④站场位置选定应避开存在崩塌、活动断层、滑坡、沼泽、流沙、泥石流、矿山采空区等不良地质的地段；避开蓄(滞)洪区及有内涝威胁的地段；避开易受洪水及泥石流影响的地段、窝风地段。在山地、丘陵地区采用开山填沟营造人工场地时，应避开山洪流经过的沟谷、水源保护区、自然保护区、风景名胜区和地下文物遗址。

⑤首、末站宜与上下游企业联合选址，并应使管道的进出方便。

⑥区域布设的防火距离应符合《石油天然气工程设计防火规范》(GB 50183—2015)的相关规定。

(2)站场总平面布置

站场总平面布置的防爆要求、防火间距、防火措施和雨水排放和收集方案应符合《石油设施电气设备安装区域一级、0 区、1 区和 2 区区域划分推荐作法》(SY/T 6671—2017)的相关规定。

7.6.3 输气管道布局

7.6.3.1 线路选择

输气管道线路走向应根据工程建设目的和气源、市场分布,结合沿线城镇、交通、水利、矿产资源和环境敏感区的现状与规划,以及沿途地区的地形、地质、水文、气象、地震等自然条件,通过综合分析和多方案技术经济比较,确定线路总体走向,还应具体考虑以下因素:

(1)与公路或铁路并行的管道路线宜在公路或铁路用地边界 3m 以外。

(2)线路宜避开环境敏感区,当需要通过环境敏感区时,需采取保护措施。大中型穿(跨)越工程和压气站位置的选择,应符合线路总体走向。局部线路走向应根据大中型穿(跨)越工程和压气站的位置进行调整。

(3)线路应避开军事禁区、飞机场、铁路及汽车客运站、海(河)港码头等区域。除为管道工程专门修建的隧道、桥梁外,不应在铁路或公路的隧道内及桥梁上敷设输气管道。输气管道从铁路或公路桥下交叉通过时,不应改变桥梁的水文条件。

(4)线路宜避开城乡规划区,当受条件限制,需要在城乡规划区通过时,应采取安全保护措施。石方地段的管道线路由爆破挖沟时,应避免对公众及周围设施的安全造成影响。

(5)线路宜避开高压直流换流站接地极、变电站等强干扰区域。埋地管道与建(构)筑物的间距应满足施工和运营管理需求,且管道中心线与建(构)筑物的最小距离不应小于 5m。

(6)线路宜避开滑坡、崩塌、塌陷、泥石流、洪水严重侵蚀等地质灾害地段,矿山采空区及全新世活动断层。当受到条件限制必须通过上述区域时,应选择危害程度较小的位置通过,并采取相应的防护措施。

7.6.3.2 管道标识

管道沿线应设置里程桩、转角桩、标志桩、交叉桩和警示牌等永久性标识,还应满足以下要求:

(1)管径相同且并行净距小于 6m 的埋地管道,以及管径相同共用隧道、涵洞或共用管桥跨越的管道,应有可明显区分识别的标识。

(2)通过人口密集区、易受第三方损坏地段的埋地管道应加密设置标志桩和警示牌,并应在管顶上方连续埋设警示带。

(3)平面改变方向一次转角大于5°时,应设置转角桩。平面上弹性敷设的管道,应在弹性敷设段设置加密标志桩。

(4)地面敷设的管段应设警示牌并采取保护措施。

7.6.3.3 输气站设置

(1)站场选址

输气站的设置应符合目标市场、线路走向和输气工艺设计的要求,各类输气站宜联合建设。输气站位置选择应符合下列规定:

①应满足地形平缓、地势相对较高及近远期扩建需求。

②应满足供电、给水、排水、生活及交通方便的需求。

③应避开山洪、滑坡、地面沉降、风蚀沙埋等不良工程地质地段及其他不宜设站的地方。

④压气站的位置选择宜远离噪声敏感区。

⑤区域布设的防火距离应符合《石油天然气工程设计防火规范》(GB 50183—2015)的有关规定。

(2)站场总平面布置

输气站内平面设施、防火安全、场内道路交通与外界公路的连接应符合《石油天然气工程设计防火规范》(GB 50183—2015)和《石油天然气工程总图设计规范》(SY/T 0048—2016)的有关规定。

7.6.4 中长期油气管网规划

结合国内石油、天然气消费需求的增长,以及国家能源安全和公共安全的保障需求,2017年,国家发展改革委和国家能源局发布《中长期油气管网规划》,对我国油气管网布局作出了明确规划。

(1)输油管道网布局规划

输油管道网布局分为原油和成品油管网布局,对原油管网布局规划要求形成西北与西南相连、东北与华东华北贯通、沿海向内陆适当延伸的“东西半环、海油登陆”的原油通道格局,其中西半环分为西北和西南方向,西北方向主要承接哈萨克斯坦和巴基斯坦原油管道,西南方向对接缅甸进口原油。东半环对接俄罗斯原油,向东北、华北及华东输送。海油登陆主要通过推进沿海码头原油外输管道设施建设及沿海向内陆辐射管网建设,满足沿海地区原油需求。

成品油管网布局规划要求进一步优化网络结构,增加覆盖城镇,完善跨区管道运输体系,形成“北油南运、沿海内送”的运输通道布局。其中,北油南运通道由东北南下通道、华北南下通道和西北南下通道组成,实现成品油向华北、中南、西南和华中地区输送。沿海内送通道由齐鲁西送通道、沿江输送通道和华南内送通道组成,实现向中部、西南及华中地区的输送。此外,要求加快区域内支线管道建设,提高接入城市数量和城市间成品油管道运输比例。

(2)输气管道网布局规划

天然气需求广泛分布、点多面广、跨区调配要求高,对天然气管道网络布局要求坚持"西气东输、北气南下、海气登陆"的原则,形成"主干互联、区域成网"的全国天然气基础网络。其中西气东输重点满足中、东部地区用气需求,北气南下将俄罗斯天然气资源引入华北、华东,海气登陆结合液化天然气(LNG)接收站建设,建设LNG外输管线。天然气管道网规划还要求实现全国主干管网全覆盖、全联通,区域管网与支线管网互联互通,对边缘地区燃气基础设施建设也有考虑。

复习思考题

1. 管道运输按所输送的物品不同可分为哪几类?
2. 简述管道运输与其他运输方式相比的特点。
3. 长距离输油方式有哪些? 简述输油管道与泵站的联系方式。
4. 分析长距离输气的特点与管道设备的构成。
5. 固体料浆管道适宜运输的货物有哪些?
6. 简述固体料浆管道运输设备的构成。
7. 简述城镇燃气管网系统选择的影响因素。
8. 分析输油(气)管道布局的主要原则。
9. 分别概述输油、输气管道选线和选址的主要影响因素。
10. 试分析我国管道运输的发展趋势。

本章参考文献与延伸阅读

[1] 中国石油天然气集团公司. 输油管道工程设计规范:GB 5053—2014[S]. 北京:中国计划出版社, 2014.

[2] 中国石油天然气集团公司. 输气管道工程设计规范:GB 50251—2015[S]. 北京:中国计划出版社, 2015.

[3] 中国石油天然气集团公司,中华人民共和国公安部. 石油天然气工程设计防火规范:GB 50183—2015[S]. 北京:中国计划出版社, 2015.

[4] 中石化石油工程设计有限公司,中国石化集团公司胜利石油管理局安全环保处. 石油设施电气设备安装区域一级、0区、1区和2区区域划分推荐作法:SY/T 6671—2017[S]. 北京:石油工业出版社, 2018.

[5] 中国石油天然气股份有限公司规划总院,大庆油田工程有限公司,中国石油天然气管道工程有限公司,等. 石油天然气工程总图设计规范:SY/T 0048—2016[S]. 北京:石油工业出版社, 2017.

[6] 国家发展改革委,国家能源局.中长期油气管网规划[EB/OL].2017.http://www.gov.cn/xinwen/2017-07/12/content_5209925.htm.
[7] 王绍周.管道运输工程[M].北京:机械工业出版社,2004.
[8] 过秀成.交通运输工程学[M].北京:人民交通出版社股份有限公司,2017.
[9] 黄春芳,梁建新,陈树东,等.石油管道输送技术[M].北京:中国石化出版社,2018.
[10] 孟江,龙学渊,黄茜,等.油气管道输送技术[M].北京:中国石化出版社,2021.
[11] 董绍华,段宇航,孙伟栋,等.中国海底管道完整性评价技术发展现状及展望[J].油气储运,2020,39(12):1331-1336.
[12] 吴长春,左丽丽.关于中国智慧管道发展的认识与思考[J].油气储运,2020,39(4):361-370.

第8章
CHAPTER EIGHT
运输枢纽场站

学习目的与要求

枢纽是综合交通运输网络中的节点,是实现多种运输方式一体化的关键环节,是发展综合交通运输、提升交通运输系统整体服务效能的重要抓手。通过本章学习,要求掌握综合客运枢纽、货运枢纽的基本概念和分类特征,了解客运场站的基本构成,了解综合客运、货运枢纽交通组织的原则与方法。

8.1 运输枢纽场站概述

8.1.1 综合客运枢纽的概念

综合客运枢纽是指在综合运输网络的特定节点上,将两种及以上对外运输方式与城市交通的客流转换场所在同一空间(或区域)内集中布设,综合运用自动化、信息化等现代先进技术手段,使各种运输方式的基础设施、技术装备、运输组织、公共信息等实现有机衔接而形成的具有一定规模的一体化客运服务系统。

2016年交通运输部发布的交通运输行业标准《综合客运枢纽术语》(JT/T 1065—2016)对综合客运枢纽作了规范表述:将两种及以上对外运输方式与城市交通的客流转换场所在同一空间(或区域)内集中布设,实现设施设备、运输组织、公共信息等有效衔接的客运基础设施。

综合客运枢纽概念的4点内涵如下:

(1)本质是各种运输方式的功能融合而非线路交汇。

(2)灵魂是实现城市对外交通与城市交通的无缝衔接,而非单纯的城市交通方式间的换乘。

(3)功能建设的关键是现代化、一体化的运输组织。

(4)功能表征的重点体现在枢纽中各种运输方式软、硬件设施的一体化。

综合客运枢纽的主要特征如下:

(1)位于不同运输方式或者同种运输方式两条以上线路交汇处,具有优越的区位优势。

(2)拥有办理旅客运输作业、中转换乘等业务的各种技术作业设备。

(3)具有运输组织与管理、信息流通和辅助服务等功能。

(4)实体表现形式为多个场站的综合体或者综合性场站。

8.1.2 综合客运枢纽的分类

综合客运枢纽的分类是贯穿综合客运枢纽规划、设计、建设、运营和管理全过程的重要基础性指标。通过分类明确各类综合客运枢纽的功能属性,依据不同功能属性,可以有效指引枢纽布局、建设、设施配置、管理协调等。从交通运输行业服务特点出发,根据综合客运枢纽主导方式的不同,可将综合客运枢纽划分为4种类型:铁路主导型、公路主导型、水路主导型和航空主导型。

各种类型综合客运枢纽的判别标准及主要特点如下:

8.1.2.1 铁路主导型综合客运枢纽

铁路主导型综合客运枢纽一般指以完成干线铁路(包括高速铁路、普速铁路、城际铁路)枢纽站场的客流集散和中转为基本需求,集公路客运、轨道交通、普通公交及出租等各类运输方式于一体,实现不同方式间衔接和联运、转换的综合型客运枢纽。目前,该类型枢纽是我国综合客运枢纽的建设主体。国内有成都沙河堡综合客运枢纽、深圳北站综合客运枢纽、南京南站综合客运枢纽等;国外有德国柏林中央火车站综合枢纽、日本东京站综合枢纽等。

该类枢纽的主要特点有:①布局形态多样,是目前综合客运枢纽类型中分布最为广泛的主体类型,其大部分处于城市中心或城市新城区内,由于功能特征的不同及配套运输方式的不同,存在多种布局形态;②功能流线多样,普速铁路"等候式"和高速铁路"通过式"的性能特征对总体布局和功能流线的需求有着较大差别;③衔接方式多样,可与各类型轨道交通、公路乃至民航机场及城市交通相结合,是构建综合运输体系的重要节点;④开发功能多样,新建的铁路主导型综合客运枢纽现阶段大多位于城市的新城区,在承担交通运输功能的同时往往被赋予以交通运输带动城市拓展开发及区域内商业开发等多种功能。

8.1.2.2 公路主导型综合客运枢纽

公路主导型综合客运枢纽主要是指依托公路运输枢纽站场与城际轨道、城市公共交通共同构建的综合客运枢纽。公路运输站场与城际轨道交通的结合,扩大了枢纽的辐射范围,对外运输方向更加深广,为旅客提供了多元化选择方式,成为城市对外交通与城市内部交通转换的重要场所。国内有重庆两路综合客运枢纽、惠州新汽车南站综合客运枢纽、长沙汽车南站综合客运枢纽等。

该类枢纽的主要特点有:①客流到发密集,长短班线班次不均衡分布,高峰小时周期相对较长;②各种运输方式(出租车、公交车、社会车辆)混杂,周边道路交通组织条件复杂,易形成对城市交通的压力,对与城市道路网直接衔接的道路条件要求较高;③在节假日时段,该类型枢纽衔接的运输方式往往是人们优先选择的重要出行方式,对枢纽站场交通应急组织能力要求较高;④选择此类枢纽出行的群体大多为普通百姓,对枢纽内服务设施、交通标志等的设置要求较高,人文关怀的建设内容需要更具有针对性,也直接影响枢纽换乘效率;⑤此类枢纽一般均与城市轨道交通衔接,并承担城市内部交通换乘功能。

8.1.2.3 水路主导型综合客运枢纽

水路主导型综合客运枢纽主要存在于沿海、沿江的大城市内或者旅游城市,表现为城市对外客运码头或者大型游轮母港,连同与之配套建设的其他对外运输方式站场(含旅游车场等)和城市公共交通站场等一起构建的综合客运枢纽。国内有珠海九洲港综合客运枢纽、深圳蛇口邮轮母港综合客运枢纽、大连皮口陆港中心等;国外有英国南安普敦五月花码头综合枢纽、日本横滨港综合枢纽等。

该类枢纽的主要特点有:①受选址条件制约,均位于大江大河或主要沿海港口码头后方或重要的旅游风光带沿岸,与客运码头一体化建设;②多见于口岸城市或旅游城市,多位于主城区之内,与多种城市交通方式衔接;③由于受航线影响,辐射范围有限,旅客流量一般不会太大,但在节假日时段会出现小高峰客流,枢纽整体规模体量不大,受班线影响,上下船瞬间客流人员较多;④多与口岸通关、旅游专线或者机场候机楼等功能综合设置,需要提供水陆接驳、区域中转等综合服务。

8.1.2.4 航空主导型综合客运枢纽

航空主导型综合客运枢纽一般出现在枢纽机场和干线机场,依托机场航站楼进行建设并与航站楼融为一体。在我国,通常情况下是在机场吞吐量达到一定规模,需要规划建设第二、三航站楼或者第二、三跑道时,以机场改扩建规划契机,引进多种集疏运方式,尤其是引入轨道交通(包括轻轨、地铁等;对于门户型枢纽机场,还可以根据其服务范围,引入高速铁路、城际铁路等),然后构建航空主导型的综合客运枢纽。国内有上海虹桥国际机场综合客运枢纽、西安咸阳国际机场综合客运枢纽、武汉天河国际机场综合客运枢纽等;国外有法国巴黎夏尔戴高乐国际机场综合枢纽、德国法兰克福国际机场综合枢纽等。

该类枢纽的主要特点有:①受机场选址条件约束,离所在城市中心较远;②旅客对多向性、多方式选择的需求较高,集疏运方式较多,快速集疏运特征明显,枢纽更多关注周围集疏运系统与主导型运输方式的便利衔接问题;③目标旅客出行目的十分明确,服务需求层次较高,对服务水平和品质的要求相对较高;④航站楼陆侧空间有限,换乘区域相对集中,交通流线类型丰富;⑤空间上大多采用多层立体设计、平面与垂直换乘相结合的方式;⑥在突出交通主体功能前提下,兼顾考虑枢纽内部的商业开发问题。

4 种不同类型的综合客运枢纽的典型特征与典型案例见表 8-1。

4 类综合客运枢纽的典型特征与典型案例　　表 8-1

类　型	典型特征	案　例
铁路主导型	(1)受铁路选址影响,多位于城市中心或新城区; (2)普速铁路"等候式"和高速铁路"通过式"特征对总体布局和功能流线的需求差别较大等	成都沙河堡综合客运枢纽、南京南站综合客运枢纽、深圳北站综合客运枢纽等
公路主导型	(1)客流到发密集,长短班线班次不均衡分布,高峰小时周期相对较长; (2)多依托于改扩建的公路客运站,一般与城市轨道交通衔接,并承担城市内部交通换乘功能等	惠州新汽车南站综合客运枢纽、长沙汽车南站综合客运枢纽等
水路主导型	(1)受选址条件制约,均位于大江大河或主要沿港口码头后方或重要的旅游风光带沿岸,与客运码头一体化建设; (2)受航线影响,旅客流量一般不会太大,但在节假日时段会出现小高峰客流等	珠海九洲港综合客运枢纽、深圳蛇口邮轮母港综合客运枢纽、大连皮口陆港中心等
航空主导型	(1)受机场选址条件约束,离所在城市中心较远; (2)旅客服务需求层次较高,对服务水平和品质的要求相较其他类型综合客运枢纽高等	上海虹桥国际机场综合客运枢纽、西安咸阳国际机场综合客运枢纽、武汉天河国际机场交通中心等

8.1.3　综合客运枢纽的级别

综合客运枢纽的级别是反映其在影响区域范围内,提供旅客中转换乘服务能力与水平的重要指标,是衡量综合客运枢纽建设规模大小的重要参数,也是制定综合客运枢纽政策的重要依据。

划分综合客运枢纽级别,关键是从综合客运枢纽服务能力视角考虑对外运输方式、旅客发送总量、枢纽内各运输方式和发送总量等因素对枢纽内不同交通运输方式之间公共换乘区域、换乘设施、交通建筑构造及总体建设规模的影响,注意突出枢纽的功能定位。

综合客运枢纽级别划分需统筹各种运输方式站场设计年度,选取枢纽内主导方站场的设计年度作为综合客运枢纽设计年度,其他交通运输方式站场设计应与此年度保持一致,如不一致,应从整体枢纽建设发展的前瞻性角度考虑,在站场规划时预留用地规模,保障枢纽总体使用效果。

考虑综合客运枢纽与单一运输方式客运站场标准规范的兼容性，同时为体现不同类型枢纽客流特征的差异性，本书采取类型与级别相结合的思路，对不同类型的综合客运枢纽采用不同的客流规模标准进行分级，将综合客运枢纽划分为4个级别，具体见表8-2。

综合客运枢纽级别划分（旅客发送量单位：万人/天） 表8-2

级别 指标	铁路主导型		公路主导型		水路主导型		航空主导型	
	枢纽 总发送量	对外方式 总发送量	枢纽 总发送量	对外方式 总发送量	枢纽 总发送量	对外方式 总发送量	枢纽 总发送量	对外方式 总发送量
一级	≥20	≥10	≥10	≥5	≥4	≥2	≥10	≥5
二级	[10,20)	[5,10)	[2,10)	[1,5)	[2,4)	[1,2)	[6,10)	[3,5)
三级	[5,10)	[2,5)	[1,2)	[0.5,1)	[0.5,2)	[0.2,1)	[2,6)	[1,3)
四级	<5	<2	<1	<0.5	<0.5	<0.2	<2	<1

注：确定级别时，需综合考虑对外方式总发送量和枢纽总发送量两项指标，两者中取高值作为确定依据。

8.1.4 货运枢纽的概念

货运枢纽（物流园区）是特指依托各类交通枢纽，如港口、铁路站、机场、高速公路（高等级公路）交汇场所而构筑的公共平台性质的物流枢纽，且有明确的特征界定。

从“公路主枢纽”到“国家公路运输枢纽”再到“货运枢纽（物流园区）”，交通运输部门在货运枢纽领域的政策着力点，走过了从“单一功能”向“综合功能”、从“运输企业自用”到“社会化物流平台”的认知、探索过程。其变迁过程具体如图8-1所示。

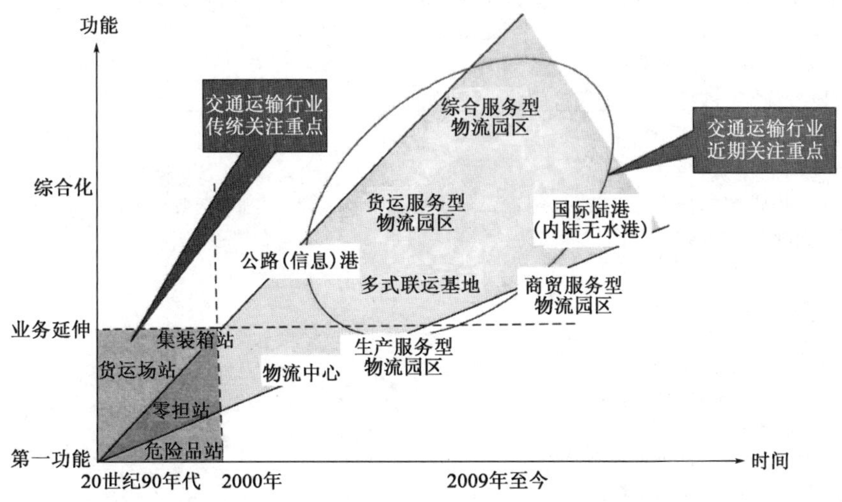

图8-1 货运枢纽形态变迁

货运枢纽发展至今，早已不是停留在单一功能站场的字面状态上，而是被若干市场实践所衍生出的众多形态所代表，并表现出外延不断拓展的状态。在图 8-1 中，正方形灰色区域代表了传统意义上行业所关注的各类货运站场范畴，而三角形区域则代表了行业近期关注重点，呈现出范围不断拓展、支持重点不断更新的态势。

伴随着综合运输体系建设和现代物流发展进程的不断推进，对于货运枢纽的内涵和外延不断有新的解读。"货运枢纽(物流园区)"从项目实体上看，既包括传统意义上的公路货运站场，也包括综合货运服务功能突出的物流园区，甚至还包括内陆无水港、口岸枢纽和联运基地等，其更加强调为物流企业提供集聚和一体化作业空间的公共设施和管理平台特征，是一个内涵和外延更加宽广的概念。

8.1.5 货运枢纽的分类

货运枢纽(物流园区)包括了《物流园区分类与规划基本要求》(GB/T 21334—2017)中的货运服务型物流园区和货运枢纽功能突出的综合服务型、口岸服务型物流园区项目，其功能特点、物流强度、交通连接方式和信息平台建设等特征性要求也可一并参照。功能和特征细分具体见表 8-3。

货运枢纽(物流园区)类型 表 8-3

类型	功能特点	推荐性指标和要求		
		物流强度[万吨/(平方公里·年)]	交通连接方式	信息平台
货运服务型	①依托空运、水运或陆运枢纽而规划； ②提供大批量货物转运的配套设施，实现不同运输方式的有效衔接； ③服务国际性、区域性物流运输及运输方式的转换	空港型≥50 海港型≥1000 陆港型≥500	有两种以上的运输方式存在；可以实现多式联运	能为入驻物流企业提供符合海关、检验检疫等监督要求的计算机管理系统
综合服务型	①依托货运枢纽、产业园区、商贸市场等多元对象而规划； ②位于城市交通运输主要节点，提供综合物流功能服务； ③主要服务于物料供应、商品集散	≥250	有两种以上的运输方式存在或毗邻两条及以上高速公路；可以实现多式联运	能为园区内企业提供物流公共信息和在线交易服务
口岸服务型	依托口岸，能够为进出口货物提供报关、报检、仓储、国际采购、分销和配送、国际中转、国际转口贸易、商品展示等服务，满足国际贸易企业物流需求	—	与综合服务型类似	与综合服务型类似

将货运枢纽(物流园区)根据所托的运输方式划分为以下几种类型。

8.1.5.1 单一运输方式主导

(1)公路港

公路港是在传统的货代受理点、信息交易中心、货物配载中心等基础上,通过信息网络手段开展“公共信息配货交易”,以减少空驶的服务手段将若干家中小企业集聚起来实现统一货运配载服务,并根据需要提供仓储、零担、驾驶员公寓等多项服务的货运枢纽(物流园区),一般占地面积不小于200亩(约0.13km^2)。

该类型以实现公路货运“停车、配载、线路、后勤”等一站式服务为主,是具有我国现阶段发展特色的“公路货运服务型物流园区”,功能虽相对单一,但能部分解决车辆空驶、长时间待货、交通拥堵、空气污染等突出问题。随着信息化、甩挂运输模式及“互联网+物流园区”模式的大量推广,此类型的枢纽项目可能逐步淡出市场。

(2)具有多元功能的公路货运枢纽(物流园区)

具有多元功能的公路货运枢纽(物流园区)是以公路为主要集疏运方式、功能更加综合多元的货运平台,往往既具有前述公路港的功能,也包括公共仓储、城市配送、货运代理,甚至还包括口岸通关、B型保税等功能,是支撑当地产业和物流业集聚发展的重要服务平台,一般占地面积不小于200亩(约0.13km^2)。功能包括但不局限于以下几个方面:

①毗邻产业园区、集聚区和高等级公路(二级以上公路)交汇位置规划建设,以公路为主要的集疏运方式,选址一般距离高速公路出入口不超过5km。

②为整车或零担专线汽车运输提供大批量货物转运、区域分拨的配套设施。

③为区域重要交通港站枢纽(机场、铁路站、港口等)提供喂给、集疏服务。

④为区域内有关制造业提供原材料、半成品、产成品等物资的集散、配送服务;为有关流通(批发、零售、电商等)企业提供分拨、配送服务。

⑤可具有口岸通关、B型保税等服务功能。

8.1.5.2 多运输方式(至少两种)连接

多运输方式(至少两种)连接的货运枢纽(物流园区)特指符合《物流园区分类与规划基本要求》(GB/T 21334—2017)的“货运服务型”及货运功能突出的“综合服务型”物流园区,在国标的推荐性指标中均默认衔接有两种及以上运输方式,可以实现多式联运,一般占地面积不小于500亩(约0.33km^2)。根据运输方式的连接类型可进一步细分如下。

(1)公铁联运型

公铁联运型是依托公铁联运条件而规划建设的货运服务型或综合服务型物流园区。具体功能包括但不局限于以下几个方面:

①依托铁路枢纽或铁路货场等规划建设(一般5km内有大型铁路站场),建有不少于800m、可实现铁路整车作业的专用线,可以在园区内实现公路和铁路的多式联运和换装、分拨作业。

②提供大批量货物转运的作业场地和装卸配套设施。

③可具有口岸通关、B 型保税等服务功能。

(2)水陆联运型

水陆联运型是依托公水或公铁水联运条件而规划建设的货运服务型或综合服务型物流园区。具体的功能包括但不局限于以下几个方面：

①依托海港或河港码头等规划建设(一般 5km 内有大型港口),建有与港口相连的铁路专用线或支线,或以公路运输作为接驳方式,可以实现远洋或内河航运与铁路或公路之间的换装作业和多式联运。

②提供大批量货物转运的作业场地和装卸配套设施。

③通常依托临港产业或地方主导性产业,为区域主导产业及邻近商贸市场、产业园区(集聚区)等提供商品流通集散、生产企业物料供应与产品配送等服务。

④可具有口岸通关、B 型保税等服务功能。

(3)空陆联运型

空陆联运型是依托航空与公路或航空与铁路联运条件而规划建设的货运服务型或综合服务型物流园区。具体的功能包括但不局限于以下几个方面：

①依托航空枢纽规划建设(一般 5 ~ 10km 内有大型机场),项目周边可以有铁路方式存在,但主要通过公路接驳实现航空与公路、航空与铁路方式之间的换装作业和多式联运。

②能够提供标准化或个性化货物(如快递、冷链)转运的作业场地和配套设施。

③可具有口岸通关、B 型保税等服务功能。

④依托航空枢纽,为邻近产业园区(集聚区)及周边提供高附加值产品、鲜活易腐产品的流通集散与产品配送等服务。

8.2 客货运场站

场站是综合枢纽的基本和重要组成部分,本节重点介绍各种客运、货运场站的基本构成与功能。

8.2.1 公路客货运场站

8.2.1.1 公路客运站

公路客运站的主要功能设施包括场站设施、站务用房、办公用房、生产服务设施和生活服务设施五大部分,如表 8-4 所示。

公路客运站的设施构成 表8-4

功能设施	设施构成
场站设施	站前广场、停车场、发车位
站务用房	候车厅、重点旅客候车室、售票厅、行包托运厅、综合服务处、站务员室、驾乘休息室、调度室、治安室、广播室、医疗救护室、无障碍通道、残障人士服务设施、饮水室、盥洗室和旅客厕所、智能化系统用房
办公用房	办公楼
生产服务设施	汽车安全检验台、汽车尾气检测室、车辆清洗、清洗台、汽车维修车间、材料库、配电室、锅炉房、门卫、传达室
生活服务设施	驾乘公寓、餐厅、商店

8.2.1.2 公路货运站

公路货运站大致可分为整车货运站、零担货运站、集装箱货运站3类。

(1)整车货运站

整车货运站是调查并组织货源、办理货运商务作业的场所。作业包括托运、承运、受理业务、结算运费等项工作。有的整车货运站也兼营零担货运。

按照托运货物的数量,可把货物分为大批货物和小批货物两类。大批货物是进行大批量运输的货物,通常要在连续的较长时间内才能完成。整车货运站主要经办大批货物运输。

(2)零担货运站

零担货运站是专门经营零担货物运输的公路货运站,简称零担站。汽车零担货物运输是指货主一次托运、同一到站、计费质量不足3t的货物运输。零担货物要求单件质量不超过200kg,单件体积不超过1.5m^3,高度不超过1.3m。零担货物在公路运输总量中所占的比例虽然不大,但随着我国商品经济的发展,特别是网络电子商务的迅速发展,品种复杂、量少批多的各类产品大量涌向运输市场,使零担货运增长十分显著。

零担货运站应由站房、仓库、货棚、装卸场、停车场及生产附属设施等组成。

零担货运站的托运处、提货处及工作间应设在车站站房内。托运处是物主办理托运、货物临时堆放及站务人员办理验货、司磅的场所。受理托运作业包括检查货物的包装、检验货物的性质、确定质量和办理单据等项工作。提货处是供货主办理提货手续的场所。

仓库是存放保管受理托运货物、到站交付货物及中转货物的场所。

货棚是为了存放少数笨重货物而设置的场所。

在靠近装卸场的仓库一侧,设置装卸站台,其功能要求是保证同时有较多车辆进行作业的装卸方便性,并有利于采用装卸机械(如叉车)作业,以减轻装卸工人的劳动强度。对于规模较小的零担货运站,也可利用装卸站台放置少量笨重货物,或作为货物进出仓库的临时堆放场地,便于在仓库管理上做到货主不直接进入仓库。装卸台上方应设置防雨棚，以免装卸货物时遭受雨淋或造成湿损。

装卸场是装卸车辆行驶、调车和装卸货物的场所，停车场是停放、保管驻站车辆的场所，要适当考虑驻站车辆的维护、小修作业场地，以保持车辆技术状况的良好。

(3)集装箱货运站

集装箱货运站主要承担集装箱货运的中转运输业务，所以又称集装箱中转站。其主要业务功能有：

①港口、火车站等与货主间的集装箱部门到部门的运输。

②集装箱适箱货物的拆箱、装箱、仓储、接取和送达。

③空、重集装箱的装卸、堆放，以及集装箱的检查、清洗、消毒、维修。

④车辆、设备的检查，以及清洗、维修和存放。

⑤为货主代办报关、报检等货运代理业务。

集装箱货运站应由站房、拆装箱库及其作业区、集装箱堆场、停车场及生产辅助设施等组成。集装箱堆场是堆放集装箱的专用场地，需满足中转箱、拼装箱、周转和维修箱等分区堆放的不同功能要求，并应缩短运距，避免作业交叉，并能准确、便捷地运送所有集装箱，便于管理。

拆装箱库及其作业区指对拼装箱进行拆箱及装箱的场所，也是拼装箱零担货物的集散地。其作业内容主要是把适箱零担货物装入集装箱，或从集装箱中取出，按类保管、存放和发放。因此，拆装箱库及其作业区应满足下列功能要求：

①设置拆装箱平台，留有足够的场地，便于进行拆箱和装箱作业。

②能满足机械装卸作业所需工作场地的要求，以免相互干扰。

③留有适当的理货空间，有利于货物的集疏运。

拆装箱平台通常设置在拆装箱库的两侧或四周，所需场地应保证车辆进出与人员操作互不干扰。拆装箱平台的工位数应满足拆装箱作业的需要。

8.2.2 铁路客货运场站

8.2.2.1 铁路客运站

(1)铁路客运站的功能

①旅客服务。旅客服务包括旅客上下车、候车、问讯、小件行李寄存，以及对旅客文化生活、饮食卫生方面的服务等。

②客运业务。客运业务包括客票发售，行李、包裹的承运、装卸、保管和交付，邮件装卸等。

③列车技术作业。列车技术作业包括列车接发、机车摘挂、技术检查、变更列车运行方向、办理餐车供应及上燃料等作业。

(2)铁路客运站的设施

①站房。站房是客运站的主体，由为旅客服务的候车部分(候车室)、营业部分(包括售票厅、行包房、小件行李寄存处、问讯处、服务处等)，以及交通联系部分(广厅、通廊、过

厅等)3 部分组成。其他还包括技术办公房屋(运转室、站长室、会议室、公安室等)及职工生活用房等。

②站场。站场是办理客运技术作业的地方,包括线路、站台、雨棚、跨线设备等。

③站前广场。站前广场是客运站与城市的接合部,包括旅客活动地带、停车场、旅客服务设施、绿化带等。

8.2.2.2 铁路货运站

铁路货运站是货物运输过程中进行货物集结、暂存、装卸搬运、信息处理、车辆检修等活动的场所,它有 6 个功能:①运输组织功能;②中转换装功能;③装卸储存功能;④多式联运和运输代理功能;⑤通信信息功能;⑥综合服务功能。

铁路货运站的设备包括:

①满足接发、解体、编组列车,装卸货物及其他需要的足够的站线,如到发线、编组线、装卸线、存车线、机车行走线等。

②必要的货场设备,如仓库、货物站台、雨棚及散装货场等。

③装卸设备等。

④办公用房和吊车、装卸工人间休室。

货运站也可按其服务对象分成为不同铁路轨距之间货物换装服务的换装站、为某一工矿企业或工业区生产服务的工业站、为港口服务的港湾站等。

(1)换装站是设在不同轨距铁路的接轨地点、为货物换装和旅客换乘服务的车站。换装站按其设置的地点和担负的作业性质分为国境换装站和国内换装站。

国境换装站设于轨距不同的两国国境铁路衔接地点,除办理货运站所有的技术作业外,还要办理以下作业:

①旅客列车作业。旅客列车作业包括有关边防的检查作业;餐车和邮政车的摘挂作业;行李的交接与邮政的换装作业;全部客车转向架的更换或旅客的换乘作业。

②货物列车作业。货物列车作业包括边防部门对进、出口货物列车的验收;外运代理部门对进、出口货物的报关检验;海关、商检、卫生防疫检查、动植物检疫等部门对进、出口货物的检疫、检验;货物和车辆的交接、检斤和验收作业;货运票据的翻译、签封,各种费用(如换装费、验关费等)的核收;货物的换装,必要时还办理个别特大货物车辆更换转向架的作业。

国境换装站应设置下列主要设备:不同轨距铁路共用的旅客列车到发场;为客车车底过轨而设的旅客列车转向架更换设备;不同轨距的货物列车到发场、调车场;两种轨距共用或分开的机车检修和整备设备,车辆检修设备;两种轨距布置在一起的换装场、货物储存仓库或储存场。

国内换装站由于运量小、货物品种不同,一般根据所办理货物的性质设置几组换装线即可。

(2)工业站是设在工业企业专用铁道的接轨点或铁路枢纽内的工业区附近,主要为工业企业外部运输服务的车站。

(3)港湾站是专为港口服务的车站,办理列车的到发、解编及向港区车场或装卸地点取送车辆等作业。

8.2.3 港口

港口主要包括水域和陆域两部分。

港口陆域上供船舶停靠、旅客上下、货物装卸的水工建筑物称为码头。

港口客运站是办理水路客运业务,为旅客提供水路运输服务的建筑和设施,包括站前广场、站房(客运大楼)、客运码头(或客货滚装船码头)和其他附属建筑等内容。

客运码头指供客轮停靠、上下旅客的码头。客运码头所在的港口陆域上除码头与泊位之外,还应有客运大楼、站前广场、停车场等配套设施,其他陆域设施应视需要而设置。

现代港口生产作业及主要设施可归结为五大系统:船舶航行作业系统, 乘降、装卸作业系统,储存、分运作业系统,集疏运作业系统,信息与商务系统。

8.2.4 机场

机场是供飞机起飞、着陆、停驻、维护、补充给养及组织飞行保障活动所用的场所,是民航运输网络中的节点,是航空运输的起点、终点和经停点。从交通运输角度看,民航运输机场是空中运输和地面运输的转接点。它一方面要面向空中,送走起飞的飞机,迎来着陆的飞机;另一方面要面向陆地,供客、货和邮件进出。机场可实现运输方式的转换,因此也可以称作航空站(简称为航站)。大型民航运输机场又称为"航空港(Airport)"。

机场可分为飞行区、地面运输区和候机楼 3 部分。

①飞行区是机场内用于飞机起飞、着陆和滑行的飞机运行区域,通常还包括用于飞机起降的空域。

②地面运输区是车辆和旅客活动的区域,其功能是把机场和附近城市连接起来(通常是通过公路,也包括铁路、地铁、轻轨、水运码头等),将旅客和货物及时运进或运出候机楼。

③候机楼是旅客登机的场所,是飞行区和地面运输区的接合部位。严格讲,候机楼应该属于地面运输区,鉴于机场中的很多主要活动在候机楼中进行,因而把候机楼作为机场的一个独立的构成部分。

机场货运区的设施主要是货站与站坪的设施、陆侧停车的设施,普通仓储、国际货物监管的设施,"一关三检"的相关口岸设施,办公、服务设施,以及市政配套的设施。

货运设施有一级和二级之分。有空侧交接功能的货运设施是一级设施,仅有陆侧交接功能的设施是二级设施。一级设施主要包括国际货站、国际快件中心、国内货站、国内快件中心等;二级设施主要包括货运代理仓库、快件分拨中心、跨境电商园区和海关监管查验设施等。例如,航空货站是保障机场货运高效流转的核心设施,货站临空一侧可对接服务于飞机装卸货,另一侧陆侧站台则对接服务于载货汽车装卸货,航空货站就属于一级设施。其余的一级设施还包括快件中心、跨境电商中心等。二级设施是为货运代理和快递企业提供服务的设施,也包括为国际货物提供服务的二级监管仓库。各类设施之间有完善的市政交通连接,确保货物在各功能设施之间的快速流转。

8.2.5 城市轨道交通车站

城市轨道交通车站一般包括车站主体、出入口及通道、通风道及风亭(地下)和其他附属建筑物。城市轨道交通车站的组成和各部分的功能详见4.4.3。

8.3 综合客运枢纽交通组织

综合客运枢纽的交通组织,是对旅客和车辆在综合客运枢纽内外集散、换乘流动过程中有关路径走向的规划和组织,目的是尽可能实现旅客和车辆安全、快速、有序的集散和换乘。

8.3.1 交通组织的内容

由于综合客运枢纽为两种及以上对外运输方式与城市交通方式换乘的转运场所,首要问题是解决好综合客运枢纽整体对外集疏运通道的交通流线组织及其与城市背景交通的组织,简称为综合客运枢纽外部交通组织;此外,要解决好综合客运枢纽内部各种运输方式之间的换乘关系及车流、人流组织,简称为综合客运枢纽内部交通组织。

8.3.1.1 外部交通组织

综合客运枢纽外部交通组织主要包括两方面:一是对进出枢纽的集散交通的组织;二是对枢纽周边背景交通的组织。

(1)集散交通组织

集散交通组织问题是指道路交通集疏运方式的组织,主要解决潜在的3方面交通冲突问题,即枢纽地区过境交通、进出枢纽交通和地区开发交通间的协调组织。

基本思路如下:

①通过高等级公路或城市主干道快速疏散过境交通。

②充分利用专用匝道或快速路系统,快速集散枢纽到发交通,尽量减少进出站场交通和城市背景交通的冲突。

③合理利用主次干路和支路系统,有效分散枢纽地区的综合开发生成的交通量。

集散交通组织的重点是各类形式的交通流线在交织区域内应进行优化设计;尽量避

免线路的迂回，保持车流与车道为顺行方向；同时关注各种运输方式之间交叉口的衔接、多条道路汇集到城市主干道路的通行能力，以及道路建设规模与标准问题，要充分保证外部通道的通畅、安全。

(2)背景交通组织

背景交通是指无枢纽项目条件下，原有背景下的交通组织情况。背景交通组织是为保障综合客运枢纽直接影区域内的交通畅通而对原城市背景交通运行状态进行优化调整的一项重要工作。背景交通组织重点研究的是在综合客运枢纽运行状态下及周边土地开发背景下，外部城市交通网络的能力适应性，必要时应提出改善背景交通的建议。

(3)外部交通组织的要求

针对大型综合客运枢纽，外部交通组织的内容实际上涵盖了枢纽地区综合交通规划、综合枢纽站场交通影响评价的主要结论。因此，建议对于日均换乘量达到10万人次以上的综合客运枢纽，应考虑针对综合客运枢纽周边区域(一般至少考虑3km^{2}城市范围内)，单独编制综合交通规划报告，以便于充分考虑枢纽与城市交通、对外交通的衔接和影响，保证枢纽的安全运营和系统功能有效发挥，对枢纽的外围交通配套工程提前做好规划。日均换乘量达到5万人次的综合客运枢纽，应单独编制项目交通影响评价报告。综合交通规划报告、交通影响评价报告的编制应分别在项目规划选址、项目立项阶段同步进行。

8.3.1.2　内部交通组织

综合客运枢纽内部交通组织主要解决的是综合客运枢纽内部各类进出站车流、人流的交通组织，以及不同运输方式间客流的换乘交通组织问题。

(1)进出站车流组织

进出站车流组织重点研究长途客车、公共汽车、出租汽车及社会车辆等道路运输方式的交通组织问题，分析枢纽功能布置的适应性，必要时提出改善建议。

(2)进出站人流组织

进出站人流组织主要是指综合客运枢纽内各种运输方式到发的人流组织，重点研究不同运输方式间的换乘模式和考虑安全疏散需要的进出站口的设置等。各种运输方式内部的人流组织按照各自的专业规范要求执行。

(3)换乘客流组织

换乘客流组织重点考虑在综合客运枢纽内部，不同运输方式间的换乘模式、流线特点及其适用范围，并据此提出对进出口界面设置的要求。

8.3.2　交通组织分析工作步骤与方法

交通组织分析工作步骤分为现状调查、交通流线布设、通行能力分析、效果评价，如图8-2所示。

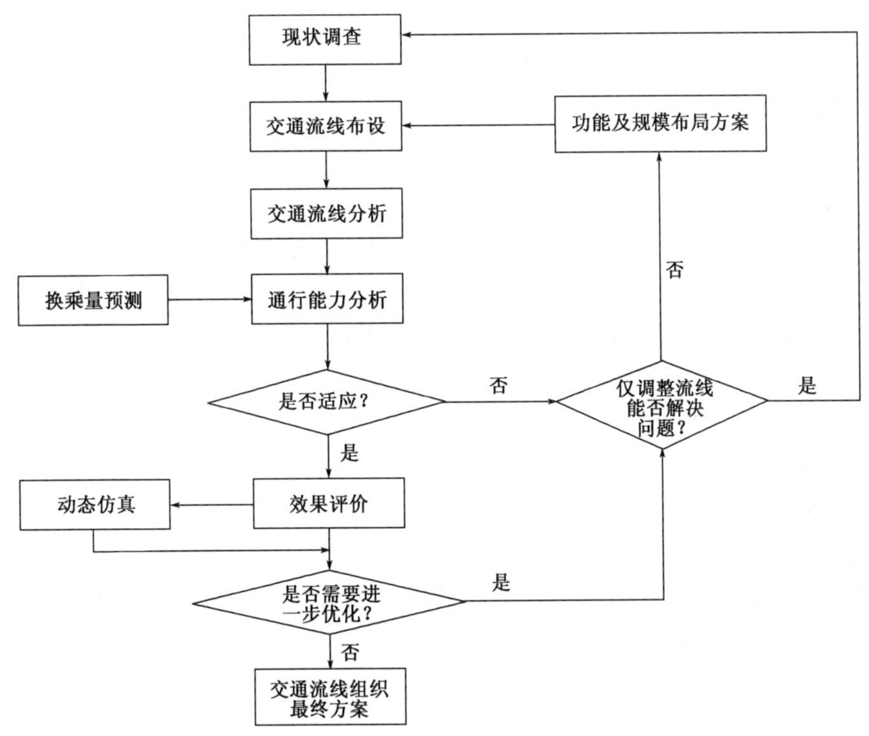

图 8-2　综合客运枢纽交通组织分析工作步骤示意图

8.3.2.1　现状调查

现状调查是指针对枢纽的交通组织分析工作展开必要的情况调查，详细掌握周边交通环境的有利条件和制约因素，为枢纽交通组织方案的形成和调整优化提供基础依据，主要包括以下几方面内容。

(1)枢纽地区对外综合交通情况调查

调查内容为枢纽周边地区高速公路、铁路、民航等对外运输方式的线网布局、设计能力、服务水平现状概况及发展规划情况等。网络布局、设计能力的调查主要采用资料调研法，通过座谈、走访收集相关资料；服务水平的调查主要采用统计分析法或现场观测法，收集已有观测资料或开展交通量现场观测，利用所获得的交通量数据进行统计分析。

(2)枢纽地区城市交通运输情况调查

调查内容包括城市道路(快速路、城市主干路、次干路、专用道等)的网络布局、通行能力、交通量等；城市轨道交通网络布局、发车频率、日均载客量等；城市公共汽车线路、发车频率，公交场站数量、位置、规模等。调查主要采用资料调研法，通过座谈、走访收集相关资料；交通量的调查主要采用统计分析法或现场观测法，收集已有观测资料或开展现场观测，利用所获得的交通数据进行统计分析。

(3)枢纽周边用地性质及片区开发规划情况调查

调查内容包括枢纽周边地块的控制性详细规划和修建性详细规划,获取周边地块各类用地面积及开发强度指标,为预测未来枢纽周边区域自身发展产生和带来的非常态吸引交通需求提供数据支撑。调查主要采用资料调研法,通过座谈、走访收集相关资料。

8.3.2.2 交通流线布设

摸清外部交通基本情况后,结合枢纽的总平面布置条件,根据枢纽内部各运输方式的业务流程及不同类型交通组织的目标和原则,初步拟定各运输方式的交通流线,分别用文字说明和流线图描绘出交通流线布设方案。然后根据通行能力分析、效果评价进一步调整优化,直至确定出合理的交通流线组织方案。

8.3.2.3 通行能力分析

根据现状调查掌握的资料信息及需求预测获得旅客到发流量和换乘量,在交通流线组织初步方案的基础上,分析对外通道的通行能力是否满足需求、现状交通与综合客运枢纽的流量冲突是否显著、车辆进出站和换乘通道是否存在拥堵现象等。然后根据通行能力分析所反映的矛盾和冲突情况,对交通网络及流线组织方案进行优化调整。

8.3.2.4 效果评价

在通行能力分析和优化调整的基础上,可进行交通组织总体效果评价。评价的内容主要包括车流和人流交通组织两项,见表8-5。评价的方法主要有指标评价法、仿真评价法两类。

综合客运枢纽交通组织效果评价内容 表8-5

类　　别	路径的便捷性	能力的适应性
车流交通组织	(最大、平均)绕行系数	路网服务水平
人流交通组织	(最大、平均)换乘距离	换乘排队时间

8.4 综合客运枢纽信息和换乘标志系统

综合客运枢纽是集合了多种运输方式的场站,集聚人流量大,换乘流线复杂,管理主体多元,需要充分利用信息化手段加强枢纽综合协调管理和为旅客提供人性化的信息引导服务。枢纽信息系统是为实现枢纽的综合协调管理和信息共享发布而搭建的公共信息管理平台。枢纽换乘标志系统是指附设于枢纽内部公共空间、出入口及枢纽周边地区,由文字、图像、色彩等信息构成的多层次、多要素、动静结合的换乘导向标志系统。

枢纽信息系统和换乘标志系统能提升枢纽运营管理水平,提高出行效率和服务品质。

8.4.1 枢纽信息系统

枢纽信息系统采用集成式、平台式、智能化的信息技术手段,通过整合各运输方式信息资源,支撑枢纽综合信息管理、指挥调度、系统运营维护等管理业务。

8.4.1.1 系统构成

枢纽信息系统包括数据采集和交换、枢纽运行监测、枢纽协同管理、应急处置、旅客信息服务等核心业务平台,依靠信息网络、广播、通信、视频会议、信息服务等支撑系统运行,并需要建设管理场所、信息管孔、机房、供电、防雷接地、综合布线等配套基础设施,以及枢纽内各运输方式业务信息系统和消防、公安治安、楼宇自控、交通行业管理等其他系统。

8.4.1.2 功能应用

(1)数据采集和交换

通过对枢纽内各运输方式信息资源的采集、处理、存储和交换,实现枢纽内信息资源的整合,并为各运营主体及上一级信息中心提供信息共享服务。

(2)综合监控管理

对枢纽公共区域及各运输方式场站的车辆运行、客流组织、消防安全设备进行实时监控。

(3)日常协调管理

开展与枢纽各运输方式的日常沟通协调,根据共享信息,协调枢纽内各运输方式的运营管理和突发事件下的联动管理,实现多运输方式协同工作。

(4)应急调度指挥

按照枢纽应急预案,开展应急调度指挥以便及时控制事态、消灭危险。具体应包括预测预警、事件展现及评估、预案管理、指挥调度和特殊任务保障等功能。

(5)旅客信息服务

通过旅客信息中心、问讯处、互联网网站系统、手机网站系统、电话问询系统、触摸屏查询系统等,为旅客出行全过程提供实时信息服务。

旅客信息服务应包括各运输方式运营时刻表、班次运行状态等枢纽换乘相关信息,也可提供联网售票、酒店、租车、餐饮等特色信息。

8.4.2 换乘标志系统

综合客运枢纽换乘标志系统主要是指附设于枢纽内部公共空间、出入口及枢纽周边地区,由文字、图像、色彩等信息标志构建的一个多层次、多要素、动静结合的综合性换乘导向服务系统,用以引导旅客正确而有效地完成空间定位、换乘路径选择、紧急疏散等活动。

换乘标志系统由导向标志、位置标志、综合信息标志和辅助性标志4类标志构成。

(1)导向标志:由标志图形、文字和箭头组成,表示标志文字或图形所示目的地的前进方向,用于引导旅客继续前行。

(2)位置标志:由标志图形和文字组成,表示标志文字或位置标志图形所示目的地,用于告诉旅客已经到达目的地。

(3)综合信息标志:以平面示意图为主体,由图名、平面图和图例组成,主要用于展示枢纽或特定区域内的综合信息标志服务设施的分布信息,使旅客能准确分辨自己所处方位及周边各项设施的空间布局,为选择行进方向提供参考。

(4)辅助性标志:包括说明、警告、管制、装饰及无障碍设施的系列标志,起到完善空间环境、安全疏散引导、扶助特殊人群等作用。

8.5 货运枢纽交通组织

货运枢纽(物流园区)项目作为大型公共服务设施,其运输、装卸、换装、配套服务等活动必然产生大量的货流和车流,开展交通组织研究是确保进出货运枢纽(物流园区)的车辆和货物安全快速地运输和集散、提高枢纽运作效率、避免产生外部交通拥堵、降低环境影响的重要环节。

8.5.1 货物枢纽交通组织的思路

货运枢纽(物流园区)项目的交通组织是指按照合理的交通流线,对枢纽区域内外的道路、铁路等进行优化衔接,配套集疏运组织方式,为其内部各功能区筹划运输组织保障的工作过程。

8.5.1.1 以货流运行为主,存在客货混行

货运枢纽(物流园区)进出通道的车流以货车为主。由于货车的各项技术指标和交通特性,如车身长、宽、载质量等与客车存在较大差别,因此,区域内外交通通道的设计应重点关注货车进出的要求。同时,内部有服务于员工、客户、办事人员等的客运车辆,交通通道上呈现“客货混行,以货为主”的特征,应根据车流特点合理组织交通。

8.5.1.2 车辆行驶目的性和业务流程性强

货运枢纽(物流园区)一般都有其明确的服务对象及服务范围,区域内通道上的货车交通流的方向性比较明显,主要受其功能布局和作业流程约束,车辆往往沿固定的路线行驶,并到达固定的目的地,因此,需要根据物流作业流程合理设计交通流线、合理组织交通。

8.5.1.3 高峰时车流集中,类型间差异大

大型货运枢纽(物流园区)往往位于城区外部或边缘,城市物流配送中心可能处于城区范围,受省际、市际长途运输及城区交通管制和不同货类运输特性的影响,其车流高峰时段

往往较为集中、时效性较强。例如:以公路干线运输为支撑的枢纽,凌晨装车出发,当日下午四点左右进入目的地城市;城市物流配送晚间八点以后进城,次日早上六点之前配送至商家等。

开展交通组织主要涉及以下 4 个方面工作内容:

(1)开展交通流线设计,即明确人流、车流、货流在项目内部及周边区域流动的轨迹。

(2)开展出入卡口设计,即明确对外交通通道的出入口布设,包括出入口数量、类型、开口位置和开口方式等。

(3)对外交通衔接研究,即开展整个货运枢纽(物流园区)与外部交通枢纽、门户交通设施、重要运输通道之间的衔接组织及规划方案研究。

(4)内部交通组织研究,即提出货运枢纽(物流园区)内部各功能区之间的路网形态、道路设计等方案。

8.5.2 对外交通衔接

开展对外交通衔接规划设计,其核心是分析拟建枢纽与周边既有或规划的交通运输通道的相互关系,评价项目集疏运体系(统筹考虑铁路、公路、水路等多种交通运输方式)是否能够满足拟建项目的运输要求,必要时提出建议。

对于规模较大、功能复杂的货运枢纽(物流园区),可进行拟建项目集散交通量测算。在此基础上,研究周边区域交通网络的承载能力,相应提出周边区域交通网络的改造方案或优化建议,并提出集疏运方式衔接组织形式。

8.5.2.1 项目与周边运输通道的相互关系

一般情况下,在货运枢纽(物流园区)选址阶段,交通条件已经作为一项重点因素予以考虑。本节内容是在此基础上,进一步研究项目与外部交通设施之间的距离及衔接方式,衔接线路的规模、标准等,重点考虑项目如何与高速公路入口、铁路及站场、港口、机场等具体衔接的问题。因此,需要明确项目与外部的交通枢纽及重要交通通道之间是否已有或规划了专用线路、通道,分析既有及规划的交通衔接设施能否满足拟建项目的集疏运需求。

如拟建项目具有多式联运功能,在规划布局时应考虑预留不同运输方式的换装作业场地,在设计交通衔接方案时应考虑不同运输方式的特点,做好交通线网衔接。依托港口、机场或铁路站场的多式联运型货运枢纽(物流园区)一般车流量较大、高峰时段集中,对集散通道设施的等级、规模要求较高,应在规划外部集散通道时统筹考虑。

8.5.2.2 拟建项目集散交通量测算

对于规模较大、交通组织较为复杂的项目,应根据项目设计年度货运吞吐量预测结论进行集散交通量测算。

8.5.2.3 区域交通网络承载能力分析

需要开展区域交通网络承载能力分析的项目,应根据交通量测算的结论,将预测的项目货物或货车交通量发生和吸引数据“加载”到实际或规划的交通网络中去,进而分析判断在既有规划实施的情况下，项目与周边对外交通设施连接通道的走向、规模、标准能否满足园区发展要求，以及项目对周边综合交通网运行状况的影响。

8.5.2.4　提出明确的交通组织与衔接方案建议

交通组织方案除了分析项目与周边既有或规划的重要交通通道之间的关系，以及区域交通网络承载力等相关技术问题外，还应针对外部集疏运通道的数量、规划、建设标准与规划、交通等有关行业主管部门进行深入沟通，提出项目周边集疏运设施的改善建议，以保证项目对外运输通道的连通、顺畅和高效。

8.5.3　内部交通组织

内部交通组织是指货运枢纽（物流园区）内部各功能区之间的交通组织与衔接。考虑因素主要包括：①外部运输通道的规划情况；②各功能区布设及物流服务作业类型；③内部路网形态；④交通流线设计；⑤园区道路设计。工作思路如图8-3所示，即根据项目的地块形状和地形条件，同时考虑项目类型、功能定位及作业流程、功能区布局等因素，确定同区内部路网形态并设计交通流线；在此基础上，结合枢纽总体规模及需求预测结论，确定道路面积率、道路等级、红线宽度等重要指标。

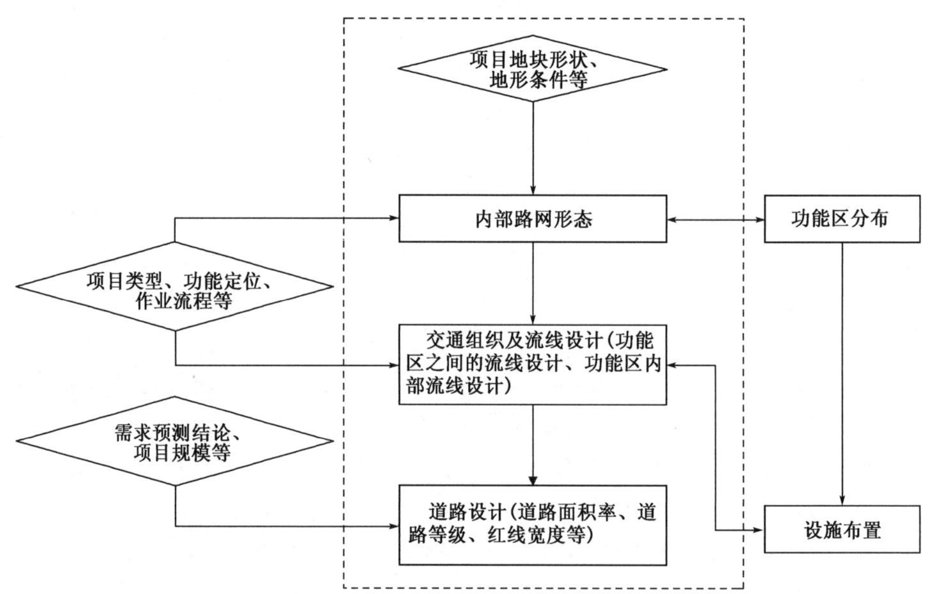

图8-3　货运枢纽（物流园区）内部交通组织思路及步骤示意图

复习思考题

1. 简述综合客运枢纽的分类。
2. 典型的货运枢纽类型有哪些？

3. 如何开展综合客运枢纽交通组织的评估?
4. 简述综合客运枢纽信息系统的构成。
5. 如何开展货运枢纽交通组织的评估?
6. 简述航空物流设施的分级。

本章参考文献与延伸阅读

[1] 江苏省交通运输厅规划研究中心. 综合客运枢纽规划建设及运营管理指南[M]. 北京:人民交通出版社股份有限公司,2016.

[2] 交通运输部规划研究院课题组. 综合客运枢纽规划建设政策理论与实践探索[M]. 北京:人民交通出版社股份有限公司,2017.

[3] 交通运输部规划研究院课题组. 货运枢纽物流园区可行性研究方法与关键技术[M]. 北京:人民交通出版社股份有限公司,2017.

[4] 交通运输部规划研究院课题组. 综合客运枢纽项目可行性研究指南[M]. 北京:人民交通出版社股份有限公司,2014.

[5] 上海市质量和标准化研究院,中国物流与采购联合会物流园区专业委员会,同济大学,等. 物流园区分类与规划基本要求:GB/T 21334—2017[S]. 北京:中国标准出版社,2017.

[6] 交通运输部科学研究院,中国铁道科学研究院. 综合客运枢纽术语:JT/T 1065—2016[S]. 北京:人民交通出版社股份有限公司,2016.

[7] 刘武君,寇怡君. 航空货运物流规划[M]. 上海:同济大学出版社,2020.

[8] 周爱莲. 交通枢纽规划与设计[M]. 北京:人民交通出版社,2013.

[9] 过秀成. 城市客运枢纽规划与设计[M]. 北京:人民交通出版社股份有限公司,2017.

第9章 CHAPTER NINE

智能交通运输系统

学习目的与要求

交通运输系统的信息化、智能化是重要的发展趋势。通过本章学习,要求了解智能交通运输系统(Intelligent Transportation Systems, ITS)的产生背景,理解ITS的概念和内涵及其提升交通运输系统安全和效能的主要途径;了解ITS体系框架的功能和组成及我国ITS体系框架的主要内容,学习从需求和体系框架角度分析ITS的构成要素及其逻辑关系的基本技能;了解ITS涉及的基础理论和应用技术及其典型应用;掌握道路、轨道、水路、航空和管道及综合ITS的组成、发展历程和未来重点发展方向,理解不同模式ITS典型子系统的功能和特点,理解多学科交叉对于促进交通运输系统发展的重要作用。

9.1 智能交通运输系统概述

9.1.1 ITS的产生背景

第二次世界大战结束后,相对和平稳定的国际环境和大量军事科技(定位、导航、计算机、通信、控制等)向民用领域的转移,推动了社会生产力和世界经济的快速发展;同时,国家垄断资本主义空前发展,西方国家政府主导发展新兴产业以促进经济发展,交通运输数字化、信息化和智能化逐渐被作为一个新经济产业来发展。从20世纪50年代开始,小汽车逐步在美国、日本和欧洲等发达国家和地区普及,汽车保有量急剧上升,交通安全、拥堵和环境污染等问题日益严重;以信息技术为主要特征的第三次工业革命,大力推动了计算机、通信和电子信息等技术在各行各业的应用,社会信息化程度显著提升。20 世纪 80 年代,知识经济的提出与践行,使得计算机软件系统、智能化产品等得到进一步重视。

在此背景下,美国、日本和欧洲等发达国家和地区先后开始研究运用先进的信息通信技术来改善交通状况,启动了多项重大计划和法案,并研发了一批代表性产品和系统。例如,美国研发了电子路径导航系统(ERGS,1969 年)和智能车路系统(IVHS,1991 年)等,提出了 21 世纪出行计划(Mobility 2000,1988 年)和《陆上综合运输效率法案》(ISTEA,1991 年)等。日本先后研发了机动车综合通信系统(CACS,1973 年)和路车间通信系统(RACS,1986 年)等。欧洲开展了安全高效交通计划(PROMETHEVS,1987 年)和面向车辆安全的专用道路基础设施计划(DRIVE,一期 1988 年,二期 1992 年)等计划。

上述技术形成了智能交通运输系统(ITS)的雏形。在 ITS 这一概念被提出之前,各国学者和技术人员通过自己国家的计划或系统名称来进行交流。1994 年,第一届世界智能交通大会在法国巴黎召开,ITS 的概念被正式提出并得到广泛的国际认可。ITS 实际上是 20 世纪 60 年代末至 90 年代初美国、日本和欧洲等发达国家和地区运用先进的信息通信技术来改善不断尖锐的交通问题而形成的相关技术的总称。

9.1.2 ITS 的基本概念

ITS 是将先进的科学技术(定位、导航、计算机、通信、控制等)有效地集成并综合应用于交通运输系统,加强交通工具、交通设施、交通参与者三者之间的有机联系,提高系统感知、计算、分析、决策、管控和服务的能力,从而建立起的一种更加安全、高效、环保、节能、舒适的交通运输系统。

如图 9-1 所示,ITS 本质上是基于高新技术和新理念的先进交通运输系统,它可以在宏观层面调节交通需求和供给的结构关系,提升交通时空资源的利用效率,在微观层面辅助交通参与者,减少人类认知、判断、决策和操作的误差,显著提升其能力,从而实现安全、高效、环保、节能和舒适的目标。

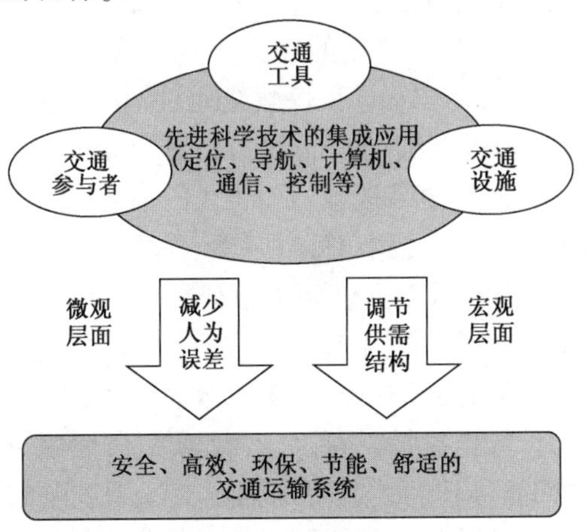

图 9-1　ITS 的概念解析

ITS 中的“Intelligent”包含 Advanced(先进的)、Integrated(整合的)、Cooperative(合作的)、Adaptive(自适应的)、Synergic(协同的)、Connected(网联的)等内涵。ITS 既涉及交通,还关联运输,虽源于道路交通,但其技术和理念已经全面推广至轨道、水路、航空和管道等其他交通运输方式,因此 ITS ≠ Intelligent Traffic Systems。ITS 不是简单的信息通信技术的系统集成,而是围绕交通运输系统安全和效能提升形成的一个有机整体,因此 ITS ≠Information Technologies + System。

广义来说,ITS 包括道路、轨道、水路、航空、管道及其综合系统的数字化、网络化、信息化和智能化。道路 ITS 主要面向城市道路、公路、公交线路和场站、停车场库等道路交通系统,主要服务于道路交通运输管理相关部门、公交企业、物流企业、出行服务企业和道路交通参与者。轨道 ITS 主要面向高速铁路、城际铁路、城市轨道(地铁、轻轨等)、轨道场站等轨道交通系统,主要服务于轨道交通运输管理相关部门、轨道交通运营企业、物流企业、出行服务企业和轨道交通参与者。水路 ITS 主要面向海洋、极地、河流、湖泊、港口、码头等水路交通系统,主要服务于水运交通运输管理相关部门、水运交通运营企业、港口和码头运营企业、物流企业、出行服务企业和水运交通参与者。航空 ITS 主要面向国际航线、国内航线、机场等航空交通系统,主要服务于航空交通运输管理相关部门、民航企业、物流企业、出行服务企业和航空交通参与者。管道 ITS 主要面向输油管道、输气管道、物流管道等管道交通系统,主要服务于管道交通运输管理相关部门、油气田生产经营企业和物流企业。综合 ITS 主要面向两种以上交通运输方式协同运行和服务而形成的综合交通运输系统,主要服务于城市和城际综合交通运输管理相关部门(例如,城市综合交通运行监测中心,火车站、港口、机场等综合枢纽管理部门)、多式联运企业、一站式出行服务企业和跨方式出行者。

2009 年,美国 IBM 公司在智慧城市(Smart City)的背景下首次提出了智慧交通(Smart Transportation)的概念。2019 年,中共中央、国务院发布的《交通强国建设纲要》提出了智慧交通发展战略。2021 年,教育部将智慧交通列入普通高等学校本科专业目录。因此,近年一些学者分别给出了智能交通和智慧交通的定义,尝试区分智能交通和智慧交通这两个概念,但是学术界尚未形成广泛的共识。

智能交通(Intelligent Transportation)和智慧交通(Smart Transportation)的差异在于中文的“智能”和“智慧”之别,以及英文的“Intelligent”和“Smart”之别。从现代汉语和英语的使用习惯来看,“智慧(Smart)”更多地被运用于人的描述,而“智能(Intelligent)”更多地被运用于机器和系统的描述。因此,我们可以认为,“智慧”交通具有更高级别的智能化水平(“拟人化”智能),是“智能”交通的更高发展阶段。相比于 20 世纪 90 年代初提出的“智能”交通,“智慧”交通更加关注近年来快速发展的物联网、移动互联网、5G、大数据、人工智能和云计算等新一代信息通信技术在交通运输系统的集成应用,更加强调泛在信息感知、高可靠低延时通信、数据挖掘、智能实时计算和个性化精准服务。同时,“智慧”交通是在智慧城市的背景下提出,因此其更加强调交通系统与智慧城市其他子系统(例如,智慧社区、智慧医疗、智慧城管等)的协同运行和服务。

9.1.3 ITS 的体系框架

ITS 的规划、设计、建设和运维涉及不同的专业领域、行政区域、行业部门、用户主体、服务主体、应用系统等。因此,ITS 的建设和发展需要一个纲领性和宏观指导性的技术文件,这个技术文件应当能够描绘国家和地区 ITS 的未来(至少 20 年)发展蓝图,明确描述 ITS 的总体架构、应用领域和主要功能,清晰定义 ITS 各子系统和组成要素间数据与信息的交换内容及接口,以保证各阶段、各部门的 ITS 建设内容能够在统一的框架下有效集成,使得 ITS 的各个子系统和组成要素之间乃至不同部门、不同地区的 ITS 之间能够互联互通,实现数据和信息的共享与交换,以及系统功能的集成与协同。ITS 体系框架正是发挥这一关键指导作用的技术文件,是国家和地区 ITS 全面建设和发展必不可少的基础性文件。

9.1.3.1 ITS 体系框架的组成

ITS 体系框架又称 ITS 体系结构,它是从系统工程的角度体现系统中各要素的有机关系和层次结构,描述系统间及系统内各要素之间的信息传递关系和功能实现的相互依赖关系。它决定了系统如何构成,确定了功能模块及模块之间的通信协议和系统接口,涉及实现用户服务功能的全部子系统的设计。它的主要组成部分包括:用户服务、逻辑框架、物理框架、通信体系、标准体系、效益评价和实施策略。其中,用户服务、逻辑框架和物理框架是 ITS 体系框架的 3 个最基本要素。

(1)用户服务

用户服务是从用户的角度来描述 ITS 的系统功能及其可提供的服务内容,界定 ITS 可提供服务的范围。它是 ITS 体系框架开发的基础和 ITS 标准体系制定的基本需求,主要回答“ITS 可以提供什么”的问题。用户服务的定义主要是为了明确划分 ITS 各子系统的用户群体及其需求,对用户服务需求进行合理排序后可指导 ITS 的实施顺序。用户服务涉及 3 个概念:用户主体、服务主体和系统功能。用户主体是指服务的接受者,它与服务主体是被服务和服务的关系,例如,政府、行业部门、科研院所、公交公司、物流企业和公众等;服务主体是指服务的提供者,它与用户主体是服务和被服务的关系,例如,产品供应商、通信服务商、系统集成商、运维服务商等;系统功能是指 ITS 为完成用户服务必须具有的功能,例如,交通信息采集、存储、处理、服务等方面的功能。

(2)逻辑框架

逻辑框架是用来定义和确定为满足用户的所有需求,ITS 所必须提供的一系列功能领域和模块及其关系。它是 ITS 物理框架开发的基础,主要回答“ITS 怎么做”的问题。逻辑框架详细描述了 ITS 各子系统的逻辑体系,定义了各子系统的功能及各子系统之间的数据流(Data Flow)。它通常表现为一系列相互区别而又相互联系的功能领域、功能单元及数据流图,每个功能领域都定义了功能及数据库,这些数据库又通过数据流与终端

(可以是一个人、一个系统或任何一个其他的物理实体)相联系。终端可以获取数据,系统也可以通过终端采集数据。终端定义了系统所期望的外部世界输入,描述了系统期望终端提供的数据及由系统提供给终端的数据。

(3)物理框架

物理框架用于将逻辑框架中的功能实体化,并把功能相近的物理实体整合成直观的子系统。它是制定ITS通信体系和实施策略的基础,主要回答"ITS如何实物化"的问题。物理框架描述了在逻辑框架中定义的功能如何被集成起来以形成各个子系统,这些子系统将由实体化的软硬件来承载。除了对子系统进行划分和定义外,物理框架还需明确服务端。所谓服务端,是指存在于系统之外,但与系统具有信息交互关系的实体。逻辑框架通常表现为一系列的子系统和框架流(Frame Flow),子系统之间及子系统与服务端之间的信息传递关系由框架流表示,每条框架流一般对应于逻辑框架中的一条或若干条数据流。

(4)通信体系

通信体系用于描述支持子系统之间及子系统内部进行信息交互的需求、方式和机制。它描述了在实现ITS物理框架过程中的基本通信需求。信息交互主要包括物理通道和逻辑协议两部分:①物理通道指信息从一个点传到另外一个点的方式和机制,基于有效带宽容量、准确率和实时性综合考虑其适用性;②逻辑协议确保收发两端正确地解释信息语义,同时实现密钥、授权等网络安全机制。

(5)标准体系

标准体系定义ITS各子系统之间的软硬件接口和通信协议等,确定ITS所需关键技术的标准化需求。ITS中的标准主要是指已被广泛认可的,能够用来指导数据存储、传输、共享和交换的技术规定或准则的文件。物理框架中所定义的子系统之间是相互区别和相互关联的,为了确保各子系统的有效整合与协同,就必须使子系统间的软硬件接口标准化,推荐目前成熟的技术标准或提出未来建立标准的需求来确保ITS的顺利实施。

(6)效益评价

效益评价主要规定ITS项目的可行性、效益、社会环境影响及风险等的评价方法。大规模ITS项目的建设将对社会、经济和环境产生较大的影响,ITS效益评价是ITS研究和应用中的关键步骤之一。ITS效益评价主要通过对ITS项目的经济可行性、技术可行性、费用成本效益、社会与环境影响及实施风险作出评价,为ITS项目的可行性研究、实施效果评价、已有系统优化和未来项目投资提供科学依据。

(7)实施策略

实施策略是指确保ITS项目顺利实施的组织方式、发展策略和保障措施等。如前所述,ITS涉及不同专业领域、行政区域、行业部门、用户主体、服务主体和应用系统,对系统性、整体性和协同性的要求很高。特别是,不同行政区域和不同行业部门之间的整合与协同受到组织结构和管理制度的影响。因此,ITS体系框架需提出相应的组织方式、发展策略和保障措施建议,确保 ITS 项目的顺利实施。

9.1.3.2 我国的 ITS 体系框架

国家 ITS 体系框架详细定义了国家层面的交通运输体系、组织机构及 ITS 用户主体和服务主体之间的信息共享与交互关系,是地区 ITS 体系框架开发和 ITS 规划的基础,也是一个国家 ITS 全面发展的纲领性文件。我国 ITS 体系框架(第 2 版)中定义的用户服务、逻辑框架和物理框架如下。

(1)用户服务

我国 ITS 体系框架中定义了包括道路使用者、交通基础设施建设管理部门、交通管理部门、客货运输运营商、公共安全负责部门、客货运输管理部门、相关团体、数据使用者、货主和车辆 10 类用户主体。用户服务包括 9 个服务领域和 47 项用户服务,见表 9-1。

我国 ITS 体系框架中定义的用户服务 表 9-1

服务领域	用户服务
交通管理	交通动态信息检测、交通执法、交通控制、需求管理、交通事件管理、交通环境状况检测与控制、勤务管理、停车管理、非机动车及行人通行管理
电子收费	电子收费
交通信息服务	出行前信息服务、行驶中驾驶员信息服务、途中公共交通信息服务、途中出行者其他信息服务、路径诱导及导航、个性化信息服务
智能公路与安全辅助驾驶	智能公路与车辆信息收集、安全辅助驾驶、自动驾驶、车队自动运行
交通运输安全	紧急事件救援管理、运输安全管理、非机动车及行人安全管理、交叉口安全管理
运营管理	运政管理、公交规划、公交运营管理、长途客运运营管理、轨道交通运营管理、出租车运营管理、一般货物运输管理、特种运输管理
综合运输	客货运联运管理、旅客联运服务、货物联运服务
交通基础设施管理	交通基础设施维护、路政管理、施工区管理
数据管理	数据接入与存储、数据融合与处理、数据交换与共享、数据应用支持、数据安全

(2)逻辑框架

逻辑框架包括由 10 个功能领域、57 项功能、101 项子功能、406 个过程组成的 4 层逻辑元素层次表,120 幅数据流图,以及相应的逻辑元素和数据流描述表。10 个功能领域之间存在密切的逻辑结构关系(数据流),如图 9-2 所示。

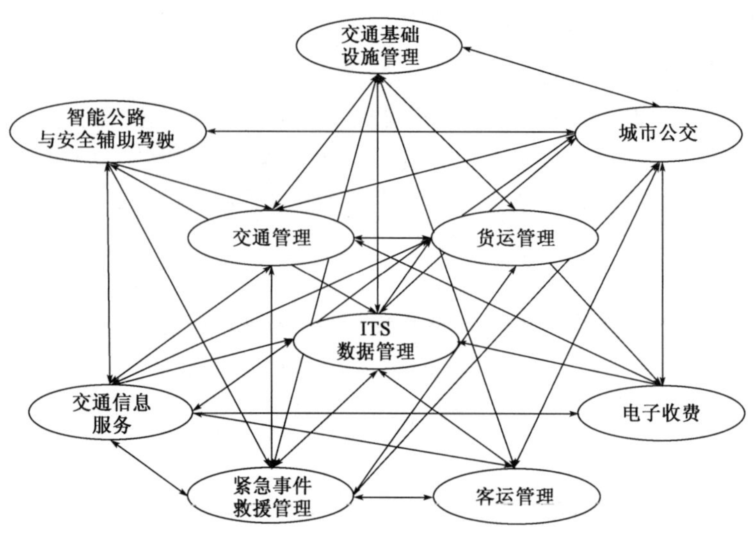

图 9-2　我国 ITS 体系框架——逻辑框架简图

(3)物理框架

物理框架包括由 10 个系统、38 个子系统、150 个系统模块组成的 3 层物理元素层次表,29 幅框架流图,以及物理元素和框架流描述表。其中,物理元素层次表中第一层元素,即 10 个系统之间的物理结构关系(框架流)如图 9-3 所示。

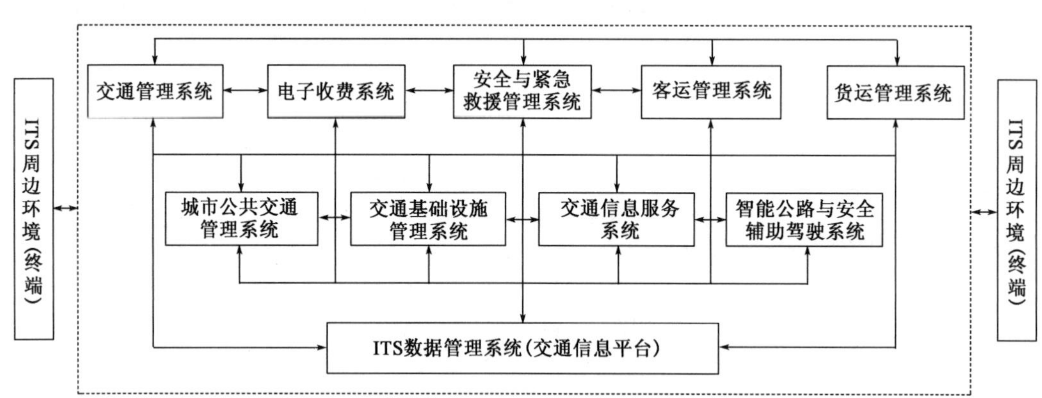

图 9-3　我国 ITS 体系框架——物理框架简图

9.1.4　ITS 涉及的基础理论

ITS 是一个系统性、集成性、交叉性和应用性很强的学科方向,相关的基础理论和应用技术涉及不同的学科和专业领域。ITS 涉及的基础理论主要包括三大论(信息论、控制论、系统论)、运筹学、交通运输组织理论和交通系统分析理论等。

信息论是运用概率论与数理统计、随机过程等方法研究信息及信息熵、通信系统、密码学、数据压缩等问题的应用数学学科。信息论的主要研究对象为信息和信息系统，是综合考虑信源、信道、信宿特性研究通信系统有效性、可靠性、极限性的理论。ITS 的基本功能就是信息的采集、存储、处理、传输和发布，其中的每个环节都与信息论密切相关。绝大部分 ITS 应用都离不开信息系统，而交通系统信源信息量的差异性和时变性、信道传输带宽和存储容量的极限性、信宿的实时性和接收效率，都是 ITS 应用系统要综合考虑的关键问题。例如，如何将快速移动的车载、广域的外场检测器采集的不同类型交通信息进行有效压缩并实时可靠地传回交通信息中心，如何确定交通信息中心的数据存储容量和网络通信带宽等，都涉及信息论中的数据压缩和传输原理。

控制论是研究动态系统在变化的环境条件下如何保持平衡状态或稳定状态的科学。经典控制论的研究对象为单输入和单输出的线性控制系统，现代控制论的研究对象为多输入和多输出的非线性控制系统。ITS 涉及的交通信号和车辆运行控制，大都是以控制论中的最优化控制、自适应控制、随机控制、反馈控制、开环/闭环控制等为基本原理。同时，ITS 本身是一个巨大的开放复杂系统，可以运用控制论中的分层递阶控制、分解-协调原理等来分析和解决多个子系统的协同优化问题。

系统论是研究系统的结构、特点、行为、动态、原则、规律及系统间的联系，并对其功能进行数学描述的学科。系统论从整体出发来研究系统整体和组成系统各要素的相互关系，从本质上说明其结构、功能、行为和动态，以把握系统整体，达到最优的目标。ITS 具有一般系统所共有的集合性、相关性、层次性、目的性、整体性、动态性等特点。ITS 建设通常是一个长期的过程，需要满足不断变化的各种用户需求，同时涉及相互关联的众多主体和要素。因此，经常需要运用系统论的思维方法对建设流程和时序进行优化，ITS 实施效果的评价也经常需要运用系统论中的系统评价方法。

运筹学是现代管理学的一个重要分支，其主要目的是在决策时为管理人员提供科学依据，是实现有效管理、正确决策和现代化管理的重要方法之一。运筹学以整体最优为目标，力图以整个系统最佳的方式来解决该系统各部门之间的利害冲突，求出所研究的问题最优解，提供解决各类问题的优化方法。ITS 涉及的检测器布点优化、用户路径选择、动态交通分配、车辆排班优化等问题，都可以运用运筹学中的图论、规划论、排队论和库存论进行建模和求解。同时，ITS 中存在的大量决策支持系统也可以运用运筹学中的决策论、博弈论等来辅助决策。

交通运输组织理论是从运输企业的生产经营实践中发展起来的关于运输资源合理配置与利用的理论，是研究交通工具在运输网络上的流动，实现人和物的迅速、安全、经济、方便和准时运输，创造空间效用和时间效用的科学。交通运输组织包括宏观运输组织和微观运输组织，前者是根据当地的社会经济环境，对一定时期内运输工作作出总体安排，制订出运输计划，后者是对某一具体运输任务的组织实施。ITS 中涉及的道路、轨道、航空、水路和管道交通中的车辆和人员排班、运行图(时刻表)编制、载运工具的调度与组织、客货流组织、施工组织等均以交通运输组织理论为基础。

交通系统分析理论是运用系统工程、运筹学和交通工程的基本思想、原理和方法，对交通系统进行分析的理论，主要包括交通流模型、交通系统供需分析、交通系统状态分析、交通系统评价、交通系统预测、交通系统优化、交通系统模拟等。ITS 中涉及的交通系统建模、分析、评价和优化离不开交通流模型、通行能力评价方法、交通供需平衡分析方法、动态交通分配模型、交通仿真等理论方法的支撑。

9.1.5 ITS 涉及的应用技术

ITS 涉及的应用技术包括传感、定位、导航、通信、计算机、控制、人工智能等多个领域。从应用技术的载体角度，这些技术可以分为基础设施和用户终端两个方面；从应用技术的功能角度，这些技术又可分为位置提供、信息采集、信息处理、信息传输、信息发布和信息使用 6 个方面，详见表 9-2。

ITS 涉及的主要应用技术 表 9-2

应用技术	基础设施 （中心系统和路侧设备）	用户终端 （车载/船载/机载/手持设备）
位置提供	数字地图、电子海图、航空地图、交通地理信息系统（GIS-T）、交通运输网络数据库等	卫星导航系统（GPS、GLONASS、BDS 等）、手机定位（蜂窝无线定位）、行人室内空间定位（Wi-Fi、Bluetooth 等）、车辆定位（测距测速辅助定位、通信辅助定位、卫星、测速雷达等）、船舶定位（雷达、卫星、动力定位等）、飞机定位（无线电、雷达航迹、陀螺仪等）等
信息采集	交通流检测器（线圈、地磁、视频、雷达、超声波、红外等）、设施状态检测器（电、雷达、视频、红外、传感器网络等）、环境气象检测器（风速风向、雨量、积雪、车辆尾气检测器等）、物联网等	车辆识别（电子车牌等）、行人识别（Bluetooth、Wi-Fi 等）、浮动车（Probe Vehicle）、移动互联网、物联网、车载/船载/机载雷达和传感器网络、智能手机、智能穿戴设备等
信息处理	数据词典、数据融合、数据挖掘、标准化、中间件、大数据、云计算等	车载计算单元、数字地图匹配、手持和个人数字辅助设备、智能手机等
信息传输	光传输网、短距离无线通信（DSRC、Wi-Fi、Bluetooth、ZigBee、RFID 等）、移动蜂窝网络（3G/4G/LTE-V/5G）等	车载通信单元、数字信号广播接收器、移动蜂窝网络接收机、无线电广播、交通消息信道（TMC）接收器、RFID/应答器等
信息发布	可变情报板、因特网、微博、微信、广播电台等	手持和个人数字辅助设备、车载/船载/机载显示单元、智能手机 App、智能穿戴设备等
信息使用	自动控制、运筹优化、决策支持、人工智能等	

9.2 道路智能交通运输系统

9.2.1 系统组成

根据美国、日本和欧洲等国家和地区 ITS 体系框架中的分类方式，道路 ITS 一般被划分为 7 类，即先进的出行者信息系统（Advanced Travelers Information System, ATIS）、先进的交通管理系统（Advanced Traffic Management System, ATMS）、交通应急管理系统（Transportation Emergency Management System, TEMS）、电子收费系统（Electronic Toll Collection System, ETCS）、先进的公共交通系统（Advanced Public Transportation System, APTS）、商用车运营管理系统（Commercial Vehicle Operation System, CVOS）和先进的车辆控制与安全系统（Advanced Vehicle Control and Safety System, AVCSS）。除了这 7 类系统之外，ITS 实际运用中也经常会涉及 ITS 数据管理系统和交通基础设施管理系统。这 9 类系统又可以进一步分解为若干子系统或应用功能，如图 9-4 所示。

9.2.2 发展历程

从时间维度来看，道路 ITS 的发展历程可以大致分为探索应用、全面发展和创新提升 3 个阶段。

（1）探索应用阶段

探索应用阶段是指 20 世纪 60 年代初至 80 年代末。第二次世界大战后，世界各国交通安全、拥堵、污染等问题日益尖锐化，经济社会发展和交通运输需求日益增大。同时，20 世纪50 年代开始的以信息技术为主要特征的第三次工业革命，大力推动了计算机、自动控制、通信等高新技术在各行各业的应用。在此背景下，以美国的电子路径导航系统（ERGS, 1969 年）为代表，美国、日本和欧洲等发达国家和地区先后开始探索应用高新技术来解决交通问题，ITS 的技术雏形开始形成。

这一阶段，我国 ITS 的研发和应用刚刚起步。20 世纪 70 年代，我国启动了交通运输管理领域的电子信息技术应用研发。1974 年，交通部公路科学研究所等承担的“首都自动化交通控制研究项目”启动，于 1978 年研制出了我国第一台交叉口单点定时信号机和感应式信号机，并在北京市开展试验；20 世纪 80 年代初期，我国从整治城市交通问题入手，将计算机、通信和电子信息技术等应用到交通监控和管理系统。同期，北京、上海和深圳分别引进了英国的 SCOOT、澳大利亚的 SCATS 和日本的 KATNET 信号控制系统。同济大学等承担的“七五”科技攻关项目“城市交通控制系统”，成功研发了我国第一个实时自适应城市交通控制系统。

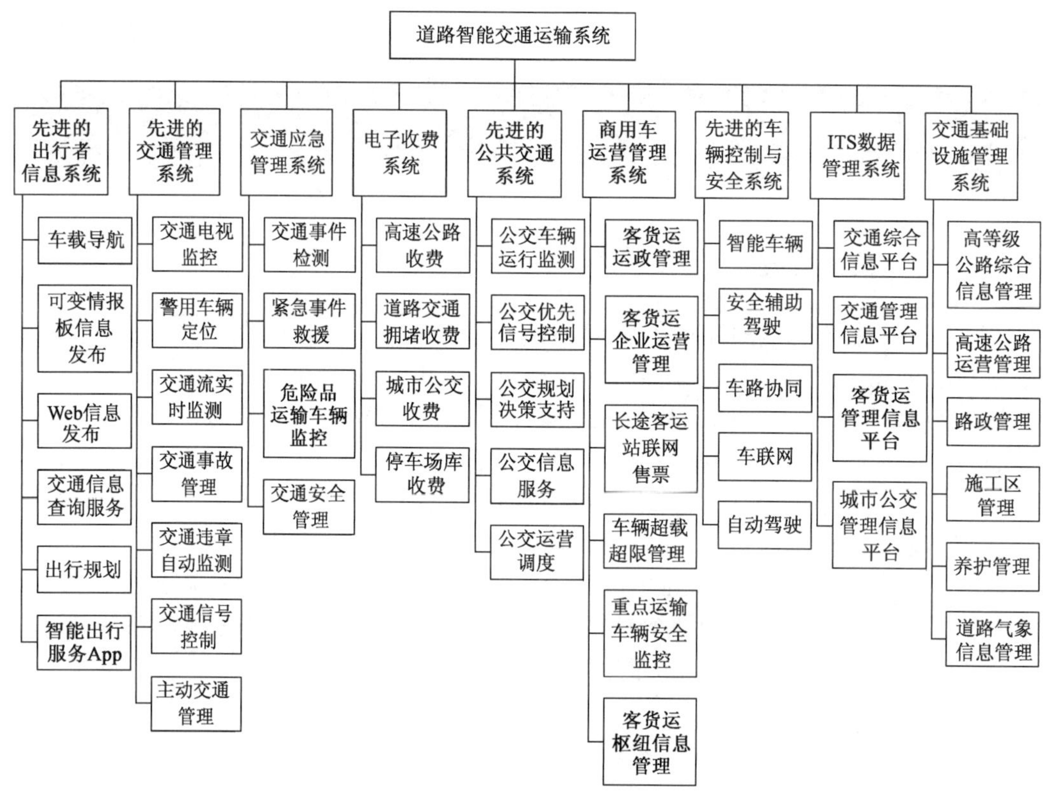

图 9-4　道路 ITS 的组成

(2)全面发展阶段

全面发展阶段是指 20 世纪 90 年代初至 21 世纪头十年。1994 年,第一届世界智能交通大会在法国巴黎召开,ITS 这一技术名词概念被正式提出并得到广泛的国际认可。1998—2003 年,美国、日本和欧盟提出了各自的 ITS 体系框架和标准体系,澳大利亚、中国、韩国、新加坡等国家迅速跟进。在国家层面 ITS 体系框架的指导下,ITS 的基础理论和关键技术研发及应用在全世界范围内快速发展,以美国的 ITS 五年战略规划为代表,世界各国纷纷制定了本国的 ITS 发展规划和实施计划,ITS 进入全面发展阶段。

这一阶段,我国先后启动“八五”计划~“十一五”规划,ITS 发展进入快车道。“八五”期间主要开展了基于路侧可变信息板和广播的交通诱导系统的研发与应用。“九五”期间主要开发了国家 ITS 框架体系和标准体系,并开展了交通管理信息系统方面的大量技术研发和工程实践。“十五”期间进一步加大了对 ITS 基础理论和关键技术研发的支持力度,资助了一大批 ITS 项目并在 10 多个城市开展了大规模示范工程建设。“十一五”期间的 ITS 发展主要围绕新技术背景下交通状态监测、控制与诱导系统集成与工程应用。同时,我国先后承办 2008 年北京奥运会、中国 2010 年上海世界博览会、2010 年广州亚运会等重大活动,科技部、交通运输部等部委和地方政府启动了大型活动期间综合智能交通管理系统的关键技术研发与示范工程建设,极大地推动了我国 ITS 向集成化、网络化、协同化方向发展。

(3)创新提升阶段

创新提升阶段是指 21 世纪 10 年代初至今。从 2010 年开始,以美国 IntelliDrive、Connected Vehicles、日本 ITS Spot 和欧盟 eCoMove 计划为代表,世界各国和地区开始聚焦智能驾驶、车路协同、车联网等新技术、新系统的研发及应用,标志着 ITS 从以基础设施信息化、智能化发展为主的阶段迈入了基础设施和载运工具智能化协同发展的新阶段。之后,美国陆续推出了多个自动驾驶汽车计划(AV 2.0 ~ AV 5.0),欧盟提出了合作式智能交通(C-ITS)计划,日本推出了 ETC 2.0 计划,进一步加速了 ITS 的技术创新应用,全球 ITS 发展进入创新提升阶段。

这一阶段,我国先后启动了“十二五”规划、“十三五”规划,逐步迈入 ITS 高质量发展阶段。“十二五”期间的主要特征是基于海量异构交通数据融合与挖掘的交通信息服务和车路协同系统等新兴技术的研发与工程应用,以及以交通系统智能化与运输服务综合化为导向,结合新一代信息科技的交通运输新模式、新技术的研究与布局应用。“十三五”期间,我国进一步提升了 ITS 规划和建设在国家经济社会发展层面的地位和作用,同时还加强了数字交通和智能汽车等与 ITS 密切相关领域的规划和部署,国家和各部委陆续发布相关的规划纲要和发展战略。

2019 年,中共中央、国务院发布的《交通强国建设纲要》(以下简称《纲要》)提出了 2035 年实现“人便其行、货畅其流”,2050 年实现“人悦其行、物优其流”的总体目标。同时,《纲要》明确提出大力发展智慧交通,推动大数据、互联网、人工智能、区块链、超级计算等新技术与交通行业深度融合。《纲要》提出了我国智慧交通的六大发展战略:大数据共享平台及交通云技术应用、提高城市智能交通管理水平、实现高效便捷一站式智能客运服务、实现门到门一单制智能货运服务、智能提升交通主动安全水平、车路协同一体化发展,实现综合运输智能化关键技术突破。这六大战略涉及数据共享平台、城市智能交通、智能客运、智能货运、主动交通安全、车路协同和综合交通运输智能化,是我国智慧交通未来发展的总纲领。

2019 年,交通运输部印发的《数字交通发展规划纲要》提出的目标有:到 2025 年,交通运输基础设施和运载装备全要素、全周期的数字化升级迈出新步伐,数字化采集体系和网络化传输体系基本形成。交通运输成为北斗导航的民用主行业,第五代移动通信(5G)等公网和新一代卫星通信系统初步实现行业应用。交通运输大数据应用水平大幅提升,出行信息服务全程覆盖,物流服务平台化和一体化进入新阶段,行业治理和公共服务能力显著提升。交通与汽车、电子、软件、通信、互联网服务等产业深度融合,新业态和新技术应用水平保持世界先进。到 2035 年,交通基础设施完成全要素、全周期数字化,天地一体的交通控制网基本形成,按需获取的即时出行服务广泛应用。我国成为数字交通领域国际标准的主要制定者或参与者,数字交通产业整体竞争能力全球领先。

2020 年,国家发展改革委等发布的《智能汽车创新发展战略》提出了我国智能汽车的两阶段发展战略目标:至 2025 年,中国标准智能汽车的技术创新、产业生态、基础设施、法规标准、产品监管、网络安全六大体系基本形成,实现有条件自动驾驶(L3 级)的智能汽车达到规模化生产,高度自动驾驶(L4 级)的智能汽车在特定环境下市场化应用。ITS 和智慧城市相关设施建设取得积极进展,车用无线通信网络(LTE-V2X 等)实现区域覆盖,新一代车用无线通信网络(5G-V2X)在部分城市、高速公路逐步开展应用,高精度时空基准服务网络实现全覆盖。2035—2050 年,中国标准智能汽车体系全面建成、更加完善。安全、高效、绿色、文明的智能汽车强国愿景逐步实现,智能汽车充分满足人民日益增长的美好生活需要。

9.2.3 典型子系统

(1)先进的出行者信息系统

先进的出行者信息系统(ATIS)是通过对交通流和出行信息进行采集、传输、处理和发布,让出行者及时、准确地了解交通状况,实现出行前或在途中的路径规划与导航,避开阻塞路段、事故路段或环境不良路段,减少不必要的交通延误和拥堵,使出行行为和驾驶行为更加合理,提高整个路网运行效率和安全。ATIS 的子系统主要包括车载导航系统、基于智能手机 App 的导航系统、基于路侧可变情报板(VMS)的停车和行车诱导系统、一站式出行服务系统等。ATIS 的网络架构示意图如图 9-5 所示。

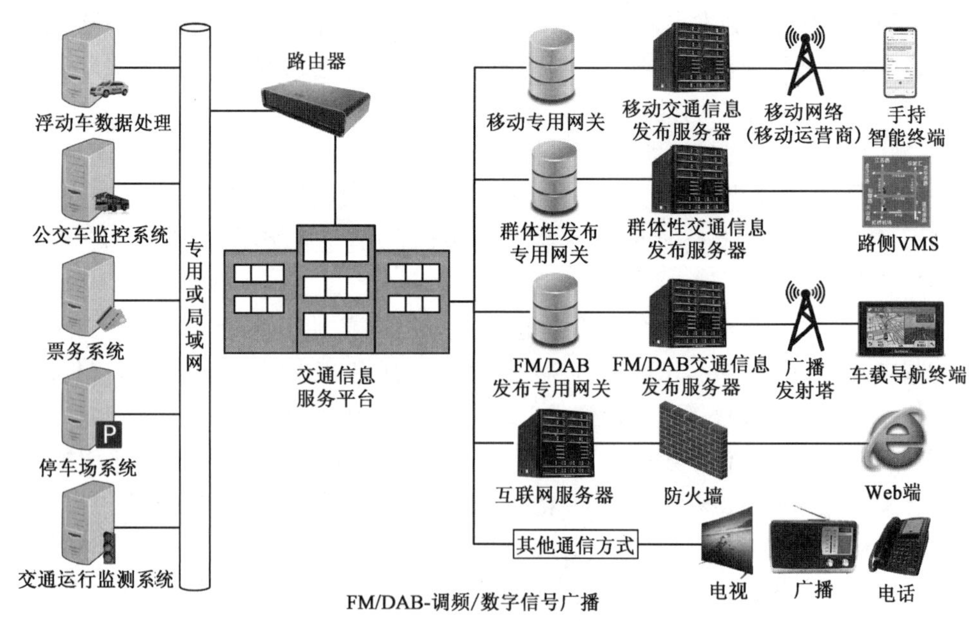

图 9-5　ATIS 的网络架构示意图

(2)先进的交通管理系统

先进的交通管理系统(ATMS)是利用先进的通信、计算机、自动控制等技术,按照系统工程原理进行系统集成,使交通监控、信号控制、事故救援及交通信息系统有机结合起来,实现对交通的实时控制与指挥管理,保障城市内和城际道路网通行能力的合理、安全、高效使用。ATMS 的子系统主要包括交通信号控制系统、电子警察系统、非现场交通执法系统、警务管理系统、公安交通集成指挥控制平台、主动交通管理系统(如可变车道、可变限速、动态路肩、匝道控制)等。其中,交通信号控制系统架构示意图如图 9-6 所示。

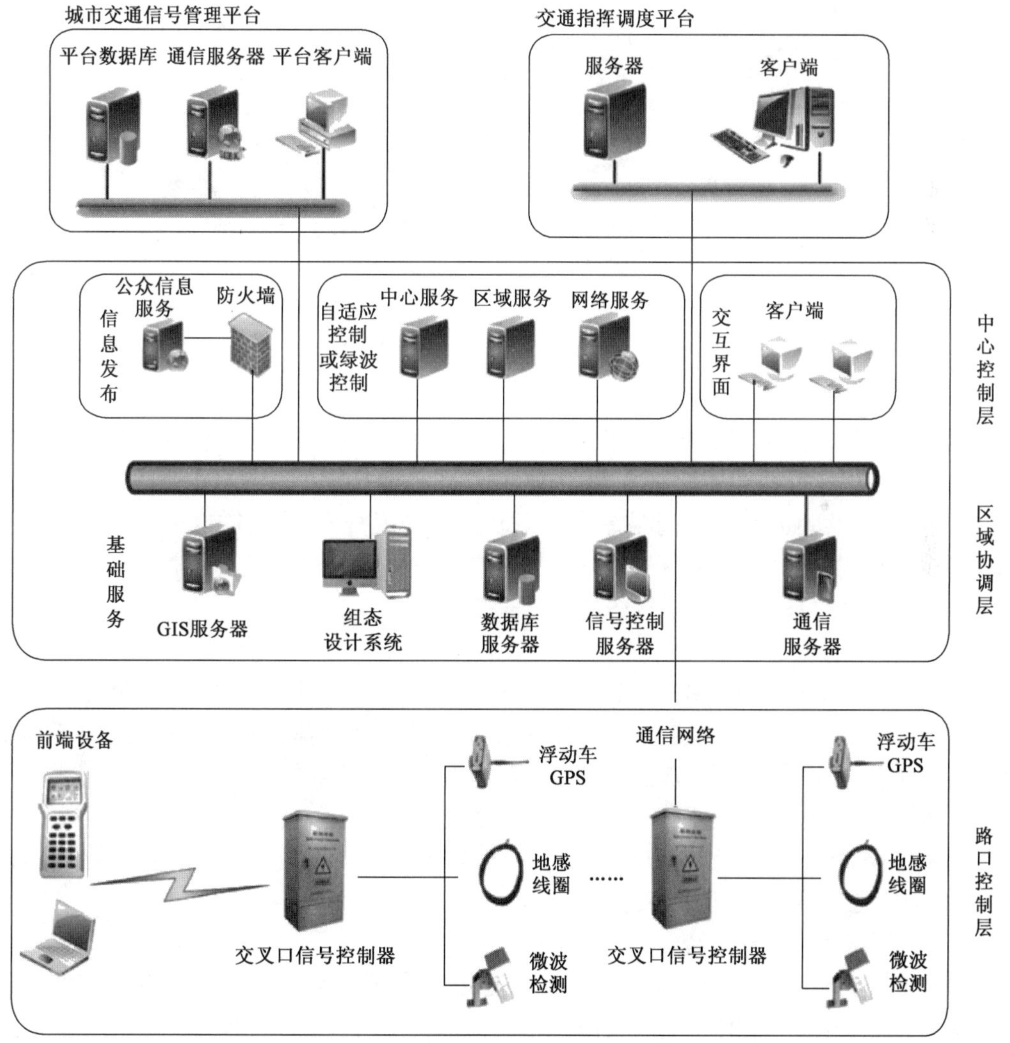

图 9-6 交通信号控制系统架构示意图

(3)电子收费系统

电子收费系统(ETCS,又称不停车收费系统)通过安装在车辆上的车载无线射频识别(RFID)等车辆自动识别设备与在收费站 ETC 车道上的微波天线之间进行专用短程通信(DSRC),利用计算机联网技术与收费机构进行后台结算处理,从而达到车辆通过高速公路、桥梁或停车场库收费站无须停车而能缴纳通行或停车费用的目的。ETCS 的子系统主要包括高速公路不停车收费系统和公共停车场库电子收费系统。其中,高速公路不停车收费系统示意图如图 9-7 所示。

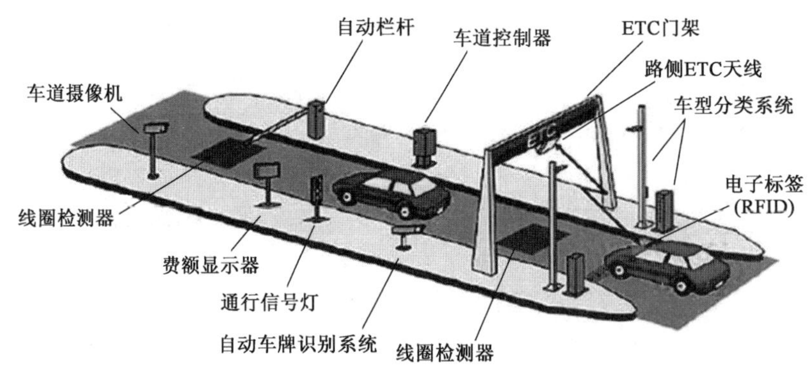

图 9-7　高速公路不停车收费系统示意图

(4)交通应急管理系统

交通应急管理系统(TEMS)利用先进的通信与信息技术,实现交通事件的自动检测,并系统地、有计划地、协调地使用人力、法规、救援设备和技术手段来减少事件的持续时间及其影响,改善驾驶员、事件当事人和事件处理人员的人身安全。TEMS 的子系统主要包括交通事件检测系统、交通紧急救援系统、危险品运输车辆监控系统、交通安全管理系统等。其中,交通紧急救援系统示意图如图 9-8 所示。

(5)先进的公共交通系统

先进的公共交通系统(APTS)是在公交网络分配、公交调度、行程时间预测等关键基础理论方法的前提下,利用系统工程的理论和方法,将现代通信、信息、计算机网络等高新技术应用于公共交通系统,实现公共交通运营管理的信息化和智能化,为出行者提供更加安全、舒适、便捷的公共交通服务。APTS 的子系统主要包括公交车辆运行监测系统、公交优先信号控制系统、公交运营调度系统、公交规划决策支持系统、公交信息服务系统等。其中,公交优先信号控制系统示意图如图 9-9 所示。

(6)商用车运营管理系统

商用车运营管理系统(CVOS)是涉及驾驶员、车辆和货物全过程运营和管理的现代物流系统,通过可靠的信息传递和交换,增强运输企业的生产能力和装备设施的使用效率等,从而减少管理者与承运人的开销;通过新技术的应用,更好地执行运输规章,减少基础设施的运维费用;通过商用车辆的智能化,改进运输安全性和运营效率。商用车辆一般包括长途客车、长途货车、出租车、网约车、城市物流车辆等。CVOS 的子系统主要包括车辆和货物自动识别系统、商用车动态测重系统、商用车电子通关系统、商用车运营调度系统、商用车路径规划系统等。CVOS 示意图如图 9-10 所示。

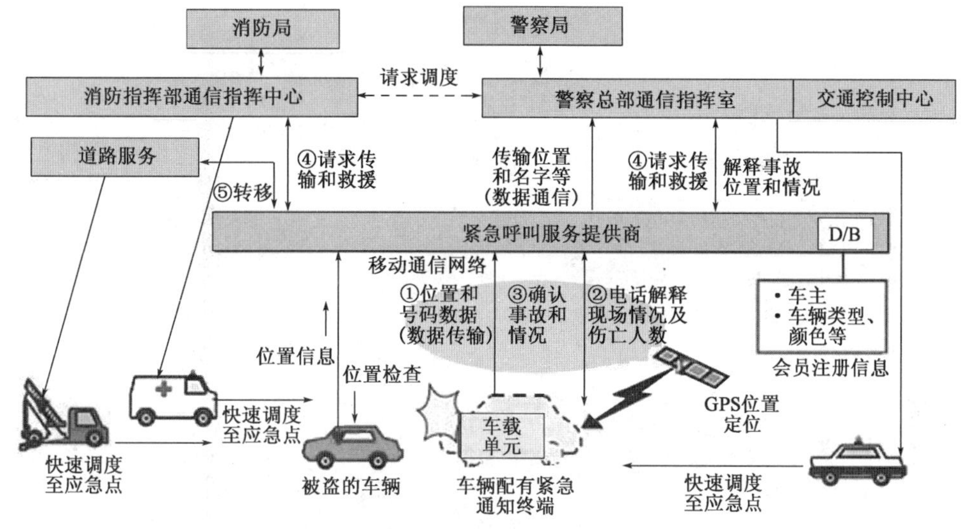

图 9-8 交通紧急救援系统示意图

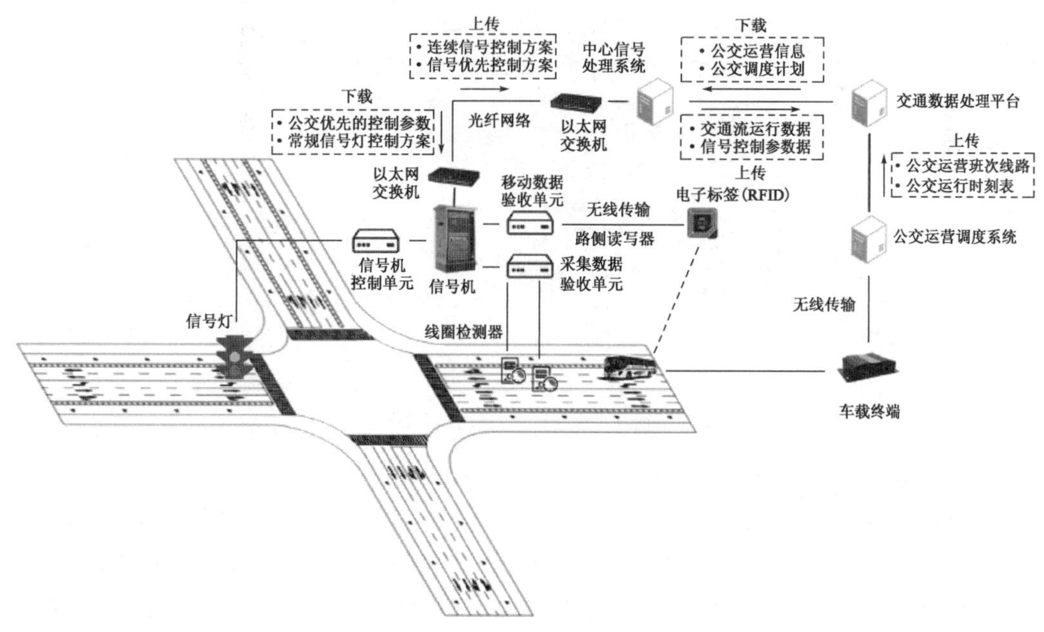

图 9-9 公交优先信号控制系统示意图

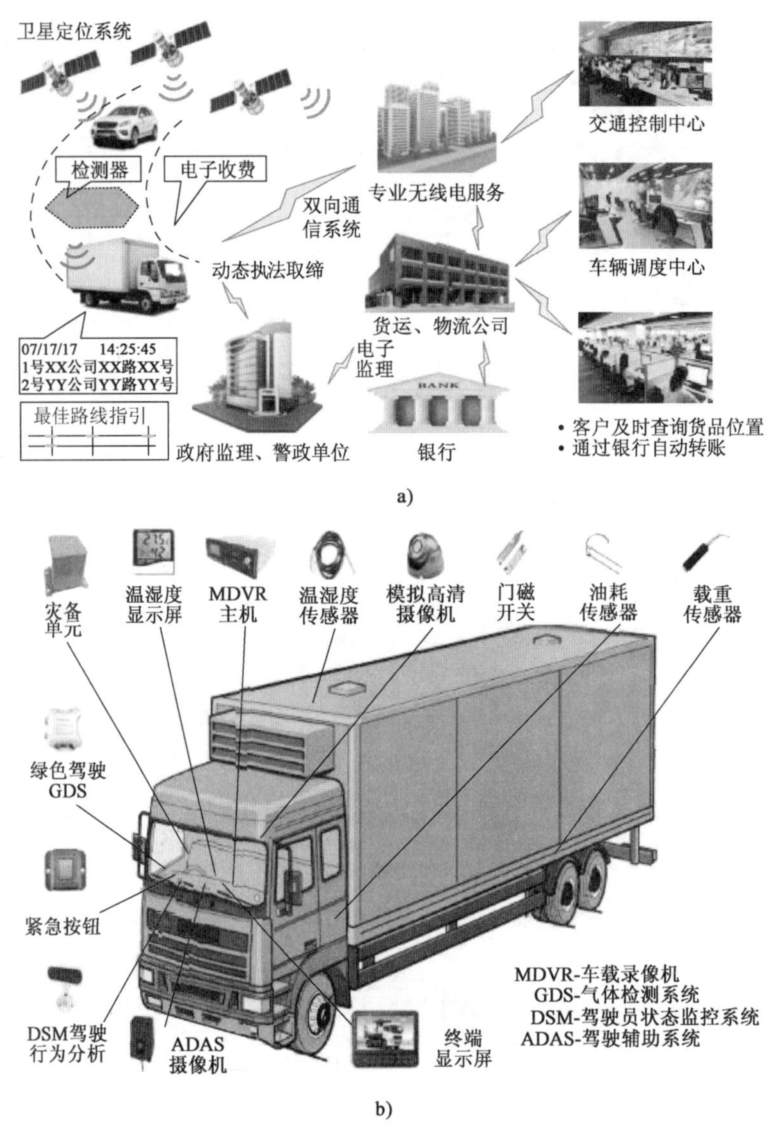

图 9-10　CVOS 示意图

a)商用车运营管理流程;b)商用车车载传感设备

(7)先进的车辆控制与安全系统

先进的车辆控制与安全系统(AVCSS)是利用先进的传感器技术检测车辆周围信息,通过信息融合处理,自动识别出危险状态,协助驾驶员进行安全辅助驾驶或者实现自动驾驶,以提高行车安全和增加道路通行能力的系统。AVCSS 的子系统主要包括智能车辆系统、安全辅助驾驶系统、车联网系统、车路协同系统、自动驾驶系统等。其中,自动驾驶系统传感器配置示意图如图 9-11 所示。

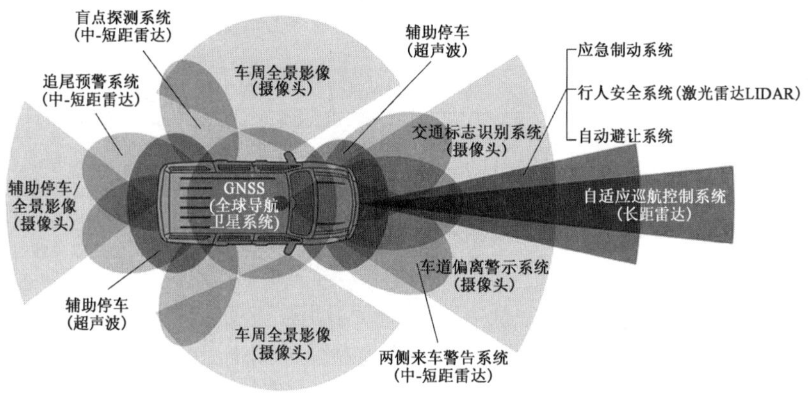

图9-11 自动驾驶系统传感器配置示意图

9.3 轨道智能交通运输系统

9.3.1 系统组成

轨道ITS是广泛应用云计算、物联网、区块链、大数据、人工智能、5G通信、北斗卫星导航、建筑信息模型(Building Information Modeling,BIM)等新兴信息技术,全面感知、深度互联和智能融合乘客、设施、设备、环境等实体信息,高效综合利用轨道交通所有移动、固定、空间、时间人力等资源,实现轨道交通规划、设计、建设和运营管理的全过程、全生命周期的高度信息化、自动化、智能化,打造更加安全可靠、经济高效、温馨舒适、方便快捷和节能环保的新一代轨道交通运输系统。

轨道ITS是一个复杂系统,包含智能设计建造、智能装备、智能运维、智能监控、智能运输和智能服务6个部分,各部分的组成如图9-12所示。

9.3.2 发展历程

轨道ITS从不同的专业角度经历了迭代式发展,列车运行控制(信号)、运输调度、车辆及运维的发展历程如图9-13所示。①列车运行控制系统在计算机、通信、控制先进技术推动下,自动化等级从自动监督安全防护GOA1级演进到无人驾驶和全自动运行GOA4级,目的是进一步充分利用资源、降低运营成本实现运营优化。②运输调度系统综合了通信、信号、运输组织、现代控制、计算机、网络等多学科技术,实现对信号设备进行集中控制及对列车运行直接指挥和管理,智能调度系统将朝着从关注行车向关注客流、从单一行车调度向多专业协同联动发展。③轨道交通车辆在我国从电力机车到"复兴号"智能动车组再到600km/h高速磁浮列车,在速度、安全、服务、维修等方面均全面智能化升级。④运营维护是保障轨道交通系统安全运营的基础,轨道交通运维体系经历了从事后维修、预防性维修、主动性维修到预测性维修的变革,智慧运维将通过大数据、人工智能技术对服役设备和资源进行状态预测与健康管理,实现系统优化配置和协同运转。

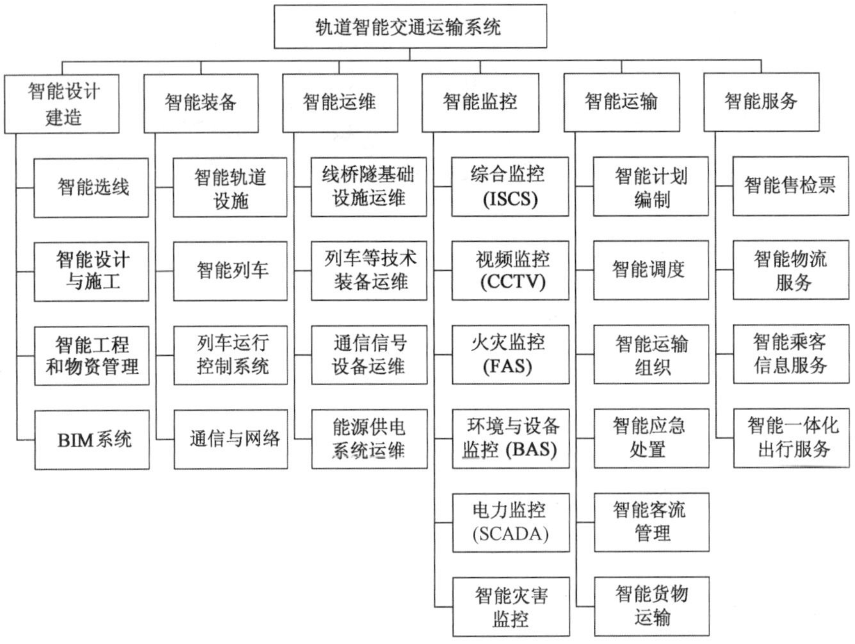

图9-12 轨道ITS的组成

图9-13 轨道ITS典型系统发展历程

未来我国轨道交通事业将朝着数字化、智能化、智慧化发展方向不断前进。2020年3月发布的《中国城市轨道交通智慧城轨发展纲要》指出，未来城市轨道交通将在自主创新基础上，创建智慧乘客服务、智能运输组织、智能能源系统、智慧列车运行、智能技术装备、智能基础设施、智能运维安全和智慧网络管理八大体系，实现与新技术成果的深度融合。2020年8月出台的《新时代交通强国铁路先行规划纲要》提出，要对标国际先进标准水平，全面打造世界一流的铁路设施网络、技术装备、服务供给、安全水平、经营管理和治理水平，深化铁路建设、运营、安全等重点领域关键技术创新和产业化应用，全面提升铁路自主创新能力和产业链现代化水平，率先建成现代化铁路强国。

9.3.3 典型子系统

(1)轨道交通列车运行图智能编制系统

列车运行图的编制可以看成是将列车的径路安排到现有基础设施上的优化匹配，它被证明是一类典型的非确定性多项式(NP)困难问题。在传统铁路领域，受制于网络的复杂性和列车开行方案的多样性，运行图优化的重点是解决网络能力统筹、单双线的能力利用、越行方案优化、交路与停站方案优化、车站股道运用优化等问题。在城市轨道交通系统中，由于线路配线简单，列车开行方案较为单一，运行图优化的重点是处理高低峰时段差异性和多种交路形式并存的全日列车运行图的一次性生成问题。轨道交通列车运行图智能编制系统包含基础数据管理、运行图编制与调整、结果输出3个主要模块，系统具备路网结构管理、车站平面图管理、基础时分管理、交路信息管理、底图结构管理、列车开行方案管理、运行图智能编制、运行图调整与智能检查、车站股道运用方案编制、运行图指标计算、运行图输出、运行图共享数据输出等功能。图9-14为城市轨道交通列车运行图智能编制系统架构。

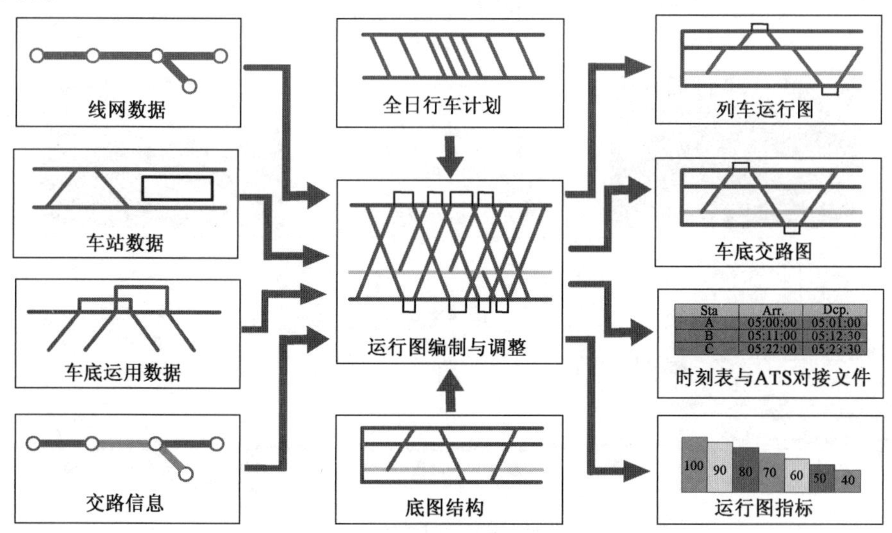

图9-14 城市轨道交通列车运行图智能编制系统架构

运行图编制是一个需要人工技能与有经验者参与的计算机辅助过程,并非纯粹的结构化问题,因此计算机无法完全取代人。但随着新技术与新方法(如大数据、人工智能)在轨道交通系统中的应用,运行图编制的效率和质量得到了大幅度提升。在未来,运行图编制的智能化主要体现在超大网络列车运行图的综合协调编制,运行图与车底(机车)周转、车站股道运用方案的一体化协同编制,运行图鲁棒性能优化和节能运行图编制等。

(2)智能调度系统

智能调度系统可实现一定范围内全部列车的实时监视、控制和管理,包括正常情况下的精准"按图行车"和突发事件下的快速"运行调整"。"按图行车"是依据计划运行图,在列车监督、基础设施设备状态监督、车次号自动追踪的基础上,通过车站联锁设备实现列车进路自动控制,保障快速有序完成运输生产任务。面对突发事件,传统调度指挥系统主要依赖调度员基于人工经验进行调整,对于大面积延误情况,受制于人思考的能力和效率,往往很难做到最优。如图9-15所示,智能调度指挥系统将在信息平台所提供的车站及区间基础设施布设形式、列车作业时间、车站能力及越行约束等数据支撑基础上,通过改变区间运行或车站作业时间(列车自动驾驶功能应用)、变更列车作业次序或车站作业股道、区段限速运行、改变停站方式、加开或减开列车等自动调整策略,在安全卡控前提下以总延误时间最小、总延误列车数最少、总旅行时间最短等为目标,实现列车运行的快速调整和控制决策。

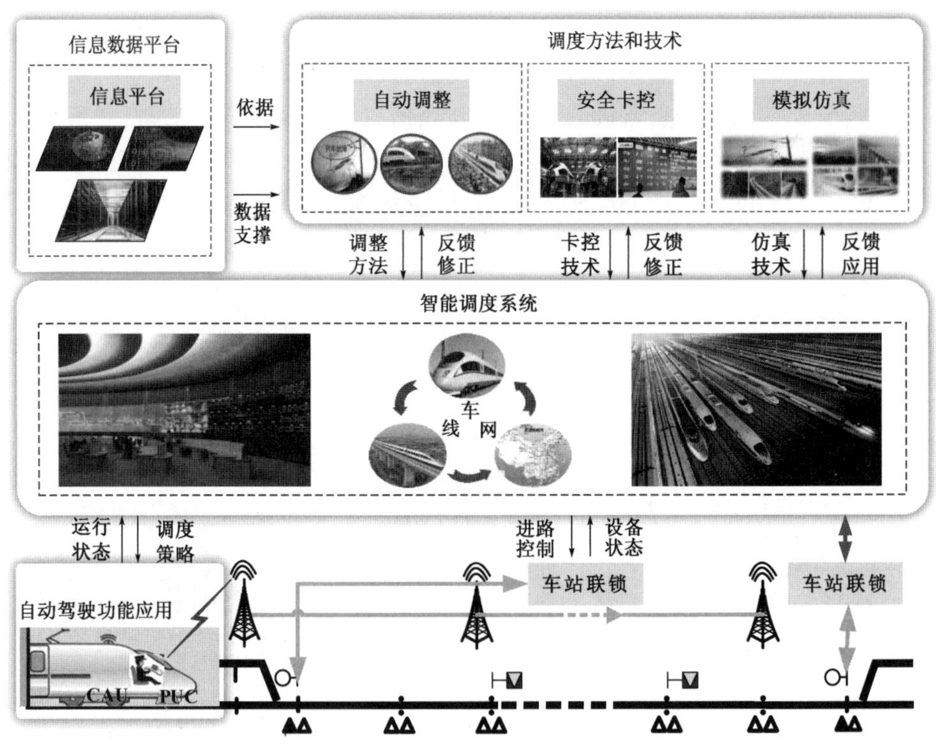

图9-15　智能调度系统示意图

(3)列车运行控制系统

列车运行控制系统简称列控系统(图9-16),以信号设备如道岔、信号机、占用检测设备(轨道电路)、车地无线通信设备为基础,通过基于列车动力学的安全制动距离计算、列车精准测速与定位、列车速度和位置精准闭环控制、车地安全信息传输、线路资源占用检测与管理等核心技术,实现区间闭塞式间隔控制、行车许可生成、超速防护、进路安全防护、列车自动运行等主要功能,主要由地面控制设备[计算机联锁(CBI)、车站列控设备、无线闭塞中心等]、车载系统等实现列车自动安全防护(ATP)、列车自动驾驶(ATO),保证列车安全运行。列车运行控制系统为安全苛求系统,安全相关功能要求达到安全完整性等级SIL4级,即危险侧失效概率低于10^{-9}/h。下一代列控系统将进一步优化精简系统结构,增强列车主动感知能力,统一设备功能和接口,支持互联互通跨线运营,缩短列车追踪间隔,进而实现列车自主控制和资源按需使用。

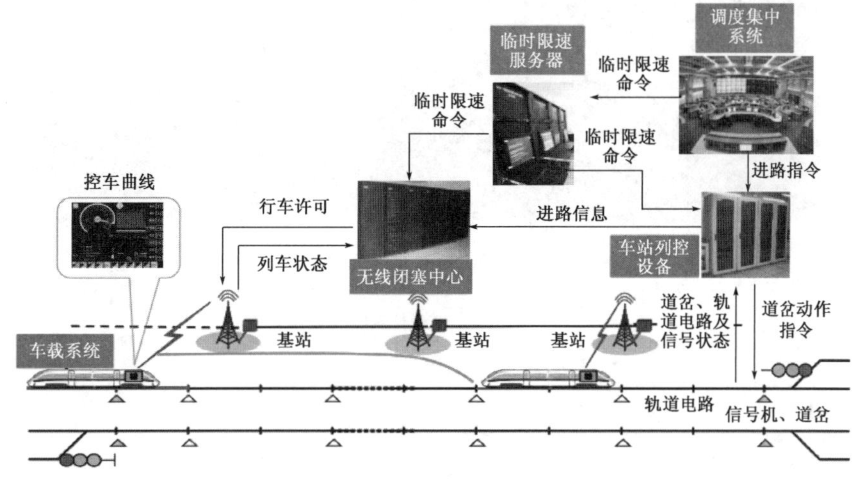

图9-16　CTCS-3级列车运行控制系统原理示意图

(4)智能运维系统

智能运维系统针对轨道交通基础设施、技术装备等运营设备,应用泛在数据和智能技术,通过数据汇聚与融合、数据驱动的故障管理、性能衰退分析、寿命预测等数据服务与应用,建设互联互通的运营设备大数据监测安全评估与智能运维分析决策系统,实现对线路、场站、车辆、供电、通信、信号、人员、备品备件、维修工具等运输资源的动态监测、优化配置、精准调度和协同运转,优化运维方法及运维管理,消除过度维修和欠维修的情况,优化备件库存,减少人员配置,达到设备全生命周期管理,提升基础设施和技术装备的隐患治理、风险管控及安全运营能力。图9-17为某城市轨道交通通号智能运维平台界面图,可实现监控、应急、分析和健康管理功能。

(5)城市轨道交通自动售检票系统

城市轨道交通自动售检票系统(AFC)是基于计算机、通信、控制、自动识别、精密机械和传动等技术,实现售票、检票、计费、收费、统计、清分、管理等全过程的机电一体化、自动化和信息化系统。AFC 系统包含 IC 卡编码设备、线路中央计算机系统及网络、车站计算机系统、车站售检票终端设备和车票(图 9-18)。在轨道交通网络化运营的情况下,还包括轨道交通清分中心、维修中心和培训中心等系统。随着移动支付和人工智能等技术的发展,越来越多的新型支付方式已经投入应用,如手机近距离无线通信技术、手机二维码、“人脸识别”等。AFC 系统可以详细记录每位乘客的详细起讫点,通过清分计算可以得到分时进出站、断面和换乘客流量,是客流精细化分析的基础,也是列车运行组织方案优化的关键支撑系统。AFC 系统架构示意图如图 9-18 所示。

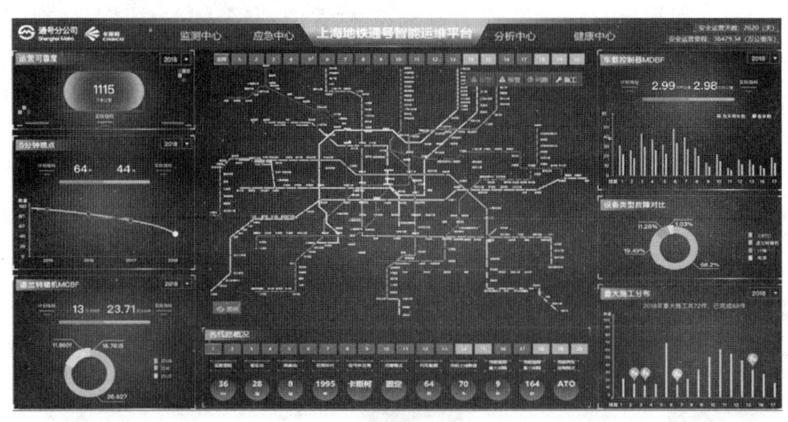

图 9-17　某城市轨道交通通号智能运维平台界面图

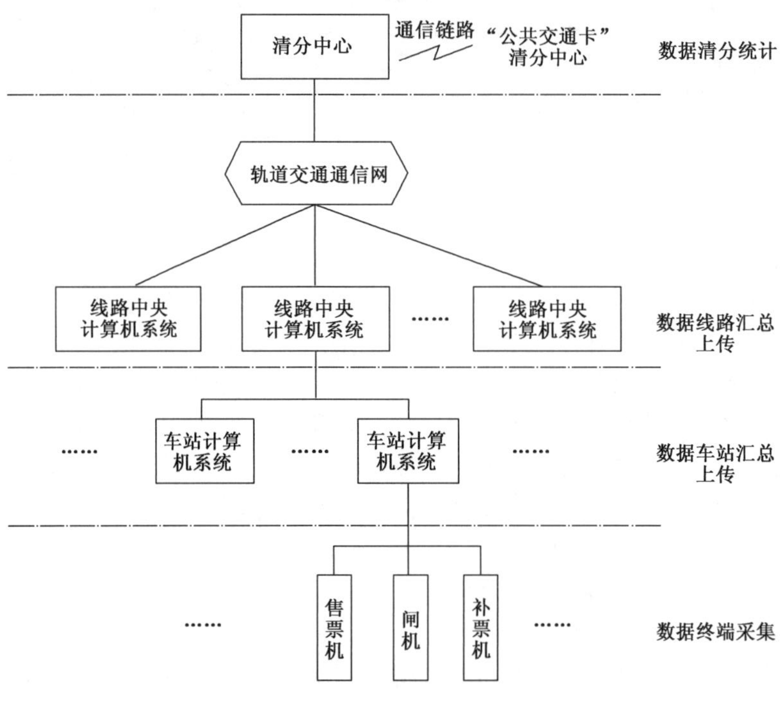

图 9-18　AFC 系统架构示意图

(6)编组站综合集成自动化系统

编组站综合集成自动化系统(CIPS)是铁路编组站自动化控制系统和综合管理信息系统的综合集成,适用于大、中型编组站,尤其是路网性或重要区域性编组站,同时也适用于调车作业繁忙的区段站、工矿企业及港口等铁路车站的综合自动化。CIPS改变了编组站分场设置的传统模式,将行车系统与计划系统有机地结合起来,行车、计划人员在调度大厅集中监督与操控全站到、解、编、发的作业,实现单一指挥、统一办理、流水执行、高效运转的效果。通过调度计划信息自动化管理,分解与转化调度计划,自动执行过程管理,实现编组站决策、指挥、控制、管理功能的一体化。CIPS的系统功能架构如图9-19所示。

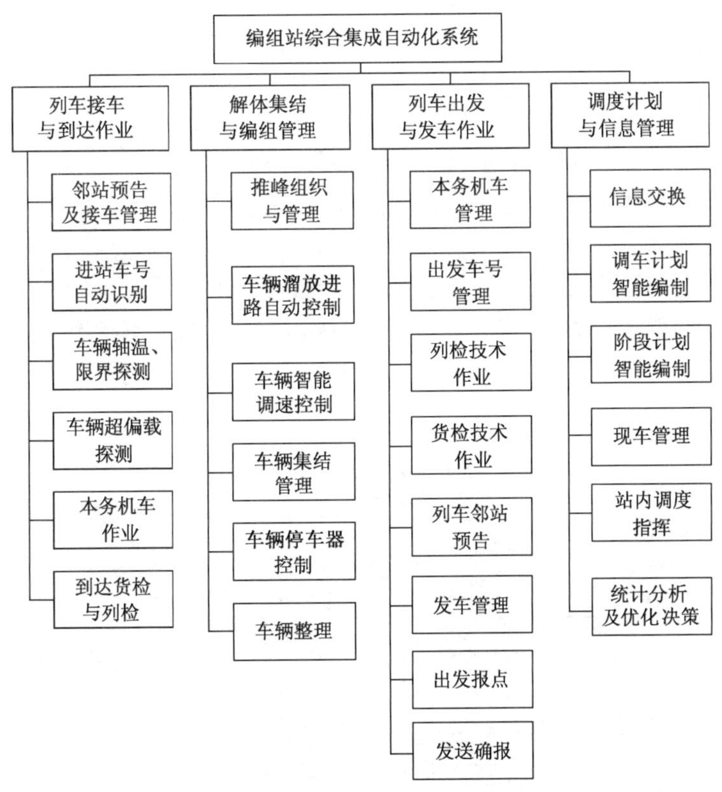

图9-19 CIPS的系统功能架构

(7)中国铁路客票发售和预订系统

中国铁路客票发售和预订系统是一个覆盖全国铁路的大型广域网实时交易系统,包括了列车基础运行数据的维护、车票的管理调度、车票销售、账务处理、销售数据的统计分析、各类信息查询等功能,提供的服务涵盖了整个客运组织的各个环节,完全由计算机作业替代了传统的手工作业,使客运工作者能够科学、方便、快捷、灵活地开展旅客运输组织工作。该系统自1996年启动建设,目前已建成中国国家铁路集团有限公司客票中心、18个地区客票中心、2000多个联网车站、15000多个窗口,日均发售客票近千万张,高峰日发售客票可达几千万张。该系统合理运用了云计算、物联网、动态负载均衡等技术,很好地解决了高并发和海量存储等难题,同时在实名制、售票组织、票额自动预分等业务功能方面提供了智能化、自动化和图形化的解决方案,极大地方便了现场作业人员的操作。

9.4 水路智能交通运输系统

9.4.1 系统组成

水路 ITS 是指运用卫星导航、无线通信、有线通信、信息、控制、人工智能、水路运输、系统工程等技术,综合集成船舶、水路、港站、管理、环境等水运资源,实现水路运输组织、安全管理、港站作业、船舶航行、信息服务的一体化,提供更安全、更高效客货运输服务的水路运输系统。

水路 ITS 主要包括先进的船舶控制系统,船舶自动识别系统,水上交通管制、事故处理与救援系统,船舶导航系统,智能航行系统,货物安全运输监控系统,船舶管理信息系统,各系统又可进一步分解为若干子系统或应用功能,形成一个有机整体。水路 ITS 的组成如图 9-20 所示。

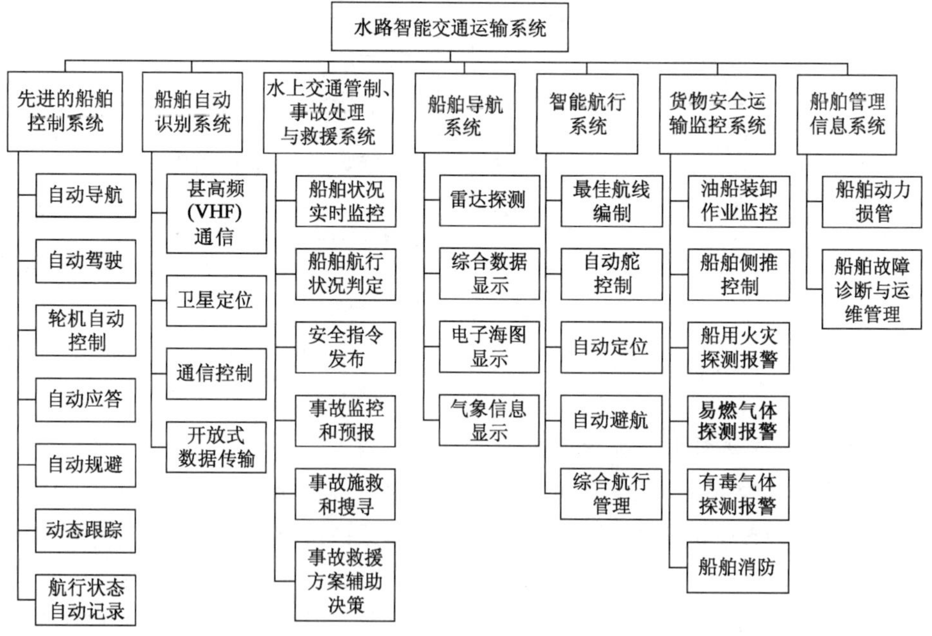

图 9-20 水路 ITS 的组成

9.4.2 发展历程

我国水路ITS技术的发展起步于20世纪80年代初,逐步从传统技术过渡到现代信息化、智能化技术,集中体现在船舶定位方法、识别物标手段、航海资料形式、航行记录方式、地空航海服务与支持系统功能等方面发生了显著变化。船舶定位方法从传统的DF、LORAN、DECCA转变为卫星定位,为船舶自动航行和驾驶综合化奠定了基础;识别物标手段从普通雷达、ARPA雷达发展为功能远优于ARPA雷达的自动识别系统;航海资料形式从传统的航海图书资料(海图、航海通告、无线电信号表、灯标表等)发展为电子海图和电子海图显示与信息系统(ECDIS),为船舶自动航行奠定了基础;航行记录方式从传统的Logbook、Bell Book、Paper Chart、电罗经记录仪等分散的记录形式发展为集成记录,被航行记录仪(VDR,俗称船舶黑匣子)取代;地空航海服务与支持系统功能已转变为无线电航行警告系统、船舶定线制、船舶报告系统、船舶交通服务和全球海上遇险与安全系统(GMDSS)等。

20世纪80年代初至21世纪10年代,我国水路ITS技术得到了极大的发展,船舶大型化、专业化、高速化、智能化和综合化趋势更为明显,基于现代信息技术,船舶得以走向自动化,航海走向智能化。船舶航行系统更加综合化、集成化、智能化,水上交通通信更加便捷,水上交通安全极大改善。其中,综合驾驶台系统、卫星导航系统、船舶自动识别系统和电子海图显示与信息系统等发挥了巨大作用。

近年来,随着大量研发资源的迅速涌入,智能航运关键技术成果频现。国内首艘无人驾驶自主航行系统试验船"智腾"号下水测试航行,第一艘具有智能航行能力的面向商业运营的大型集装箱船"智飞"号开工建造;青岛港自动化集装箱码头完成了基于5G连接的自动岸桥吊车控制操作,是全球首例在实际生产环境下的5G远程吊车操作;重点水域和港区E航海示范工程建设,在提高助航效能、保障船舶航行安全等方面发挥了重要作用;以"智慧海事"为代表的监管系统得到了深入应用,提升了监管能力,降低了监管成本,便利了监管对象。

2019年,交通运输部等七部门联合发布了《智能航运发展指导意见》(以下简称《意见》),为新时代水运业高质量发展指明了方向。加强技术创新与应用,推动水运智慧发展成为新时代水运高质量发展的关键举措之一。智能航运是航运要素与现代信息、人工智能等高新技术深度融合形成的现代航运新业态。智能航运系统包括智能船舶、智能港口、智能航保、智能航运服务和智能航运监管等五大关键要素。

《意见》指出,2020—2030年是智能航运技术发展的重要机遇期。一是在智能船舶方面,重点关注信息感知、海上导航和智能控制等关键技术方向,包括高时间分辨率和空间分辨率的船舶自主航行环境感知技术,基于远程通信的船舶无人控制技术,以及基于无人船的智能航运系统试验测试技术等,提升智能船舶航行的操纵性、安全性和实用性。二是在智能港口方面,更加关注云计算、大数据、物联网、智能通信与控制等技术与港口业务深度融合,以自动化码头、远程作业系统、港口社区系统、智能调度管理系统等为标志,提升港口的数字化与信息化水平,实现港口设施与装备的现代化、生产作业的自动化、运营组织的智能化及管理决策的智慧化。三是在智能航保方面,建立数字化群体感知、广泛互联、精准服务、安全交互的新型体系,数据中心借助卫星互联网,链接现实世界和赛博空间。四是在智能航运监管方面,能够自动实现船舶违规行为的监测和判别,具备对机器驾驶和机器操作风险的监管、评估和干预能力。五是在智能航运服务方面,构建上下游产业高度协同化的服务平台和网络。

9.4.3 典型子系统

(1)先进的船舶控制系统

先进的船舶控制系统具备自动导航、自动驾驶、轮机自动控制、自动应答、自动规避、动态跟踪、航行状态自动记录等功能,通过各种传感器和接收器、船上计算机系统和控制执行设备,使船舶能够自动接收外部控制系统发出的各种信息指令,并实时监控船舶状态,在船舶操控过程中预防各种安全事故,尤其是由人为失误引发的事故。先进的船舶控制系统示意图如图 9-21 所示。

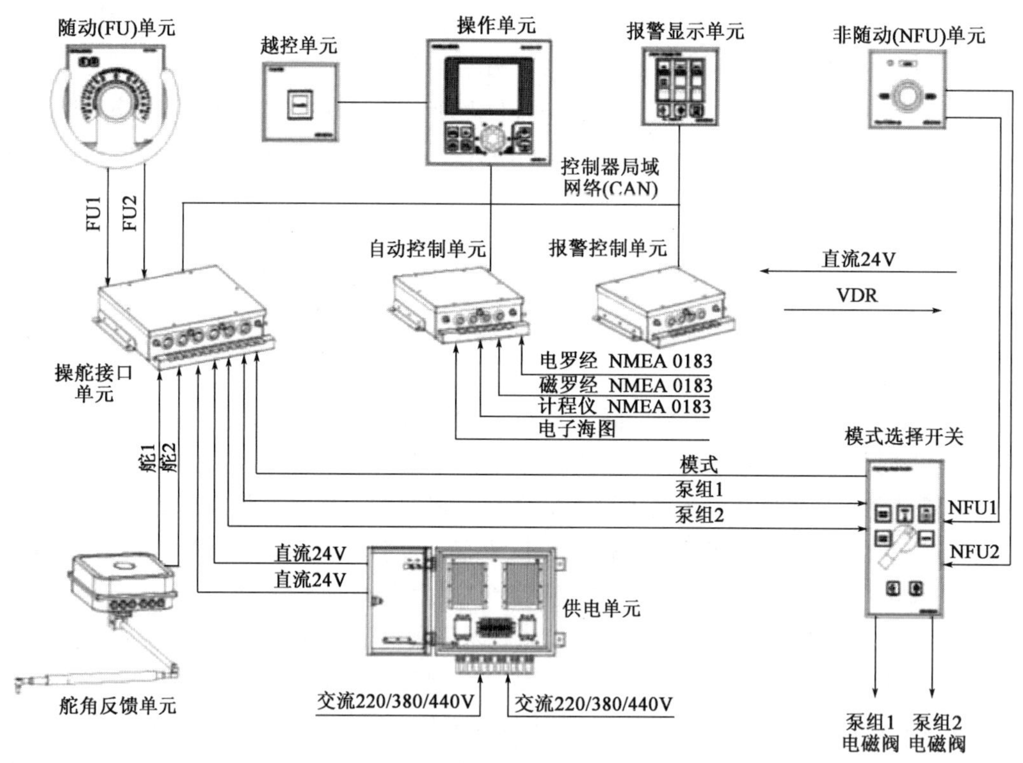

图 9-21 先进的船舶控制系统示意图

(2)船舶自动识别系统

船舶自动识别系统,是指一种应用于船岸、船船之间的海事安全与通信的新型助航系统。它常由甚高频(VHF)通信机、卫星定位仪和与船载显示器及传感器等相连接的通信控制器组成,能自动交换船位、航速、航向、船名、呼号等重要信息。船舶自动识别系统在向外发送这些信息的同时,同样接收 VHF 覆盖范围内其他船舶的信息,从而实现了自动应答。此外,作为一种开放式数据传输系统,它可与雷达、ARPA、ECDIS、VTS 等终端设备和因特网实现连接,构成水上交管和监视网络,是不用雷达探测也能获得交通信息的有效手段,可以有效减少船舶碰撞事故。

(3)水上交通管制、事故处理与救援系统

水上交通管制、事故处理与救援系统具备对所有通航水域中船舶位置和移动状况进行实时监控和智能化管理的功能,根据气象、海况、船舶密度等因素,对覆盖区域内所有船舶的航行状况进行判定,依据重要程度,自动向危及航行安全的船舶发出必要指令,向正常航行的船舶发出航行提示。该系统可对特定水域中发生的泄漏事故进行监控和扩散趋势预报,对海难事故进行立体施救和定向搜寻,对特定水域内事故的救援方案选择和事故灾害影响范围进行计算机辅助决策和评估,为遇险船舶和人员提供救助服务,为水域环境保护提供决策支持。

(4)船舶导航系统

船舶导航系统是引导船舶航行的关键系统,在军用舰船与大型民用船舶上得到普遍应用。船舶导航系统通过网络将各种导航设备信息传入计算机,利用信息融合技术综合处理,得到最佳的导航信息;然后,通过电子海图实时动态地显示船舶的综合航行态势。这样,不仅提高了导航信息精度,而且扩展了单一导航系统或设备的功能,从而构成了高精度、高可靠性、多功能的现代船舶综合导航系统。一套完整的船舶驾驶台综合导航系统通常由两台雷达、一台综合数据显示系统、两台电子海图显示系统和一台气象信息显示系统组成。

(5)船舶智能航行系统

船舶航行过程中,由于风、流、浪等的干扰,船舶是否航驶在计划航线,通常通过定位进行检查,即通过反馈船位信息,调整控制措施,尽可能地保持航迹在计划航线上。如果会遇船舶,或需避让礁石、冰山等,则应随机采取避让措施,当安全驶过让清以后,又恢复原航向,按计划航线航行。只有当收到危险气象或其他需要改变航行计划的信息时,驾驶员才会改变航线,并按新制订的航线去航行。船舶智能航行系统是船舶自动化的重要组成部分,它包括最佳航线编制系统、自动舵控制系统、自动定位系统、自动避航系统及综合航行管理系统。船舶智能航行系统示意图如图 9-22 所示。

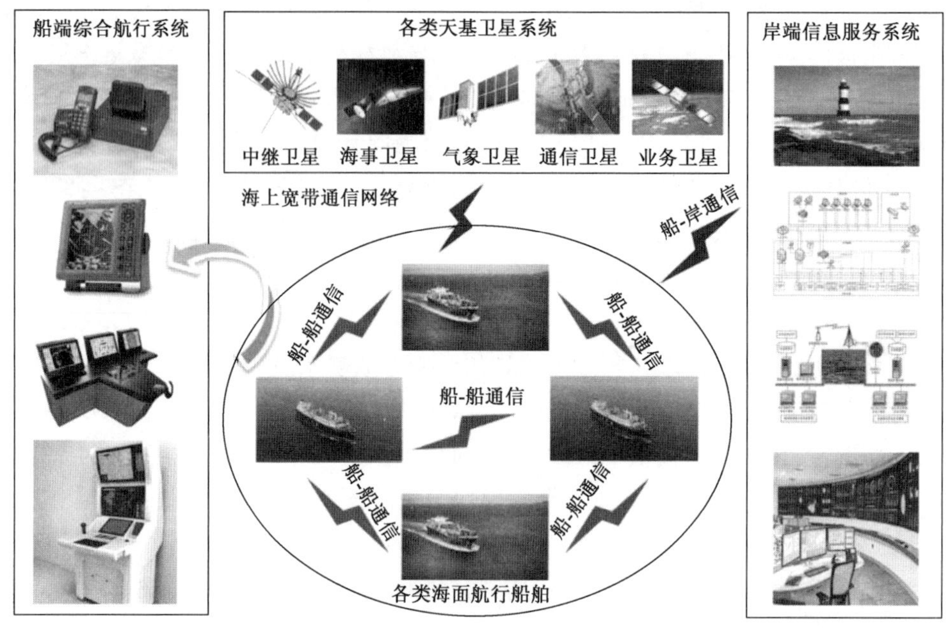

图9-22 船舶智能航行系统示意图

9.5 航空智能交通运输系统

9.5.1 系统组成

航空ITS主要包括空中交通管制系统、智能机载系统、航空公司运营控制系统、机场运营控制系统、旅客信息服务系统、航空售票管理系统、应急指挥系统等子系统（图9-23），综合应用人工智能、大数据技术、互联网、移动互联网、云平台等信息新技术实现航空运输一体化和智能化，为客户提供安全、高效、舒适、便捷的航空运输服务。

9.5.2 发展历程

随着人工智能、云计算、大数据技术、移动互联网、北斗卫星导航系统的融合应用，现阶段航空运输系统已实现对航班实时监控并可进行运输生产组织与调度，对陆侧交通、航站楼、机坪、飞行区进行监控管理，同时对航班、旅客、行李、车辆运行进行管理，实现自动化的空中交通管理，保证飞机安全高效运行，提供便捷舒适的运输服务。例如,航空公司运营控制系统通过云计算对航空运输需求进行分析、预测,制订适当的航班计划;机场运营控制系统同时共享运行数据和气象预测数据,综合考虑容量与流量约束,对机坪、车辆、航班配置进行管理;智能机载系统通过智能传感器、四维航迹预测技术控制航空器按合理高效的初始四维轨迹运行;维修系统、应急指挥系统和供应系统辅助运控系统保证航空运输安全高效运营;旅客信息服务系统、航空售票管理系统通过数据仓库、生物特征识别、高精度数字地图等确保航空运输优质服务。

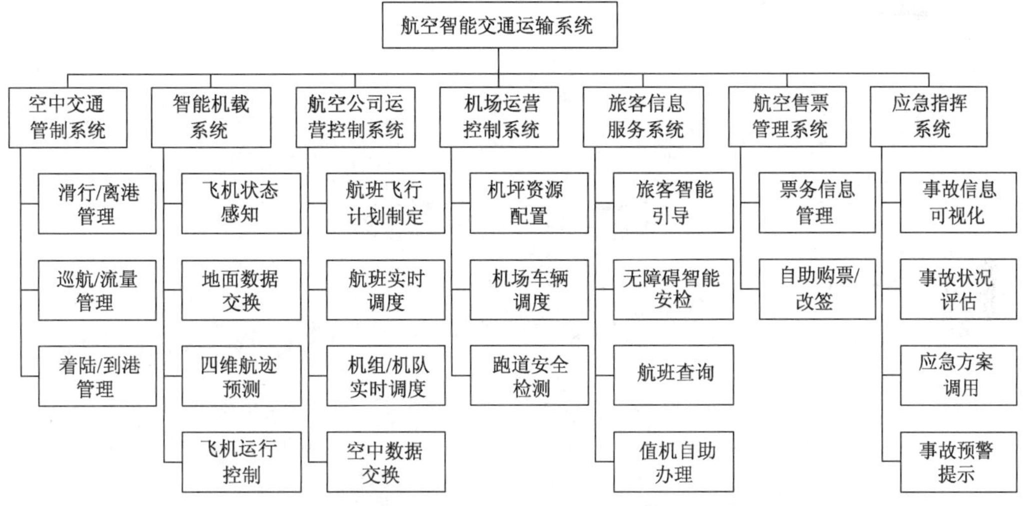

图 9-23　航空 ITS 的组成

《交通强国建设纲要》明确指出,未来我国智能航空运输将推动大数据、互联网、人工智能、区块链、超级计算等新技术与航空运输的深度融合,加速航空基础设施网、航空运输服务网与信息网络的融合发展,构建航空交通大数据中心体系,加强统一管理的云平台在航空运输中的运营管理作用,建立基于大数据支撑的交通控制、管理、决策、服务一体化的部门联动、协同管控的智能航空交通运输系统,实现数据驱动的航空运输交通智能化、精细化管理。

9.5.3　典型子系统

(1)空中交通管制系统

空中交通管制系统(图 9-24)是结合飞行计划、进离港规则、机场和航空公司信息,同时根据流量和排序规则,对航空器进行指挥放行,利用卫星导航、场面监控、雷达航迹等技术对飞行器进行监视和控制,指导滑行并引导飞行器准时安全起飞、巡航、降落的控制系统。空中交通管制分为塔台管制、进近管制和区域管制。塔台管制负责维持机场飞行秩序、指挥滑行和起降、防止碰撞,包含地面滑行与离港管理、起飞指挥、着陆指挥;进近管制是对处于塔台管制范围和区域管制范围之间的进场或离场飞机实施管制,包括离港进近指挥、进港进近指挥;区域管制负责使航路上的飞机保持安全间隔,使系统按空中交通管制规则运行,即确定出若干空中航路,使飞机按一定顺序从各自机场起飞,进入航路并保持飞机间的一定距离间隔,到达终点前脱离航路并按一定顺序降落。

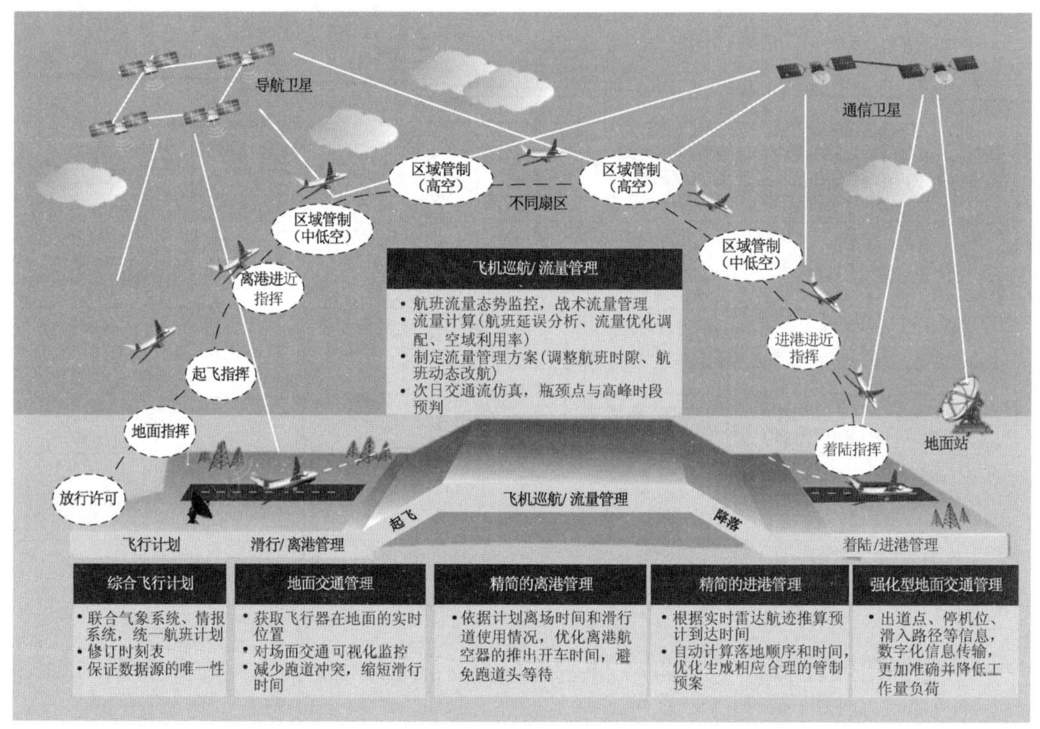

图 9-24　空中交通管制系统示意图

(2)智能机载系统

智能机载系统是飞机智能化的主要承载系统,用于实现飞机的自动感知、数据传输、航迹预测、协调控制飞行等功能。系统通过遍布全机的智能传感器全面感知飞机的内外部状态,采用物联网技术连接全机机载系统和设备、飞机与外部网络,运用人工智能等技术对全机数据进行智能化分析和处理,通过天地一体化信息网络与其他智能地面系统进行数据交换,借助四维航迹预测技术集中处理飞行计划,准确掌握飞行动态和飞行流量,协调空中交通管制系统控制飞机安全运行,并为飞行机组、乘务机组、维护人员和乘客提供智能信息服务。

(3)航空公司运营控制系统

航空公司运营控制系统是以航空公司为指挥中心完成航班动态组织调度和航班数据

管理的重要子系统。系统首先制定航班飞行计划，与智能机载设备实时数据交换，借助人工智能、联邦式、中间件模型、数据仓库等技术对飞机、航路、机场、机队、机组、气象和航材备件集中、分析、管理数据，实时了解航班运行动态、地面保障情况、飞机状况、机组信息，建立签派风险、航材周转、机队和机组调度等模型，借助面向航空器运行管理的统一云平台技术，实现航空公司航班的动态生产组织调度，提供高效、便捷、灵活、舒适的运输服务。

(4)机场运营控制系统

机场运营控制系统是对机场方面进行陆侧交通控制、航站楼管控、机坪管控、行李管理的重要运控子系统。系统采用航空移动机场通信系统、网关、1.8GHz 机场无线通信系统和5G 网络技术集成机场物联网，采用飞行安全检测技术对跑道异物、飞鸟和围界入侵进行检测，采用车-机-路协同感知技术和基于物联网的机场运行态势智能感知与调度等技术，感测、分析和整合机坪运行系统关键信息，同时基于数据平台协调航空公司的运营控制，预测机场资源运行需求，优化配置机坪资源，优化调度机场车辆，管理航班旅客行李，保证机场各区域的安全、高效运转。

(5)旅客信息服务系统

旅客信息服务系统是面向旅客提供智能引导、自动办理、智能安检业务的智慧航空服务系统。系统借助网络中心、信息中心和大数据平台采集、处理和挖掘实时分析航空旅客需求信息、航班信息及服务数据，通过旅客智能终端、航站楼无线网络等搭建航站楼物联网，通过生物识别技术实现无障碍安检，借助智能机器人、智能一体机等智能化设备为旅客提供航班查询、订退票、值机办理等基本业务，运用虚拟现实(VR)、增强现实(AR)和室内定位等实现智能引导，以提升机场服务的智能化和信息化水平。

(6)航空售票管理系统

航空售票管理系统是面向管理人员提供航班查询、更改业务，面向旅客提供购票办理等票务服务的关键系统。系统借助数据平台和信息中心实时同步航班票务信息，航班管理人员能够查询、发布及更改航班班次信息，查询及修改旅客信息；旅客用户可通过线上软件为个人及其他旅客购买机票、查询购票记录，进行添加、修改和删除乘机人信息等操作，系统通过规范化、便捷化购票相关流程，实现安全高效的航空售票服务。

(7)应急指挥系统

应急指挥系统是针对航空突发事件进行指挥调度、预报预警、应急救援的综合系统。系统将事发地点、应急物资、救援力量等相关信息一体化展现在电子地图上，对潜在危险、事故状况及时评估，快速决策避难区域和制定补救措施，调用预先指定的应急救援处置方案，及时、有序、高效、妥善地处置突发事件，保障航空运输安全。对延误事件预警提示，同时借助人工智能算法对大面积航班延误事件进行预测，为及时部署旅客、调整航班提供基础支持。

9.6 管道智能交通运输系统

9.6.1 系统组成

管道 ITS 是基于大数据、物联网、云计算、人工智能等关键技术，以数据全面统一、感知交互可视、系统融合互联、供应精准匹配、运行智能高效、预测预警可控为特征，通过“端 + 云 + 大数据”体系架构集成管道全生命周期数据，提供智能分析和决策支持，用信息化手段实现管道可视化、网络化、智能化管理的系统，并具有全方位感知、综合性预判、一体化管控、自适应优化的能力。系统由智能全生命周期管理、智能运行控制管理和智能决策支持管理 3 部分组成，如图 9-25 所示。

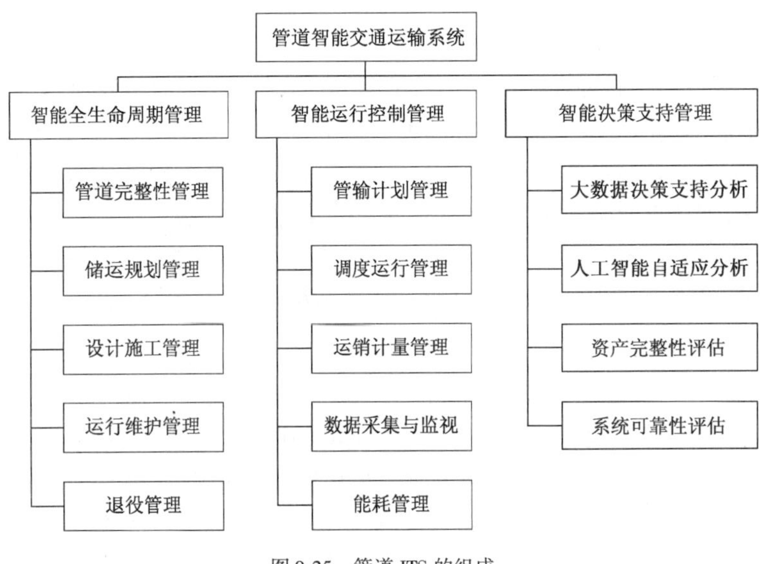

图 9-25　管道 ITS 的组成

9.6.2 发展历程

数字化管道在 20 世纪 90 年代由美国率先提出。随着大数据、云计算、物联网等技术的成熟和普及，数字化管道正逐步向智能化管道转型并初见成效。目前，国外在智能管道建设方面已取得重要进展，管道建设和运行的各个阶段已应用了云计算、移动存储、物联网数据精确采集、大数据决策分析等先进技术。

我国最早的数字化管道是于 2004 年建设的西气东输冀宁管道联络线，随后，数字化技术陆续应用于油气管道行业的勘察设计和施工阶段。近年来，数字化设计、数字化恢复技术、无人机智能化巡护、基于大数据的管网应急决策支持等技术在管道运输系统中的应用越来越广泛。

2017年,国家发展改革委、国家能源局出台了《中长期油气管网规划》,规划中明确提出加强信息技术、管网仿真技术应用,探索完善天然气水合物运输工艺、多相混输、原油冷热交替输送、管道泄漏监测和定位、完整性评估等管道建设、运行、应急前沿技术。

9.6.3 典型子系统

(1)油气管道数据采集与监视控制系统(SCADA)

SCADA是现阶段在长距离油气管道设施中最主要的运行监视与控制系统,能远距离对现场基础硬件设施及管道阀门等设施进行监控与处理,并且对出现的报警数据进行分析与检测,能做到及时对报警信号进行检测与控制处理,实现远距离对运行设施的遥控控制,及时对设备与系统故障进行诊断,能实现对长输原油管道的自动化管理,提升原油长距离输送的可靠性与安全性,同时提高设备的监控效率和水平。

(2)管道泄漏检测系统

管道泄漏检测系统是在管道出现老化、腐蚀、人为破坏和自然破坏等问题而产生泄漏时,及时发现并做出报警反应的检测系统。该系统以SCADA系统或负压波、次生波、光纤等检测传感器的实时数据作为基础,数据出现异常时,系统将详细检查这些异常数据,并分析是否为泄漏。系统发现泄漏点后,将立刻发出警报并显示泄漏地点、泄漏时间、泄漏速度和泄漏总量等数据。

(3)管道安全预警系统

管道安全预警系统利用管道同沟光缆作为传感器,实时感应管道沿线的土壤振动信号,通过智能识别分析,对威胁管道安全的机械施工、人工挖掘和自然灾害等危险事件进行预警和定位,通知巡线人员赶赴现场查看,制止破坏事件进一步恶化。

复习思考题

1. 什么是ITS? 其主要功能和作用有哪些?

2. ITS涉及哪些交通运输方式? 智能交通和智慧交通的联系和区别是什么?

3. ITS体系框架的组成部分包括哪些? 每个部分的具体作用是什么?

4. 查阅资料,对比分析我国ITS体系框架与美国、欧洲、日本ITS体系框架的相同点和不同点。

5. 道路ITS主要包括哪些典型子系统? 各子系统的主要功能是什么?

6. 结合近年发布的国家和部委相关文件,分析我国道路ITS的未来重点发展方向有哪些。

7. 分析思考轨道ITS中列车全自动运行的核心关键技术有哪些。

8. 轨道ITS由哪些子系统组成? 其中哪些系统与智能感知、人工智能和大数据技术的快速发展有关？

9. 水路ITS由哪些子系统组成？典型子系统的主要功能是什么？

10. 我国水路ITS的未来重点发展方向有哪些？

11. 航空ITS中典型子系统中的机场运营控制系统的主要功能有哪些？涉及哪些信息化技术及智能化决策手段？

12. 管道ITS的全生命周期管理是由哪些子系统组成的？

本章参考文献与延伸阅读

[1] 中共中央,国务院. 交通强国建设纲要[EB/OL]. 2019. http://www.gov.cn/zhengce/2019-09/19/content_5431432.htm.

[2] 国家发展改革委,中央网信办,科技部,等. 智能汽车创新发展战略[EB/OL]. 2020. http://www.gov.cn/zhengce/zhengceku/2020-02/24/content_5482655.htm.

[3] 中国国家铁路集团有限公司. 新时代交通强国铁路先行规划纲要[EB/OL]. 2020. http://www.china-railway.com.cn/xwzx/rdzt/ghgy/gyqw/202008/t20200812_107636.html.

[4] 中国城市轨道交通协会. 中国城市轨道交通智慧城轨发展纲要[J]. 城市轨道交通,2020(4):8-23.

[5] 交通运输部,中央网信办,国家发展改革委,等. 智能航运发展指导意见[EB/OL]. 2019. https://xxgk.mot.gov.cn/jigou/haishi/201911/t20191119_3298977.html.

[6] 国家发展改革委,国家能源局. 中长期油气管网规划[EB/OL]. 2017. https://www.ndrc.gov.cn/xxgk/zcfb/ghwb/201707/t20170712_962238.html.

[7] 王笑京. 中国智能交通发展史[J]. 中国公路,2018(18):31-33.

[8] 杨佩昆. 智能交通运输系统体系结构[M]. 上海:同济大学出版社,2002.

[9] 杨兆升. 智能运输系统概论[M]. 3版. 北京:人民交通出版社股份有限公司,2015.

[10] 王云鹏,严新平,鲁光泉,等. 智能交通技术概论[M]. 北京:清华大学出版社,2020.

[11] 严新平,金永兴. 水上交通安全导论[M]. 北京:人民交通出版社,2010.

[12] 徐建闽. 智能交通系统[M]. 北京:人民交通出版社股份有限公司,2014.

[13] 贾利民,王艳辉,徐杰. 智能运输系统概论[M]. 北京:清华大学出版社,北京交通大学出版社,2019.

第 10 章
CHAPTER TEN

综合交通运输法律法规体系

学习目的与要求

综合交通运输法律法规体系是我国综合交通运输体系建设的重要引领和保障，也是交通强国建设的重要内容之一。通过本章学习，要求了解中国特色社会主义法律体系概况，了解综合交通运输法律法规体系现状，掌握综合交通运输法律法规体系的基本特征，把握综合交通运输法律法规体系建设的内容。

10.1 综合交通运输法律法规体系概述

10.1.1 中国特色社会主义法律体系概述

1949 年以来，特别是改革开放以来，中国特色社会主义法律体系已经初步形成，可以从以下两个维度来了解其内容。

10.1.1.1 法律体系的层级

(1)宪法。宪法是国家的根本法，在我国法律体系中居于统帅地位，是国家长治久安、民族团结、经济发展、社会进步的根本保障。宪法在国家法律体系中具有最高的法律效力，一切法律、行政法规、地方性法规的制定都必须以宪法为依据，遵循宪法的基本原则，不得与宪法相抵触。各族人民、一切国家机关和武装力量、各政党和各社会团体、各企业事业组织，都必须以宪法为根本的活动准则，并负有维护宪法尊严、保证宪法实施的职责。

(2)法律。根据宪法和立法法规定,全国人民代表大会和全国人民代表大会常务委员会行使国家立法权。全国人民代表大会及其常务委员会制定的法律,是中国特色社会主义法律体系的主干,其解决的是国家发展中带有根本性、全局性、稳定性和长期性的问题,是国家法制的基础,行政法规和地方性法规不得与法律相抵触。立法法规定全国人民代表大会制定和修改刑事、民事、国家机构的和其他的基本法律。全国人民代表大会常务委员会制定和修改除应当由全国人民代表大会制定的法律以外的其他法律;在全国人民代表大会闭会期间,对全国人民代表大会制定的法律进行部分补充和修改,但不得同该法律的基本原则相抵触。立法法还规定,对以下事项只能制定法律:国家主权的事项;各级人民代表大会、人民政府、人民法院和人民检察院的产生、组织和职权;民族区域自治制度、特别行政区制度、基层群众自治制度;犯罪和刑罚;对公民政治权利的剥夺、限制人身自由的强制措施和处罚;对非国有财产的征收、征用;民事基本制度;基本经济制度以及财政、海关、金融和外贸的基本制度;诉讼和仲裁制度;必须由全国人民代表大会及其常务委员会制定法律的其他事项。法律确立了国家经济建设、政治建设、文化建设、社会建设以及生态文明建设各个方面重要的基本的法律制度,构成了法律体系的主干,也为行政法规、地方性法规的制定提供了重要依据。

(3)行政法规。根据宪法和立法法规定,国务院根据宪法和法律,制定行政法规。行政法规可以就执行法律的规定和履行国务院行政管理职权的事项作出规定。对应当由全国人民代表大会及其常务委员会制定法律的事项,国务院可以根据全国人民代表大会及其常务委员会的授权决定先制定行政法规,经过实践检验,制定法律的条件成熟时,国务院应当提请全国人民代表大会及其常委会制定法律。行政法规在中国特色社会主义法律体系中具有重要地位,将法律规定的相关制度具体化,是对法律的细化和补充,是我国法律体系的重要组成部分。

(4)地方性法规。根据宪法和立法法规定,省、自治区、直辖市和设区的市的人民代表大会及其常务委员会可以制定地方性法规。地方性法规包括:一是省、自治区、直辖市的人民代表大会及其常务委员会根据本行政区域的具体情况和实际需要,在不同宪法、法律、行政法规相抵触的前提下,可以制定地方性法规。二是设区的市的人民代表大会及其常务委员会根据本市的具体情况和实际需要,在不同宪法、法律、行政法规和本省、自治区的地方性法规相抵触的前提下,可以制定地方性法规,报省、自治区的人民代表大会常务委员会批准后施行。三是经济特区所在地的省、市的人民代表大会及其常务委员会根据全国人民代表大会的授权决定,制定法规,在经济特区范围内实施。四是民族自治地方的人民代表大会有权依照当地民族的政治、经济和文化特点,制定自治条例和单行条例。自治区的自治条例和单行条例,报全国人民代表大会常务委员会批准后生效。自治州、自治县的自治条例和单行条例,报省、自治区、直辖市的人民代表大会常务委员会批准后生效。自治条例和单行条例可以依照当地民族的特点,对法律和行政法规的规定作出变通规定,但不得违背法律和行政法规的基本原则,不得对宪法和民族区域自治法的规定以及其他法律、行政法规专门就民族自治地方所作的规定作出变通规定。地方性法规可以就执行法律、行政法规的规定和属于地方性事务的事项作出规定，同时除只能由全国人民代表大会及其常务委员会制定法律的事项外，对其他事项国家尚未制定法律或者行政法规的，可以先制定地方性法规。地方性法规在我国法律体系中具有重要地位，是对法律、行政法规的细化和补充，是国家立法的延伸和完善，是我国法律体系的又一重要组成部分。

10.1.1.2　我国法律体系的部门

(1)宪法相关法。宪法相关法是与宪法相配套、直接保障宪法实施和国家政权运作等方面的法律规范，它调整国家政治关系，主要包括国家机构的产生、组织、职权和基本工作原则方面的法律，民族区域自治制度、特别行政区制度、基层群众自治制度方面的法律，维护国家主权、领土完整、国家安全、国家标志象征方面的法律，保障公民基本政治权利方面的法律。

(2)民法商法。民法是调整平等主体的公民之间、法人之间、公民和法人之间的财产关系和人身关系的法律规范，其遵循民事主体地位平等、意思自治、公平、诚实信用等基本原则。商法调整商事主体之间的商事关系，遵循民法的基本原则，同时秉承保障商事交易自由、等价有偿、便捷安全等原则。

(3)行政法。行政法是关于行政权的授予、行政权的行使以及对行政权的监督的法律规范，其调整的是行政机关与行政相对人之间因行政管理活动发生的关系，遵循职权法定、程序法定、公正公开、有效监督等原则，既保障行政机关依法行使职权，又注重保障公民、法人和其他组织的权利。我国制定了行政处罚法、行政复议法、行政许可法、行政强制法等行政法律。

(4)经济法。经济法是调整国家从社会整体利益出发，对经济活动实行干预、管理或者调控所产生的社会经济关系的法律规范。经济法为国家对市场经济进行适度干预和宏观调控提供法律手段和制度框架，防止市场经济的自发性和盲目性所导致的弊端。

(5)社会法。社会法是调整劳动关系、社会保障、社会福利和特殊群体权益保障等方面的法律规范，遵循公平和谐和国家适度干预原则，通过国家和社会积极履行责任，对劳动者、失业者、丧失劳动能力的人以及其他需要扶助的特殊人群的权益提供必要的保障，维护社会公平，促进社会和谐。

(6)刑法。刑法是规定犯罪与刑罚的法律规范。它通过规范国家的刑罚权，惩罚犯罪，保护人民，维护社会秩序和公共安全，保障国家安全。

(7)诉讼与非诉讼程序法。诉讼与非诉讼程序法是规范解决社会纠纷的诉讼活动与非诉讼活动的法律规范。诉讼法律制度是规范国家司法活动解决社会纠纷的法律规范，非诉讼程序法律制度是规范仲裁机构或者人民调解组织解决社会纠纷的法律规范。我国已经制定了刑事诉讼法、民事诉讼法、行政诉讼法、仲裁法、引渡法、海事诉讼特别程序法、劳动争议调解仲裁法、农村土地承包经营纠纷调解仲裁法等诉讼与非诉讼程序法律制度。

10.1.2　综合交通运输法律法规体系的形成

我国的综合交通运输法律法规体系，从时间跨度看主要是改革开放以来形成和完善的;从内容看是按不同运输方式来立法的,虽然有的运输方式是先有行政法规,后有法律,但总体上是以该运输方式的龙头法为主轴形成的。

10.1.2.1 《中华人民共和国海上交通安全法》及其体系

该法律于1983年9月2日由第六届全国人民代表大会常务委员会第二次会议通过,2016年11月7日由第十二届全国人民代表大会常务委员会第二十四次会议通过的《关于修改〈中华人民共和国对外贸易法〉等十二部法律的决定》第一次修正,2021年4月29日由第十三届全国人民代表大会常务委员会第二十八次会议进行了第二次修订。该法律带动了一批海上交通行政法规的出台,海上交通安全法规体系得以形成。

10.1.2.2 《中华人民共和国邮政法》及其体系

该法律于1986年12月2日由第六届全国人民代表大会常务委员会第十八次会议通过,2009年4月24日由第十一届全国人民代表大会常务委员会第八次会议修订,2012年10月26日由第十一届全国人民代表大会常务委员会第二十九次会议通过的《关于修改〈中华人民共和国邮政法〉的决定》第一次修正,2015年4月24日由第十二届全国人民代表大会常务委员会第十四次会议通过的《关于修改〈中华人民共和国义务教育法〉等五部法律的决定》第二次修正。该法律带动了一批邮政行政法规的出台,邮政法规体系得以形成。

10.1.2.3 《中华人民共和国铁路法》及其体系

该法律于1990年9月7日由第七届全国人民代表大会常务委员会第十五次会议通过,2009年8月27日由第十一届全国人民代表大会常务委员会第十次会议通过的《关于修改部分法律的决定》第一次修正,2015年4月24日由第十二届全国人民代表大会常务委员会第十四次会议通过的《关于修改〈中华人民共和国义务教育法〉等五部法律的决定》第二次修正。该法律带动了一批铁路行政法规的出台,铁路法规体系得以形成。

10.1.2.4 《中华人民共和国海商法》及其体系

该法律于1992年11月7日由第七届全国人民代表大会常务委员会第二十八次会议通过。该法律带动了一批海商法律和行政法规的出台,海商特殊民事法律体系得以形成。

10.1.2.5 《中华人民共和国民用航空法》及其体系

该法律于1995年10月30日由第八届全国人民代表大会常务委员会第十六次会议通过,2009年8月27日由第十一届全国人民代表大会常务委员会第十次会议通过的《关于修改部分法律的决定》第一次修正,2015年4月24日由第十二届全国人民代表大会常务委员会第十四次会议通过的《关于修改〈中华人民共和国计量法〉等五部法律的决定》第二次修正,2016年11月7日由第十二届全国人民代表大会常务委员会第二十四次会议通过的《关于修改〈中华人民共和国对外贸易法〉等十二部法律的决定》第三次修正,2017年11月4日由第十二届全国人民代表大会常务委员会第三十次会议通过的《关于修改〈中华人民共和国会计法〉等十一部法律的决定》第四次修正,2018 年 12 月 29 日由第十三届全国人民代表大会常务委员会第七次会议通过的《关于修改〈中华人民共和国劳动法〉等七部法律的决定》第五次修正。该法律带动了一批民用航空行政法规的出台,民航法规体系得以形成。

10.1.2.6 《中华人民共和国公路法》及其体系

该法律于 1997 年 7 月 3 日由第八届全国人民代表大会常务委员会第二十六次会议通过,1999 年 10 月 31 日由第九届全国人民代表大会常务委员会第十二次会议通过的《关于修改〈中华人民共和国公路法〉的决定》第一次修正,2004 年 8 月 28 日由第十届全国人民代表大会常务委员会第十一次会议通过的《关于修改〈中华人民共和国公路法〉的决定》第二次修正,2009 年 8 月 27 日由第十一届全国人民代表大会常务委员会第十次会议通过的《关于修改部分法律的决定》第三次修正,2016 年 11 月 7 日由第十二届全国人民代表大会常务委员会第二十四次会议通过的《关于修改〈中华人民共和国对外贸易法〉等十二部法律的决定》第四次修正,2017 年 11 月 4 日由第十二届全国人民代表大会常务委员会第三十次会议通过的《关于修改〈中华人民共和国会计法〉等十一部法律的决定》第五次修正。该法律带动了一批公路行政法规的出台,公路法规体系得以形成。

10.1.2.7 《中华人民共和国港口法》及其体系

该法律于 2003 年 6 月 28 日由第十届全国人民代表大会常务委员会第三次会议通过,2015 年 4 月 24 日由第十二届全国人民代表大会常务委员会第十四次会议通过的《关于修改〈中华人民共和国港口法〉等七部法律的决定》第一次修正,2017 年 11 月 4 日由第十二届全国人民代表大会常务委员会第三十次会议通过的《关于修改〈中华人民共和国会计法〉等十一部法律的决定》第二次修正,2018 年 12 月 29 日由第十三届全国人民代表大会常务委员会通过的《关于修改〈中华人民共和国电力法〉等四部法律的决定》第三次修正。该法律带动了一批港口规章的出台,港口法规体系得以形成。

10.1.2.8 《中华人民共和国航道法》及其体系

该法律于 2014 年 12 月 28 日由第十二届全国人民代表大会常务委员会第十二次会议通过,2016 年 7 月 2 日由第十二届全国人民代表大会常务委员会第二十一次会议通过的《关于修改〈中华人民共和国节约能源法〉等六部法律的决定》修正。该法律带动了一批航道法规和规章的出台,航道法规体系得以形成。

10.1.2.9 《中华人民共和国道路交通安全法》

该法律于 2003 年 10 月 28 日由第十届全国人民代表大会常务委员会第五次会议通过,2007 年 12 月 29 日由第十届全国人民代表大会常务委员会第三十一次会议通过的《关于修改〈中华人民共和国道路交通安全法〉的决定》第一次修正,2011 年 4 月 22 日由第十一届全国人民代表大会常务委员会第二十次会议通过的《关于修改〈中华人民共和国道路交通安全法〉的决定》第二次修正,2021 年 4 月 29 日由第十三届全国人民代表大会常务委员会第二十八次会议通过的《全国人民代表大会常务委员会关于修改〈中华人民共和国道路交通安全法〉等八部法律的决定》第三次修正。该法律主要包括车辆和驾驶人、道路通行条件、道路通行规定、交通事故处理、执法监督等内容。该法律的立法目的是维护道路交通秩序,预防和减少交通事故,保护人身安全,保护公民、法人和其他组织的财产安全及其他合法权益,提高通行效率。与该法律配套的是行政法规《中华人民共和国道路交通安全法实施条例》。该法律从广义上也属于综合交通运输法律法规体系,但由于主管部门是公安机关交通管理部门,因此目前尚未划入交通运输主管部门主导的综合交通运输法律法规体系之中。

10.1.3 综合交通运输法律法规体系在交通运输发展中的作用

10.1.3.1 交通法治建设的目标

党的十八届四中全会通过了《中共中央关于全面推进依法治国若干重大问题的决定》,该决定提出全面推进依法治国的总目标是建设中国特色社会主义法治体系,建设社会主义法治国家,即在中国共产党领导下,坚持中国特色社会主义制度,贯彻中国特色社会主义法治理论,形成完备的法律规范体系、高效的法治实施体系、严密的法治监督体系、有力的法治保障体系,形成完善的党内法规体系,坚持依法治国、依法执政、依法行政共同推进,坚持法治国家、法治政府、法治社会一体建设,实现科学立法、严格执法、公正司法、全民守法,促进国家治理体系和治理能力现代化。

根据这一要求,政府的建设任务是依法行政,作为政府组成部门的交通运输主管部门的任务是建设法治政府部门,《交通运输部关于全面深化交通运输法治政府部门建设的意见》(交法发〔2015〕126 号)指出,到 2020 年,要基本建成职能科学、权责法定、执法严明、公开公正、廉洁高效、守法诚信的交通运输法治政府部门,推进交通运输治理体系和治理能力现代化。交通运输法律规范体系、法治实施体系、法治监督体系、法治保障体系基本形成;运用法治思维和法治方式深化改革、推动发展、化解矛盾、维护稳定的各级交通运输部门领导班子,职能科学、权责法定、运行规范的各级交通运输行政机关,严格规范公正文明执法且保障有力的交通运输执法队伍基本建成。

10.1.3.2 综合交通运输法律法规体系在交通强国建设中的作用

党的十九大提出,在本世纪中要建成富强民主文明和谐美丽的社会主义现代化强国。其中建设交通强国是社会主义现代化强国的组成部分,又是其重要支撑。因此,建设交通强国是党中央立足国情、着眼全局、面向未来作出的重大战略决策,是建设现代化经济体系的先行领域,是新时代做好交通工作的总抓手。

2019 年 9 月 19 日中共中央、国务院印发《交通强国建设纲要》,提出了交通强国建设目标和保障措施,提出了基础设施布局完善、立体互联;交通装备先进适用、完备可控;运输服务便捷舒适、经济高效;科技创新富有动力、智慧引领;安全保障完善可靠、反应快速;绿色发展节约集约、低碳环保;开放合作面向全球、互利共赢;人才队伍精良专业、创新奉献;完善治理体系,提高治理能力等九项任务。综合交通运输法律法规体系建设在交通强国建设中的作用可以概况为两个方面：一方面，完善综合交通法规体系本身就是交通强国建设的任务，《交通强国建设纲要》“完善治理体系，提升治理能力”中，明确提出坚持法治引领，完善综合交通法规体系，推动重点领域法律法规制定修订；另一方面，综合交通法规体系又对交通强国建设目标与保障措施、九项任务起着引领、规范和保障作用。

10.2 综合交通运输法律法规体系的现状和特征

10.2.1 综合交通运输法律法规体系的现状

10.2.1.1 法律

如前所述，在法律层级上，我国已经制定了八部交通运输法律，即《中华人民共和国海上交通安全法》《中华人民共和国邮政法》《中华人民共和国铁路法》《中华人民共和国海商法》《中华人民共和国民用航空法》《中华人民共和国公路法》《中华人民共和国港口法》《中华人民共和国航道法》。可见，在法律层级上，调整道路运输的《中华人民共和国道路运输法》、调整水路运输的《中华人民共和国航运法》(也有学者建议名称为《中华人民共和国水路运输法》)，以及调整船员管理关系的《中华人民共和国船员法》是缺位的。

10.2.1.2 行政法规

(1)在铁路运输方面，已经制定《铁路安全管理条例》和《铁路交通事故应急救援和调查处理条例》，但调整铁路运输关系的《铁路运输条例》是缺位的。

(2)在公路及道路运输方面，已经制定《收费公路管理条例》《公路安全保护条例》《中华人民共和国道路运输条例》，但调整农村公路建设、管理、养护、运营关系的《农村公路条例》是缺位的，调整城市公共交通管理的《城市公共交通条例》是缺位的。

(3)在水路运输方面，已经制定《中华人民共和国国际海运条例》《国内水路运输管理条例》《水路货物运输合同实施细则》《关于不满300总吨船舶及沿海运输、沿海作业船舶海事赔偿限额的规定》《中华人民共和国港口间海上旅客运输赔偿责任限额规定》《上海航运交易所管理规定》《中华人民共和国航道管理条例》《中华人民共和国航标条例》《外国籍非军用船舶通过琼州海峡管理规则》《中华人民共和国内河交通安全管理条例》《中华人民共和国防止拆船污染环境管理条例》《关于外商参与打捞中国沿海水域沉船沉物管理办法》《中华人民共和国船舶和海上设施检验条例》《中华人民共和国船舶登记条例》《国际航行船舶进出中华人民共和国口岸检查办法》《中华人民共和国船员条例》《防治船舶污染海洋环境管理条例》《中华人民共和国打捞沉船管理办法》《中华人民共和国非机动船舶海上安全航行暂行规则》《国境河流外国籍船舶管理办法》《中华人民共和国对外国籍船舶管理规则》《中华人民共和国外国籍船舶航行长江水域管理规定》《中华人民共和国海上交通事故调查处理条例》《中华人民共和国海上航行警告和航行通告管理规定》。虽然水路运输行政法规数量很多,但目前依然还有缺位,如调整港口关系的《港口管理条例》、调整通航建筑物管理的《通航建筑物管理条例》、调整水上交通事故调查处理的《水上交通事故调查处理条例》、调整沉船打捞清除关系的《沉船打捞清除管理条例》、调整船舶污染内河环境关系的《防治船舶污染内河环境管理条例》、调整潜水关系的《潜水条例》、调整水上搜救体制关系的《水上人命搜寻救助条例》等。

(4)在航空运输方面,已经制定《民用航空器适航管理条例》《民用航空器国籍登记条例》《民用航空器权利登记条例》《民用机场管理条例》《中华人民共和国飞行基本规则》《通用航空飞行管制条例》《民用航空安全保卫条例》,但在调整无人驾驶航空器管理方面缺失《无人驾驶航空器飞行管理条例》,在调整民用航空飞行标准管理方面缺失《民用航空飞行标准管理条例》,在调整搜寻援救民用航空器方面缺失《搜寻援救民用航空器条例》,在调整民用航空器事故家属援助方面缺失《民用航空器事故家属援助条例》,在民用航空运输市场管理方面缺失《民用航空市场管理条例》,在通用航空管理方面缺失《通用航空管理条例》,在民用航空器事故调查方面缺失《民用航空器事故调查条例》。

(5)在邮政方面,已经制定《邮政服务条例》和《快递暂行条例》,但在邮政行业安全管理方面缺失《邮政业安全管理条例》。

10.2.2 综合交通运输法律法规体系的特征

10.2.2.1 综合交通运输法律法规体系的层级特征

从目前综合交通运输立法的层级看,法律、行政法规、地方性法规等层级均有立法。法律层级有八部交通运输法律。行政法规层级有《内河交通安全管理条例》《公路安全保护条例》《道路运输条例》《铁路安全管理条例》等大量行政法规。地方性法规的数量也是较多的。多层级法律法规是综合交通运输法律法规体系的特征。

10.2.2.2 综合交通运输法律法规体系所属部门法的特征

由于交通运输法律关系较为复杂,因此,在国家法律体系七个部门法中分别存在。《海商法》属于民法商法,交通运输安全生产属于社会法,但其他七部法律属于经济法。作为经济法的综合交通运输法律法规体系,调整相应社会关系时,内容上应当更多地注重法律对经济手段的固定和指引。经济法是综合交通运输法律法规体系所属部门法的特征。

10.2.2.3 综合交通运输法律法规体系立法步骤“先分后合”的特征

从综合交通运输法律法规体系立法步骤看,走的是“先分后合”的路线。开始是按照不同运输方式立法,但发展到一定阶段后开始提出几种运输方式法规统一的需求,这也是近几年来多式联运立法、综合交通运输法律法规体系需要科学搭建的呼声日益强烈的原因。从国际立法看,综合交通运输法律法规体系也是走的先按不同运输方式分别立法,再进行综合立法的路线。

10.3 综合交通运输法律法规体系的建设

10.3.1 综合交通运输法律法规体系的建设研究

10.3.1.1 综合交通运输法律法规体系的研究

由于改革开放以来,交通运输是按不同运输方式分别规划、建设、运营及管理的,相应法律法规体系也是按照不同运输方式分别制定和发展的,已经形成了各自相对独立完整的子体系。随着交通运输的发展,综合交通运输体系的需求逐步上升,原有的分别立法出现的不协调问题也逐步显现,因此要求建设综合交通运输法律法规体系的呼声日益增加。

建设什么样的综合交通运输法律法规体系,有不同的模型研究。

一种主张是:原有的按不同运输方式分别立法不必大改,只要单独制定一部《中华人民共和国综合运输促进法》即可,可以简称为“1 +4 +1”,即《中华人民共和国综合运输促进法》+铁路、道路、水路、航空四种运输方式的法规体系+邮政法规体系。这一主张认为:邮政不是一种运输方式,但与交通运输有密切联系,因此采用新立一部法律《中华人民共和国综合运输促进法》,加四种运输方式的立法,再加邮政法规,合并在一起即为综合交通运输法律法规体系,综合交通运输法律法规体系是一个理论概念。

另一种主张是:原有的按不同运输方式分别立法可以用于过渡阶段,待条件成熟时应当将其合并为一个法规体系。这一主张认为综合交通运输法律法规不仅是理论概念,还应当是一部法典,综合交通运输法律法规体系应当是该法典的体系。

此外还有一些折中的主张,在此不一一赘述,这些研究对于完善综合交通运输法律法规体系都是有积极意义的。

10.3.1.2 交通运输部提出的综合交通运输法规体系建设意见

《交通运输部关于完善综合交通法规体系的意见》(交法发〔2020〕109号)指出,从内容上看,对已有立法提出的建设任务是“完善”,对立法缺失部分提出的建设任务是“加快制定”;从法规体系建设看,综合交通法规体系是一个法规系统的总称,包含“六个法规系统”。

(1)跨运输方式法规系统。跨运输方式法规系统为“一法一例”。“一法”即在法律层级上制定《交通运输法》。“一例”即在行政法规层级上制定《综合交通运输枢纽条例》。《综合交通运输枢纽条例》主要规范多层级、一体化综合交通枢纽体系的规划、建设、运行管理以及安全生产、设施保护等问题,有机连接和优化配置不同运输方式的线路、场站、信息等资源,促进网络化运输和集疏运体系建设,实现“零换乘”和“无缝衔接”。

(2)铁路法规系统。铁路法规系统为“一法三例”。“一法”即在法律层级上是一部法律即《铁路法》,通过修订主要规范全国铁路建设和运输涉及的问题,具体包括铁路规划、建设、运输、安全保护、监管等内容。为了适应铁路政企分开改革、铁路投融资体制改革、铁路市场化改革形势要求,迫切需要对铁路规划、建设、运输、安全保护和监督管理等制度进行全面修订,及时巩固铁路改革发展成果,守好铁路安全生命线,推动铁路融入综合立体交通网络体系,推进铁路运输市场开放,促进铁路高质量发展。"三例"即行政法规层级新制定《铁路运输条例》,主要规范铁路运输市场秩序、运输服务质量监管等方面的问题,具体包括铁路运输的基本政策、管理体制、市场调控、服务质量监管以及市场秩序维护等内容,努力让广大人民群众享有更加便捷舒适、经济高效的铁路运输服务;完善《铁路安全管理条例》和《铁路交通事故应急救援和调查处理条例》。

(3)公路法规系统。公路法规系统包括两个子系统,即公路基础设施法规子系统和道路运输法规子系统。一是公路基础设施法规子系统,包括"一法三例"。"一法"即法律层级的《公路法》,已经出台待修订。"三例"即行政法规层面的《收费公路管理条例》《公路安全保护条例》《农村公路条例》,前两个已经出台待修订;拟制定的《农村公路条例》主要规范农村公路发展中存在的政府主体责任尚未落实、管理体制机制有待理顺、养路护路保障体系尚需完善、资金供需矛盾仍然突出、群众力量发挥不足等问题,按照"四好农村路"总体要求,主要包括农村公路的建设、养护、管理、运营方面及主体责任、资金保障和法律责任等内容。二是道路运输法规子系统,包括"一法两例"。"一法"即在法律层级上新制定《道路运输法》,主要规范道路运输及相关业务经营活动,明确道路运输及相关业务经营活动的概念内涵、地位作用、发展方向、管理原则、体制机制,建立道路运输及相关业务经营活动的基本管理制度和安全管理要求,维护道路运输市场秩序,保护各方当事人合法权益,保障道路运输安全和服务质量,推动自动驾驶等先进技术在道路运输领域的发展应用,促进道路运输健康发展。"两例"即在行政法规层级修订《道路运输条例》;新制定《城市公共交通条例》,主要规范城市公共交通运营秩序、当事人权利义务、城市公共交通发展方向等方面的问题,具体包括城市公共交通的规划与建设、运营服务规范、运营安全管理等内容。

(4)水路法规系统。水路法规系统包括水运基础设施法规子系统、水路运输法规子系统、水上交通安全和防污染法规子系统。

一是水运基础设施法规子系统,包括"两法三例"。"两法"即在法律层级上修订《港口法》和《航道法》。"三例"即在行政法规层级上制定《港口管理条例》,主要规范港口规划、建设和经营行为,保护当事人合法权益等涉及的问题,具体包括港口规划和建设、经营秩序、港口收费、港口安全生产、基础设施维护、港口岸线管理等内容;制定《通航建筑物管理条例》,主要规范通航建筑物行业管理职责以及通航建筑物建设、运行、与水资源综合利用、枢纽及航运安全的关系等问题,主要内容包括通航建筑物规划、建设、验收、运行管理、保障安全和资金,以及多梯级通航建筑物联合调度要求等内容;修订《航道管理条例》和《航标条例》。

二是水路运输法规子系统,包括"两法两例"。"两法"即在法律层级上新制定《航运法》，主要规范航运业法律地位、发展方向、市场规则、经营规范和市场调控涉及的问题，具体包括航运管理体制、政策导向、市场准入制度和相关主体规范、竞争秩序及调控、各方当事人合法权益保护、推动自动驾驶等先进技术在航运领域的发展及应用等内容；修订《海商法》。“两例”即在行政法规层级上修订《国内水路运输管理条例》和《国际海运条例》。

三是水上交通安全和防污染法规子系统，包括“两法九例”。“两法”即在法律层级上新制定《船员法》，主要调整和规范船员管理和船员劳动保障等涉及的问题，主要内容包括船长，船员资格取得，船员的职务划分和职责，船员培训、考试和发证，船员职业保障、劳动保护、福利待遇和人身保险等；完善《海上交通安全法》。“九例”即在行政法规层级上新制定五部行政法规和修订四部行政法规。新制定的五部行政法规包括：《水上交通事故调查处理条例》，主要规范水上交通事故发生后调查处理的程序措施等问题，主要内容包括事故报告、事故调查、事故处理以及调解等；《沉船打捞清除管理条例》，主要规范沉船打捞清除管理涉及的问题，具体包括沉船打捞单位资质管理、沉船打捞程序、沉船的后期处理、打捞行业的监管等内容；《防治船舶污染内河环境管理条例》，主要规范船舶及其有关作业活动污染内河环境的防治及事故应急涉及的问题，具体包括防治船舶污染内河环境的能力保障、船舶污染物的排放和接收、船舶有关作业活动的污染防治、船舶污染事故应急处置、调查处理和损害赔偿等内容；《潜水条例》，主要规范潜水作业市场秩序，保障潜水员健康和安全，促进潜水活动健康发展涉及的问题，具体包括从业准入、潜水作业和装备、潜水员职业保障以及事故调查等内容；《水上人命搜寻救助条例》，主要规范明确水上搜救协调机制、界定相关各方义务涉及的问题，具体包括机构和职责、预警与报告、搜寻救助行动、搜寻救助保障、法律责任等方面的内容。修订的四部行政法规，即《内河交通安全管理条例》《船舶和海上设施检验条例》《船舶登记条例》《防治船舶污染海洋环境条例》。

(5)民航法规系统。民航法规系统为“一法十四例”。“一法”即法律层级上修订《民用航空法》。“十四例”为新制定七部行政法规和修订七部行政法规。新制定的七部行政法规包括：《无人驾驶航空器飞行管理条例》，主要规范无人驾驶航空器生产制造、流通管理、驾驶资质、空域使用、飞行计划申请、飞行实施等内容，对无人驾驶航空器实施全生命周期设计、全类别覆盖、全链条管理，切实维护国家安全、公共安全、飞行安全，促进无人驾驶航空器新业态健康有序发展；《民用航空飞行标准管理条例》，主要规范民用航空活动飞行标准管理所涉及的问题，具体包括民用航空器的运行、航空人员、训练机构和航空器维修机构及其监督检查等内容，以减少飞行事故发生，筑牢民航安全生产防线；《搜寻援救民用航空器条例》，主要规范搜寻援救遇到紧急情况的民用航空器，减少伤亡和损失所涉及的问题，具体包括搜寻援救民用航空器职责分工、搜寻援救的准备、实施等内容；《民用航空器事故家属援助条例》，主要规范民用航空器事故家属援助所涉及的问题，具体包括航空器事故家属援助的组织、程序、保障等内容，关注事故家属需求，稳妥做好事故善后工作，防范化解社会矛盾；《民用航空市场管理条例》，主要规范民用航空运输市场主体应当遵循的基本要求、准入退出机制、监督管理原则、重点监管对象界定,民用航空运输市场主体广告宣传、信息公开、代码共享、企业联盟等行为,以充分发挥市场在资源配置中的决定性作用,推动监管方式和制度创新,激发民用航空市场发展活力;《通用航空管理条例》,主要规范通用航空活动管理、保障通用航空飞行安全问题,具体包括通用航空经营审批及其条件、登记、保险、作业飞行等内容,以促进产业转型升级,实现通用航空业持续健康发展;《民用航空器事故调查条例》,主要规范民用航空器事故调查所涉及的问题,具体包括调查的职责、事故等级的划分、调查的组织程序、调查的独立性、调查员的法律地位等内容,以防止和减少民用航空器事故。修订的七部行政法规包括《民用航空器适航管理条例》《民用航空器国籍登记条例》《民用航空器权利登记条例》《民用机场管理条例》《中华人民共和国飞行基本规则》《通用航空飞行管制条例》《民用航空安全保卫条例》。

(6)邮政法规系统。邮政法规系统为“一法三例”。“一法”为法律层级的《邮政法》。“三例”即在行政法规层级上新制定《邮政业安全管理条例》,主要规范邮政业通信安全、信息安全、产业安全和生产安全的保障问题,具体包括禁寄物品的防范及处理、邮件及快件寄递安全、邮政业突发事件应急管理以及相关责任分工等内容,确保人民群众生命财产安全;修订完善《邮政服务条例》和《快递暂行条例》。

10.3.2 《中华人民共和国交通运输法》的提出

《交通运输部关于完善综合交通法规体系的意见》(交法发〔2020〕109 号)提出制定《中华人民共和国交通运输法》(简称《交通运输法》)。该意见将《交通运输部关于完善综合交通运输法规体系的实施意见》(交法发〔2016〕195 号)中制定《中华人民共和国综合运输促进法》的内容改为制定《交通运输法》。2017 年,在交通运输部交通运输战略规划研究项目“国内外综合运输立法模式研究”的成果中,课题组提出制定一部统领各种交通运输方式的龙头法。党的十九大以后,在交通强国战略研究中,一些科学家也提出适应交通强国建设、适应大部门体制,应当制定一部龙头法。目前,《交通运输法》虽然尚未在全国人民代表大会常务委员会的立法计划中立项,但交通运输部已经正式确定其为交通运输法规体系中跨运输方式的一部法律。根据《交通运输部关于完善综合交通法规体系的意见》(交法发〔2020〕109 号),《交通运输法》的主要任务是明确交通运输业在国民经济发展中的地位;明确综合交通运输发展的总体目标和基本原则;确立综合交通运输管理体制;明确综合交通运输规划的定位和重点任务;促进不同运输方式的规划、政策、标准的统筹和衔接,推进各交通方式融合发展,促进多式联运发展;强化交通运输安全发展和相关保障要求;打破不同运输方式信息壁垒,促进信息归集、共享和公开。

复习思考题

1. 我国法律体系中法的层级有哪些?
2. 我国法律体系中有哪些部门法?交通运输的法律属于哪个部门法?

3. 我国目前交通运输立法的现状是什么?

4. 如何完善我国综合交通运输法律法规体系的建设?

5. 结合教材和拓展文献学习,选择一项法律条例,说明其对于保障和促进综合交通运输发展的重要作用和意义。

本章参考文献与延伸阅读

[1] 毕艳红,王占权. 综合交通运输体系概论[M]. 北京:人民交通出版社股份有限公司,2017.

[2] 中华人民共和国国务院新闻办公室. 中国特色社会主义法律体系[M]. 北京:人民出版社,2011.

[3] 交通运输部. 交通运输部关于完善综合交通法规体系的意见[EB/OL]. 2020. http://www.gov.cn/zhengce/zhengceku/2020-12/10/content_5568709.htm.

[4] 交通运输部. 交通运输部关于完善综合交通运输法规体系的实施意见[EB/OL]. 2016. http://xxgk.mot.gov.cn/jigou/fgs/201611/t20161128_2973491.html.

[5] 中共中央,国务院. 交通强国建设纲要[EB/OL]. 2019. http://www.gov.cn/zhengce/2019-09/19/content_5431432.htm.

第 11 章
CHAPTER EIEVEN

综合交通运输一体化发展与展望

学习目的与要求

本章主要阐述综合交通运输一体化发展形势、发展目标、发展规划等内容,对未来综合交通运输一体化的发展趋势与新技术进行展望。通过本章学习,要求了解我国旅客联程运输一体化、货物多式联运一体化的相关知识,通过相关案例增强理解,并了解交通运输与相关产业融合发展的模式,了解综合交通运输领域未来新技术的发展趋势与影响。

11.1 旅客运输一体化融合与联程运输

11.1.1 我国旅客运输一体化的发展

旅客运输作为服务居民出行的重要途径,与人民生产生活息息相关。为满足人民美好生活需要和支撑社会主义现代化强国建设的要求,在交通强国建设重大战略背景下,旅客运输发展需统筹考虑多种运输方式协同和新型运输方式探索应用,实现陆水空多种运输方式相互协同、深度融合,推动新建综合客运枢纽各种运输方式集中布局,实现空间共享、立体或同台换乘,打造全天候、一体化换乘环境,提升旅客运输效率与综合服务水平。

11.1.1.1 发展基础

(1)发展现状

当前,我国交通运输发展取得了举世瞩目的成就:综合交通网总里程达540.6万公里,86%以上的县及20万人口以上的城市可在1小时内享受到高速公路、铁路、民航等服务;旅客运输服务的转型升级,能更好地满足居民多样化的出行需求,旅客运输灵活性和高效性大幅提高,为实现集成、无缝的出行提供有力支持;具有自主知识产权的高性能交通设备走向世界市场,为实现集成、便捷、经济的一体化客运服务提供坚实的设备基础。

与此同时,我国旅客运输发展还存在一些短板,区域间发展不平衡不充分问题仍然突出,互联互通和网络韧性还需增强,综合交通运输发展质量效率和服务水平仍有待提升,科技创新能力、安全智慧绿色发展水平需进一步提高。

(2)形势要求

当前和今后一个时期,我国发展仍处于重要战略机遇期,但机遇和挑战都有新的发展变化。国内国际新形势对加快建设交通强国、构建现代化高质量国家综合立体交通网提出了新的更高要求。旅客运输作为综合运输服务体系的重要组成部分,与人民的生产生活密切相关,可直接反映出人民对公共服务的幸福感和满意度。随着铁路、公路、水路和航空等各种运输方式在信息化、基础设施建设等方面的快速发展,不同运输方式间不断加强业务合作与信息共享。各种运输方式协作,可极大地提高居民出行效率和运力资源利用率,满足居民出行个性化出行需求,一体化旅客运输是未来综合交通运输发展的必然趋势。

因此,旅客运输在注重创新驱动和智慧发展的同时,更加突出统筹协调,注重各种运输方式融合发展和城乡区域交通运输协调发展;更加突出共享发展,加快提升运输服务品质,提供更多样、更便捷、更优质的客运和出行服务,充分满足未来不同年龄群体、不同收入群体个性化、高品质的出行需求。

(3)运输需求分析

未来我国人口规模、年龄结构、空间分布及出行需求将发生明显变化,旅客出行需求稳步增长,高品质、多样化、个性化的需求不断增强。预计2021—2035年旅客出行量(含小汽车出行量)年均增速为3.2%左右,高速铁路、民航、小汽车出行占比不断提升,国际旅客出行及城市群旅客出行需求更加旺盛。东部地区仍将是我国出行需求最为集中的区域,中西部地区出行需求增速加快。

11.1.1.2 发展原则与目标

(1)基本原则

①服务大局,服务人民。适应区域发展战略和规划,坚持适度超前,提高公共服务均等化水平,坚持以人民为中心,建设人民满意交通。

②立足国情,改革开放。准确把握新发展阶段要求,探索适合国情的客运发展模式和

路径,加强国际互联互通。

③优化结构,统筹融合。根据客流发展趋势,加强规划统筹,整合和集约利用资源,实现供给和需求更高水平的动态平衡,提升设施网络化和运输服务一体化水平。

④创新智慧,安全绿色。坚持创新核心地位,提升旅客运输智慧发展水平。加快推进绿色低碳发展,注重生态环境保护修复,促进交通与自然和谐发展。

(2)发展目标

到2035年,基本建成便捷顺畅、经济高效、绿色集约、智能先进、安全可靠的现代化高质量国家综合立体交通网,实现国际国内互联互通、全国主要城市立体畅达、县级节点有效覆盖,有力支撑“全国123出行交通圈”(都市区1小时通勤、城市群2小时通达、全国主要城市3小时覆盖)。交通运输全面适应人民日益增长的美好生活需要,有力保障国家安全,支撑我国基本实现社会主义现代化。

11.1.1.3　重点任务

(1)推进各种运输方式统筹融合发展

①建设多层级一体化国家综合交通枢纽系统。建设综合交通枢纽集群、枢纽城市及枢纽港站“三位一体”的国家综合交通枢纽系统。建设面向世界的京津冀、长三角、粤港澳大湾区、成渝地区双城经济圈四大国际性综合交通枢纽集群。加快建设20个左右国际性综合交通枢纽城市及80个左右全国性综合交通枢纽城市。

②推进旅客联程运输发展。推进各方式间联网售票,实现旅客“一站购票”,旅客行李运送“一站到底”。完善旅客联程联运法规及标准体系,推动联运信息开放共享、行李直挂、安检互认等相关工作。支持“出行即服务”等无缝化旅客联运预定和支付平台发展。鼓励在机场、高速铁路车站、港口客运站开辟汽车租赁服务网点。推进运输航空与通用航空联程联运,支持在具备条件的通用机场和运输机场之间开设航线,发挥通用机场对运输机场人流的集散作用,促进运输航空和通用航空融合发展。

(2)推进区域交通运输协调发展

①推进城市群内部交通运输一体化发展。构建便捷高效的城际交通网,加快城市群轨道交通网络化,完善城市群快速公路网络,加强城市交界地区道路和轨道顺畅连通,基本实现城市群内部2小时交通圈。加强城市群内部重要港口、站场、机场的路网连通性,提高城市群交通枢纽体系整体效率和国际竞争力。

②都市圈交通运输一体化发展。建设中心城区连接卫星城、新城的大容量、快速化轨道交通网络,推进公交化运营,加强道路交通衔接,打造1小时“门到门”通勤圈。有序发展共享交通,加强城市步行和自行车等慢行交通系统建设,因地制宜建设自行车专用道,鼓励公众绿色出行。深入实施公交优先发展战略,构建以城市轨道交通为骨干、常规公交为主体的城市公共交通系统,提高城市绿色交通分担率。超大城市充分利用轨道交通地下空间和建筑,优化客流疏散方式。

③推进城乡交通运输一体化发展。统筹规划地方高速公路网,加强与国道、农村公路及其他运输方式的衔接协调,畅通城乡交通运输连接,推进城乡客运一体化,解决好群众

出行“最后一公里”问题，提高城乡交通运输公共服务均等化水平。

11.1.2 旅客联程运输模式与关键技术

旅客联程运输是通过对旅客不同运输方式的行程进行统筹规划和一体化组织，实现旅客便捷高效出行的运输组织模式。《交通强国建设纲要》明确了旅客联程运输便捷顺畅的发展目标，提出了打造旅客联程运输系统的发展任务。旅客联程运输可充分发挥各种运输方式的比较优势，在提高综合运输组合效率和服务品质、提升旅客满意度方面具有重要作用。

11.1.2.1 联程运输模式

目前，旅客联程运输主要有以下 5 种模式：

(1)空铁联运。将高速铁路运输与民航运输有效衔接，形成空铁一体化的运输链条，为旅客提供高效便捷的联运服务。

(2)空巴联运。通过营运客车(机场大巴或班线客车)连接机场与出行起讫点，实现公路与民航两种运输方式的联运，提升机场对周边城市的辐射能力。

(3)空海联运。将民航运输与客船或邮轮运输相结合，为旅客提供跨民航与水路两种运输方式的联运服务。

(4)公铁联运。将公路运输与铁路运输相结合的一体化运输模式，在操作过程中主要用大巴车接驳高速铁路运输，便捷旅客及时换乘。

(5)第三方联运。由在线出行服务平台整合不同运输方式票务信息资源，为旅客提供客票信息查询、跨方式出行规划、联程客票销售等“一站式”出行服务的联运服务模式。

11.1.2.2 旅客联程运输发展现状

经过一段时期的发展，我国旅客联程运输取得了显著的成绩，空铁、空巴、空海、公铁等联运模式加速发展。《中国旅客联程运输发展报告(2020)》指出，我国旅客运输发展基础较好、潜力较大，但存在基础设施未能统一规划和跨方式衔接不畅等问题，主要联运服务仍需积极培育，行业发展处在中早期。该报告的主要结论如下：

(1)空铁联运基础条件较好。空铁联运基础设施方面，机场航站楼与铁路站通过地面交通中心(GTC)、摆渡巴士、步行等方式方便旅客换乘。31 个省会(首府、直辖市)和 5 个计划单列市的 38 个机场中，半数左右机场连接了城市轨道交通(包括磁悬浮轨道交通)。我国空铁联运基础设施条件较好的机场见表 11-1。

我国空铁联运基础设施条件较好的机场 表 11-1

序号	机场名称	衔接铁路	铁路设计速度(km/h)	衔接模式
1	北京大兴	京雄城际	350	站楼一体化
2	上海虹桥	京沪高铁	350	GTC 模式

续上表

序号	机场名称	衔接铁路	铁路设计速度(km/h)	衔接模式
3	石家庄正定	京广高铁	300	接驳模式
4	太原武宿	石太客专	300	接驳模式
5	长春龙嘉	长吉城际	250	分离模式
6	郑州新郑	郑州城际	250	GTC 模式
7	武汉天河	汉孝城际	200	GTC 模式
8	海口美兰	海南环岛	250	分离模式
9	成都双流	成绵乐城际	250	接驳模式
10	贵阳龙洞堡	市域快铁	250	分离模式

(2)空巴联运中机场主导型较为普遍。机场主导型是指通过机场运营的机场大巴或空港快线承运旅客,机场在市区或邻近地市建设城市候机楼并开通机场巴士,将值机、行李托运等服务延伸、前移,扩大辐射范围和旅客集疏运能力。航空公司/道路客运企业主导型是由航空公司与道路客运企业合作开行班线承运旅客。

(3)公铁联运服务范围最广、服务人数最多。经初步统计,目前 31 个省会(首府、直辖市)和 5 个计划单列市共计 63 个铁路站在 1 公里范围配建了公路客运站,约占所有铁路站数量的 77%,公铁联运的基础设施条件整体较好。与机场城市候机楼相似,部分高铁站为了集疏运周边未通高铁县市的旅客,支持将当地公路客运站扩建为高铁无轨站,提供公路、铁路客票一站式销售服务,并开通直达高铁站的道路客运班线。

(4)空海联运暂未成为主流联运模式。空海联运服务对自然和服务设施条件要求较高,需要滨海滨河的大型机场来主导,客运码头和船舶公司配合,并且需要有行李封闭运输装备技术,以及完善的通关流程、足够的客流作为支撑。

(5)第三方联运有效补充传统服务盲点。主要包括一站式的票务服务、一体化的出行信息服务及酒店预订、旅游门票销售等运输周边服务。该类服务具有服务内容差异化、服务资源集中化、服务体验便捷化等特征,善于发现和挖掘用户的需求等优势,可以弥补传统服务内容的盲点。

(6)安检互认有待推进,行李直挂需求迫切。跨运输方式安检互认是便捷旅客出行的重要举措。据初步统计,全国多个地区铁路火车站与轨道交通站已经实施了安检互认。旅客行李直挂指航空公司对于不能直飞的机场可通过联盟成员或者合作成员航空公司开通代码共享的航班,这类航班乘客需要转机,但无须中转时提取行李,航空公司会负责将其托运行李挂上转机的第二程航班。目前,我国旅客行李直挂运输尚处于起步阶段,杭州萧山国际机场杭州东站城市候机楼、深圳宝安国际机场的部分城市候机楼结合空巴联运对此方面进行了探索。

总体而言,31 个省会(首府、直辖市)和 5 个计划单列市在基础设施方面,机场通地铁、机场通铁路、城市候机楼建设的比例均未达到 50%,机场航站楼与其他运输方式的衔接仍需加强,旅客联程运输发展的基础设施条件仍需进一步改善和提升;联运服务方面,行李直挂、联运票务、安检互认等主要的旅客联程运输服务内容在全国的普及率仍较低。

11.1.2.3　关键技术

目前,旅客运输服务主要呈现局部合作的特点,不同交通行业的合作迫切需要加深,为能向旅客提供更加科学合理、智能化的旅客联程运输服务,需要在构建交通信息"一张图"的基础上,实现旅客联程运输"一张票",结合不同的区域和线路特点,考虑旅客需求,实现空铁、公铁、空海或多种运输方式融合的空铁公水联运。

(1)交通信息"一张图"

随着信息技术的快速发展,各方式运输部门都积累了大量的旅客出行数据,但受行业内政策规定、数据接口规范、用户隐私保护等因素限制,数据无法共享、融合,很大程度上制约着旅客联程运输与智能出行的发展。

因此,有必要构建基于大数据技术的交通信息"一张图",实现跨运输方式的信息共享:以大数据技术为基础,在保障各运输方式数据独立性、完整性和可靠性的前提下,建设融合多运输方式数据的旅客联程运输信息数字化管理平台;根据旅客出行需求和各运输方式运力资源等信息,研究旅客联程运输的综合交通工具运行图,实现更加精准的旅客出行需求预测、运力资源配置、路径规划优化和应急管理等业务功能,实现旅客智慧、绿色、高效的出行。

(2)旅客联程运输"一张票"

跨运输方式的客票统一和互认是保障客运一体化实施的基础。目前,国内铁路、公路、水路、民航和城市交通的公交、地铁、巴士等客票业务相对独立,各运输方式采用独立的客票认证和鉴权方式。因此,需要研究跨运输方式的客票统一鉴权和互认机制,实现综合交通下的"一张票"全链条出行。

旅客联程运输"一张票",是以二维码为主、多种载体为辅,基于统一的旅客实名制应用账户体系,遵循跨交通系统的统一电子客票管理标准,在保护旅客权益的前提下,以打通不同运输方式票务平台为目标,实现民航、铁路、城市公共交通、轨道交通、接驳巴士等运输方式的安全无缝对接,具有兼容的电子客票互认与鉴权机制的综合交通一体化平台。

(3)"铁路+城市交通"智能出行服务

大型综合立体交通枢纽涵盖铁路、公路、航空、地铁等多种运输方式,各方式间的换乘接驳成为旅客必须考虑的问题。为了提高旅客出行换乘效率,缓解车站旅客疏散压力,应以铁路车站为大型枢纽节点核心,构建"铁路+城市交通"的智能出行方案,实现便捷的手机客户端信息查询和行程预订,利用大数据推荐目的地;通过站内导航或智能服务设施,精准引导旅客从出站口到接驳换乘位置,使旅客快速离站。

(4)空铁智能出行服务

铁路运输在中短途距离内具有明显优势,而民航运输在中远途运输时效上有其便利性。充分发挥铁路与民航的各自优势,实现空铁联运,不但能为旅客出行提供更多选择,还能实现空铁服务双赢。基于铁路和航空的系统技术、票务模式,设计空铁联运智能出行服务方案,通过构建空铁联运数据管理平台,实现旅客出行需求预测、产品咨询、联运车票预订和清分结算等功能。

(5)铁公水联运智能出行服务

铁公水联运智能出行服务是指充分利用铁路、公路和水路中两种及以上的运力资源接续为旅客提供"一站式"智能出行服务。参考高铁无轨站的建设和运营经验,构建铁公水联运数据管理平台,将铁公水整体线路设计为虚拟班次,选取若干经典的线路,在客票系统中将其维护为一个虚拟车次,以此实现旅客出行需求预测、联运车票预订等功能。

11.1.3 典型案例分析

11.1.3.1 东方航空"空铁通"

2012 年 4 月 12 日,中国东方航空集团有限公司与上海铁路局正式签署战略合作协议,联合推出了"空铁通"联运产品,为旅客提供更加便捷的旅行服务。旅客可通过东方航空服务热线或者全球的任意东方航空客票销售网点购买"空铁通"联运产品,实现苏州、无锡、常州、宁波 4 个城市与东方航空上海虹桥国际机场、浦东国际机场进出港航班的双向联运。2020 年 8 月 25 日,"东方航空"App 与"铁路 12306"App 全面实现系统对接,旅客可以通过任一方 App,一站式购买东航、上航航班与高铁车次的组合联运客票,这是国内铁路和民航售票平台的首次系统级对接。

东方航空"空铁通"服务采用的是"虚拟航班"的理念,将铁路车次以虚拟航班的形式录入机票订座系统,并以东方航空"MU"两字码与东方航空的航班号编码显示。旅客在购买东方航空实际承运并开通联运产品城市的出发或达到机票的同时,可预订中国境内铁路段车票,做到了"一次订座、一票到底",提升旅客出行的便捷性和舒适感。东方航空"空铁通"旅客出行流程示意图如图 11-1 所示。

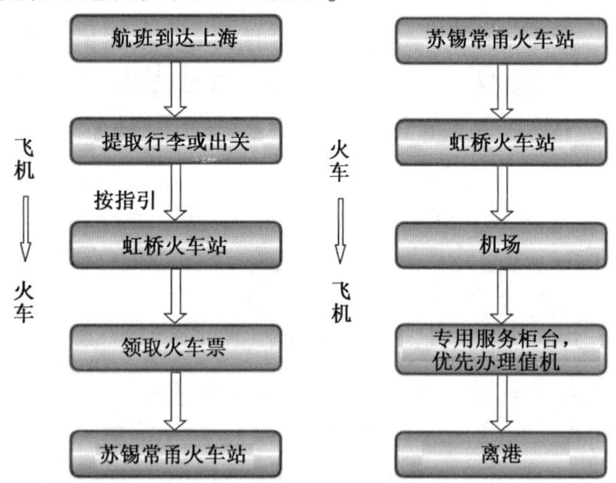

图 11-1 东方航空"空铁通"旅客出行流程示意图

11.1.3.2 深圳机场城市候机楼行李直挂服务

由于航班中转时旅客需要提取行李至承运后续行程的柜台处,并重新办理托运、安检等手续,当发生航班动态异常时,旅客的相关权益无法得到保障。“行李直挂、一票到底”的通程值机服务为解决这一问题提供了可能。

2019 年,深圳机场年旅客吞吐量历史性地突破了 5000 万人次,年国际旅客量首次突破了 500 万人次,由此正式迈入了全球繁忙机场的行列。提升旅客“徒手旅行”体验,解决联程出行和在跨方式换乘时旅客“需随身携带行李”问题成为深圳机场旅客联程运输发展的重点。在此背景下,深圳机场在部分城市候机楼及周边的酒店开通了公路航空联运的行李直挂运输服务,一是面向乘机时间为下午或晚间、携带行李不便的国内航线商旅客户,二是面向行李接送成本投入较大的酒店、展会等企业客户。旅客在线上提交行李托运需求后,相关工作人员会前往酒店、城市候机楼收件并运至机场交付,经安检后登机。行李在运输途中会装入专用行李袋并装配定位和电子标签设备,旅客可查询跟踪行李运输状态,并在目的地机场提取,途中实现空手旅行。

11.1.3.3 深中“水上巴士”

深圳宝安国际机场是深莞惠、广佛肇、珠中江三大城市群交汇地,是一座具备实现多种方式联运的综合交通枢纽,其中深圳宝安国际机场码头是深圳宝安国际机场海陆空联运的重要组成部分。2017 年 8 月 18 日,深中“水上巴士”正式开通,深圳宝安国际机场中山港城市候机楼也同步启用,实现了空海联运服务模式。

中山港城市候机楼位于中山港候船楼内,距离中山市区车程约半小时。此后,珠江西岸地区旅客前往深圳宝安国际机场乘机,可在中山港客运码头一站式办理值机、行李托运等手续,乘船抵达深圳宝安国际机场码头后也无须提取托运行李,直接乘坐免费穿梭巴士前往航站楼乘机即可,待到达目的地后再提取托运行李,使旅客在出行中充分体验空海联运的便利。

此外,为服务珠三角和澳门、香港旅客出行,加强机场码头与珠三角主要城市群的联系,深圳宝安国际机场码头每天有多班高速客船往返于香港和澳门,并在深圳市区及珠海、中山、佛山、香港、澳门等 8 地共设有 20 余座城市候机楼,开通城际快线 20 余条,1 ~ 2 小时可由深圳宝安国际机场到达珠三角各城市。随着深圳宝安国际机场加快国际航空枢纽建设,并通过多种方式联运推动机场综合交通体系的功能升级,周边城市居民往来深圳宝安国际机场将更为便捷。

11.1.3.4 “出行即服务”系统

实施旅客联程运输的两类重要技术条件是交通基础设施的衔接度和不同运输方式的信息系统构成要素间连接的可能性。随着信息技术的快速发展,不同运输方式间的信息交互和集成变为可能,“出行即服务”(MaaS)理念、模式及相应的系统应运而生。

在旅客运输中,MaaS 模式主要为旅客提供高效、灵活、安全及绿色的交通系统,对各种运输方式的出行服务进行整合,即使用数字界面去汇总和管理出行相关服务的供应以满足用户出行需求。MaaS 的核心目标是通过集成多种交通出行服务方式,为出行者提供更有效的出行服务,借助智能手机的普遍应用、互联网的迅猛发展,打造“出行即服务”联运经营人平台,作为统一组织主体整合各种交通出行服务。将一次联运出行定义为一个完整一体的出行服务,承担全程组织责任,以“一站式”服务将旅客从自行组织出行的工作中解放出来。按照一定条件要求,为用户规划包括多种运输方式的、不仅覆盖全国而且可能覆盖全球的最优化出行路径。旅客确认方案选择后,平台自行办理购票、付款、电子出票、办理登乘、改签等一系列手续。同时,基于用户的出行需求共享数据帮助交通运营者改善服务。

MaaS 在欧洲国家进行的试点和实验较多,产生了许多示范性的应用,见表 11-2。

典型 MaaS 案例　　表 11-2

方案（区域）	情　况	运输方式和相关服务	可用功能	个性化选择	定制服务	模式
Mobility Shop（德国汉诺威）	运行（2016 年至今）	公共交通;共享汽车;出租车;区域性小火车	实时信息服务;预订;票务;支付;发票;服务预警	存储偏好路线,可重现历史路线	用户根据额度定制套餐;可取消	公私合作
myCicero（意大利）	运行（2015 年至今）	公共交通;停车位服务;考虑拥堵收费区域;区域火车和公交	实时信息服务;出行规划;预订;票务;支付;市政服务	存储订票类型;记录和分享行程信息	根据用户的出行方式偏好和支付偏好进行服务推荐	私营部门主导
Moovel（德国）	运行（2015 年至今）	公共交通;共享自行车;共享汽车;出租车;轮渡;区域轨道交通	实时信息服务;出行规划;预订;票务;支付;发票	存储偏好路线;个性化的信息通知服务;即走即付	连接社交网络;可取消租赁	私营部门主导
NaviCoCo（苏格兰敦提和法夫）	运行（2017 年至今）	—	—	—	—	—
Whim（芬兰赫尔辛基）	运行（2016 年至今）	公共交通;租赁汽车;出租车;区域轨道交通	实时信息服务;出行规划;预订;票务;支付;发票	即走即付;月套餐;同步日历;用户信息分享;社交	可取消和更改预订的服务	私营部门主导

MaaS 在国内也得到较多的关注。政策方面,《交通强国建设纲要》明确“大力发展共享交通,打造基于移动智能终端技术的服务体系,实现出行即服务”;《推进综合交通运输大数据发展行动纲要(2020—2035 年)》提出“鼓励各类市场主体培育‘出行即服务

(MaaS)'新模式,以数据衔接出行需求与服务资源"。应用方面,2019 年 11 月,北京市交通委员会与高德地图共同启动了北京交通绿色出行一体化服务平台(MaaS 平台)❶;在广州、深圳等城市开展了以 MaaS 命名的新的出行服务方式的探索,如"麦诗出行"、无锡的码上行、深圳湾科技生态园 MaaS 智慧出行服务示范试点项目等。

11.2 货物运输一体化融合与多式联运

11.2.1 我国货物运输一体化的发展

11.2.1.1 货物运输一体化的概念及特点

货物运输一体化是指两种或两种以上运输方式及其运输企业结合形成一个新型的门到门的货物运输系统。建立货物运输一体化可以将货物运输在铁路、公路、水路、航空、管道运输等方式之间进行转换,充分发挥各种运输方式的比较优势、各种运输方式的组合效率和整合能力。货物运输一体化具有以下特点:

(1)整体性。一体化的区域货物运输必须淡化行政区域的概念,使地域相近、经济发展相近的若干行政个体组成一个不可分割的整体。

(2)开放性。一体化的区域货物运输仍然是一个开放的系统,不仅在其内部存在着物质、能量和信息的交换,其与外部环境之间也存在着物质、能量和信息的交换。

(3)复杂性。货物运输一体化是个多层次的系统,由不同的货物运输线路所构成,如何实现多层次的一体化发展,是其复杂性的所在。

(4)深入性。货物运输一体化发展需要深入到区域内的各个角落、各个经济点。

(5)创新性。货物运输的一体化发展不同于技术领域的创新,一体化的发展模式包含着一切运输资源和运输需求的管理运营体制、运输经济、运输装备技术等各部分,以及它们之间的关系协调与优化。

11.2.1.2 货物运输一体化的建设重点

货物通过货物运输网络从出发地到目的地,在这个过程中涉及站场(点)、通道(线)、经济区域(面)的问题,可从以下 3 个层面具体来分析。

(1)货运场站枢纽的一体化

货运场站(要求进一步发展成为物流枢纽)是货物运输的重要节点,是支撑货物运输网络的基础,是铁路、公路、水路、航空、管道运输等各种不同货物运输方式相互协调、相互补充的衔接点。功能完善、级配合理、分布有序的货运场站(物流枢纽)是大城

---

❶ 来源:http://jtw.beijing.gov.cn/xxgk/tpxw/201912/t20191213_1166267.html。

市货物运输必不可少的支柱,没有枢纽就谈不上一体化货物运输系统,缺乏支柱支撑的货物运输是低效率的。

(2)货运通道的一体化

货运交通运输通道内往往有平行的多种运输方式存在,或某种运输方式的多条线路互相补充,共同满足货主的运输要求,因此,通道内各运输方式间存在竞争与合作关系。应寻求货物运输在各运输方式上的分配规律,建立合理规模的一体化式货运交通运输通道。

(3)货运区域服务的一体化

①基本物流服务功能:运输组织、储存功能、装卸搬运、包装功能、流通加工功能和物流信息服务功能。

②物流增值服务功能:结算功能、需求预测功能、物流系统设计咨询功能和物流教育与培训功能。

11.2.1.3 我国货物运输一体化的现状及问题

改革开放以来,我国经济快速发展,其中运输业发展成果显著。运输业是国家基础性、战略性的产业,是经济社会发展的强有力支撑和保障。2011—2018 年,我国货运总量逐年增加。根据国家统计局数据显示,2019 年,我国货运量合计达到 470.6 亿吨。2020 年由于受疫情影响,货运规模下降。疫情得到控制以后,货运规模已基本恢复至疫情前水平。2020 年全年完成营业性货运量 464.40 亿吨,恢复至上年的 99.5%。其中,铁路货物总发送量比上年增长 3.2%,公路、水路、民航货运量分别恢复至上年的 99.7%、96.7%和 89.8%。快递实现逆势增长,完成快递业务量 833.6 亿件,比上年增长 31.2%,快递业务收入 8795.4 亿元,增长 17.3%。目前,我国货物运输一体化尚存在以下一些问题:

(1)区域内运输信息不能共享。区域的交通运输信息系统的软硬件建设进展不一,且无论是交通政务信息,还是市场需求信息,在各地之间都没有良好的交流,给实现运输信息一体化带来了相当的难度。

(2)交通网络不完善。许多城市与城市之间还没有形成完善的区域性路网,相互间可对接的道路偏少。又由于行政区划的分割,存在着各种体制和机制方面的问题,阻碍了城市圈一体化发展进程。

(3)从市场发展看,区域统一的运输市场还远未形成。由于圈内各城市经济发展水平不一致,各地道路运输市场需求和供给的规模及质量也存在很大差异;行政壁垒、地方保护等造成市场割裂的现象还普遍存在;不同地区、不同规模的企业所提供的运输服务质量良莠不齐;市场信息、技术、救援、维修和培训服务等资源要素共享和融合还不尽人意。

(4)区域交通运输缺乏统一政策和法规。长期以来,由于各市相互之间缺乏交流,目前制定的法规和政策差异较大,阻碍整个区域运输行业的共同发展,导致某些地区的运输市场还停留在未开放状态。

11.2.1.4　我国货物运输一体化的发展要求

结合世界货运一体化发展趋势和《国家综合立体交通网规划纲要》等宏观形势和要求,亟须从开展顶层设计、调整运输结构、优化网络布局、协同政策机制4方面着手,建立绿色、高效、集约的一体化综合货物运输体系。

(1)加强宏、中、微观层面顶层设计,形成区域合力。宏观层面开展区域综合货物运输体系一体化规划,中观层面在政策协同与标准统一方面取得突破,微观层面寻求企业协会共力,强化信息水平与数据整合。建立统一的全国交通运输管理信息平台,广泛采用信息化、智能化技术,实现资源共享和各种运输方式的互联互通的交通管理服务系统。

(2)提升铁路竞争力,引导运输结构向绿色集约发展。拓展区域港口经济腹地,构建"干支结合、无缝衔接"的多式联运体系,提升铁路最后一公里衔接能力,综合末端供给提升和组织模式优化等手段,持续完善铁路货运网络。

(3)基于供需分布与功能层次,优化区域货物运输网络布局。加强区域货运供需关系分析,从区域角度,结合城市功能定位和运输需求,统筹构建层次清晰、功能互补的区域综合枢纽规划、货运通道布局规划。

(4)以政策标准为抓手,促进区域协同联动发展。以货车低排放区政策、绿色导向激励政策为抓手,探讨区域性协同政策的可行性,同时建立多方定期会商沟通机制,多维角度统筹考虑政策的设计和建立。

11.2.2　货物多式联运模式与关键技术

11.2.2.1　多式联运的概念及特点

由两种及其以上的运输工具相互衔接、转运而共同完成的运输过程统称为复合运输,我国习惯上称之为多式联运。多式联运主要具备以下特点:

(1)根据多式联运的合同进行操作,运输全程中至少使用两种运输方式,而且是不同方式的连续运输。

(2)多式联运的货物主要是集装箱货物,具有集装箱运输的特点。

(3)多式联运是一票到底,实行单一运费率的运输。发货人只要订立一份合同、一次付费、一次保险、通过一张单证即可完成全程运输。

(4)多式联运是不同方式的综合组织,全程运输均是由多式联运经营人组织完成的。无论涉及几种运输方式、分为几个运输区段,均由多式联运经营人对货运全程负责。

11.2.2.2　多式联运的优势及作用

(1)简化托运、结算及理赔手续,节省人力、物力和有关费用。无论货物运输距离有多远、由几种运输方式共同完成,且不论运输途中货物经过多少次转换,所有一切运输事项均由多式联运经营人负责办理,省去托运人办理托运手续的许多不便。

(2)缩短货品运输时间,削减库存,减少货损货差事端,提高货运质量。在多式联运中,各个运输环节和各种运输工具之间联结紧凑,大大削减货品的在途停留时间,从根本上确保了货品安全、敏捷、精确、及时地运抵目的地。

(3)降低运输成本,节约各种开销。因多式联运可实施门到门运输,因此对货主来说,在货品交由承运人以后即可获得货运单证,并据以结汇,提早了结汇时刻。有利加快货品占用资金的周转,能够削减利息的开销。

(4)提高运输管理水平,实现运输合理化。对于区段运输而言,因为各种运输方法的运营人各自为政,自成体系,因此其运营业务规模受到限制,货运量相应也有限。一旦由不同的运营人一起参与多式联运,运营的规模能够大大扩展,最大限度地发挥各运营人现有设备效果,挑选最佳运输线路组织合理化运输。

11.2.2.3 多式联运模式

根据不同的原则,多式联运可以有多种分类形式。但就其组织方式和体制而言,基本上可分为协作式多式联运和衔接式多式联运两大类。

(1)协作式多式联运

协作式多式联运是目前国内货物联运的基本形式,指两种或两种以上运输方式的运输企业,按照统一的规章或商定的协议,共同将货物从接管货物的地点运到指定交付货物地点的运输。协作式多式联运组织流程如图 11-2 所示。

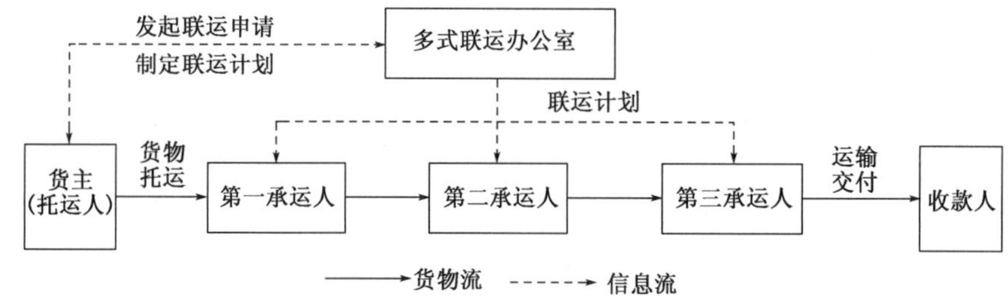

图 11-2 协作式多式联运组织流程

(2)衔接式多式联运

衔接式多式联运是国际货物多式联运采用的主要组织形式,指由多式联运经营人负责货物的全程运输组织业务,将货物从接管地点运到指定交付地点的运输。衔接式多式联运的全程各区段之间通过多式联运经营人与实际承运人进行衔接,直到将运输货物从最后一程实际承运人手中接受并交付给收货人为止。衔接式多式联运组织流程如图 11-3 所示。

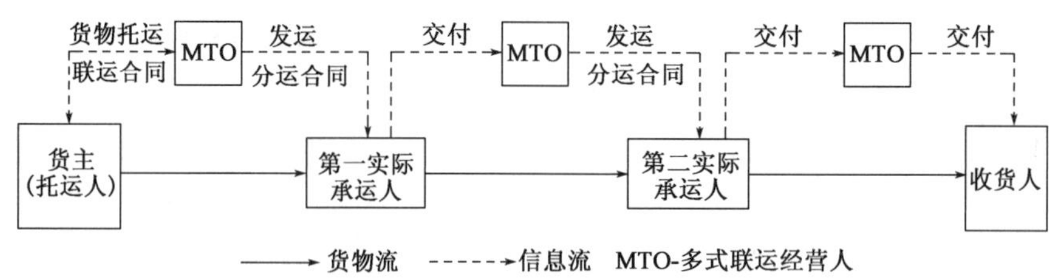

图 11-3 衔接式多式联运组织流程

从运输方式的组合角度来看，多式联运模式可分为公铁联运、公水联运、铁水联运、公铁水联运。

(1)公铁联运

公铁联运经营人通过联络和协调，在运转地各种运输方式的交接可连续进行，使货物更快速地运输，从而弥补与市场距离远和资金积压的缺陷，节省了运杂费用，降低了运输成本。公铁联运还可以提高运输的组织水平，实现货物的连续运输，可以把货物从发货人的工厂或仓库运到收货人的仓库或工厂，做到门到门的运输，使合理运输成为现实。

(2)公水联运

是指按照公水联运合同要求，采用公路、水路两种不同的运输方式，通过信息流、资金流的整合，由公水联运经营人作为合同承运人统一组织全程运输，按货主要求将货物从接管地点运至指定交付地点。这种多式联运模式具有降低物流成本、缓解铁路运输压力的优点。

(3)铁水联运

是多式联运的一种重要形式，依赖于先天的水路航道、港口与铁路线路、站场无缝对接的优势，遵循“一次托运，一口价格，一票到底”的理念，尤其适用于大批量货物长距离运输。铁水联运是现代物流发展的重要发展方向，在综合交通运输体系中优势显著。铁水联运既能够提高运输效率、降低物流成本，又能够发挥“大批量、低污染”的绿色优势，是现代交通运输发展的必由之路。

(4)公铁水联运

是公路、铁路、水路联合运输的运输形式。公铁水联运充分发挥铁路骨干运输的优势，公路灵活多变、快速的特点，以及水路运量大、污染小的特征，具有可观的商业利益和社会价值，也符合节能减排、保护环境的社会主旋律。

11.2.2.4 典型多式联运业务场景

(1)中欧、中亚班列

中欧班列是按照固定车次、线路、班期和全程运行时刻开行，运行于中国与欧洲及“一带一路”沿线各国的集装箱国际铁路联运班列，分别从中国重庆、成都、郑州、武汉、苏州、义乌等开往德国、波兰、西班牙等国家的主要城市。中亚班列是往来于中国至哈萨克斯坦、乌兹别克斯坦等中亚各国的集装箱国际铁路联运班列，分别从中国的天津、西安、济南、合肥、连云港、郑州、武汉、胶州、广州、成都、兰州等开往中亚五国的主要城市。中欧、中亚班列旨在倡导快捷准时、安全稳定、绿色环保的货运方式，促进中国与欧洲及“一带一路”沿线国家和地区间贸易便利化，现已成为欧亚国际物流陆路运输的骨干方式。

(2)海铁班列

海铁班列是以集装箱为运输单元，将铁运、海运两种运输方式结合在一起，由各运输区段的承运人共同完成货物运输的运输活动。海铁班列主要由海铁联运基础设施(场站基础设施、线路基础设施)、载运工具与设备(载运、装卸、转运设备)、参与方(海铁联运承运人、海铁联运经营人、货运代理人、收货人、发货人)、运输服务(标准化载运单元、海铁联运规则、信息系统)4 部分组成。海铁班列提高了运输效率,带动了物流、货运代理等企业的发展,并缓解了交通压力,具有较好的社会效应。

(3)商品汽车的滚装运输

目前,我国的商品汽车主要采用公路运输方式进行运输。而随着我国汽车消费需求的高速增长,汽车生产量和销售量的大幅度提高,公路运输将难以满足大批量、低运费的运输需求,因此,商品汽车的滚装运输以其运输批量大、运输费用低廉、无污染等优点逐渐被人们所看好,国内的商品汽车滚装运输越来越受到重视。

(4)双层集装箱多式联运

双层集装箱多式联运装载的集装箱分两层摆放,和传统列车相比,同样数量的车厢能运更多的货物。双层集装箱运输是一种先进的多式联运组织方式,相较普通的单层货运列车,运量可提高 30% 以上。由于双层集装箱列车对载运线路有较高的要求,目前仅有美国、加拿大、澳大利亚等少数国家运营。双层集装箱运输模式可有效降低物流成本,这对于破解海铁联运发展难题,推进运输结构转型,都具有十分重要的意义。

11.2.2.5 多式联运关键技术

(1)快速转运接驳技术

快速转运接驳技术是指物品在物流环节中,不经过中间仓库或站点,直接从一个运输工具换载到另一个运输工具的物流衔接方式。接驳式转运不将货物堆存在中转站点,因此各路线的运输车辆需要进行协调整合,使得货物能够在中转站点等候的时间最短,让货物能够更快速地进行运输。

(2)集装化装载技术

集装化又称组合化或单元化,是指将一定数量的散装或零星成件物质资料组合在一起,以便在运输、搬运装卸、仓储等物流环节中可作为一个整体进行技术和业务处理的运输方式。集装箱和托盘是最常见的两种集装化装载方法。

(3)全程货物跟踪技术

全程货物跟踪技术是指物流企业综合利用多种信息技术与通信技术,跟踪货物运输状态信息的计算机管理信息系统。基于移动互联网技术的全程货物跟踪系统主要由移动智能终端、移动通信网络和服务器 3 部分组成。

(4)需求识别与预测技术

需求识别与预测是从数据开始,由判断结束。先根据需求历史做个基准预测(数据),然后搜集销售、市场、产品管理、高层管理等的意见(判断),修正预测。做到持续改进、不断优化,从而提高预测准确性,达到降低企业成本和风险的目标。

(5)多式联运智能调度决策技术

智能调度决策技术融合大数据与人工智能技术,基于动态数据和行业业务模型,具备自适应和自优化的能力,支持复杂业务问题的自动识别、判断并进行推理,进而作出前瞻和实时决策的智能化产品系统。

11.2.3 典型案例分析

11.2.3.1 新亚欧大陆桥集装箱多式联运

连云港港口控股集团有限公司依托连云港大陆桥东方桥头堡的地理优势和“一带一路”倡议的机遇，充分发挥新亚欧大陆桥东桥头堡优势，与上海铁路局集团公司共同开展以港口为核心枢纽的海铁、公铁、海河多式联运，实现港口枢纽内外多种运输方式的无缝衔接，有效降低了社会物流总体成本，提升了综合效率效益。根据自身发展实际和未来走势，以新亚欧大陆桥大通道为依托，创新构建“一平台、三支点、四线路”的多式联运格局。其中，“一平台”是指连云港港口多式联运平台，“三支点”是指位于连云港的中哈物流基地、上合组织国际物流园和位于霍尔果斯的物流场区，“四线路”是指日韩、东南亚、东南沿海、苏北四市分别至连云港—霍尔果斯/阿拉山口—阿拉木图。

连云港新亚欧大陆桥集装箱多式联运项目作为国家级的多式联运示范工程，在多式联运平台功能集成、线路全程衔接、信息交互共享和流程组织模式等方面，对全国其他地区和枢纽开展多式联运业务具备良好的示范和借鉴意义。

(1)实现多式联运综合服务功能的集成。建立泊位、码头集装箱堆场、物流节点间的港口多式联运平台，实现了集装箱海运、内河运输、铁路运输、公路运输等不同方式之间的高效组织与无缝衔接。

(2)推进航线建设。在已经开通的至霍尔果斯/阿拉山口—阿拉木图及连云港—乌鲁木齐—杜伊斯堡等的“连新亚”“连新欧”西行班列的基础上，构建起连接日韩、东南亚、东南沿海、苏北四市，对接中亚、欧洲的多式联运线路，促进东西双向运输对流均衡化。

(3)实现信息交互共享。依托全国交通电子口岸连云港分中心建设，在港口与铁路、船公司、货运代理、码头、海关、国检等多式联运全链条中相关主体与管理部门之间实现了信息交互和高效运用。

(4)创新多式联运流程组织模式。发展“船站直取、站车对接”，开行钟摆式班列、试点小麦过境“集改散”、发展海铁联运冷链物流等模式，减少集装箱堆存、装卸、短倒等中间环节，不仅提高了多式联运转运效率，而且降低了全程物流成本。

11.2.3.2 西部陆海新通道铁海联运“一单制”

西部陆海新通道铁海联运“一单制”由国际物流枢纽园区自贸板块首创并率先实践，主要立足西部陆海新通道具体实务，依托铁路集装箱班列，衔接全球海运网络，形成“一次委托、一次保险、一单到底、一次结算”的全程服务模式，由多式联运经营人签发贯通铁运和海运全程的铁海联运提单，从而探索建立贸易物流金融新规则，提升和完善多种运输方式联合承运互信互认互通机制，并向基于数字互联的公共信息服务，以及银保合作、银担合作的供应链金融等更宽泛领域递进，从而达到物流成本降低、关联行业规模化、集约化发展的目的。西部陆海新通道铁海联运现场如图11-4所示。

图 11-4　西部陆海新通道铁海联运现场

常州光阳摩托车有限公司委托重庆企业加工生产摩配零件销往越南，原有运输模式为从重庆公路运输至深圳，再从深圳盐田海运至越南胡志明市，货主需要先委托公路运输企业完成国内段，再委托海船公司完成国外段。而在现有"一单制"模式下的运输模式是从重庆经陆海新通道铁海联运班列到钦州，再海运至越南胡志明市，全程铁路海运互认互通，"一次委托、一单到底、一次保险、一箱到底、一次结算"，由陆海新通道运营有限公司签发铁海联运"一单制"提单，企业便享受到全程运输服务。

随着"一单制"的单证、通关、金融业务流程试点有序推进，现在，铁海联运提单由重庆签发全球，大大简化了客户操作，提升了物流运输效率。同时，园区还依托信息化技术，整合铁路、关务、港口、金融机构、船公司等资源，积极搭建西部陆海新通道贸易综合服务平台，为通道客户提供报关、退税、跨境结算、融资、保险、海外服务等贸易产业支持，扩大了服务外延。

11.2.3.3　中欧班列——打造"一带一路"国际多式联运大通道

截至 2023 年 10 月，中欧班列已联通中国境内 112 座城市，途径 11 个亚洲国家和地区的 100 多座城市，通达欧洲 25 个国家和地区的 200 多座城市。2011 年 3 月 19 日，第一列中欧班列满载着货物从重庆始发，直奔德国的杜伊斯堡。10 年间，中欧班列不仅跑出了速度，也跑出了广度与深度。近年来，随着"一带一路"建设的推进，中欧陆路运输系统发展突飞猛进，布局愈加完善，为加深亚欧大陆各地区之间的全方位联系发挥了更大的作用。

(1) 中欧陆路运输方式更加多元均衡。中欧陆路联系距离长、面积广、覆盖国家和地区多，中欧铁路、公路、跨国油气管道等运输形式联动发展，形成更加完善的陆路运输网络布局，衔接更加便捷。

(2) 中欧陆路运输系统在中欧经贸往来中的作用日益上升。亚欧大陆不同地区的公路等级和通行里程大幅提升，特别是随着中欧班列逐步实现常态化运行，中欧陆路运输的承载量、运力、频次等都实现爆炸式增长，中欧陆路通道的新时代正在开启。

(3) 中欧陆路运输的口岸通关和过货更加通畅。随着"一带一路"建设不断推进，各国开通更多口岸，各国海关和检验检疫部门之间的协调取得突破性进展，通关更加便捷，极大提升了中欧铁路和公路的运输效率，进一步放大了陆路运输便捷快速的优势。

随着中欧班列全面彰显安全快捷、受自然环境影响小等综合优势，进一步完善网线布局，推动市场化发展，并配合亚欧大陆公路网延长和等级提升等措施，中欧陆路运输系统将迎来更加光明的前景。一条条陆路通道将成为动能更加强劲、运行更加通畅、衔接更加高效、联系更加紧密、服务更加便捷的国际经贸大通道，将进一步加固中欧经贸合作交流的桥梁,成为全天候维系全球供应链、物资链和价值链安全运行的黄金通道,助力世界经济回暖和发展。

11.3 综合交通运输发展新趋势与新技术

11.3.1 交通运输与相关产业融合发展新模式

近年来,我国交通运输新业态、新模式不断涌现,在加快建设交通强国的背景下,交通运输领域将迎来全面快速的发展已是大势所趋。《国家综合立体交通网规划纲要》明确提出了一系列推进综合交通统筹融合发展的要求。所谓的统筹融合,就是要坚持系统观念,整体性推进、一体化发展,从跨方式、跨领域、跨区域、跨产业四个维度,推进铁路、公路、水路、民航、邮政快递等融合发展,推进交通基础设施网与运输服务网、信息网、能源网融合发展,推进区域交通运输协调发展,推进交通与相关产业融合发展。这是构建国家综合立体交通网的基本要求,也体现了综合交通运输规划的思想精髓。

11.3.1.1 交通运输与邮政融合发展

交通运输业和邮政业是国家重要的基础产业,是综合运输体系的组成部分,彼此相互融合、密不可分。推动交通运输和邮政深度融合发展,积极推进综合运输体系建设和现代物流业发展,符合中央扩大内需、发展实体经济、加快改革创新、保障和改善民生的战略需要,也是服务乡村振兴、服务人民群众安全便捷出行的需要,符合现代交通运输业和邮政业的发展方向。

为了推动邮政快递企业积极参加综合交通运输方式改革,应在确保运输时效的前提下,更多实现公路转铁路,降低运输成本。加快推进邮政快递设施装备与高铁、飞机等交通场站和工具的高效衔接,确保快速装卸,提高中转效率。提倡不同运输方式之间邮件快件在装卸标准、运单数据等方面进行有效衔接,实现信息共享。发展邮件快件多式联运,实现跨领域、跨区域、跨运输方式的有效衔接,推进全程运输透明化。

在两大产业融合的过程中,本着“有偿、互惠、互利、共赢”原则,整合交通运输和邮政站点、网点资源,开发新产品,提供新服务,实现共同发展是未来交通运输和邮政融合发展的趋势。可采取的措施有:一是开展代办服务,积极协助邮政企业、快递企业在长途客运站、客运码头和城市公共交通站点加载邮政、快递便民服务站,增加邮政、快递等便民业务。邮政、快递企业可为交通运输企业代理汽车客运车票等销售业务、城市公共交通 IC 卡和高速公路 ETC 卡销售和充值缴费、寄递账单发票服务,并鼓励邮政、快递网点发布汽车客运班次、公路出行等服务信息。二是开展快递服务,推动交通运输企业和邮政、快递企业发挥各自优势，共享站点、网点、班线资源，实现快递上门服务，同时在有条件的公交场站、地铁站点引进设置智能快递包裹柜，实现快递“公交化”。三是推动货运物流企业与快递企业合作，支持快递企业开展城市共同配送，提高城市配送资源利用效率。四是积极运用技术手段实现交通运输业和邮政业管理平台对接、实现管理信息数据互通共享，在公路客运联网售票系统与邮政电子商务系统对接服务的基础上，加快实现交通运输物流公共信息平台、城市公共交通信息系统、路况查询系统及邮政电子商务系统的相互链接和深度融合，为交通运输、邮政企业相互代办业务提供技术支持。

11.3.1.2 交通运输与旅游融合发展

旅游业是国民经济重要的战略性支柱产业，交通运输是旅游业发展的基础支撑和先决条件，交通的价格成本、运输耗费的时间、运输工具乘坐舒适程度等因素都会影响到游客的旅游需求和旅游决策，进而影响旅游业的发展。近年来，随着我国综合交通运输体系不断完善，交通运输与旅游融合发展已经成为旅游业转型发展的新趋势。

一方面，统筹交通旅游一体规划建设是推动交通旅游设施功能融合的重要内容，在枢纽及交通线路选址选线中，应当加强对旅游特色小镇、重点景区、红色旅游目的地、旅游资源丰富的贫困地区等衔接与辐射。统筹客运枢纽与旅游集散中心集中布局，推动旅游风景道、旅游航道、邮轮游艇码头等加快建设。支持在旅游风景区等客源密集区域建设客运停靠站点，在高速公路服务区内配套建设房车车位、加气站、新能源汽车充电桩等设施，在国省干线公路和农村公路风景适宜路段设置观景台等设施，增强通往旅游目的地的各类交通枢纽的餐饮住宿、休闲娱乐、展示购物、汽车宿营等旅游服务功能，以达到创新丰富交通旅游服务产品，提升交通旅游体验水平的目的。

另一方面，则应鼓励交通客运与旅游市场创新互动发展，加强服务景区客流的公共交通运输组织，鼓励开通机场、铁路站至景区景点的旅游专线、旅游直通车，鼓励在节假日旅游高峰期加开定制旅游线路，增强城乡客运线路服务乡村旅游的能力。在支持传统运输企业拓展旅游运输业务的同时，以信息化手段和移动互联网技术推动交通运输业和旅游业的融合，发展慢行火车、旅馆列车、房车旅游、自驾游等服务产品，提倡体验式交通旅游，鼓励通用航空旅游发展，开发低空飞行旅游产品。建设面向公众的交通旅游综合服务平台，实现政府部门、景点景区、运输企业、旅行社、游客之间的互联互通，提高政府治理能力，优化社会运力资源配置，改善游客出行服务水平。

11.3.1.3 交通运输与物流融合发展

物流业作为物的流动的科学管理的行业，是融合运输、仓储、配送、流通加工、信息服务等产业的复合型服务业，也是支撑国民经济发展的基础性、战略性产业；交通运输是物流发展的基础环节和重要载体，而构建交通物流融合发展新体系，已提升为国家战略。促进两大基础产业融合发展，对于推进供给侧结构性改革，加快培育新动能，改造提升传统产业，全面落实“去产能、去库存、去杠杆、降成本、补短板”五大重点任务具有重要意义。

在复杂的国际环境和我国经济社会发展进入新常态的大背景下,我国综合交通运输体系不断完善,物流业持续快速发展,已初步形成了两业衔接互动的发展格局。但也存在交通运输与物流融合发展不足,部分通道不畅、枢纽衔接不顺、联运链条不通,信息化及企业协同发展水平较低等短板问题,未能有效实现两业融合。

为了推动交通与商贸物流设施的整合共享,应当鼓励商贸流通企业自有仓库、车辆、分拣设施、营业网点、配送队伍等资源向社会开放,与乡村邮政网点、综合服务站、汽车站等设施资源整合共享。在鼓励交通运输、电子商务与实体贸易企业搭建可共用的电子平台的同时,整合流通领域实体店和物流领域仓储配送等资源,打造集商品展示、消费体验、休闲娱乐、代购、取货等功能于一体的营业网点。推动交通运输、邮政快递等企业依托互联网、大数据等技术,做好高峰错峰运输配送预判,分化库存和物流压力。除此之外,还需打造产运销一体化交通物流服务体系,鼓励交通运输、邮政快递企业与生产、商超、电商等跨行业联营合作,建立一体化供应链体系。

而以信息平台为依托,推动数据共享互通,则需加大国家交通运输物流公共信息平台在交通、邮政与物流企业的普及力度和使用范围,逐步推动行业内相关信息平台交换标准统一。一方面,鼓励铁路、公路、水路、民航、邮政等运输企业在货物及快递运输数据互联互通方面开展合作;另一方面,支持快递物流行业龙头企业开放可供同行业其他企业共用的信息平台,实现企业信息数据共享联通。

11.3.1.4 交通运输与信息、制造等产业融合发展

为了不断增强人民群众的获得感、幸福感、安全感,《交通强国建设纲要》提出了坚持科技创新驱动,为载运工具、基础设施和运营管理赋能,改变综合立体交通网的运营速度,提供应需而变的运输服务,优化交通设施时空资源利用。抓住新一轮科技革命深入发展的机遇,以国家综合立体交通网为依托,以新一代信息技术为牵引,坚持规划建设与运营服务并重,统筹传统与新型、存量与增量、供给与需求,加快形成交通基础设施网与运输服务网、信息网、能源网融合发展新格局,让传统交通基础设施具备新功能、呈现新形态、适应新发展,是优化交通基础设施供给结构、提高交通基础设施效能、加快建设交通强国的重要举措。

依托互联网搭建产业融合平台,推动交通运输与智能装备制造、商贸、金融等深度融合,发展智能化、数字化交通产业和交通关联制造业、服务业。强化交通基础设施的带状引领和圈状辐射作用,推动各类经济要素沿通道、枢纽集聚布局,形成若干重要的贸易走廊、产业轴带和经济中心。实现轨道、公路与沿线产业、城区的利益共享和联动开发。实现枢纽设施与地上、地下、周边空间综合利用,融合交通与商业、商务、会展、休闲等功能,打造依托综合交通枢纽的城市综合体和产业综合区。高标准、高水平推进临港产业、临空产业发展。

11.3.2 交通运输工具新技术展望

世界交通运输进步越来越依赖科技发展,呈现出鲜明的高科技化趋势。当前互联网、

人工智能等新技术的快速发展,将加速对新的交通基础设施、运输装备及新的运输组织模式、商业模式、治理模式产生影响,而关键核心技术的不断突破将为交通运输发展赋予新动能和新优势。

11.3.2.1 智能网联汽车技术

智能网联汽车(Intelligent Connected Vehicle,ICV),是指车联网与智能车的有机联合,是搭载先进的车载传感器、控制器、执行器等装置,并融合现代通信与网络技术,实现车与人、车、路、后台等智能信息交换共享,实现安全、舒适、节能、高效行驶,并最终可替代人来操作的新一代汽车。智能交互、智能服务和智能驾驶是智能网联汽车的三大元素。其中,智能交互向着多元化、人格化的方向发展,终端不断迭代。智能服务注重对用户的闭环管理,整车厂必须构建自身的内容分发能力。而智能驾驶能力差异的核心是计算平台和软件开发。由于智能网联能提供更安全、节能、环保、便捷的出行服务,成为国际公认的未来发展方向。

在全球智能网联汽车产业加速发力的同时,安全问题逐渐引发公众高度关注,网络安全已经成为智能网联汽车产业发展的天花板,其潜力的释放被安全问题所限制。面对严峻的安全形势和公众的重大关切,智能网联汽车的痛点可以归纳为以下两个方面。痛点之一是“双重安全属性”带来的新安全问题。汽车网联化和智能化的发展,使得车载网联终端和高级辅助驾驶系统等部件具有了双重安全属性,既要保证功能安全,避免随机性故障和环境影响造成的安全风险,又要保证网络安全,避免因为网络安全问题带来新的安全隐患,避免被人为利用造成的安全风险。痛点之二是网络安全“不可量化设计”带来的信任缺失。传统汽车行业的功能安全,有着严格的量化标准和评估体系,对于安全性有诸多技术作为保证,对于可靠性有标准可供衡量,对于故障和事故有完整的追溯方案。但是,对于智能汽车的网络安全问题却无法度量,车载网络是否安全,至今仍然是一个概念化的表达,无法做到量化设计与验证度量,包括为智能网联汽车增加的附件安全设施本身是否安全也没有准确的衡量标准。

而突破天花板需要从两方面考虑。一方面要推动内生安全赋能智能网联汽车,将内生安全技术与5G、物联网、车联网、人工智能等新技术深度融合,构建国际领先、我国独创的智能网联汽车安全理论和技术体系,为汽车行业在网络化时代提供可量化设计、可验证度量的双重安全技术。另一方面要各方合力推动智能网联汽车安全技术发展,联合标准制定部门和主要生产商,加快推进智能网联汽车内生安全技术标准制定,将内生安全作为智能网联汽车机器系统的基本标准;加快和保险金融业的深度融合,鼓励保险行业探索设立智能网联汽车网络安全险,推动这一险种进入车辆安全险名录,加快技术、产业、商业模式创新,实现内生安全产业、保险业界和最终用户多赢的发展格局。

11.3.2.2 新型城市轨道交通技术

为适应不同地形条件、客流情况及区域经济发展,城市轨道交通制式逐渐趋于多元化。新型城市轨道交通是指在城市内部铺设的区别于传统铁路的轨道交通运输系统。新型城市轨道交通有别于常规铁路系统,其轨道结构和车辆构造相比传统铁道和火车有很大不同,部分在传统铁路系统基础上加以改进而成的运输工具也可纳入新型城市轨道交通的范畴,包括:磁浮轨道交通、旅客自动城市铁路系统、智轨列车、市域快速铁路,经进一步改造后的高速铁路、城际快速铁路、地铁、轻轨、轻便铁路、单轨(云轨)、齿轨铁路、有轨电车系统、机场快线等。

新型城市轨道交通继承了传统城市铁路快速化、电气化、动车化、公交化和绿色化等特点,在保证达到高铁快轨或地铁轻轨等传统铁路的底线或常规运力指标条件下,尽可能地降低建设成本和占用空间,同时更加注重快捷高效的乘车设计,实现轨道交通和城市环境的有机结合。另外,由于十分重视高新技术的开发应用,在材料结构、外观形式、节能减排、安全保护、供电方式和便民设施等方面均有着显著的创新,智能化、轻型化、环保化、捷运化和经济化是新型城市轨道交通的发展趋势。新型城市轨道交通能够有效缓解城市道路的运输压力,有利于减少温室气体和其他有毒废气的排放,同时为旅客提供多元化的出行方式,加快城市内部和城际之间的交流沟通,而由于其种类繁多,不同类型的轨道交通既存在竞争关系又存在互补关系,所以需因地制宜地规划和施建。

11.3.2.3 智能航运技术

智能航运是新一代人工智能技术与航运要素深度融合形成的航运新业态,随着智能航运的发展,货运船舶将走向无人化,港口将走向完全自动化,监管和保障的对象将逐渐由人转变为智能化的机器。催生这一变化的原因,一是由于物流电商化推动了物流成本降低和全球物流体系重构,航运运价提升遇到了瓶颈;二是航运业过度依赖于人力资源,减员是降本增效的主要途径;三是现代高新技术为船舶货运无人化、港口自动化、监管和服务现代化提供了技术支撑。而目前的技术发展水平距离智能航运大量广泛应用的需求尚有很大差距,可以预见,未来10~20年是智能航运发展的关键时期,各个国家在智能航运领域的技术差距将会形成并固化。

作为新业态,智能航运的核心定义在于航运要素与现代信息、人工智能等高新技术深度融合,又以自主航行船为核心要素。船舶智能航行,还需智能航保,它起到支撑与保障的作用。自主航行需要有岸基支持,同当前状况相比,智能航运时代对导航运用精度、通信带宽、网络安全等都会有更高的要求与标准。智能航运还对港口和航运服务有了新的要求。港口的智能化发端于自动化和信息化,代表性案例是全自动化集装箱码头。下一步,大数据、人工智能等技术还将在港口的生产管理中得到进一步应用。大宗货物全自动化与智能化作业,将是智能港口下一步主要的发展方向。在船舶、航保、港口都发生重大变化后,航运监管的模式、方法、手段等,也要与航运要素的变化相适应,并促进彼此健康发展。未来的航运监管,将同时面对有人船和无人船。虽然货船无人化是一种主要趋势,但其他用途的船舶未必也有无人化的需求。

智能化最终推动的是智能航运服务,其最显著特征体现在航运服务交易、航运辅助服务交易的平台化。主要包括两种形式:航运服务和航运辅助服务提供者自建的乙方平台,以及服务提供者和服务需求者以外的第三方运营的丙方平台。

11.3.2.4 无人机运输技术

无人机是一种有动力、可控制、能携带多种任务设备、执行多任务并能重复使用的无人驾驶航空器。基于无人机携带方便、操作简单、反应迅速、载荷丰富、任务用途广、起飞降落对环境要求低、自主飞行等特点,适合应用在交通运输的多个领域。

相比于地面运输,无人机运输具有方便高效、节约土地资源和基础设施的优点。在一些交通瘫痪路段、城市的拥堵区域,以及一些偏远的区域,由于地面交通无法畅行,导致物品或包裹的投递比正常情况下耗时更长或成本更高。通过合理利用闲置的低空资源,无人机运输能有效减轻地面交通的负担,还能节约资源和建设成本。

相比于一般的航空运输和直升机运输,无人机运输具有成本低、调度灵活等优势,并能弥补传统的航空运力空白。随着航空货运需求量逐年攀升,持证飞行员的数量和配套资源,以及飞行员和机组成员的人工成本等成为发展的制约因素。而无人机货运的成本相对低廉,并且无人驾驶的特点能使机场在建设和运营管理方面实现全要素的集约化发展。

11.3.3 综合交通一体化决策支持新技术展望

11.3.3.1 背景概况

交通强国建设和“双碳”目标的实施,将推进我国综合交通发展模式的根本性转型。但是,构建如此超大规模的综合立体交通系统,在世界人类历史上是空前的,事实上也进入了“无人区”,国际上缺少成熟的、可以借鉴的经验,特别是缺乏综合立体交通系统协同规划、设计、建设、运行与管理的基础理论体系。与此同时,大数据、人工智能、数字孪生、车路协同等新技术的快速兴起,为综合立体交通系统发展及理论方法创新提供了重要手段,数字化、网联化、智能化、绿色化、协同化成为系统发展的总体趋势。

在当前发展背景下,坚持“四个面向”(面向世界科技前沿、面向经济主战场、面向国家重大需求、面向人民生命健康),抓住新一轮科技革命机遇,开展综合立体交通网高效协同与系统调控研究,突破综合交通一体化决策支持新技术,对于摆脱关键核心技术“卡脖子”困境,全面加强构建综合立体交通系统科技支撑服务能力,具有重大的理论价值和现实意义。

11.3.3.2 关键技术进展

综合立体交通系统建设发展包含规划论证、工程设计、施工建设、养护管理、运行管理和安全保障等过程,其高质量发展需要面向决策分析、工程建造和系统管理的数字化信息技术的支持。在工程建造领域,基于建筑信息模型(BIM)的数字化管理技术已被广泛应用,成为提高工程建设速度、确保工程质量的重要保障。BIM 技术以三维数字技术为基础,通过对建设项目的数据化、信息化模型整合,在项目策划、建设、运行和维护的全生命周期过程中进行共享和传递,使工程技术人员对各种建筑施工信息作出正确理解和高效应对,为各方建设主体提供协同工作的基础。近年来,随着互联网、物联网、云计算等数据感知、传递、整合与展示技术的发展，以宏观三维地理信息系统、物联网和 BIM 技术为基础的城市信息模型（City Information Modeling，CIM）技术又进一步为城市空间基础设施数字化奠定了基础，开辟了智慧城市建设和治理的新模式，并逐渐应用于城市规划建设、发展和运行。

由此可见，国内外在工程建造和城市空间基础设施数字化领域的研究已经取得一定的进步，但服务于综合交通一体化决策支持的交通信息模型（Transportation Information Modeling，TIM）技术发展却相对缓慢。综合交通设施要不要建？什么时候建？建在哪儿？建多大规模？建成后如何运行管理？针对这些问题的科学决策过程不仅需要 BIM、CIM 技术的支持，更需要 TIM 技术的针对性、精细化支撑。因此，突破"多网融合"拓扑结构构建、交通需求融合分析、交通网络虚拟仿真等技术瓶颈，建立"多网融合"条件下的 TIM 技术体系已成为当务之急。

目前，综合交通 TIM 技术相关研究主要集中在架构设计、数字化解析融合、模型体系构建、虚拟仿真平台集成等方面。TIM 是集交通数据、交通分析、虚拟仿真、分析评价、结果展示为一体的综合交通数字化分析集成体系，其技术基础是综合交通网络数字化模型，核心是包括网络拓扑结构、交通运输特征、系统运行评估等在内的交通分析模型，关键是实现综合交通网络层面的融合互通。TIM 技术体系覆盖城市交通、城际交通、城市群交通、跨区域综合运输等范围，介于 BIM 和 CIM 中间层面，并与两者留有接口。综合交通 TIM 体系如图 11-5 所示。

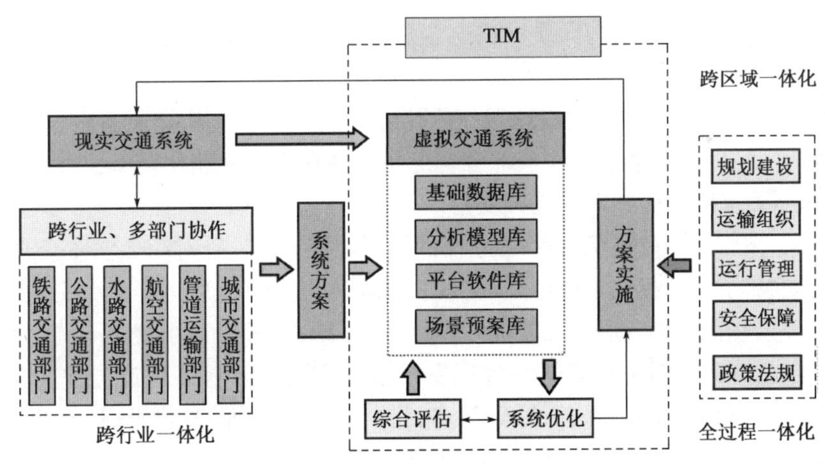

图 11-5 综合交通 TIM 体系

11.3.3.3 未来创新思路

服务交通强国建设和"双碳"新战略，面向综合立体交通系统"网络化布局、一体化融合、高质量发展、现代化治理"新要求，运用大数据、人工智能、数字孪生、车路协同等新技术，重点突破综合立体交通系统数字化与异质网络融合理论、综合交通系统供需平衡机理与一体化分析模型体系、典型交通需求情景驱动的综合立体网协同调控方法等科学问题，建立综合立体交通网高效协同与系统调控理论方法体系;开展综合立体交通网仿真测试平台开发与示范应用,形成具有自主知识产权的综合交通 TIM 技术体系及仿真测试平台;以基础研究突破和关键核心技术创新弥补综合交通管理体制上的短板,为解决综合立体交通系统现代化高质量发展中的瓶颈问题提供理论与技术支撑。技术创新架构如图 11-6所示。

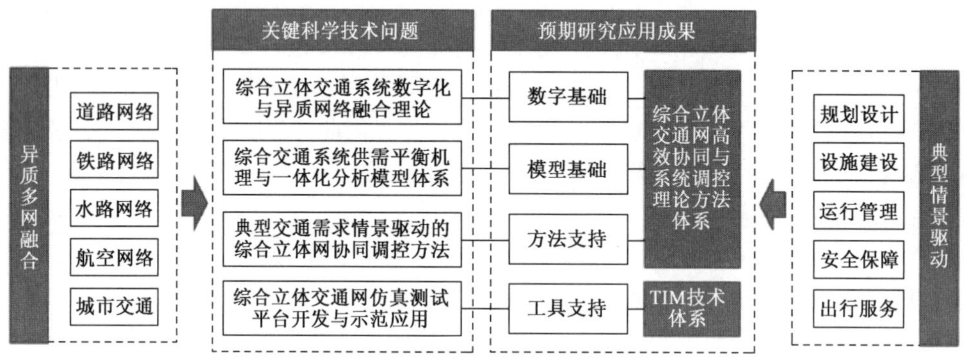

图 11-6　技术创新架构

主要研究方向包括:

(1)综合立体交通系统数字化与异质网络融合理论。针对数字交通基础设施(物理网、信息网、能源网)多元动态技术特征和发展趋势,突破现有 BIM 等静态表现的局限,开展综合立体交通系统数字化与异质网络融合理论研究,为综合立体交通网高效协同与系统调控提供数字基础支持。

(2)综合交通系统供需平衡机理与一体化分析模型体系。从交通需求、交通供给、供需关系的角度,解析多网融合条件下综合交通系统内在机理和演化模型,为综合立体交通网高效协同与系统调控提供理论基础支持。

(3)典型交通需求情景驱动的综合立体网协同调控方法。针对综合立体交通网基础设施与载运工具协同、交通枢纽运行组织、旅客联程运输、货物多式联运等典型交通需求情景,以综合交通系统供需平衡与服务效能提升为目标,开展情景驱动的系统协同调控方法研究。

(4)综合立体交通网仿真测试平台研发与示范应用。以上述理论方法为基础,建立综合立体交通网安全/高效/绿色/低碳等多目标仿真评估、规划/建设/管控/服务等多情景验证测试方法,研究综合立体交通网仿真测试基本框架、仿真模型、功能模块和流程设计技术,开发形成具有自主知识产权的综合交通 TIM 技术体系及仿真测试平台,依托交通强国建设试点任务开展关键技术示范应用。

复习思考题

1. 请结合自己的学习体会,谈一谈未来综合运输客运与货运一体化发展的特征与趋势。

2. 旅客联程运输有何优势？效能提升的关键是什么？
3. 货物多式联运有何优势？效能提升的关键是什么？
4. 针对如何提升综合交通运输系统智能化水平，谈一谈你的想法。
5. 结合相关资料，谈一谈你对 TIM 的认识及其与 CIM、BIM 的关系。

本章参考文献与延伸阅读

[1] 王炜，华雪东，郑永涛. 综合交通系统"多网合一"交通分析模型与算法[J]. 交通运输工程学报，2021，21(2)：159-172.

[2] 王炜，赵德，华雪东，等. 城市虚拟交通系统与交通发展决策支持模式研究[J]. 中国工程科学，2021(3)：163-172.

[3] LI D，YANG M，JIN C J，et al. Multi-modal combined route choice modeling in the MaaS age considering generalized path overlapping problem[J]. IEEE Transactions on Intelligent Transportation Systems，2020(99)：1-12.

[4] 交通运输部. 综合交通运输大数据发展行动纲要(2020—2025 年)[EB/OL]. 2019. http：//www. gov. cn/xinwen/2019-12/16/content_5461503. htm.

[5]《中国公路学报》编辑部. 中国交通工程学术研究综述·2016[J]. 中国公路学报，2016，29(6)：1-161.

[6] 褚娜."一带一路"铁路货物运输规则一体化研究[D]. 扬州：扬州大学，2018.

[7] 黄凯，李晟东. 铁路货物运输组织改革中的"仓运一体化"服务研究[J]. 物流技术，2016，35(8)：53-55.

[8] 张奇飞，林剑，王兆锐，等. 基于改进遗传算法的物流路径优化方法[J]. 物流技术，2018，37(1)：78-81.

[9] 张凡. 基于 Hadoop 平台的物流路径优化方法研究[D]. 哈尔滨：东北林业大学，2017.

[10] JANIC M. Modeling the full costs of an intermodal and road freight transport network [J]. Transportation Research Part D，2007(12)：33-44.

[11] 申勇. 国际集装箱海铁联运中转效率优化方法研究[D]. 成都：西南交通大学，2019.

[12] 彭红. 我国汽车滚装码头发展现状及趋势分析[J]. 水运工程，2017(2)：45-48.

[13] 李克强. 智能网联汽车现状及发展战略建议[J]. 经营者：汽车商业评论，2016(2)：170-175.

[14] 崔愿，陈璟. 新时期交通运输与其他产业融合发展对策[J]. 综合运输，2020，42(10)：54-58.

[15] 钟琦. 新信息技术应用于高速公路和产业融合发展的新模式研究[J]. 公路，2020，65(5)：249-253.

[16] 李博文. 探究新信息技术基于高速公路场景下产业融合发展的新模式[J]. 交通科技与管理，2021(11)：2.

[17] 张轮，张孟，杨文臣，等. 新型交通工具在交通运输中的应用进展和展望[J]. 交通科

技,2014(3):159-162.

[18] 李紫宜.我国新型城市轨道交通技术可持续发展措施分析[J].技术与市场,2016(10):88.

[19] 吴兆麟.综合交通运输规划[M].北京:清华大学出版社,2009.

[20] 刘冰.城市综合交通运输体系发展与规划[M].北京:中国建筑工业出版社,2020.

[21] JEIHANI M. Transportation network modeling and calibration[M]. New York:Momentum Press,2017.

[22] 贺登才.发改委解读:构建交通物流融合发展新体系[EB/OL]. 2016. http://www.gov.cn/zhengce/2016-07/11/content_5090177.htm.

[23] 王盼霞.交通运输发展趋势展望[J/OL].城镇建设,2020(21). https://www.qikangov.com/home/zayn/paper.html? id = 17153&info = true.

[24] 关积珍.中国智能交通的创新发展成就与未来展望[J/OL].可持续发展经济导刊,2021(6). http://sdg-china.net/portal/article/index/id/742.html.

第 12 章
CHAPTER TWELVE

综合交通运输专业人才培养要求

学习目的与要求

当前,在高校中与综合交通运输人才培养联系最为直接的学科与专业是交通运输工程学科和交通运输类专业。但随着科技发展和社会进步,学科与专业愈发呈现综合交通运输一体化发展和多学科交叉融合的特征。作为未来行业内的中流砥柱,学生对于学科与专业应当有清晰的认知。通过本章学习,要求了解综合交通运输类学科专业的内涵与发展趋势,明确作为学科专业人才应该具备的知识结构、能力结构及需要养成的综合素养,增强对后续学习的方向感与使命感。

12.1 交通运输学科与专业简介

12.1.1 交通运输工程学科简介

12.1.1.1 学科特征

所谓学科,是指依据学术性质而划分的科学门类,不同的学科一般对应不同的科学知识体系,如自然科学中的物理学、化学,社会科学中的历史学、语言学等。在教育部一级学科门类划分中,交通运输工程归属于工学学科,对应硕士、博士研究生培养。

交通运输工程学科是主要研究交通运输系统构成要素及其相互作用关系的工程应用学科，包含交通运输规划与管理、交通基础设施工程、载运工具运用工程、交通信息与控制、交通安全与环境等主要学科方向，是多学科交叉、需求导向型的工程应用学科。

12.1.1.2　研究对象

交通运输工程学科是研究人和物在一定的“质”和“量”要求下在特定时间和空间范围的移动，以及为实现该移动所需要修建的基础设施及其布局、载运工具运用、信息与控制、运营与管理、安全与环保等理论、方法与技术的交叉学科。学科研究以铁路、公路、水路、航空和管道等方式组成的综合运输体系为研究对象，涉及城市交通系统发展政策、规划设计、基础设施修建和载运工具运用，以及交通运输系统的运行控制、运营管理、运行安全及信息化等领域。

12.1.1.3　基本理论与知识基础

交通运输工程学科是基于交通运输系统构成要素的相互关系，围绕综合运输体系建立起来的学科体系，以运输经济学、交通流理论、交通基础设施设计施工与养护、交通运输系统规划、交通信息工程、交通系统控制、交通运输组织与管理、载运工具安全与可靠性、载运工具监测与维修工程、交通运输系统安全与环保等为基本理论方法，以数学、力学、电学、材料学、经济学、系统科学、信息与控制科学等为基础知识。

12.1.1.4　发展趋势

为加快建设交通强国，构建现代化高质量国家综合立体交通网，支撑现代化经济体系和社会主义现代化强国建设，未来的交通运输工程学科将朝着更具中国特色的方向前进，加快建设高效率国家综合立体交通网主骨架，建设多层级一体化国家综合交通枢纽系统，完善面向全球的运输网络将是我国在交通运输领域重点实施的战略。交通运输工程学科将朝着更加安全、智慧的方向发展，其绿色发展和人文建设将更加深入，并呈现出以下发展趋势：

(1)学科发展将进一步聚焦国家重大需求，服务交通强国战略，以安全、便捷、高效、绿色、经济为目标，以提升综合交通一体化融合水平为重点，以大幅提高交通运输服务品质为核心，促进各学科方向的创新发展。

(2)学科发展将呈现更加明显的多学科交叉特征，互联网、物联网技术的发展及人工智能、大数据、自主驾驶与车路协同等技术的应用，都将对学科知识体系的更新产生重要影响。

(3)学科发展将朝着更加综合化的方向前进，不同运输方式间协同融合特征日益突出，综合交通网络布局、综合交通枢纽规划设计、多方式交通运输协同、客运交通一体化运输组织、综合交通协同监管与信息服务、货运多式联运等领域将深入发展。

12.1.2 交通运输类专业简介

12.1.2.1 专业特征

所谓专业,一般指高校或中等专业学校根据社会分工需要而划分的学科门类。交通运输类专业归属于工科专业门类,对应本科生和专科生培养。

交通运输类专业主要包括交通运输、交通工程、航海技术、轮机工程、飞行技术、交通设备与控制工程、救助与打捞工程、船舶电子电气工程、智慧交通等专业。培养学生具有交通运输系统规划、基础设施建造、运营与安全保障等基本理论与方法,以及交通运输领域某个专门方向较深入的知识与技能,能在交通运输领域从事交通运输系统规划、建设、安全高效运行、经营与管理、应急救援与指挥等相关工作,以满足经济社会发展对交通运输资源合理配置的需要。

交通运输类专业是一门系统理论和实践并重且涉及多学科交叉的专业。科学技术的不断发展及一系列前沿交叉学科在交通运输领域的应用,使得这种交叉与融合的趋势逐渐淡化了各传统专业学科间的界限,促使人们越来越多地站在交通运输工程一级学科层面上形成系统连贯的学科思维。

交通运输类专业特点之一是其系统的复杂性,且涉及众多交叉学科;特点之二是目前我国高等院校在该专业类人才培养过程中,因办学历史和特色优势不同,基本上是按某一运输方式或专业方向培养交通运输类专门人才。但随着交通强国建设的推进,人才培养也越发趋向于综合交通运输的一体化融合。

12.1.2.2 培养目标

交通运输类专业培养德智体美劳全面发展,具有良好的工程技术、文化素养和高度的社会责任感,较系统地掌握交通运输领域基础知识、基本理论和基本技能,富有创新意识和实践能力,具备国际化视野,能够在交通运输领域从事规划设计、技术开发和运用、运营组织和经营管理等工作,以及在教育、科研等部门从事相关工作的专门技术人才。

12.1.2.3 培养基本要求

面向交通运输行业,毕业生应具有的知识、能力、素质如下:

(1)思想政治和德育方面

具有正确的人生观、价值观和道德观,爱国、诚信、友善、守法;具有高度的社会责任感;具备良好的科学、文化、工程技术素养;掌握科学的世界观和方法论,掌握认识世界、改造世界和保护世界的基本思路和方法;具有社会主义的道德品质和文明的行为习惯;具有敬业精神和职业道德;具有健康的体魄、良好的心理素质、积极的人生态度;能够适应科学和社会的发展。

(2)业务方面

①系统地掌握交通运输系统基础知识和基本理论。

②熟练地掌握交通运输工程实验的基本技能。

③了解交通运输的发展历史、学科前沿和发展趋势。

④认识交通运输在经济社会发展中的重要地位与作用。

⑤掌握本专业类所需的数学、力学、经济学、管理学、系统科学等基础知识;了解安全、信息、能源、环境等相关领域的基本知识。

⑥初步掌握交通运输工程某一领域研究的基本方法和手段,初步具备发现、提出、分析和解决该领域相关问题的能力。

⑦具有高度的协调配合团队精神和可持续发展理念。

⑧具有对音乐、美术等艺术的一定鉴赏力。

⑨应具有良好的书面和口头表达能力。

⑩具有基本的资料搜集和文献检索能力;具有终身学习的理念。

⑪具有一定的本专业外文书籍、外文课件和文献资料的阅读与翻译能力。能撰写专业论文的外文摘要。能使用外文进行一般性交流。

各专业还应根据自身的定位和细化的人才培养目标,结合学科专业特点、行业和区域特色及学生自我发展的需要,在上述业务要求的基础上,强化或者增加某些方面的知识、能力和素质要求,形成人才培养特色。

(3)体育方面

掌握体育运动的一般知识和基本方法,形成良好的体育锻炼和卫生习惯,达到国家规定的大学生体育锻炼合格标准。各专业可结合行业特色需要,在体育技能上强化或者增加某些特殊方面的能力要求。

12.2 综合交通运输专业人才的知识结构

12.2.1 知识结构总体框架

综合交通运输专业人才相较于既有交通运输类专业人才,应具备更宽广的专业知识基础、更强的复合知识架构。知识结构具体组成可包括 3 个阶段:一是公共基础知识,二是专业基础知识,三是专业知识。

公共基础知识是高级工程专门人才必须掌握或具有的自然科学、社会科学知识和文化素质,在此基础上学生可以有效和扎实地学习专业基础知识。掌握专业基础知识后,就可以进入更为深入、更为专门的专业知识学习。在专业知识阶段,学生通常选择 1 ~ 2 个具体细分方向进行深入学习。学生毕业以后,当需要从事其他细分方向的技术工作时,可以运用专业基础知识,借鉴已学具体工程专业知识的方法和过程,举一反三,通过自学很快地掌握所需细分方向的专业知识。

公共基础知识阶段、专业基础知识阶段和专业知识阶段的这一关系和安排就构成了综合交通运输专业人才的知识结构(图12-1)。

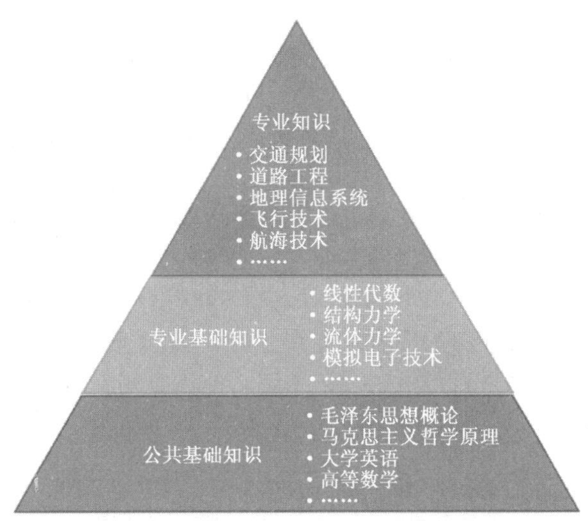

图12-1 综合交通运输专业人才的知识结构

12.2.2 第一阶段——公共基础知识阶段

公共基础知识阶段一般安排在一、二年级。由于公共基础知识是所有工程类学科必须掌握的,因而较少涉及综合交通运输学科的专业知识。这一阶段极为重要,原因有两方面:一方面,这一部分是所有工程类学科学生必须具有的公共基础知识;另一方面,这一学习阶段是高中学习阶段向大学学习阶段的过渡。大学学习阶段与高中学习阶段的最大区别在于,大学课堂以讲授原理为主,课程进度较快,且留给学生课堂练习的机会较少。因此,大学阶段的学习很大程度上要求学生自学。学生在这一阶段必须提高自己的自学能力,学会自己安排时间。除了满足培养计划的要求外,还应有意识地增加学习的知识深度或者扩大所学的知识面。学生平稳地完成这一过渡,学会大学阶段的学习方法,对于今后学习能力的提升将起到十分重要的作用,即使毕业后踏入社会,也将是终身受益的。

这一阶段的学习内容又可以分为以下两类:

(1)人文社会科学类基础知识

必修课有思想道德修养与法律基础、中国近代史纲要、马克思主义基本原理概论、毛泽东思想和中国特色社会主义理论体系概论、综合交通运输相关法规、大学英语、体育、军事理论等。选修课可由各院校自主决定开设,但宜覆盖以下学科门类:经济学(如宏观经济学、微观经济学、行为经济学)、管理学(如收益管理、心理与行为)、阅读与写作(如大学语文、文献信息检索、科技论文写作)、艺术与设计、历史、心理学等。

通过这些基础知识的学习,要求理解马克思列宁主义、毛泽东思想、邓小平理论的基本原理和习近平新时代中国特色社会主义思想,在哲学及方法论、经济学等方面具有必要的知识,了解社会发展规律和21世纪发展趋势,对文学、艺术、历史、管理、心理等若干学科进行一定的修习,掌握一门外语,具有基本的专业文献检索、阅读和写作能力。

(2)自然科学类基础知识

必修课包括高等数学、线性代数、统计学与概率论、运筹学与最优化、大学物理、大学化学等,选修课通常覆盖以下学科门类:计算机语言与程序设计、信息科学、系统科学、数据科学与大数据技术、环境科学等。

通过这些基础知识的学习,要求掌握综合交通运输专业所必需的数学知识,掌握现代物理、化学的基本知识和综合交通运输专业必备的物理和化学原理和分析方法,熟练运用一门计算机程序语言,了解信息科学的基本知识和算法设计的基本技能,了解系统科学的基本原理,掌握数据的收集、整理、融合技能和分析方法,了解目前环境保护面临的难题,以及综合交通运输发展与环境保护的关系,了解其他重要当代科学技术的发展方向和应用前景。

12.2.3 第二阶段——专业基础知识阶段

专业基础知识阶段一般安排在二、三年级。由于这一阶段的知识是综合交通运输专业人才培养的基础理论,因而有关综合交通运输各类具体工程对象的内容不会很多,但必须看到,专业基础知识构成了综合交通运输类专业共同的专业平台,为以后的专业知识学习和毕业后在专业各个领域的继续学习提供了坚实的基础。综合交通运输类专业具有业务范围宽广、职业去向多样的特征,而专业知识学习阶段通常只能满足1~2个细分方向深入学习的要求。为了适应这一情况,综合交通运输专业的毕业生必须具有较深入且宽广的基础理论。

专业基础知识阶段按综合交通运输专业业务范围的需要,可分为几个不同学科的内容,包括交通工程、岩土工程、道路桥梁与渡河工程、工程力学、电子信息工程等内容,以及从事综合交通运输专业规划、设计、施工、管理、运营所必需的专业基础理论。必修课通常包括:交通工程基础、画法几何与工程制图、理论力学、测量学、工程管理与经济、工程施工与监理等。除了上述综合交通运输专业的公共专业基础知识,不同细分方向还需根据需求设置必修课,如交通工程专业建议必修交通系统分析和交通行为分析,道路、桥梁、地下工程方向建议必修材料力学和弹性力学,轨道交通信号与控制专业建议必修模拟电子技术和数字电子技术。选修课可以根据不同的专业方向进行合理的选择,例如交通工程专业可以选修城市停车设施规划与管理和交通经济学,道路、桥梁、地下工程方向可以选修GIS技术与应用、交通基础设施BIM,轨道交通信号与控制专业可以选修人工智能技术基础、导航与定位技术。

12.2.4 第三阶段——专业知识阶段

专业知识阶段一般安排在三、四年级。由于综合交通运输涵盖的具体工程对象类别繁多，如道路、轨道、机场、航道等，在规划、设计、管理和施工方法上都有差别，学生在大学阶段不可能也不必要对每一种工程对象都详细学习。因此，学校应该针对各个细分方向的专业需求和市场需求合理安排这一阶段的学习任务。学生除了应该深入学习所选的细分方向的知识，还应该涉及一些综合交通运输专业领域内其他细分方向的知识。此外，学生更应学会利用所学习的专业基础知识去掌握某一类工程对象专业知识的方式和方法。这样才能在承担自己所选的细分方向的工程项目或需要进入另一类工程对象领域时举一反三，触类旁通。

专业知识阶段的学习，要求学生通过对所选细分方向的专门学习，较深入地掌握本专业基本知识、规划设计方法及本专业的发展动态，初步建立工程经验，以适应当前用人单位对综合交通运输专业本科人才基本能力的一般要求。例如，交通工程专业的学生需要了解交通工程项目的规划、设计方面的基本知识，能够对交通工程复杂问题进行研究方案设计、数据收集与分析、结果处理与解释，能够合理分析与评价交通工程项目对社会经济、交通安全、法律、文化等方面的影响；轨道交通信号与控制专业的学生要能有效运用所学知识解决轨道交通信号与控制领域复杂的工程技术问题，能够根据工程的成果、社会环境影响及可持续性评估选择合理的工程方案，能够在工程实践中对部分或整个工程担负管理和决策责任。学校在课程安排中，应该设置一些综合交通运输专业相关方向的课程供学生选择，帮助学生了解一些相邻方向的基本知识。例如，学校可以为交通工程专业的学生安排一些运输方向的选修课（如供应链管理、物流信息系统等）。这样有助于学生对综合交通运输专业整体有更深刻的了解。学生还可以通过对比学习不同方向的知识，加深对所学方向的了解与认识。

12.2.5 知识的综合要求

在公共基础知识、专业基础知识和专业知识阶段，学生是基于单一学科体系，按照该门课程所属学科的严密体系，采用由浅入深、由简到繁、循序渐进的方法进行学习。这是一种将自然界的现象和工程中的问题进行分析，按学科分解并归类，然后按学科体系进行学习的方法。从根本上说，这是一种以分析为主的学习方法。这种方法对于学习知识是有效的，也是科学的。但是，工程中的问题却是综合性的，不同学科的问题错综复杂地交织在一起，解决问题时必须综合运用多学科的知识，针对问题的具体情况，理清头绪，再去解决问题。

作为综合交通运输专业高级专门人才，学生必须既要学会通过分析的方法由浅到深学习知识，又要学会综合运用多方面的知识。在大学学习阶段，学校通过实践教学环节落实对学生的综合知识运用能力的培养。但是光靠学校的安排是不够的。学生必须学会主动锻炼提高自己的知识综合运用能力。学生可以通过阅读科技杂志，了解其他专家是如何综合应用不同学科的知识解决工程问题的。特别是在专业基础知识和专业知识学习阶段，学生更应该安排固定时间阅读国内外有关综合交通运输的科技杂志。学生也可以通过参加各种科研和设计竞赛，从中琢磨、学习和体会怎样综合运用知识才能填补科学研究中的空白或解决工程实践中的难题。只要学生能认真地、有意识地进行这方面的学习和培养,就会发现一片广阔的天地可供自由翱翔,就会感到学习的快乐并乐此不倦。

12.3 综合交通运输专业人才的能力结构

12.3.1 能力结构总体框架

能力结构是指综合交通运输专业毕业生必须具有的能力,用“结构”两字是说明这些能力应该是最基本的,也是最必需的。能力结构应能使综合交通运输专业毕业生在工作中发挥很好的作用,并能使其向具备更高的综合素质与更强的创新意识方向发展,提供最重要也是最基础的能力上的保障。

综合交通运输专业是一个工程应用性的学科。工程技术人员要把在学校里学到的专业基础知识、专业知识和实践技能应用到工程项目中去,就要依靠自身的各种能力。一个缺少把专业知识综合运用到工程实践能力的工程技术人员,充其量也只能成为一部“活字典”、一个“信息源”;一个缺少把实践技能应用到工程项目能力的工程技术人员,充其量也只能成为一个“活工具”、一部“工具书”。

为了能够把所学的知识和实践技能灵活、有效并具创新性地应用于工程实践,一般需要培养以下各种能力:学习能力、工程能力、科技开发能力、表达交流能力、管理能力。各种能力之间的关系可用图 12-2 表示。

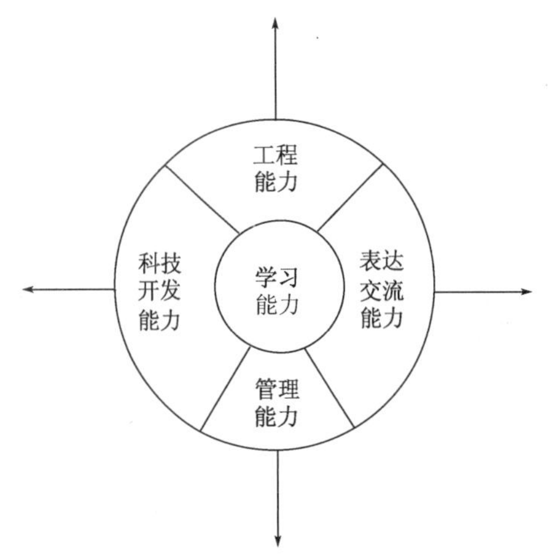

图 12-2　综合交通运输专业人才的能力结构

12.3.2 学习能力

顾名思义,学习能力就是获取新知识的能力。学习能力又可细分为通过学习接受知识的能力及通过学习在获取知识的基础上进行创新思维的能力。

(1)在公共基础知识阶段(一、二年级),由于教学以讲授原理为主,应用和练习较少,因此在这一阶段,学生应着力于培养自己能通过自学掌握教师所讲授知识的原理及其灵活应用的方法,也就是培养自己通过学习接受知识的能力。

(2)在专业基础知识阶段(二、三年级),

由于综合交通运输的专业基础涵盖范围极为广泛,教学内容涉及许多学科,将会引发学生学习的兴趣和积极性,学生会根据各自的特点希望将教师所讲授的内容进一步拓宽和加深,但这一要求只能靠自己学习解决。因此在这一阶段,学生应在已具有通过学习接受知识能力的基础上,进一步培养自己通过学习去掌握教师没有讲授而自己又希望能掌握的知识,也就是培养自己通过学习获取知识的能力。

(3)在专业知识阶段(三、四年级),教学内容已涉及某些具体的工程对象,教师除了讲授有关规划、勘察、设计、施工、管理等方面的基本知识、设计方法、施工技术、管理原理外,还会加大信息量,讲述一些新的科研成果、正在探索的新设计理论、结合新的工程材料和分析方法出现的新的结构形式和体系、计算机控制的新施工技术等。这些内容必将激发学生的许多遐想。学生可以在已具有通过学习获取知识能力的基础上学习创新思维,提出一些新的想法及付诸实施的理论依据和实现技术,也就是培养自己通过学习获取知识并进行创新思维的能力。

可以看出,学习能力是高级专门人才赖以持续发展和不断提高的一种能力,因此也是最根本和非常重要的能力。

12.3.3 工程能力

工程能力就是综合交通运输专业技术人员在从事综合交通运输专业领域工作时应用工程技术知识和技能的能力。对于综合交通运输专业技术人才,工程能力的培养是必不可少的。一个从事综合交通运输专业领域工作的技术人员,如果缺少必要的工程能力,将是一个不合格的工程师。

在大学阶段,工程能力的培养主要在实习类实践教学环节、课程设计类实践教学环节和毕业设计实践教学环节中进行。工程能力培养的总体要求包括:使学生具有根据交通条件、交通管理控制要求、现场勘察和施工运营的实际情况,经济合理、安全可靠地进行综合交通运输专业规划、设计、运营、养护等涵盖全生命周期的工程能力;具有解决交通管理控制问题和编制交通规划设计的初步能力;具有工程经济分析与交通大数据分析的初步能力;具有应用计算机进行辅助设计、运营与控制的初步能力。

12.3.4 科技开发能力

科技开发能力是综合交通运输专业技术人才必须具备的一种重要的能力。科技开发能力就是在现有的设计方法和施工技术的基础上,对设计方法和施工技术提出改进设想并予以实施的能力。这一能力的培养除了要基于自学能力、工程能力、管理能力外,还应在实践教学环节中进一步培养。通过知识教学环节和实践教学环节,主要让学生掌握进行科技开发所需的必要知识和技能,但这并不等于科技开发能力。科技开发能力的形成和提高主要依靠自身有意识地培养,要在自学过程中养成提出问题、分析问题和解决问题的习惯。这种能力的培养需要有一个长期的过程,需要日积月累。

如果在专业知识学习阶段能够发现一些问题可以进一步改进或完善,并能提出正确的想法和建议或写成文章,这就说明具有了一定的科技开发能力。否则,还需进一步培养。

12.3.5 表达交流能力

综合交通运输类专业具有工种繁多、与政府行政部门联系多等特点,综合交通运输专业高级专门技术人才需要有良好的表达交流能力。具体地说,就是要具有文字、图纸和口头的表达能力;具有社会活动、人际交往和交流的能力。

12.3.6 管理能力

综合交通运输类专业是一种群体性的工作。对于综合交通运输专业高级专门技术人才,应进行必要的管理能力与意识的培养,包括人力资源管理、投资管理、进度管理、质量管理、安全管理、工程项目管理、各工种工作的协调等。

大学阶段管理能力的培养,主要在生产实习、毕业实习和毕业设计等实践教学环节中进行。此外,还可在各种社会活动中进行。

管理能力的培养要求有:具有进行工程项目管理的初步能力;具有进行工程监测、检测、工程质量可靠性评价的初步能力;具有一般综合交通运输项目规划或策划的初步能力;具有应用计算机进行辅助管理的初步能力。

12.3.7 能力的培养与提升

学习能力是最基本的能力,它是工程能力、科技开发能力、表达交流能力和管理能力的基础,学习能力的强弱将直接影响其他能力的培养。因此,在大学学习期间,学习能力的培养是一刻也不能忽视、一刻也不能松懈的。表达交流能力与个人的性格、灵敏性和口才等有关,受到较多先天性因素的影响,但也可以通过后天的努力加以改变和提高,这同样有赖于学习能力。

12.4 综合交通运输专业人才的素养结构

12.4.1 素养结构总体框架

在"十四五"新时期、向第二个百年奋斗目标进军的发展阶段,我国交通运输行业步入由交通大国向交通强国的历史性跨越。在新的时代背景下,综合交通运输专业人才不仅要学得一技之长,更要养成长为一个德才兼备、德智体美劳全面发展的社会主义建设者、接班人和交通强国建设者,综合交通运输专业人才的素养结构具体包括人文素养、科学素养、伦理素养、社会责任4个方面,如图12-3所示。

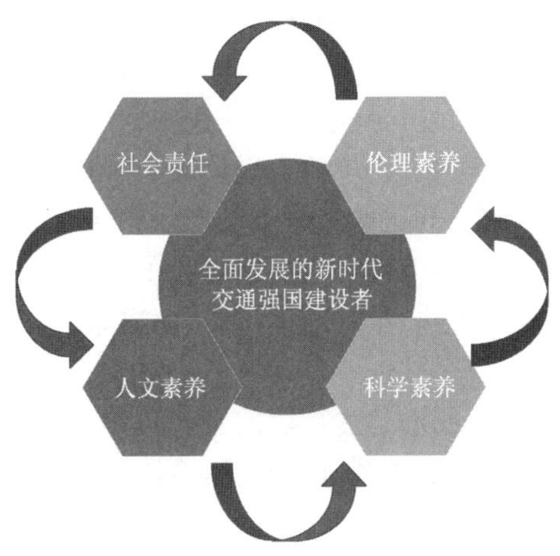

图12-3　综合交通运输专业人才的素养结构

12.4.2　人文素养

人文素养是指人们在人文方面所具有综合品质或达到的发展程度,是个体通过对人文知识、人文思想、人文方法等的学习,在人文精神方面所达到的高度或层次,是建立在对一定人文知识拥有和内化的基础上形成的学识和修养,反映一个人的人格、气质、情感、世界观、人生观、价值观等方面的个性品质。

人文素养是一种基础性素质,它对于其他素质的形成与发展具有很大的影响力。“未学做事,先学做人”,人文素养的培育对于学生形成健全人格、改善思维方式、冲破狭隘功利主义的束缚意义重大。在新的时代背景下,综合交通运输专业人才应树立和践行社会主义核心价值观,正确理解人和社会的关系,了解当下中国国情,明确个人所肩负的责任和使命。

人文素养不是天生的,是人文知识的积累与内化的结果。为培养综合交通运输专业人才的人文素养,需设计合理的课程体系。一方面,要围绕人文素养培育打造学校、学院层面的通识教育公共课程体系,全面将历史、哲学、艺术、心理学及文学、伦理学等内容全面融入公共课程体系中;另一方面,要不断创新人文教育教学模式,既可以充分利用现代网络媒体等开展微课教学、慕课教学及表演、竞赛等教学模式,又可以充分引入交通运输领域专家讲座、课题研讨、辩论赛等方式,将人文素养培育融入日常教学和交流沟通中,通过循序渐进地引导,给予学生更多的启迪。可以通过问卷调研等方式了解学生的学习困惑和需求等,以此有针对性地进行教学模式的灵活创新,将教学内容融入专业课程体系中,激发他们的求知意识和创新意识。

12.4.3 科学素养

科学素养是指主体在掌握科学概念的基础上,以科学的态度、运用科学的方法来对现实中的个人、科学、社会有关问题作出明智的抉择。它包括了科学知识、科学意识、科学精神。所谓科学知识,包括知识、技能,也包括方法、能力;所谓科学意识, 即人们在科学素养教育中所形成的、在追求科学的过程中所表现出来的科学热情、激情及自觉运用科学的行为与习惯;所谓科学精神,即人们对科学的态度与价值观。科学精神是科学的灵魂,以求实和创新为核心诉求,是现实可能性和主观能动性的结合。科学精神具有极其丰富的内涵,主要包括理性信念、实证方法、批判态度、试错模式等。科学精神是推动社会进步的强大力量和基本价值。

在新时代背景下,我国综合交通运输行业的发展依然面临着诸多繁重任务与风险挑战。在综合交通运输专业人才培养中,须以交通运输领域的科学和工程技术问题为载体,培养大学生的科学素养。

12.4.4 伦理素养

伦理对应着两层含义:一是传统意义上人们对于善、恶、是、非的笼统认识和直觉判断;二是可以理解为伦理道德,是处理人与人、人与社会、人与自然之间关系时应遵循的行为规则。

综合交通运输专业人才在工程活动中必须遵守的道德规范和职业操守,包括尽职履责、诚实守信、团结合作、客观公正、恪守职业、努力创新的治学态度和严谨的工作作风。

(1)尽职履责,诚实守信

忠实于综合交通运输工程师的职业,尽己所能地履行职责,支持合法的工作相关活动,保守机密;友好、诚信,不弄虚作假,廉洁自律,在执业范围内从事业务,保证质量,真诚服务,努力达成工作目标。

(2)团结合作,客观公正

团结协作,尊重他人,与同一领域人士共享专业知识技能和利益,传承技术经验;具备团队合作能力,能够在多学科背景下的团队中承担个体、团队成员及负责人的角色;保持客观性,能公平、公正地处理问题,致力于交通行业的发展,不利用专业知识与能力谋取不正当的个人利益,维护职业名誉。

(3)恪守职业,努力创新

忠诚于交通运输工程师的职业,接受继续教育,不断精进专业的相关知识与技能,对科研过程及成果的真实性负责,不断提高个人的职业能力与修养,努力创新。

12.4.5 社会责任

综合交通运输专业人才的工作涉及交通系统的规划、设计、建设、管理等多个方面,直接决定或间接影响了大量社会资源(如道路、桥梁等工程所需的人力、物力)的分配与使用,也会影响到人民的生命与财产安全(如设计方案的失误将会造成交通事故、工程事故)。因此,作为综合交通运输专业从业人员,必须具有高度的社会责任感。

(1)社会主义核心价值观

综合交通运输专业培养的人才,应适应新时代国家经济建设与科技发展需求,具有正确的人生观、价值观和道德观,具有社会主义的道德品质和文明的行为习惯,具有高度的社会责任感,树立和践行社会主义核心价值观。作为未来的综合交通运输工程师,对设计和建造的工程的质量应有终身负责的意识和行为,为构建安全、便捷、高效、绿色、经济的现代化综合交通运输体系作出应有的贡献。

(2)家国情怀

孟子曰:"天下之本在国,国之本在家,家之本在身。"家是缩小的国,国是放大的家,而交通是国之经济命脉,是社会有序运行的先决条件。本专业学生需要具有远大的交通报国理想与爱国主义情怀,勇于肩负起时代赋予的"交通强国"光荣使命,努力提升自己的思想政治素质和个人专业素养,以茅以升等行业先辈为榜样,不计个人得失,在各自的岗位上报效祖国。

(3)工匠精神

以"两路"精神、青藏铁路精神、民航英雄机组精神等为代表,交通人需要具有专注、精益求精、一丝不苟、追求卓越的工匠精神,逢山开路,遇水架桥,踏平坎坷,铸就精彩。不仅需要终身刻苦学习,不断提升自身知识水平与专业能力,跟上社会与科技发展的脚步,更需要保持"止于至善"的工作态度,在完成工作任务方面追求极致。每一位交通人都要有一颗成为"大国工匠"的拳拳之心。

复习思考题

1. 请结合学科专业特征和本章节内容,谈谈自己学科专业所需掌握的公共基础知识、专业基础知识和专业知识,并探讨各部分知识之间的内在联系。

2. 请结合自己的职业发展期望,谈谈如何规划每一阶段的学习。

3. 请结合国家综合立体交通网建设和交通强国建设等,谈谈如何通过各方面能力的综合培养与提升,为交通运输发展作出自己的贡献。

4. 请结合自己的认识,谈一谈综合交通运输类专业人才必须具备的素养。

本章参考文献与延伸阅读

[1] 黄晓明,陈峻,等. 交通运输导论[M]. 北京:人民交通出版社股份有限公司,2014.

[2] 李世新. 工程伦理学概论[M]. 北京:中国社会科学出版社,2008.

[3] 沈泽,宫全美,王治,等."思政-人文-专业"融合的新时代交通运输工程研究生培养内涵及现状[J]. 教育教学论坛,2020(49):3.

[4] 刘冬颖.新工科背景下大学生人文素质教育探索[J].中国大学教学,2018(11):26-29.

[5] 杨怀中,王远旭.工程活动的自然伦理诉求与工程师的自然伦理责任[J].自然辩证法研究,2017(5):123-127.

[6] 刘大椿.论科学精神[J].求是,2019(9):61-67.

[7] 教育部高等学校教学指导委员会.普通高等学校本科专业类教学质量国家标准[M].北京:高等教育出版社,2018.

[8] 徐吉谦,陈学武.交通工程总论[M].5版.北京:人民交通出版社股份有限公司,2020.

[9] 东南大学.交通运输类数字化教育教学资源平台[DB/OL].https://ttrsp.seu.edu.cn/Index.

附 录
APPENDIX

《交通强国建设纲要》

建设交通强国是以习近平同志为核心的党中央立足国情、着眼全局、面向未来作出的重大战略决策，是建设现代化经济体系的先行领域，是全面建成社会主义现代化强国的重要支撑，是新时代做好交通工作的总抓手。为统筹推进交通强国建设，制定本纲要。

一、总体要求

（一）指导思想。以习近平新时代中国特色社会主义思想为指导，深入贯彻党的十九大精神，紧紧围绕统筹推进“五位一体”总体布局和协调推进“四个全面”战略布局，坚持稳中求进工作总基调，坚持新发展理念，坚持推动高质量发展，坚持以供给侧结构性改革为主线，坚持以人民为中心的发展思想，牢牢把握交通“先行官”定位，适度超前，进一步解放思想、开拓进取，推动交通发展由追求速度规模向更加注重质量效益转变，由各种交通方式相对独立发展向更加注重一体化融合发展转变，由依靠传统要素驱动向更加注重创新驱动转变，构建安全、便捷、高效、绿色、经济的现代化综合交通体系，打造一流设施、一流技术、一流管理、一流服务，建成人民满意、保障有力、世界前列的交通强国，为全面建成社会主义现代化强国、实现中华民族伟大复兴中国梦提供坚强支撑。

（二）发展目标

到 2020 年，完成决胜全面建成小康社会交通建设任务和“十三五”现代综合交通运输体系发展规划各项任务，为交通强国建设奠定坚实基础。

从 2021 年到本世纪中叶，分两个阶段推进交通强国建设。

到 2035 年，基本建成交通强国。现代化综合交通体系基本形成，人民满意度明显提高,支撑国家现代化建设能力显著增强;拥有发达的快速网、完善的干线网、广泛的基础网,城乡区域交通协调发展达到新高度;基本形成“全国123出行交通圈”(都市区1小时通勤、城市群2小时通达、全国主要城市3小时覆盖)和“全球123快货物流圈”(国内1天送达、周边国家2天送达、全球主要城市3天送达),旅客联程运输便捷顺畅,货物多式联运高效经济;智能、平安、绿色、共享交通发展水平明显提高,城市交通拥堵基本缓解,无障碍出行服务体系基本完善;交通科技创新体系基本建成,交通关键装备先进安全,人才队伍精良,市场环境优良;基本实现交通治理体系和治理能力现代化;交通国际竞争力和影响力显著提升。

到本世纪中叶,全面建成人民满意、保障有力、世界前列的交通强国。基础设施规模质量、技术装备、科技创新能力、智能化与绿色化水平位居世界前列,交通安全水平、治理能力、文明程度、国际竞争力及影响力达到国际先进水平,全面服务和保障社会主义现代化强国建设,人民享有美好交通服务。

二、基础设施布局完善、立体互联

(一)建设现代化高质量综合立体交通网络。以国家发展规划为依据,发挥国土空间规划的指导和约束作用,统筹铁路、公路、水运、民航、管道、邮政等基础设施规划建设,以多中心、网络化为主形态,完善多层次网络布局,优化存量资源配置,扩大优质增量供给,实现立体互联,增强系统弹性。强化西部地区补短板,推进东北地区提质改造,推动中部地区大通道大枢纽建设,加速东部地区优化升级,形成区域交通协调发展新格局。

(二)构建便捷顺畅的城市(群)交通网。建设城市群一体化交通网,推进干线铁路、城际铁路、市域(郊)铁路、城市轨道交通融合发展,完善城市群快速公路网络,加强公路与城市道路衔接。尊重城市发展规律,立足促进城市的整体性、系统性、生长性,统筹安排城市功能和用地布局,科学制定和实施城市综合交通体系规划。推进城市公共交通设施建设,强化城市轨道交通与其他交通方式衔接,完善快速路、主次干路、支路级配和结构合理的城市道路网,打通道路微循环,提高道路通达性,完善城市步行和非机动车交通系统,提升步行、自行车等出行品质,完善无障碍设施。科学规划建设城市停车设施,加强充电、加氢、加气和公交站点等设施建设。全面提升城市交通基础设施智能化水平。

(三)形成广覆盖的农村交通基础设施网。全面推进“四好农村路”建设,加快实施通村组硬化路建设,建立规范化可持续管护机制。促进交通建设与农村地区资源开发、产业发展有机融合,加强特色农产品优势区与旅游资源富集区交通建设。大力推进革命老区、民族地区、边疆地区、贫困地区、垦区林区交通发展,实现以交通便利带动脱贫减贫,深度贫困地区交通建设项目尽量向进村入户倾斜。推动资源丰富和人口相对密集贫困地区开发性铁路建设,在有条件的地区推进具备旅游、农业作业、应急救援等功能的通用机场建设,加强农村邮政等基础设施建设。

(四)构筑多层级、一体化的综合交通枢纽体系。依托京津冀、长三角、粤港澳大湾区等世界级城市群,打造具有全球竞争力的国际海港枢纽、航空枢纽和邮政快递核心枢纽,建设一批全国性、区域性交通枢纽，推进综合交通枢纽一体化规划建设，提高换乘换装水平，完善集疏运体系。大力发展枢纽经济。

三、交通装备先进适用、完备可控

（一）加强新型载运工具研发。实现3万吨级重载列车、时速250公里级高速轮轨货运列车等方面的重大突破。加强智能网联汽车（智能汽车、自动驾驶、车路协同）研发，形成自主可控完整的产业链。强化大中型邮轮、大型液化天然气船、极地航行船舶、智能船舶、新能源船舶等自主设计建造能力。完善民用飞机产品谱系，在大型民用飞机、重型直升机、通用航空器等方面取得显著进展。

（二）加强特种装备研发。推进隧道工程、整跨吊运安装设备等工程机械装备研发。研发水下机器人、深潜水装备、大型溢油回收船、大型深远海多功能救助船等新型装备。

（三）推进装备技术升级。推广新能源、清洁能源、智能化、数字化、轻量化、环保型交通装备及成套技术装备。广泛应用智能高铁、智能道路、智能航运、自动化码头、数字管网、智能仓储和分拣系统等新型装备设施，开发新一代智能交通管理系统。提升国产飞机和发动机技术水平，加强民用航空器、发动机研发制造和适航审定体系建设。推广应用交通装备的智能检测监测和运维技术。加速淘汰落后技术和高耗低效交通装备。

四、运输服务便捷舒适、经济高效

（一）推进出行服务快速化、便捷化。构筑以高铁、航空为主体的大容量、高效率区际快速客运服务，提升主要通道旅客运输能力。完善航空服务网络，逐步加密机场网建设，大力发展支线航空，推进干支有效衔接，提高航空服务能力和品质。提高城市群内轨道交通通勤化水平，推广城际道路客运公交化运行模式，打造旅客联程运输系统。加强城市交通拥堵综合治理，优先发展城市公共交通，鼓励引导绿色公交出行，合理引导个体机动化出行。推进城乡客运服务一体化，提升公共服务均等化水平，保障城乡居民行有所乘。

（二）打造绿色高效的现代物流系统。优化运输结构，加快推进港口集疏运铁路、物流园区及大型工矿企业铁路专用线等“公转铁”重点项目建设，推进大宗货物及中长距离货物运输向铁路和水运有序转移。推动铁水、公铁、公水、空陆等联运发展，推广跨方式快速换装转运标准化设施设备，形成统一的多式联运标准和规则。发挥公路货运“门到门”优势。完善航空物流网络，提升航空货运效率。推进电商物流、冷链物流、大件运输、危险品物流等专业化物流发展，促进城际干线运输和城市末端配送有机衔接，鼓励发展集约化配送模式。综合利用多种资源，完善农村配送网络，促进城乡双向流通。落实减税降费政策，优化物流组织模式，提高物流效率，降低物流成本。

（三）加速新业态新模式发展。深化交通运输与旅游融合发展，推动旅游专列、旅游风景道、旅游航道、自驾车房车营地、游艇旅游、低空飞行旅游等发展，完善客运枢纽、高速公路服务区等交通设施旅游服务功能。大力发展共享交通，打造基于移动智能终端技术的服务系统,实现出行即服务。发展“互联网+”高效物流,创新智慧物流营运模式。培育充满活力的通用航空及市域(郊)铁路市场,完善政府购买服务政策,稳步扩大短途运输、公益服务、航空消费等市场规模。建立通达全球的寄递服务体系,推动邮政普遍服务升级换代。加快快递扩容增效和数字化转型,壮大供应链服务、冷链快递、即时直递等新业态新模式,推进智能收投终端和末端公共服务平台建设。积极发展无人机(车)物流递送、城市地下物流配送等。

五、科技创新富有活力、智慧引领

(一)强化前沿关键科技研发。瞄准新一代信息技术、人工智能、智能制造、新材料、新能源等世界科技前沿,加强对可能引发交通产业变革的前瞻性、颠覆性技术研究。强化汽车、民用飞行器、船舶等装备动力传动系统研发,突破高效率、大推力/大功率发动机装备设备关键技术。加强区域综合交通网络协调运营与服务技术、城市综合交通协同管控技术、基于船岸协同的内河航运安全管控与应急搜救技术等研发。合理统筹安排时速600公里级高速磁悬浮系统、时速400公里级高速轮轨(含可变轨距)客运列车系统、低真空管(隧)道高速列车等技术储备研发。

(二)大力发展智慧交通。推动大数据、互联网、人工智能、区块链、超级计算等新技术与交通行业深度融合。推进数据资源赋能交通发展,加速交通基础设施网、运输服务网、能源网与信息网络融合发展,构建泛在先进的交通信息基础设施。构建综合交通大数据中心体系,深化交通公共服务和电子政务发展。推进北斗卫星导航系统应用。

(三)完善科技创新机制。建立以企业为主体、产学研用深度融合的技术创新机制,鼓励交通行业各类创新主体建立创新联盟,建立关键核心技术攻关机制。建设一批具有国际影响力的实验室、试验基地、技术创新中心等创新平台,加大资源开放共享力度,优化科研资金投入机制。构建适应交通高质量发展的标准体系,加强重点领域标准有效供给。

六、安全保障完善可靠、反应快速

(一)提升本质安全水平。完善交通基础设施安全技术标准规范,持续加大基础设施安全防护投入,提升关键基础设施安全防护能力。构建现代化工程建设质量管理体系,推进精品建造和精细管理。强化交通基础设施养护,加强基础设施运行监测检测,提高养护专业化、信息化水平,增强设施耐久性和可靠性。强化载运工具质量治理,保障运输装备安全。

(二)完善交通安全生产体系。完善依法治理体系,健全交通安全生产法规制度和标准规范。完善安全责任体系,强化企业主体责任,明确部门监管责任。完善预防控制体系,有效防控系统性风险,建立交通装备、工程第三方认证制度。强化安全生产事故调查评估。完善网络安全保障体系,增强科技兴安能力,加强交通信息基础设施安全保护。完善支撑保障体系,加强安全设施建设。建立自然灾害交通防治体系,提高交通防灾抗灾能力。加强交通安全综合治理,切实提高交通安全水平。

(三)强化交通应急救援能力。建立健全综合交通应急管理体制机制、法规制度和预案体系,加强应急救援专业装备、设施、队伍建设,积极参与国际应急救援合作。强化应急救援社会协同能力,完善征用补偿机制。

七、绿色发展节约集约、低碳环保

(一)促进资源节约集约利用。加强土地、海域、无居民海岛、岸线、空域等资源节约集约利用,提升用地用海用岛效率。加强老旧设施更新利用,推广施工材料、废旧材料再生和综合利用,推进邮件快件包装绿色化、减量化,提高资源再利用和循环利用水平,推进交通资源循环利用产业发展。

(二)强化节能减排和污染防治。优化交通能源结构,推进新能源、清洁能源应用,促进公路货运节能减排,推动城市公共交通工具和城市物流配送车辆全部实现电动化、新能源化和清洁化。打好柴油货车污染治理攻坚战,统筹油、路、车治理,有效防治公路运输大气污染。严格执行国家和地方污染物控制标准及船舶排放区要求,推进船舶、港口污染防治。降低交通沿线噪声、振动,妥善处理好大型机场噪声影响。开展绿色出行行动,倡导绿色低碳出行理念。

(三)强化交通生态环境保护修复。严守生态保护红线,严格落实生态保护和水土保持措施,严格实施生态修复、地质环境治理恢复与土地复垦,将生态环保理念贯穿交通基础设施规划、建设、运营和养护全过程。推进生态选线选址,强化生态环保设计,避让耕地、林地、湿地等具有重要生态功能的国土空间。建设绿色交通廊道。

八、开放合作面向全球、互利共赢

(一)构建互联互通、面向全球的交通网络。以丝绸之路经济带六大国际经济合作走廊为主体,推进与周边国家铁路、公路、航道、油气管道等基础设施互联互通。提高海运、民航的全球连接度,建设世界一流的国际航运中心,推进21世纪海上丝绸之路建设。拓展国际航运物流,发展铁路国际班列,推进跨境道路运输便利化,大力发展航空物流枢纽,构建国际寄递物流供应链体系,打造陆海新通道。维护国际海运重要通道安全与畅通。

(二)加大对外开放力度。吸引外资进入交通领域,全面落实准入前国民待遇加负面清单管理制度。协同推进自由贸易试验区、中国特色自由贸易港建设。鼓励国内交通企业积极参与"一带一路"沿线交通基础设施建设和国际运输市场合作,打造世界一流交通企业。

(三)深化交通国际合作。提升国际合作深度与广度,形成国家、社会、企业多层次合作渠道。拓展国际合作平台,积极打造交通新平台,吸引重要交通国际组织来华落驻。积极推动全球交通治理体系建设与变革,促进交通运输政策、规则、制度、技术、标准"引进来"和"走出去",积极参与交通国际组织事务框架下规则、标准制定修订。提升交通国际话语权和影响力。

九、人才队伍精良专业、创新奉献

(一)培育高水平交通科技人才。坚持高精尖缺导向,培养一批具有国际水平的战略科技人才、科技领军人才、青年科技人才和创新团队,培养交通一线创新人才,支持各领域各学科人才进入交通相关产业行业。推进交通高端智库建设,完善专家工作体系。

(二)打造素质优良的交通劳动者大军。弘扬劳模精神和工匠精神,造就一支素质优良的知识型、技能型、创新型劳动者大军。大力培养支撑中国制造、中国创造的交通技术技能人才队伍,构建适应交通发展需要的现代职业教育体系。

(三)建设高素质专业化交通干部队伍。落实建设高素质专业化干部队伍要求,打造一支忠诚干净担当的高素质干部队伍。注重专业能力培养,增强干部队伍适应现代综合交通运输发展要求的能力。加强优秀年轻干部队伍建设,加强国际交通组织人才培养。

十、完善治理体系,提升治理能力

(一)深化行业改革。坚持法治引领,完善综合交通法规体系,推动重点领域法律法规制定修订。不断深化铁路、公路、航道、空域管理体制改革,建立健全适应综合交通一体化发展的体制机制。推动国家铁路企业股份制改造、邮政企业混合所有制改革,支持民营企业健康发展。统筹制定交通发展战略、规划和政策,加快建设现代化综合交通体系。强化规划协同,实现“多规合一”“多规融合”。

(二)优化营商环境。健全市场治理规则,深入推进简政放权,破除区域壁垒,防止市场垄断,完善运输价格形成机制,构建统一开放、竞争有序的现代交通市场体系。全面实施市场准入负面清单制度,构建以信用为基础的新型监管机制。

(三)扩大社会参与。健全公共决策机制,实行依法决策、民主决策。鼓励交通行业组织积极参与行业治理,引导社会组织依法自治、规范自律,拓宽公众参与交通治理渠道。推动政府信息公开,建立健全公共监督机制。

(四)培育交通文明。推进优秀交通文化传承创新,加强重要交通遗迹遗存、现代交通重大工程的保护利用和精神挖掘,讲好中国交通故事。弘扬以“两路”精神、青藏铁路精神、民航英雄机组等为代表的交通精神,增强行业凝聚力和战斗力。全方位提升交通参与者文明素养,引导文明出行,营造文明交通环境,推动全社会交通文明程度大幅提升。

十一、保障措施

(一)加强党的领导。坚持党的全面领导,充分发挥党总揽全局、协调各方的作用。建立统筹协调的交通强国建设实施工作机制,强化部门协同、上下联动、军地互动,整体有序推进交通强国建设工作。

(二)加强资金保障。深化交通投融资改革,增强可持续发展能力,完善政府主导、分级负责、多元筹资、风险可控的资金保障和运行管理体制。建立健全中央和地方各级财政投入保障制度,鼓励采用多元化市场融资方式拓宽融资渠道,积极引导社会资本参与交通强国建设,强化风险防控机制建设。

(三)加强实施管理。各地区各部门要提高对交通强国建设重大意义的认识,科学制定配套政策和配置公共资源,促进自然资源、环保、财税、金融、投资、产业、贸易等政策与交通强国建设相关政策协同,部署若干重大工程、重大项目,合理规划交通强国建设进程。鼓励有条件的地方和企业在交通强国建设中先行先试。交通运输部要会同有关部门加强跟踪分析和督促指导,建立交通强国评价指标体系,重大事项及时向党中央、国务院报告。

《国家综合立体交通网规划纲要》

为加快建设交通强国，构建现代化高质量国家综合立体交通网，支撑现代化经济体系和社会主义现代化强国建设，编制本规划纲要。规划期为2021至2035年，远景展望到本世纪中叶。

一、规划基础

（一）发展现状

改革开放特别是党的十八大以来，在以习近平同志为核心的党中央坚强领导下，我国交通运输发展取得了举世瞩目的成就。基础设施网络基本形成，综合交通运输体系不断完善；运输服务能力和水平大幅提升，人民群众获得感明显增强；科技创新成效显著，设施建造、运输装备技术水平大幅提升；交通运输建设现代化加快推进，安全智慧绿色发展水平持续提高；交通运输对外开放持续扩大，走出去步伐不断加快。交通运输发展有效促进国土空间开发保护、城乡区域协调发展、生产力布局优化，为经济社会发展充分发挥基础性、先导性、战略性和服务性作用，为决胜全面建成小康社会提供了有力支撑。

与此同时，我国交通运输发展还存在一些短板，不平衡不充分问题仍然突出。综合交通网络布局仍需完善，结构有待优化，互联互通和网络韧性还需增强；综合交通统筹融合亟待加强，资源集约利用水平有待提高，交通运输与相关产业协同融合尚需深化，全产业链支撑能力仍需提升；综合交通发展质量效率和服务水平不高，现代物流体系有待完善，科技创新能力、安全智慧绿色发展水平还要进一步提高；交通运输重点领域关键环节改革任务仍然艰巨。

（二）形势要求

当前和今后一个时期，我国发展仍处于重要战略机遇期，但机遇和挑战都有新的发展变化。当今世界正经历百年未有之大变局，新一轮科技革命和产业变革深入发展，国际力量对比深刻调整，和平与发展仍是时代主题，人类命运共同体理念深入人心。同时国际环境日趋复杂，不稳定性不确定性明显增加，新冠肺炎疫情影响广泛深远，经济全球化遭遇逆流，世界进入动荡变革期。我国已转向高质量发展阶段，制度优势显著，经济长期向好，市场空间广阔，发展韧性增强，社会大局稳定，全面建设社会主义现代化国家新征程开启，但发展不平衡不充分问题仍然突出。

国内国际新形势对加快建设交通强国、构建现代化高质量国家综合立体交通网提出了新的更高要求，必须更加突出创新的核心地位，注重交通运输创新驱动和智慧发展；更加突出统筹协调，注重各种运输方式融合发展和城乡区域交通运输协调发展；更加突出绿色发展，注重国土空间开发和生态环境保护；更加突出高水平对外开放，注重对外互联互通和国际供应链开放、安全、稳定；更加突出共享发展，注重建设人民满意交通，满足人民日益增长的美好生活需要。要着力推动交通运输更高质量、更有效率、更加公平、更可持续、更为安全的发展,发挥交通运输在国民经济扩大循环规模、提高循环效率、增强循环动能、降低循环成本、保障循环安全中的重要作用,为全面建设社会主义现代化国家提供有力支撑。

(三)运输需求

旅客出行需求稳步增长,高品质、多样化、个性化的需求不断增强。预计2021至2035年旅客出行量(含小汽车出行量)年均增速为3.2%左右。高铁、民航、小汽车出行占比不断提升,国际旅客出行以及城市群旅客出行需求更加旺盛。东部地区仍将是我国出行需求最为集中的区域,中西部地区出行需求增速加快。

货物运输需求稳中有升,高价值、小批量、时效强的需求快速攀升。预计2021至2035年全社会货运量年均增速为2%左右,邮政快递业务量年均增速为6.3%左右。外贸货物运输保持长期增长态势,大宗散货运量未来一段时期保持高位运行状态。东部地区货运需求仍保持较大规模,中西部地区增速将快于东部地区。

二、总体要求

(一)指导思想

以习近平新时代中国特色社会主义思想为指导,深入贯彻党的十九大和十九届二中、三中、四中、五中全会精神,统筹推进"五位一体"总体布局,协调推进"四个全面"战略布局,坚持稳中求进工作总基调,立足新发展阶段,贯彻新发展理念,构建新发展格局,以推动高质量发展为主题,以深化供给侧结构性改革为主线,以改革创新为根本动力,以满足人民日益增长的美好生活需要为根本目的,统筹发展和安全,充分发挥中央和地方两个积极性,更加注重质量效益、一体化融合、创新驱动,打造一流设施、技术、管理、服务,构建便捷顺畅、经济高效、绿色集约、智能先进、安全可靠的现代化高质量国家综合立体交通网,加快建设交通强国,为全面建设社会主义现代化国家当好先行。

(二)工作原则

——服务大局、服务人民。立足全面建设社会主义现代化国家大局,坚持适度超前,推进交通与国土空间开发保护、产业发展、新型城镇化协调发展,促进军民融合发展,有效支撑国家重大战略。立足扩大内需战略基点,拓展投资空间,有效促进国民经济良性循环。坚持以人民为中心,建设人民满意交通,不断增强人民群众的获得感、幸福感、安全感。

——立足国情、改革开放。准确把握新发展阶段要求和资源禀赋气候特征,加强资源节约集约利用,探索中国特色交通运输现代化发展模式和路径。充分发挥市场在资源配置中的决定性作用,更好发挥政府作用,深化交通运输体系改革,破除制约高质量发展的体制机制障碍,构建统一开放竞争有序的交通运输市场。服务"一带一路"建设,加强国际互联互通,深化交通运输开放合作,提高全球运输网络和物流供应链体系安全性、开放性、可靠性。

——优化结构、统筹融合。坚持系统观念,加强前瞻性思考、全局性谋划、战略性布局、整体性推进。加强规划统筹,优化网络布局,创新运输组织,调整运输结构,实现供给和需求更高水平的动态平衡。推动融合发展,加强交通运输资源整合和集约利用,促进交通运输与相关产业深度融合。强化衔接联通,提升设施网络化和运输服务一体化水平,提升综合交通运输整体效率。

——创新智慧、安全绿色。坚持创新核心地位,注重科技赋能,促进交通运输提效能、扩功能、增动能。推进交通基础设施数字化、网联化,提升交通运输智慧发展水平。统筹发展和安全,加强交通运输安全与应急保障能力建设。加快推进绿色低碳发展,交通领域二氧化碳排放尽早达峰,降低污染物及温室气体排放强度,注重生态环境保护修复,促进交通与自然和谐发展。

(三)发展目标

到2035年,基本建成便捷顺畅、经济高效、绿色集约、智能先进、安全可靠的现代化高质量国家综合立体交通网,实现国际国内互联互通、全国主要城市立体畅达、县级节点有效覆盖,有力支撑“全国123出行交通圈”(都市区1小时通勤、城市群2小时通达、全国主要城市3小时覆盖)和“全球123快货物流圈”(国内1天送达、周边国家2天送达、全球主要城市3天送达)。交通基础设施质量、智能化与绿色化水平居世界前列。交通运输全面适应人民日益增长的美好生活需要,有力保障国家安全,支撑我国基本实现社会主义现代化。

到本世纪中叶,全面建成现代化高质量国家综合立体交通网,拥有世界一流的交通基础设施体系,交通运输供需有效平衡、服务优质均等、安全有力保障。新技术广泛应用,实现数字化、网络化、智能化、绿色化。出行安全便捷舒适,物流高效经济可靠,实现“人享其行、物优其流”,全面建成交通强国,为全面建成社会主义现代化强国当好先行。

三、优化国家综合立体交通布局

(一)构建完善的国家综合立体交通网

国家综合立体交通网连接全国所有县级及以上行政区、边境口岸、国防设施、主要景区等。以统筹融合为导向,着力补短板、重衔接、优网络、提效能,更加注重存量资源优化利用和增量供给质量提升。完善铁路、公路、水运、民航、邮政快递等基础设施网络,构建以铁路为主干,以公路为基础,水运、民航比较优势充分发挥的国家综合立体交通网。

到2035年,国家综合立体交通网实体线网总规模合计70万公里左右(不含国际陆路通道境外段、空中及海上航路、邮路里程)。其中铁路20万公里左右,公路46万公里左右,高等级航道2.5万公里左右。沿海主要港口27个,内河主要港口36个,民用运输机场400个左右,邮政快递枢纽80个左右。

(二)加快建设高效率国家综合立体交通网主骨架

国家综合立体交通网主骨架由国家综合立体交通网中最为关键的线网构成,是我国区域间、城市群间、省际间以及连通国际运输的主动脉，是支撑国土空间开发保护的主轴线，也是各种运输方式资源配置效率最高、运输强度最大的骨干网络。

依据国家区域发展战略和国土空间开发保护格局，结合未来交通运输发展和空间分布特点，将重点区域按照交通运输需求量级划分为3类。京津冀、长三角、粤港澳大湾区和成渝地区双城经济圈4个地区作为极，长江中游、山东半岛、海峡西岸、中原地区、哈长、辽中南、北部湾和关中平原8个地区作为组群，呼包鄂榆、黔中、滇中、山西中部、天山北坡、兰西、宁夏沿黄、拉萨和喀什9个地区作为组团。按照极、组群、组团之间交通联系强度，打造由主轴、走廊、通道组成的国家综合立体交通网主骨架。国家综合立体交通网主骨架实体线网里程29万公里左右，其中国家高速铁路5.6万公里、普速铁路7.1万公里；国家高速公路6.1万公里、普通国道7.2万公里；国家高等级航道2.5万公里。

加快构建6条主轴。加强京津冀、长三角、粤港澳大湾区、成渝地区双城经济圈4极之间联系，建设综合性、多通道、立体化、大容量、快速化的交通主轴。拓展4极辐射空间和交通资源配置能力，打造我国综合立体交通协同发展和国内国际交通衔接转换的关键平台，充分发挥促进全国区域发展南北互动、东西交融的重要作用。

加快构建7条走廊。强化京津冀、长三角、粤港澳大湾区、成渝地区双城经济圈4极的辐射作用，加强极与组群和组团之间联系，建设京哈、京藏、大陆桥、西部陆海、沪昆、成渝昆、广昆等多方式、多通道、便捷化的交通走廊，优化完善多中心、网络化的主骨架结构。

加快构建8条通道。强化主轴与走廊之间的衔接协调，加强组群与组团之间、组团与组团之间联系，加强资源产业集聚地、重要口岸的连接覆盖，建设绥满、京延、沿边、福银、二湛、川藏、湘桂、厦蓉等交通通道，促进内外连通、通边达海，扩大中西部和东北地区交通网络覆盖。

(三)建设多层级一体化国家综合交通枢纽系统

建设综合交通枢纽集群、枢纽城市及枢纽港站“三位一体”的国家综合交通枢纽系统。建设面向世界的京津冀、长三角、粤港澳大湾区、成渝地区双城经济圈4大国际性综合交通枢纽集群。加快建设20个左右国际性综合交通枢纽城市以及80个左右全国性综合交通枢纽城市。推进一批国际性枢纽港站、全国性枢纽港站建设。

(四)完善面向全球的运输网络

围绕陆海内外联动、东西双向互济的开放格局，着力形成功能完备、立体互联、陆海空统筹的运输网络。发展多元化国际运输通道，重点打造新亚欧大陆桥、中蒙俄、中国—中亚—西亚、中国—中南半岛、中巴、中尼印和孟中印缅等7条陆路国际运输通道。发展以中欧班列为重点的国际货运班列，促进国际道路运输便利化。强化国际航运中心辐射能力，完善经日韩跨太平洋至美洲，经东南亚至大洋洲，经东南亚、南亚跨印度洋至欧洲和非洲，跨北冰洋的冰上丝绸之路等4条海上国际运输通道，保障原油、铁矿石、粮食、液化天然气等国家重点物资国际运输，拓展国际海运物流网络，加快发展邮轮经济。依托国际航空枢纽，构建四通八达、覆盖全球的空中客货运输网络。建设覆盖五洲、连通全球、互利共赢、协同高效的国际干线邮路网。

四、推进综合交通统筹融合发展

(一)推进各种运输方式统筹融合发展

统筹综合交通通道规划建设。强化国土空间规划对基础设施规划建设的指导约束作用,加强与相关规划的衔接协调。节约集约利用通道线位资源、岸线资源、土地资源、空域资源、水域资源,促进交通通道由单一向综合、由平面向立体发展,减少对空间的分割,提高国土空间利用效率。统筹考虑多种运输方式规划建设协同和新型运输方式探索应用,实现陆水空多种运输方式相互协同、深度融合。用好用足既有交通通道,加强过江、跨海、穿越环境敏感区通道基础设施建设方案论证,推动铁路、公路等线性基础设施的线位统筹和断面空间整合。加强综合交通通道与通信、能源、水利等基础设施统筹,提高通道资源利用效率。

推进综合交通枢纽一体化规划建设。推进综合交通枢纽及邮政快递枢纽统一规划、统一设计、统一建设、协同管理。推动新建综合客运枢纽各种运输方式集中布局,实现空间共享、立体或同台换乘,打造全天候、一体化换乘环境。推动既有综合客运枢纽整合交通设施、共享服务功能空间。加快综合货运枢纽多式联运换装设施与集疏运体系建设,统筹转运、口岸、保税、邮政快递等功能,提升多式联运效率与物流综合服务水平。按照站城一体、产城融合、开放共享原则,做好枢纽发展空间预留、用地功能管控、开发时序协调。

推动城市内外交通有效衔接。推动干线铁路、城际铁路、市域(郊)铁路融合建设,并做好与城市轨道交通衔接协调,构建运营管理和服务"一张网",实现设施互联、票制互通、安检互认、信息共享、支付兼容。加强城市周边区域公路与城市道路高效对接,系统优化进出城道路网络,推动规划建设统筹和管理协同,减少对城市的分割和干扰。完善城市物流配送系统,加强城际干线运输与城市末端配送有机衔接。加强铁路、公路客运枢纽及机场与城市公交网络系统有机整合,引导城市沿大容量公共交通廊道合理、有序发展。

(二)推进交通基础设施网与运输服务网、信息网、能源网融合发展

推进交通基础设施网与运输服务网融合发展。推进基础设施、装备、标准、信息与管理的有机衔接,提高交通运输网动态运行管理服务智能化水平,打造以全链条快速化为导向的便捷运输服务网,构建空中、水上、地面与地下融合协同的多式联运网络,完善供应链服务体系。

推进交通基础设施网与信息网融合发展。加强交通基础设施与信息基础设施统筹布局、协同建设,推动车联网部署和应用,强化与新型基础设施建设统筹,加强载运工具、通信、智能交通、交通管理相关标准跨行业协同。

推进交通基础设施网与能源网融合发展。推进交通基础设施与能源设施统筹布局规划建设,充分考虑煤炭、油气、电力等各种能源输送特点,强化交通与能源基础设施共建共享,提高设施利用效率,减少能源资源消耗。促进交通基础设施网与智能电网融合,适应新能源发展要求。

（三）推进区域交通运输协调发展

推进重点区域交通运输统筹发展。建设“轨道上的京津冀”，加快推进京津冀地区交通一体化，建设世界一流交通体系，高标准、高质量建设雄安新区综合交通运输体系。建设“轨道上的长三角”、辐射全球的航运枢纽，打造交通高质量发展先行区，提升整体竞争力和影响力。粤港澳大湾区实现高水平互联互通，打造西江黄金水道，巩固提升港口群、机场群的国际竞争力和辐射带动力，建成具有全球影响力的交通枢纽集群。成渝地区双城经济圈以提升对外连通水平为导向，强化门户枢纽功能，构建一体化综合交通运输体系。建设东西畅通、南北辐射、有效覆盖、立体互联的长江经济带现代化综合立体交通走廊。支持海南自由贸易港建设，推动西部陆海新通道国际航运枢纽和航空枢纽建设，加快构建现代综合交通运输体系。统筹黄河流域生态环境保护与交通运输高质量发展，优化交通基础设施空间布局。

推进东部、中部、西部和东北地区交通运输协调发展。加速东部地区优化升级，提高人口、经济密集地区交通承载力，强化对外开放国际运输服务功能。推进中部地区大通道大枢纽建设，更好发挥承东启西、连南接北功能。强化西部地区交通基础设施布局，推进西部陆海新通道建设，打造东西双向互济对外开放通道网络。优化枢纽布局，完善枢纽体系，发展通用航空，改善偏远地区居民出行条件。推动东北地区交通运输发展提质增效，强化与京津冀等地区通道能力建设，打造面向东北亚对外开放的交通枢纽。支持革命老区、民族地区、边疆地区交通运输发展，推进沿边沿江沿海交通建设。

推进城市群内部交通运输一体化发展。构建便捷高效的城际交通网，加快城市群轨道交通网络化，完善城市群快速公路网络，加强城市交界地区道路和轨道顺畅连通，基本实现城市群内部2小时交通圈。加强城市群内部重要港口、站场、机场的路网连通性，促进城市群内港口群、机场群统筹资源利用、信息共享、分工协作、互利共赢，提高城市群交通枢纽体系整体效率和国际竞争力。统筹城际网络、运力与运输组织，提高运输服务效率。研究布局综合性通用机场，疏解繁忙机场的通用航空活动，发展城市直升机运输服务，构建城市群内部快速空中交通网络。建立健全城市群内交通运输协同发展体制机制，推动相关政策、法规、标准等一体化。

推进都市圈交通运输一体化发展。建设中心城区连接卫星城、新城的大容量、快速化轨道交通网络，推进公交化运营，加强道路交通衔接，打造1小时“门到门”通勤圈。推动城市道路网结构优化，形成级配合理、接入顺畅的路网系统。有序发展共享交通，加强城市步行和自行车等慢行交通系统建设，合理配置停车设施，开展人行道净化行动，因地制宜建设自行车专用道，鼓励公众绿色出行。深入实施公交优先发展战略，构建以城市轨道交通为骨干、常规公交为主体的城市公共交通系统，推进以公共交通为导向的城市土地开发模式，提高城市绿色交通分担率。超大城市充分利用轨道交通地下空间和建筑，优化客流疏散。

推进城乡交通运输一体化发展。统筹规划地方高速公路网，加强与国道、农村公路以及其他运输方式的衔接协调，构建功能明确、布局合理、规模适当的省道网。加快推动乡村交通基础设施提档升级,全面推进“四好农村路”建设,实现城乡交通基础设施一体化规划、建设、管护。畅通城乡交通运输连接,推进县乡村(户)道路连通、城乡客运一体化,解决好群众出行“最后一公里”问题。提高城乡交通运输公共服务均等化水平,巩固拓展交通运输脱贫攻坚成果同乡村振兴有效衔接。

(四)推进交通与相关产业融合发展

推进交通与邮政快递融合发展。推动在铁路、机场、城市轨道等交通场站建设邮政快递专用处理场所、运输通道、装卸设施。在重要交通枢纽实现邮件快件集中安检、集中上机(车),发展航空、铁路、水运快递专用运载设施设备。推动不同运输方式之间邮件快件装卸标准、跟踪数据等有效衔接,实现信息共享。发展航空快递、高铁快递,推动邮件快件多式联运,实现跨领域、跨区域和跨运输方式顺畅衔接,推进全程运输透明化。推进乡村邮政快递网点、综合服务站、汽车站等设施资源整合共享。

推进交通与现代物流融合发展。加强现代物流体系建设,优化国家物流大通道和枢纽布局,加强国家物流枢纽应急、冷链、分拣处理等功能区建设,完善与口岸衔接,畅通物流大通道与城市配送网络交通线网连接,提高干支衔接能力和转运分拨效率。加快构建农村物流基础设施骨干网络和末端网络。发展高铁快运,推动双层集装箱铁路运输发展。加快航空物流发展,加强国际航空货运能力建设。培育壮大一批具有国际竞争力的现代物流企业,鼓励企业积极参与全球供应链重构与升级,依托综合交通枢纽城市建设全球供应链服务中心,打造开放、安全、稳定的全球物流供应链体系。

推进交通与旅游融合发展。充分发挥交通促进全域旅游发展的基础性作用,加快国家旅游风景道、旅游交通体系等规划建设,打造具有广泛影响力的自然风景线。强化交通网“快进慢游”功能,加强交通干线与重要旅游景区衔接。完善公路沿线、服务区、客运枢纽、邮轮游轮游艇码头等旅游服务设施功能,支持红色旅游、乡村旅游、度假休闲旅游、自驾游等相关交通基础设施建设,推进通用航空与旅游融合发展。健全重点旅游景区交通集散体系,鼓励发展定制化旅游运输服务,丰富邮轮旅游服务,形成交通带动旅游、旅游促进交通发展的良性互动格局。

推进交通与装备制造等相关产业融合发展。加强交通运输与现代农业、生产制造、商贸金融等跨行业合作,发展交通运输平台经济、枢纽经济、通道经济、低空经济。支持交通装备制造业延伸服务链条,促进现代装备在交通运输领域应用,带动国产航空装备的产业化、商业化应用,强化交通运输与现代装备制造业的相互支撑。推动交通运输与生产制造、流通环节资源整合,鼓励物流组织模式与业态创新。推进智能交通产业化。

五、推进综合交通高质量发展

(一)推进安全发展

提升安全保障能力。加强交通运输安全风险预警、防控机制和能力建设。加快推进城市群、重点地区、重要口岸、主要产业及能源基地、自然灾害多发地区多通道、多方式、多路径建设,提升交通网络系统韧性和安全性。健全粮食、能源等战略物资运输保障体系,提升产业链、供应链安全保障水平。加强通道安全保障、海上巡航搜救打捞、远洋深海极地救援能力建设，健全交通安全监管体系和搜寻救助系统。健全关键信息基础设施安全保护体系，提升车联网、船联网等重要融合基础设施安全保障能力，加强交通信息系统安全防护，加强关键技术创新力度，提升自主可控能力。提升交通运输装备安全水平。健全安全宣传教育体系，强化全民安全意识和法治意识。

提高交通基础设施安全水平。建立完善现代化工程建设和运行质量全寿命周期安全管理体系，健全交通安全生产法规制度和标准规范。强化交通基础设施预防性养护维护、安全评估，加强长期性能观测，完善数据采集、检测诊断、维修处治技术体系，加大病害治理力度，及时消除安全隐患。推广使用新材料新技术新工艺，提高交通基础设施质量和使用寿命。完善安全责任体系，创新安全管理模式，强化重点交通基础设施建设、运行安全风险防控，全面改善交通设施安全水平。

完善交通运输应急保障体系。建立健全多部门联动、多方式协同、多主体参与的综合交通应急运输管理协调机制，完善科学协调的综合交通应急运输保障预案体系。构建应急运输大数据中心，推动信息互联共享。构建快速通达、衔接有力、功能适配、安全可靠的综合交通应急运输网络。提升应急运输装备现代化、专业化和智能化水平，推动应急运输标准化、模块化和高效化。统筹陆域、水域和航空应急救援能力建设，建设多层级的综合运输应急装备物资和运力储备体系。科学规划布局应急救援基地、消防救援站等，加强重要通道应急装备、应急通信、物资储运、防灾防疫、污染应急处置等配套设施建设，提高设施快速修复能力和应对突发事件能力。建立健全行业系统安全风险和重点安全风险监测防控体系，强化危险货物运输全过程、全网络监测预警。

（二）推进智慧发展

提升智慧发展水平。加快提升交通运输科技创新能力，推进交通基础设施数字化、网联化。推动卫星通信技术、新一代通信技术、高分遥感卫星、人工智能等行业应用，打造全覆盖、可替代、保安全的行业北斗高精度基础服务网，推动行业北斗终端规模化应用。构建高精度交通地理信息平台，加快各领域建筑信息模型技术自主创新应用。全方位布局交通感知系统，与交通基础设施同步规划建设，部署关键部位主动预警设施，提升多维监测、精准管控、协同服务能力。加强智能化载运工具和关键专用装备研发，推进智能网联汽车（智能汽车、自动驾驶、车路协同）、智能化通用航空器应用。鼓励物流园区、港口、机场、货运场站广泛应用物联网、自动化等技术，推广应用自动化立体仓库、引导运输车、智能输送分拣和装卸设备。构建综合交通大数据中心体系，完善综合交通运输信息平台。完善科技资源开放共享机制，建设一批具有国际影响力的创新平台。

加快既有设施智能化。利用新技术赋能交通基础设施发展，加强既有交通基础设施提质升级，提高设施利用效率和服务水平。运用现代控制技术提升铁路全路网列车调度指挥和运输管理智能化水平。推动公路路网管理和出行信息服务智能化，完善道路交通监控设备及配套网络。加强内河高等级航道运行状态在线监测，推动船岸协同、自动化码头和堆场发展。发展新一代空管系统，推进空中交通服务、流量管理和空域管理智能化，推进各方信息共享。推动智能网联汽车与智慧城市协同发展，建设城市道路、建筑、公共设施融合感知体系，打造基于城市信息模型平台、集城市动态静态数据于一体的智慧出行平台。

（三）推进绿色发展和人文建设

推进绿色低碳发展。促进交通基础设施与生态空间协调，最大限度保护重要生态功能区、避让生态环境敏感区，加强永久基本农田保护。实施交通生态修复提升工程，构建生态化交通网络。加强科研攻关，改进施工工艺，从源头减少交通噪声、污染物、二氧化碳等排放。加大交通污染监测和综合治理力度，加强交通环境风险防控，落实生态补偿机制。优化调整运输结构，推进多式联运型物流园区、铁路专用线建设，形成以铁路、水运为主的大宗货物和集装箱中长距离运输格局。加强可再生能源、新能源、清洁能源装备设施更新利用和废旧建材再生利用，促进交通能源动力系统清洁化、低碳化、高效化发展，推进快递包装绿色化、减量化、可循环。

加强交通运输人文建设。完善交通基础设施、运输装备功能配置和运输服务标准规范体系，满足不同群体出行多样化、个性化要求。加强无障碍设施建设，完善无障碍装备设备，提高特殊人群出行便利程度和服务水平。健全老年人交通运输服务体系，满足老龄化社会交通需求。创新服务模式，提升运输服务人性化、精细化水平。加强交通文明宣传教育，弘扬优秀交通文化，提高交通参与者守法意识和道德水平。

（四）提升治理能力

深化交通运输行业改革。深化简政放权、放管结合、优化服务改革，持续优化营商环境，形成统一开放竞争有序的交通运输市场。建立健全适应国家综合立体交通高质量发展的体制机制，完善综合交通运输发展战略规划政策体系。推进铁路行业竞争性环节市场化改革，深化国家空管体制改革，实现邮政普遍服务业务与竞争性业务分业经营。完善交通运输与国土空间开发、城乡建设、生态环境保护等政策协商机制，推进多规融合，提高政策统一性、规则一致性和执行协同性。加快制定综合交通枢纽、多式联运、新业态新模式等标准规范，加强不同运输方式标准统筹协调，构建符合高质量发展的标准体系。加强交通国际交流合作，积极参与国际交通组织，推动标准国际互认，提升中国标准的国际化水平。以大数据、信用信息共享为基础，构建综合交通运输新型治理机制。

加强交通运输法治建设。坚持法治引领，深化交通运输法治政府部门建设。推动综合交通等重点立法项目制定修订进程，促进不同运输方式法律制度的有效衔接，完善综合交通法规体系。全面加强规范化建设，提升交通运输执法队伍能力和水平，严格规范公正文明执法。落实普法责任制，营造行业良好法治环境，把法治要求贯穿于综合交通运输规划、建设、管理、运营服务、安全生产各环节全过程。

加强交通运输人才队伍建设。优化人才队伍结构，加强跨学科科研队伍建设，造就一批有影响力的交通科技领军人才和创新团队。弘扬劳模精神、工匠精神，完善人才引进、培养、使用、评价、流动、激励体制机制和以社会主义核心价值观引领行业文化建设的治理机制。加强创新型、应用型、技能型人才培养，建设忠诚干净担当的高素质干部队伍，造就一支素质优良的劳动者大军。

六、保障措施

（一）加强党的领导

坚持和加强党的全面领导，增强“四个意识”、坚定“四个自信”、做到“两个维护”，充分发挥党总揽全局、协调各方的领导核心作用，始终把党的领导贯穿到加快建设交通强国全过程，充分发挥各级党组织在推进国家综合立体交通网建设发展中的作用，激励干部担当作为，全面调动各级干部干事创业的积极性、主动性和创造性，不断提高贯彻新发展理念、构建新发展格局、推动高质量发展能力和水平，为实现本规划纲要目标任务提供根本保证。

（二）加强组织协调

加强本规划纲要实施组织保障体系建设，建立健全实施协调推进机制，强化部门协同和上下联动，推动各类交通基础设施统筹规划、协同建设。财政、自然资源、住房城乡建设、生态环境等部门要细化完善财政、用地、用海、城乡建设、环保等配套政策及标准规范。健全本规划纲要与各类各级规划衔接机制。

（三）加强资源支撑

加强国家综合立体交通网规划项目土地等资源供给，规划、建设过程严格用地控制，突出立体、集约、节约思维，提高交通用地复合程度，盘活闲置交通用地资源，完善公共交通引导土地开发的相关政策。建立国土空间规划等相关规划与交通规划协调机制和动态调整管理政策。

（四）加强资金保障

建立完善与交通运输发展阶段特征相适应的资金保障制度，落实中央与地方在交通运输领域的财政事权和支出责任，确保各交通专项资金支持交通发展。创新投融资政策，健全与项目资金需求和期限相匹配的长期资金筹措渠道。构建形成效益增长与风险防控可持续发展的投资机制，防范化解债务风险。健全公益性基础设施建设运营支持政策体系，加大对欠发达地区和边境地区支持力度。进一步调整完善支持邮政、水运等发展的资金政策。支持各类金融机构依法合规为市场化运作的交通发展提供融资，引导社会资本积极参与交通基础设施建设。

（五）加强实施管理

建立综合交通规划管理制度。本规划纲要实施过程中要加强与国民经济和社会发展、国土空间、区域发展、流域等相关规划衔接，与城乡建设发展相统筹。各地在编制交通运输相关规划中，要与本规划纲要做好衔接，有关项目纳入国土空间规划和相关专项规划。交通运输部要会同有关部门加强本规划纲要实施动态监测与评估，组织开展交通强国建设试点工作，在通道、枢纽、技术创新、安全绿色低碳等方面科学论证并组织实施一批重大工程，强化本规划纲要实施进展统计与监测工作，定期开展规划评估，依据国家发展规划进行动态调整或修订。重大事项及时向党中央、国务院报告。

专栏一:2035 年发展目标

便捷顺畅。享受快速交通服务的人口比重大幅提升,除部分边远地区外,基本实现全国县级行政中心 15 分钟上国道、30 分钟上高速公路、60 分钟上铁路,市地级行政中心 45 分钟上高速铁路、60 分钟到机场。基本实现地级市之间当天可达。中心城区至综合客运枢纽半小时到达,中心城区综合客运枢纽之间公共交通转换时间不超过 1 小时。交通基础设施无障碍化率大幅提升,旅客出行全链条便捷程度显著提高,基本实现“全国 123 出行交通圈”。

经济高效。国家综合立体交通网设施利用更加高效,多式联运占比、换装效率显著提高,运输结构更加优化,物流成本进一步降低,交通枢纽基本具备寄递功能,实现与寄递枢纽的无缝衔接,基本实现“全球 123 快货物流圈”。

绿色集约。综合运输通道资源利用的集约化、综合化水平大幅提高。基本实现交通基础设施建设全过程、全周期绿色化。单位运输周转量能耗不断降低,二氧化碳排放强度比 2020 年显著下降,交通污染防治达到世界先进水平。

智能先进。基本实现国家综合立体交通网基础设施全要素全周期数字化。基本建成泛在先进的交通信息基础设施,实现北斗时空信息服务、交通运输感知全覆盖。智能列车、智能网联汽车(智能汽车、自动驾驶、车路协同)、智能化通用航空器、智能船舶及邮政快递设施的技术达到世界先进水平。

安全可靠。交通基础设施耐久性和有效性显著增强,设施安全隐患防治能力大幅提升。交通网络韧性和应对各类重大风险能力显著提升,重要物资运输高效可靠。基本建成陆海空天立体协同的交通安全监管和救助体系。交通安全水平达到世界前列,有效保障人民生命财产和国家总体安全。

国家综合立体交通网 2035 年主要指标表

序号	指标		目标值
1	便捷顺畅	享受 1 小时内快速交通服务的人口占比	80% 以上
2		中心城区至综合客运枢纽半小时可达率	90% 以上
3	经济高效	多式联运换装 1 小时完成率	90% 以上
4		国家综合立体交通网主骨架能力利用率	60% ~85%
5	绿色集约	主要通道新增交通基础设施多方式国土空间综合利用率提高比例	80%
6		交通基础设施绿色化建设比例	95%
7	智能先进	交通基础设施数字化率	90%
8	安全可靠	重点区域多路径连接比率	95% 以上
9		国家综合立体交通网安全设施完好率	95% 以上

专栏二：国家综合立体交通网布局

1. 铁路。国家铁路网包括高速铁路、普速铁路。其中，高速铁路 7 万公里（含部分城际铁路），普速铁路 13 万公里（含部分市域铁路），合计 20 万公里左右。形成由“八纵八横”高速铁路主通道为骨架、区域性高速铁路衔接的高速铁路网；由若干条纵横普速铁路主通道为骨架、区域性普速铁路衔接的普速铁路网；京津冀、长三角、粤港澳大湾区、成渝地区双城经济圈等重点城市群率先建成城际铁路网，其他城市群城际铁路逐步成网。研究推进超大城市间高速磁悬浮通道布局和试验线路建设。

2. 公路。包括国家高速公路网、普通国道网，合计 46 万公里左右。其中，国家高速公路网 16 万公里左右，由 7 条首都放射线、11 条纵线、18 条横线及若干条地区环线、都市圈环线、城市绕城环线、联络线、并行线组成；普通国道网 30 万公里左右，由 12 条首都放射线、47 条纵线、60 条横线及若干条联络线组成。

3. 水运。包括国家航道网和全国主要港口。国家航道网由国家高等级航道和国境国际通航河流航道组成。其中，“四纵四横两网”的国家高等级航道 2.5 万公里左右；国境国际通航河流主要包括黑龙江、额尔古纳河、鸭绿江、图们江、瑞丽江、澜沧江、红河等。全国主要港口合计 63 个，其中沿海主要港口 27 个、内河主要港口 36 个。

4. 民航。包括国家民用运输机场和国家航路网。国家民用运输机场合计 400 个左右，基本建成以世界级机场群、国际航空（货运）枢纽为核心，区域枢纽为骨干，非枢纽机场和通用机场为重要补充的国家综合机场体系。按照突出枢纽、辐射区域、分层衔接、立体布局，先进导航技术为主、传统导航技术为辅的要求，加快繁忙地区终端管制区建设，加快构建结构清晰、衔接顺畅的国际航路航线网络；构建基于大容量通道、平行航路、单向循环等先进运行方式的高空航路航线网络；构建基于性能导航为主、传统导航为辅的适应各类航空用户需求的中低空航路航线网络。

5. 邮政快递。包括国家邮政快递枢纽和邮路。国家邮政快递枢纽主要由北京天津雄安、上海南京杭州、武汉（鄂州）郑州长沙、广州深圳、成都重庆西安等 5 个全球性国际邮政快递枢纽集群、20 个左右区域性国际邮政快递枢纽、45 个左右全国性邮政快递枢纽组成。依托国家综合立体交通网，布局航空邮路、铁路邮路、公路邮路、水运邮路。

专栏三：国家综合立体交通网主骨架布局

6 条主轴：

京津冀—长三角主轴。路径 1：北京经天津、沧州、青岛至杭州。路径 2：北京经天津、沧州、济南、蚌埠至上海。路径 3：北京经天津、潍坊、淮安至上海。路径 4：天津港至上海港沿海海上路径。

京津冀—粤港澳主轴。路径 1：北京经雄安、衡水、阜阳、九江、赣州至香港（澳门）。支线：阜阳经黄山、福州至台北。路径 2：北京经石家庄、郑州、武汉、长沙、广州至深圳。

京津冀—成渝主轴。路径1:北京经石家庄、太原、西安至成都。路径2:北京经太原、延安、西安至重庆。

长三角—粤港澳主轴。路径1:上海经宁波、福州至深圳。路径2:上海经杭州、南平至广州。路径3:上海港至湛江港沿海海上路径。

长三角—成渝主轴。路径1:上海经南京、合肥、武汉、万州至重庆。路径2:上海经九江、武汉、重庆至成都。

粤港澳—成渝主轴。路径1:广州经桂林、贵阳至成都。路径2:广州经永州、怀化至重庆。

7条走廊:

京哈走廊。路径1:北京经沈阳、长春至哈尔滨。路径2:北京经承德、沈阳、长春至哈尔滨。支线1:沈阳经大连至青岛。支线2:沈阳至丹东。

京藏走廊。路径1:北京经呼和浩特、包头、银川、兰州、格尔木、拉萨至亚东。支线:秦皇岛经大同至鄂尔多斯。路径2:青岛经济南、石家庄、太原、银川、西宁至拉萨。支线:黄骅经忻州至包头。

大陆桥走廊。路径1:连云港经郑州、西安、西宁、乌鲁木齐至霍尔果斯/阿拉山口。路径2:上海经南京、合肥、南阳至西安。支线:南京经平顶山至洛阳。

西部陆海走廊。路径1:西宁经兰州、成都/重庆、贵阳、南宁、湛江至三亚。路径2:甘其毛都经银川、宝鸡、重庆、毕节、百色至南宁。

沪昆走廊。路径1:上海经杭州、上饶、南昌、长沙、怀化、贵阳、昆明至瑞丽。路径2:上海经杭州、景德镇、南昌、长沙、吉首、遵义至昆明。

成渝昆走廊。路径1:成都经攀枝花、昆明至磨憨/河口。路径2:重庆经昭通至昆明。

广昆走廊。路径1:深圳经广州、梧州、南宁、兴义、昆明至瑞丽。路径2:深圳经湛江、南宁、文山至昆明。

8条通道:

绥满通道。绥芬河经哈尔滨至满洲里。支线1:哈尔滨至同江。支线2:哈尔滨至黑河。

京延通道。北京经承德、通辽、长春至珲春。

沿边通道。黑河经齐齐哈尔、乌兰浩特、呼和浩特、临河、哈密、乌鲁木齐、库尔勒、喀什、阿里至拉萨。支线1:喀什至红其拉甫。支线2:喀什至吐尔尕特。

福银通道。福州经南昌、武汉、西安至银川。支线:西安经延安至包头。

二湛通道。二连浩特经大同、太原、洛阳、南阳、宜昌、怀化、桂林至湛江。

川藏通道。成都经林芝至樟木。

湘桂通道。长沙经桂林、南宁至凭祥。

厦蓉通道。厦门经赣州、长沙、黔江、重庆至成都。

专栏四:国际性综合交通枢纽

1. 国际性综合交通枢纽集群

形成以北京、天津为中心联动石家庄、雄安等城市的京津冀枢纽集群,以上海、杭州、南京为中心联动合肥、宁波等城市的长三角枢纽集群,以广州、深圳、香港为核心联动珠海、澳门等城市的粤港澳大湾区枢纽集群,以成都、重庆为中心的成渝地区双城经济圈枢纽集群。

2. 国际性综合交通枢纽城市

建设北京、天津、上海、南京、杭州、广州、深圳、成都、重庆、沈阳、大连、哈尔滨、青岛、厦门、郑州、武汉、海口、昆明、西安、乌鲁木齐等20个左右国际性综合交通枢纽城市。

3. 国际性综合交通枢纽港站

——国际铁路枢纽和场站:在北京、上海、广州、重庆、成都、西安、郑州、武汉、长沙、乌鲁木齐、义乌、苏州、哈尔滨等城市以及满洲里、绥芬河、二连浩特、阿拉山口、霍尔果斯等口岸建设具有较强国际运输服务功能的铁路枢纽场站。

——国际枢纽海港:发挥上海港、大连港、天津港、青岛港、连云港港、宁波舟山港、厦门港、深圳港、广州港、北部湾港、洋浦港等国际枢纽海港作用,巩固提升上海国际航运中心地位,加快建设辐射全球的航运枢纽,推进天津北方、厦门东南、大连东北亚等国际航运中心建设。

——国际航空(货运)枢纽:巩固北京、上海、广州、成都、昆明、深圳、重庆、西安、乌鲁木齐、哈尔滨等国际航空枢纽地位,推进郑州、天津、合肥、鄂州等国际航空货运枢纽建设。

——国际邮政快递处理中心:在国际邮政快递枢纽城市和口岸城市,依托国际航空枢纽、国际铁路枢纽、国际枢纽海港、公路口岸等建设40个左右国际邮政快递处理中心。

专栏五:综合交通枢纽一体化规划建设要求

1. 综合客运枢纽

综合客运枢纽内各种运输方式间换乘便捷、公共换乘设施完备,客流量大的客运枢纽应考虑安全缓冲。加强干线铁路、城际铁路、市域(郊)铁路、城市轨道交通规划与机场布局规划的衔接,国际航空枢纽基本实现2条以上轨道交通衔接。全国性铁路综合客运枢纽基本实现2条以上市域(郊)铁路或城市轨道衔接。国际性和全国性综合交通枢纽城市内轨道交通规划建设优先衔接贯通所在城市的综合客运枢纽,不同综合客运枢纽间换乘次数不超过2次。铁路综合客运枢纽与城市轨道交通站点应一体设计、同步建设、同期运营。

2. 综合货运枢纽

综合货运枢纽与国家综合立体交通网顺畅衔接。千万标箱港口规划建设综合货运通道与内陆港系统。全国沿海、内河主要港口的集装箱、大宗干散货规模化港区积极推动铁路直通港区,重要港区新建集装箱、大宗干散货作业区原则上同步规划建设进港铁路,推进港铁协同管理。提高机场的航空快件保障能力和处理效率,国际航空货运枢纽在更大空间范围内统筹集疏运体系规划,建设快速货运通道。